⟨ **P9-AOZ-508**

»Per Andersson har lyckats fånga något så svårfångat
som ett stycke, för många svårsmält, samtidshistoria.«
PERNILLA STÅHL, *SYDSVENSKA DAGLADET*

⚬

»*Stenbeck* är en spännande och idérik bok om den nya avregle-
rade tiden och en oåtkomlig mans avtryck i den. Det är drastisk
och bekymmersam samtidshistoria, rappt förmedlad.«
LARS ÅBERG, *GP*

⚬

»Det är en fascinerande berättelse om vilja,
intuition och kreativitet som Per Andersson tecknar.«
MATS JOHANSSON, *SVENSKA DAGBLADET*

⚬

»I några av bokens bästa kapitel skildrar Per Andersson
den tekniska, ekonomiska och politiska dramatiken
bakom avregleringarna av telefoni- och televisionsmarknaderna,
det vill säga förvandlingen av dem från statliga monopol
till just *marknader*. En sak står fullständigt klar:
Stenbeck är betydligt mer än den arroganta miljardär
som mediemyten inte sällan fokuserat på.«
MIKAEL LÖFGREN, *DN*

⚬

»Per Andersson vägrar förenklingen. Här putsas varken nid-
eller idolbilden, snarare grumlas och grusas bägge alternativen.«
JAN KARLSSON, *KVÄLLSPOSTEN*

⚬

»Andersson har dammsugit Sverige, världen och historien
på detaljer som kan säga något om den geniale/vedervärdige.«
HÅKAN JAENSSON, *AFTONBLADET*

⚬

»En grundlig och nyanserad undersökning av Stenbeck
och det svenska näringslivets nutidshistoria.«
STAFFAN WILSSON, *CAFÉ*

STENBECK

En biografi över en framgångsrik affärsman

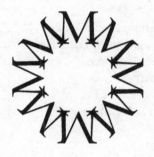

Per Andersson

Modernista
STOCKHOLM

CHRISTMAS 2014

Innehåll

DEL TRE ~ *Jan*

»*Bourgeoisin har spelat en högst revolutionär roll i historien.*«
KARL MARX & FRIEDRICH ENGELS,
DET KOMMUNISTISKA PARTIETS MANIFEST, 1848

»*… en furste bör i möjligaste mån undvika att vara
beroende av andra.*«
NICCOLÒ MACHIAVELLI, FURSTEN, 1513

Tårtan

DET BERÄTTADES MÅNGA historier om Jan Stenbeck. En av dem kallas för Tårtan. Den går så här:

Jan Friedman, Kinneviks mediedirektör under de tidiga pionjäråren, sökte en chefredaktör som skulle dra i gång programtidningen *På TV*. Det var på sommaren 1988. Tidningen *Z* var knappt ett år gammal, TV3 sände sedan ett halvår, det skulle dröja mer än tre år innan Sveriges riksdag och regering beslutade om att införa reklam-TV i vårt land.

Friedman fastnade för två kandidater, och de fick flyga till Amerika för att träffa Stenbeck. Det var Bosse Andersson, nattchef på *Expressen*, och Anders Westgård, som då var TV-skribent på *GT* och senare blev tidningens chefredaktör. En kandidat flög över på morgonen, den andra på kvällen.

Avresedagen möttes Friedman och Andersson på Arlanda. Friedman bar en tårtkartong i handen.

– Vad är det? frågade Bosse Andersson.

Det var en kolapajtårta från Erik's. Stjärnkrögaren Erik Lallerstedts restaurang låg då i våningarna längst ned i Gröna Huset, den Kinnevikägda fastighet i Gamla stan där Jan Stenbeck hade sin privata Stockholmsvåning högst upp och mellanvåningarna är inredda till permanenta gästlägenheter för bolagen i Gruppen. I andra änden av samma kvarter ligger Kinneviks huvudkontor med sin magnifika fasad mot Skeppsbron.

Kolapajtårtan var ett av Erik's berömda slagnummer, och Jan Stenbecks personliga favorit. Stenbeck hade bett Friedman ta med ett bakverk från hustraktören nu när han ändå skulle komma över.

– Den kommer du att glömma nånstans, sa Bosse Andersson.

Vad gör man med en tårta på en Atlantflygning? Jan Friedman lämnade den till en flygvärdinna.

Nio flygtimmar senare bar Friedman tårtan oskadd av planet, genom immigrationskontroll, bagageutlämning, tull.

– Det var ett litet helsike att få den igenom tullen, säger Friedman, för hundarna trodde ju det var knark. Så det var bara att öppna och låta dem nosa.

Vidare genom ankomsthallen och ut till taxikön där luftkonditioneringen tar slut och New Yorks fuktiga sommarhetta slog emot de två skrynkliga atlantresenärerna. Tårtan fördes i säkerhet till hotellet på Manhattan.

Nästa morgon kom en limousin till hotellet och hämtade Friedman och Andersson, och förde dem ut till de mycket rikas grönskande villalandskap i Glen Head på Long Island, där Jan Stenbeck med familj hade sin amerikanska bostad Mayville Farm.

De ringde på.

Efter ett antal signaler stack människan i centrum för hela aktiviteten ut huvudet: Jan Stenbeck, orakad, solbränd, guldlockig.

Stenbeck tittade på Friedman, på Andersson, på Friedman igen och på hans tomma hand, och sa:

– Var är tårtan?

Den var kvar på hotellet, i säkert förvar i hotellrestaurangens kylskåp där Friedman checkat in den över natten.

Kort tystnad.

– Det får du fixa, bestämde Jan Stenbeck.

Kort tystnad.

Jan Friedman ringde hotellet och ordnade så att kolapajtårtan från Erik's sattes i en bil och kördes ut till Mayville Farm, Long Island.

När den kom fram ställde Jan Stenbeck tårtan i kylskåpet. Han skulle ha den som glansnummer vid en middag nästa kväll.

När de kunde börja arbeta presenterade Bosse Andersson kort sina tankar om programtidningen som skulle guida publiken in i den nyöppnade kabel- och parabolvärlden. Jan Stenbeck tittade på honom och pratade om allt möjligt.

På planet tillbaka till Stockholm fick Bosse Andersson veta av Jan Friedman att jobbet var hans.

*

Den Bonnierdirektör som först berättade historien om tårtan för mig sa, med en rysning av direktörsobehag:

– Jag tycker att det är den bästa Stenbeckhistorien, bättre än dem som handlar om hur han tappar humöret och skäller på folk. För den här visar just det som gör honom skrämmande, och ovanlig: att han är helt okänslig när det gäller att förnedra nära medarbetare inför andra människor. Tänk att han tvingade Friedman – som ju var en ganska betydelsefull person i företaget då! – att lägga ned så mycket möda och tid på en tårta. Det är hänsynslöst.

Den rysande Bonnierdirektören är inne på ett tema som återkommer i sårade direktörers och redaktörers berättelser om Jan Stenbeck.

Först tänker man: Fan, den där rike skitstöveln går på som om han ägde mig. Sedan inser man att han i någon mening gör det.

Uppdraget

DENNA BOK KOM ut första gången hösten 2000, då med undertiteln *Ett reportage om det virtuella bruket.* En undertitel som åldrats sämre än boken. Vid millennieskiftet var »virtuell« en lika diffus som populär etikett på allt möjligt som hade med internet, datorer och det nya informationssamhället att göra, flitigt använd av journalister och debattörer. Ingen använder längre ordet på det sättet.

Till denna nya pocketutgåva har jag bytt till en underrubrik som bättre beskriver ämnet: En biografi över en framgångsrik affärsman.

2012 har Jan Stenbeck varit död i tio år.

Berättelsen om vad han gjorde, och det land han gjorde det i, har förändrats under de år som gått.

När jag skrev den handlade den om att förstå vart vi var på väg, och hur det var möjligt att sanningar och verkligheter vi betraktat som så orubbligt stabila kunde förändras så genomgripande.

Nu handlar den om att försöka förstå varifrån vi kom, och hur det var möjligt att sanningar och verkligheter kunde uppfattas som så orubbligt stabila.

*

På våren 1997 var jag reporter på *Expressen* och fick i uppdrag av chefredaktör Staffan Thorsell att skriva en artikelserie – antingen om TV4 eller om Jan Stenbeck. Jag fick välja själv.

Jag hade inga problem med att välja: Stenbeck.

Alla tycker om att prata om Jan Stenbeck. Ingen tycker om att prata om TV4.

*

Vad visste jag då?

Jag anade mer än visste att Jan Stenbeck funnits med i centrum av den omvälvning vi genomgått från sent sjuttiotal till sent nittiotal, mitt vuxna liv. Den smärtsamma folkvandringen från skog och stål till mobiltelefoni och callcenters, från brukssamhället till bemanningsföretaget. En förvandling också i självuppfattning: Sverige har i egna ögon gått från att vara ett annorlunda och bättre land där stålet biter, bilarnas värde varar och televisionen står i samhällsnyttans och sanningens tjänst, till ett land som de flesta andra med reklam-TV som visar porr efter midnatt och annat fånigt som får folk att titta.

Vi är varken bättre eller sämre: chockerande tanke, och djupt osvensk, men nykter.

Jan Stenbecks mest intensiva tid i den svenska offentligheten varade från ungefär 1987 till millennieskiftet år 2000. Han tog över ledningen för familjeföretaget Kinnevik redan 1978, men var mindre uppmärksammad innan Kinnevik gav sig in i medieindustrin. Perioden sammanfaller med en annan, nära besläktad världshistorisk omvälvning. Tiden då murarna föll. Då det kalla krigets klara tudelning ersattes av globaliseringens formlösa nätverk. Då de få centrala makterna ersattes av många små, konkurrerande.

Åttiotalets sista år var en tid som ständigt prövade ens förmåga att tro sina öron, att falsifiera givna sanningar. Berlinmuren revs, för hand, av folket. Nelson Mandela blev fri. Sverige fick reklam-TV. TV3 köpte hockey-VM.

Det var inte historiens slut, som den amerikanske statsvetaren Francis Fukuyama trodde – det var avregleringen av den.

Jan Stenbeck är ett sätt att ta sig in i denna berättelse, en linje att följa genom vägen från 1900-tal till 2000-tal, från bruket till nomadlägret, för att låna en av Stenbecks egna bilder för sin organisation.

Att »bruket« i Kinneviks fall inte bara är en symbol utan det högst verkliga Korsnäs Sågverks AB – och att kapitalflödet inom Kinnevik direkt knyter samman detta bruksföretag vid Gävlebukten med mobiltelefoner och kommunikationsindustri i den gränslösa framtiden – det är prov på den närmast absurda uttrycksfulheten i Jan Stenbecks värld, den dramaturgiska rondör som gör att alla vill prata om honom.

Även andra länder har övergivit bruket för nomadlägret, genomgått förändringen från det rigida samhället till det dynamiska; från upplevelsen av en grundläggande stabilitet, till upplevelsen av en grundläggande labilitet.

Kanske var dramat mer traumatiskt för Sverige, där vi trodde så innerligt på stabiliteten i olika uppenbarelser, där Wallenbergarna och socialdemokratin var så starka och hade funnits så länge, där spelet var uppgjort och vi trodde att vi lagt rälsen mot framtiden för evigt.

Förändringen från det stabila till det labila innebär till stor del just övergången från de få stora avgörandena till de många små. Från de få etablerade makterna till de oräkneliga konkurrerande. Från den svalt organiserade staten som spelplan och identitetsgrund, till globalitetens ändlösa vidder och stammens lojalitetsband; den säregna rumsupplevelse, sammansatt av ytterligheter, som präglar jordklotet efter 1989, efter Berlinmurens fall, efter mobiltelefon och satellit-TV, efter internet.

*

Den gängse bilden av Jan Stenbeck var splittrad, förvriden, som om den här kapitalisten var av så främmande materia att hans blotta närvaro i den svenska apparaten väckt panikartade reaktioner. (Det tog en tid innan jag lärde mig att hans far Hugo Stenbeck, Kinneviks grundare, på sin tid väckte delvis likartade reaktioner inom samhällsklasser höga nog att bry sig.) Bortstötningsmekanismer är intressanta. Vad ett samhälle inte står ut med berättar mycket om det samhället.

Det fanns något i den ortodoxa mediebilden av Jan Stenbeck som jag inte fullt ut trodde på, något i avståndstagandet som verkade skumt. Något gjorde mig misstänksam mot den massiva fientligheten mot en människa som var annorlunda (om än annorlunda i en mycket omsorgsfullt uppbyggd styrkeposition), som bröt mot mediekårens mycket stränga konventioner för det enda rätta sättet att göra saker.

Att Jan Stenbeck skildrades med skepsis är kanske inte så anmärkningsvärt. Hans förändringsprojekt har varit riskfyllt, hur framtiden skulle bli kunde man verkligen inte veta. Han säger själv också att det normala är att en kille som han förr eller senare går omkull. Men här fanns länge ett drygt, tryggt, fantasilöst ointresse som man som svensk lätt kan frestas karaktärisera som typiskt svenskt, men som nog bättre förstås som ett uttryck för en universell bymentalitet: de etablerade sanningarnas och de vedertagna trosföreställningarnas farliga likgiltighet inför signaler som inte passar in i mönstret.

Också den föregivet öppna och nyfikna journalistiken tog avstånd från Stenbeck, och det verkade vara motiverat av andra skäl än dem man kunde öppet redovisa. Som om Jan Stenbeck, och hans framgång, var något vårt samhälle inte kunde stå ut med.

En hysterisk bortstötningsreaktion från den journalistkår och det offentliga samtal som har till uppgift att ge oss korrekt information om verkligheten är onekligen en intressant felfunktion.

Även på ett mer personligt plan fungerade Jan Stenbeck för mig som en signal om att något i den samhällsbild jag växt upp med var falskt.

Där jag växte upp som andra generationens medelklass i det utjämnade Radhussverige fick jag närmast uppfattningen att detta med orättvisa och ojämlikhet var åtgärdat. Att den nervslitande klasspänningen, med alla sina åtföljande känslor av social underoch överlägsenhet, var desarmerad, överspelad, inte längre en formande kraft i våra liv. Budskapet var, som Per Svensson i *Storstugan* skriver om sin uppväxt i en annan del av det nya Sverige, att vi kom från ingenstans och kunde bli vad som helst. Men det är inte så.

Man kommer någonstans ifrån, och detta någonstans bär man med sig: som verktyg, som bojor, som fundament, som konstruktionsfel. Som, kort sagt, ett arv. (Lustigt ord, älskat av överklassen, avskytt av medelklassen.)

Att den insynsskyddade högreståndsvärld som bevarats intakt mitt i den svenska jämlikheten blev synlig kring Jan Stenbeck beror på att han själv var både inuti och utanför den, samtidigt lojal och illojal mot den, både accepterad och utstött, samtidigt en god son och en kolossal chikan – som det heter med ett uttryck som saknar sin motsvarighet på samhällsnivåer där fallhöjden inte är så stor.

Jan Stenbeck orsakar kris i överklassen, och då röjer den sig, röd i ansiktet.

Jan Stenbeck orsakar även kris i medelklassen, här oftast representerad av journalistkåren, eftersom han får oss att känna oss lurade, utnyttjade, underlägsna.

Anledningen till att berättelsen om Jan Stenbeck gör dessa ofta förtigna, omständigheter tydliga är att han spelade skickligt och utmanande öppet på dem. Han mobiliserade mäktiga men otidsenligt feodala krafter för sina syften, medan de flesta moderna människor försöker förneka att de finns.

*

Allt detta var bara aningar. Där jag satt i fåtöljen på Staffan Thorsells chefredaktörsrum på *Expressen* hade jag bara vaga föreställningar om vad som kunde tänkas utspela sig inne i de stora partier av berättelsen om Jan Stenbeck och hans företag som för mig var mörklagda.

I de fragment jag kände till om Jan Stenbeck – och i det lilla jag fått se av honom under det år jag arbetade på *Moderna Tider*, som ingår i gruppen – anade jag suget från en större berättelse, som rör något djupare än strukturomvandlingen av mediebranschen, något mer skakande än reklam-TV:s inbrott i folkhemmet.

Det är mediedelarna av Kinneviks verksamheter som blivit i särklass mest omskrivna. Som journalist kände jag förstås väl till TV3 och tidningen Z.

Men då på våren 1997 hade jag inte ens någon riktigt klar uppfattning om vad Korsnäs var. Jag hade inte kört genom skogarna och känt den hypnotiserande, bedövande kraften i mil efter mil av ansad och välskött bolagsskog. Jag visste inte att Korsnäs gränsar till Sandvik, så att det skog- och stål-Kinnevik som Jan Stenbeck tog i arv från sin far Hugo, och vann kontroll över i en strid med sina systrar, var ett riktigt litet rike, ett furstendöme, även geografiskt.

Jag visste över huvud taget inget om vad advokaten Hugo Stenbeck gjort – och kunde inte föreställa mig vad folk ända sedan Ivar Kreugers död 1932 påstått att han gjort.

Jag visste inget om Jan Stenbecks omfattande mobiltelefon-affärer i tredje världen, en kunskapslucka jag delade med de flesta svenska journalister vid den tiden. De ekonomijournalister som ändå bör ha haft goda chanser att känna till dem, valde att inte fästa större avseende vid dem – vilket bara visar att när det handlade om Stenbeck gällde inte vanliga värderingar. (Föreställ er att Ericsson eller valfritt bolag ur Wallenbergsfären under nittiotalet startat och drivit mobiltelefonbolag i tjugo utvecklingsländer, däribland Vietnam och Kambodja. Det tror jag att vi i så fall hade fått läsa åtskilliga reportage om.)

Det var som sagt bara aningar. Alla kretsade de kring det sena 1900-talets stora underliggande aning att någonting förändrats i grunden.

*

Jan Stenbeck hade dittills i huvudsak beskrivits som obegriplig, nyckfull, antagligen irrationell. Förnuftsvidrig.

Han betedde sig annorlunda, i strid med fundamentala trossatser.

Berättelsen om Jan Stenbeck och hans företag är en berättelse om nya aningar i kamp med gamla sanningar. Om nya metoder i kamp med det vedertagna svenska sättet att göra saker.

TV4 är ett praktexempel på det vedertagna svenska sättet att göra saker.

Mötet mellan Jan Stenbeck och den folkhemska samförståndsprocess som under åren runt 1991 framfödde den officiellt sanktionerade, politiskt godkända kommersiella TV-kanalen – den svenska modellen av reklam-TV – är en absurt översymbolisk duell mellan konventionell svensk visdom och nya respektlösa idéer. Med Wallenbergarna i motståndarlaget, socialdemokratin på fel sida, moderaterna i kläm och Jan Stenbeck som gruvligt överlägsen segrare.

En hemsk och härlig historia, som verkligen visar att någonting faktiskt hade förändrats i Sverige. Annars hade det aldrig kunnat gå som det gick.

*

Jag ringde Kinnevik, för att tala om att jag var i gång med ett reportage om företaget och tänkte hålla på ett bra tag framöver.

Tyvärr, sa Stenbecks sekreterare i Stockholm, finns det ingen *curriculum vitae* för Jan Stenbeck eller annan form av biografiskt underlag jag kunde ta del av för min skildring. Det bara finns inte.

Jag frågade om jag kunde få reda på var Jan Stenbeck befunnit sig det året den 14 maj, då det var bolagsstämma i TV4, bara som en marginell detalj för mitt reportage.

Sekreteraren svarade oberört:

– Det har jag ingen aning om. Och det tror jag inte du kan få reda på. Han är mycket mån om att folk inte ska veta var han är. Det talar han inte om ens för sina närmaste medarbetare.

*

På våren 1997 när jag fick mitt uppdrag av Staffan Thorsell hade Bonniers just köpt in sig i TV4. Staffan Thorsell skickade i väg mig i riktning mot Stenbeck/TV4 i förhoppning om att vi skulle ha en spännande artikelserie att publicera när det länge förträngda maktspelet i TV4 bröt ut med full kraft, nu med Bonniers som Stenbecks motpart i stället för Wallenbergs. En kamp som pågår fortfarande.

Mina artiklar om Jan Stenbeck, inklusive en sällsynt intervju, publicerades i *Expressen* den 22–25 oktober 1997. Jag fick plats med mycket där, dock inte hela den Stenbeckhistoria jag hunnit uppfatta konturerna av. Därför denna bok.

*

När Jan Stenbeck i början av nittiotalet var celeber gäst vid ett seminarium på *Dagens Nyheter*, höll han ett anförande där han ringade in hur nya affärsmöjligheter uppstår i en tid av teknologisk omvandling, som vår. Han gjorde det med en liten analys, utformad som en variant av reglerna för spelet sten-sax-påse.

En affärsförnyelsens näringskedja, enligt Jan Stenbeck:

1. Först har vi en kille med en idé.
2. Pengar slår idén.
3. Politik slår pengarna.
4. Men – överraskning! – teknologi slår politiken.

Vanliga konservativa storföretag låg länge och lurade som gammelgäddor vid steg 2, och trodde att världen slutade vid steg 3. De köpte killar med idéer sedan de förvissat sig om att politikerna skulle låta dem hållas.

Jan Stenbeck strävar efter att befinna sig vid steg 4. Där ny teknologi rycker undan fotfästet för politiska regleringar, och nya marknader öppnar sig för nya affärsmöjligheter – där ska man investera, sa Stenbeck. Till exempel där telefonin rycks ur de statliga monopolens händer genom mobiltelefonins kommersialisering, eller där televisionen slits ur de statliga monopolens händer genom sjunkande satellitkostnader, internationell multikanal-TV och kablar.

Detta beteende gör honom lite speciell, men speciell på ett sätt som är representativt för vår tid. Jan Stenbeck är en tongivande avvikare.

– Det krävs att man är på gränsen till knäpp för att driva sådana förändringar som Jan Stenbeck drivit, säger en före detta Kinnevikdirektör. Ta i en sån situation en knäpp miljardär och låt honom tävla mot ett tjänstemannastyrt bolag. Den knäppe miljardären kommer att vinna.

MTG-chefen Pelle Törnberg säger att Jan Stenbecks grundidé, en entreprenörsinsats i industriell skala, gjort att Kinnevik under honom drivits på ett sätt som ligger långt ifrån moderna managementtankar.

– Vårt sätt att fungera liknar mer hur man skötte L. M. Ericsson på 1890-talet. Vi har byggt IT i Sverige. Det är vi stolta över. För ett sådant arbete krävs starka individer som har de unika egenskaper som krävs för att starta företag. Sådana människor är mycket ovanliga. Det är starka individer som söker sin egen lycka, det är helt naturligt att många vill gå vidare, men de flesta har gjort sin största resa här.

På frågan varför han själv inte gått vidare svarade Pelle Törnberg att han fortfarande hade en »fantastisk resa« i Kinnevik. Begreppet »resa« är centralt i Kinneviks självförståelse, både aktieägare och direktörer pratar om den fantastiska resa man gjort: en förflyttning från den gamla världen till den nya.

*

Globaliseringens uppdrivna hastighet i förändring, kommunikation och konkurrens har gjort den storskaliga, hierarkiska makten icke ändamålsenlig. De nya villkoren kräver flexibilitet, snabbhet, reaktionsförmåga. Så brukar man säga, och det kan låta som om arbetslivet skulle vara på väg att demokratiseras. Men ur managementperspektiv innebär det snarare en omformulering av maktfrågorna:

När nu tidens villkor kräver all denna snabbhet och ansvarsfördelning – hur ska man då kunna samla den avgörande makten hos en ägare/ledare? Hur ska man kunna styra?

Jan Stenbecks organisation var ett svar på frågan. En säregen kombination av rigiditet och flexibilitet: rigid när det gäller vem som bestämmer, flexibel när det gäller vad han bestämmer.

De frågor jag följt och försökt besvara under arbetet är:
Vad har Jan Stenbeck gjort?
Varför blev han så avskydd för det?
Och varför gjorde det till sist honom så framgångsrik?

Den fantastiska kampen om TV4

»…the astonishing fact, revealed by economics and biology, that order generated without design can far outstrip plans men consciously contrive.«

F. A. HAYEK, *THE FATAL CONCEIT*, 1988

1990 BESLUTADE SVERIGES regering och riksdag att införa kommersiell TV i Sverige. Jan Stenbecks satellitkanal TV3 hade då redan sänt i två år. De politiska partierna arbetade fram en gemensam specifikation för hur kanalen skulle se ut, moderaterna hoppade av uppgörelsen i ett sent skede.

Kandidaterna var:

TV4, med Ingemar Leijonborg och Gunnar Bergvall som grundare. Wallenbergsfären var huvudägare i en krets av svenska institutioner och intresseorganisationer.

Jan Stenbecks förslag gick under namnet Rikstelevision. En viktig partner för Stenbeck var den socialdemokratiske politikern Lars Engqvist. Deras bärande idé var att lägga kanalen utanför Stockholm.

Det fanns alltså en kandidat som arbetade på det vedertagna svenska sättet, och en som gjorde allting tvärtemot.

När processen var avslutad, efter 1991 års val och regeringsskifte, hade TV4 fått koncessionen.

Men Jan Stenbeck hade blivit störste delägare i TV4.

KAPITEL ETT

En annan värld

I DECEMBER 1986 firade Kinnevik sitt 50-årsjubileum med en bättre bankett på Grand Hôtel i Stockholm. En symfoniorkester underhöll gästerna. Festligheten kröntes av ett enormt fyrverkeri över Gamla stan. Detta var innan nittiotalets Vattenfestivaler gjort stockholmarna fyrverkerivana. Innerstaden pep svagt av billarm, som ett fågelbo fullt av förtvivlade BMW:ar. Polisen blev uppringd av oroliga människor ända från Vallentuna som trodde att kriget var här.

Jan Stenbeck hade fått spektaklet utannonserat i Radio Stockholms evenemangstips som »Pyrotekniska föreningens årsmöte«.

Nu stod han på Strömkajen utanför Grand med sin vargskinnspäls över smokingen. Över vattnet kunde han se Skeppsbron 18. Det uppsträckta, lejongula gamla bankpalatset som han gjort till Kinneviks huvudkontor – den högsta byggnaden på Skeppsbron – glimmade i ljuset från krevaderna på natthimlen.

Jan Stenbeck var 44 år. Han kontrollerade Kinnevik, det bolag hans far advokaten Hugo Stenbeck byggt upp med sin egen framåtanda och adelsfamiljerna Klingspors och von Horns positioner och pengar.

Efter arvsstriden – med systern Margaretha af Ugglas, och med utomstående konkurrenter i strukturomvandlingens opålitliga näringsliv – hade Kinnevik visserligen slängts ut från Stockholmsbörsen, på grund av okonventionella metoder, och huvudsakligen bemötts med misstro av de svenska ekonomiska och politiska etablissemangen, men Jan Stenbeck hade vunnit kontrollen över sitt fädernearv; det »nya Stora Kopparberg« fadern drömt om att skapa, förvisso svårt sargat efter striden, men ändå med oberoendet bevarat. Jan Stenbeck styrde företaget ut ur de traditionella svenska stål-, skogs- och verkstadsindustrierna, med kurs mot framtiden.

Kinnevik satsade på mobiltelefoner, som knappt fanns, och på reklam-TV, som var förbjudet.

Många gäster hade följt med ut på kajen för att se fyrverkeriet. Om de sneglade mot Jan Stenbeck – och det var förstås i den här scenen svårt att låta bli – såg de arvtagaren till Kinnevik stråla.

– Jan log sitt största, bredaste dollargrin. Han var glad, och mycket stolt, säger en direktör som stod intill huvudägaren på kajen den kvällen.

*

För mediedirektören Jan Friedman beskrev Jan Stenbeck då, i mitten av åttiotalet, sina planer för Kinnevik med en av sina favoritbilder, den lätt bibliskt klingande liknelsen om trädgårdsmästaren:

Nu är en period då vi sätter nya frön i marken, vattnar dem, ansar dem. Rensar bort plantor som inte bär frukt, tar noga tillvara andra som skjuter nya kraftiga skott. Gallrar och vårdar, arbetar med jorden.

Och detta nyodlingsarbete skulle pågå i tio år efter det att Kinnevik lämnat skog och stål. Sedan skulle bolagets nya skepnad vara etablerad, den nybrutna marken säkrad, och Kinnevik skulle åter bli ett litet advokatkontor, med två personer vid var sitt skrivbord och en sekreterare. Som det var när Hugo Stenbeck hade huvudkontoret hos sig på Lagerlöfs och koncernbolagens namn stod på varsin pärm på en hylla: Sandvik, Korsnäs, Halmstads Jernverk.

– Vi pratade om vad vi menade med framgång, säger Jan Friedman. Han sa alltid att han som gammal man ville kunna gå runt med käpp, titta på företagen och säga: Det där startade jag, oj vad det har vuxit! Den där killen minns jag när han kom till oss som ung, oj vad han har utvecklats!

*

Under Jan Stenbecks tid fick Kinneviks årsredovisning en strängt medveten utformning, där nyckelpartier upprepades år efter år, som rituella dansturer. Ibland kunde enskilda formuleringar varieras eller utvecklas. Men den första meningen i årsredovisningen var alltid densamma:

> Industriförvaltnings A B Kinneviks syfte är att bereda vinst till sina aktieägare, i huvudsak genom ökning av aktiernas värde.

Texten fortsatte, i den kompakta och samtidigt snärtande eleganta juriststil Jan Stenbeck använde sig av i skrift:

> Beslut om investeringar göres ofta motvalls eller i oenighet med den övervägande accepterade uppfattningen. Andra hyser ofta en övertro på densamma varför avkastningen på investeringar i enlighet därmed oftast blir lägre än marknadens genomsnitt.

Under rubriken Verksamhetsberättelse fanns en standardpassage om bolagets förändring under Jan Stenbecks ledning. Likadan år efter år, bara siffrorna byttes ut, och ibland lades en ny bransch till. I sin version för 1998 såg den ut så här:

> Då priserna för etablerade företag föreföll att vara höga har Kinnevik i stället för att investera i sådana, de senaste 19 åren startat företag kring nya produkter eller tjänster, i huvudsak inom informationsdistribution i begreppets vidaste mening från telefoni till television.

Sedan följde en uppräkning av något som för näringslivets konventionella visdom länge framstod som en dårskapens diversifiering av en förträffligt normal liten kärnsvensk industrikoncern:

> Dessa bolag är aktiva inom bl.a. drift av cellulär telefoni sedan 1981,

etablerande och drift av satellitsystem för TV-distribution sedan 1985, drift av kreditkortstelefon- och betalningssystem sedan 1986, erbjudande av SMA-TV-tjänster sedan 1987, utgivning av tidskrifter sedan 1987, fristående TV-produktion sedan 1988, distribution av betal-TV sedan 1989, homeshopping-verksamhet sedan 1989, radiosändningar sedan 1991, digital mobiltelefoni sedan 1992, text-TV-verksamhet sedan 1993, internationell telefoni sedan 1993 och nationell telefoni sedan 1994. Dagstidningen *Metro* startades 1995. Internet – och andra IT-relaterade företag, samt kundvårdsrelaterade tjänster startades under 1996.

Genomgången avslutades med den belåtna kommentaren, långt innan omvärlden höll med om bedömningen:

> Även om misstag gjorts förefaller dessa satsningar i dag sammantaget ha varit framgångsrika.

*

Jan Stenbeck gjorde entré som svensk mediemogul vid mitten av åttiotalet.

Det var en annan värld.

De få mobiltelefoner man såg hängde som tunga fälttelefoner på börsvalparnas axlar, och signalerade att här kommer en verkligt viktig yuppie. Att ficktelefonerna tio år senare skulle slumpas bort i köpcentren till tonåringar och småbarnsföräldrar för 49:95 var svårt att föreställa sig. Vid decennieskiftet 1989–1990 gjorde ett mobiltelefonbolag en reklamfilm, utformad som en ironisk framtidsfantasi kring det millennieskifte som skulle komma om tio år: nyårsafton 1999, champagnekorkarna flyger, klockan slår midnatt – och plötsligt börjar det pipa vilt ur de festklädda människornas handväskor och innerfickor. I framtiden har alla sin egen ficktelefon. Så blev det, till och med några år tidigare, men då verkade det science fiction.

Det var fortfarande bara i början av de stora avregleringarnas epok. Flyg, post, taxi, telefon, media, bank, försäkring – de nationella branschskydden avvecklades parallellt med järnridån, allt påhejat av ledargestalterna för åttiotalets borgerliga världsrevolution: Margaret Thatcher och Ronald Reagan.

Telefonmonopolen hörde till de första som föll, Sverige var trots sitt rykte om tröghet snabbt att haka på världstrenden och fick på ett drygt decennium en av världens mest avreglerade – »friaste« som det heter på borgerligt revolutionär jargong – telebranscher. Redan under sjuttiotalet hade Televerket utmanats av en rad små bolag som drev mobiltelefonnät på bygden, med den tidens rudimentära, taxiradioliknande teknik. 1980 hade Claes Persson – under en tid på nittiotalet rikskänd som datorbutikskedjan LapPowers grundare, make och affärspartner till Helen Wellton – börjat sälja egenimporterade koreanska telefonsvarare, vilket provocerade Televerket till våldsamt motstånd. Men snart ledde det till en upplösning av verkets monopolrättigheter när det gällde kringutrustning till det egentliga telefonerandet. Jan Stenbecks mobiltelefonbolag Comvik hade startat i september 1981, en vecka innan Televerket öppnade NMT: premiären för brett marknadsförd kommersiell mobiltelefoni. Sverige var världsledande.

Svensk radio och TV var fortfarande strängt hållna monopolbranscher. SVT:s båda kanaler fick låtsaskonkurrera med varandra för att hålla sig i form. Sveriges Televisions folkkära förnedrade sig diskret på varuhusinvigningar och sportevenemang för att i någon mån realisera sitt marknadsvärde utöver den knappa men säkra lönen från »Bruket«, som SVT-medarbetare på den tiden kunde kalla sitt företag.

Måns Herngren och Hannes Holm hade släppts in som påhittiga ungdomar och husodågor på bästa sändningstid i Sveriges Television, men sedan var den kvoten fylld. En generation kreativa ungdomar satt i källarkontor belamrade med sladdar och vhs-kassetter och gjorde inslag till *Anslagstavlan* – den lilla glipa av svt som stod öppen för externa produktionsbolag – och bara väntade på att tv-monopolmuren skulle falla, så att det skulle uppstå en bransch. Vid den här tiden, det vill säga åttiotalets fyra-fem sista år av oanfrätt uppsving, jobbade jag på tidningen *Nöjesguiden* och gjorde många reportage om »den bildberusade generationens« frustrerade energi och starka framtidsförväntningar.

Jag intervjuade två unga begåvningar i en källare på Östermalm som gjort en rockvideo åt Niels Jensen. Den skulle visas på hamburgerkedjan Clocks intern-tv, hade de fått veta – och det var de två kreatörerna jätteglada för.

Det var en hämmad marknad: ett utbud som ville finnas, men saknade distributionsvägar.

»Östermalm är tekniktätare än Los Angeles«, sa en annan entreprenör jag intervjuade under de där märkliga åren, väntans år i mediebranschen.

Ungmoderater kacklade hånfullt om att Sverige och Albanien var ensamma i Europa om att inte ha reklam-tv. Närradions föregivet föreningsdrivna mångfald bågnade av student-discjockeys, underhållningsentreprenörer och blivande medieföretagare. En stam av småföretagare som snabbt fick Svenska Arbetsgivareföreningen som villig allierad i gerillakriget mot den starka socialdemokratiska statens kreativitetskvävande etermediemonopol, vilket var ett snilledrag av saf. (För övrigt orkestrerat av den Janerik Larsson som långt senare under några år blev Kinneviks informationschef.)

Den politiska laddningen i tv-frågan blev allt starkare, och det knakade i socialdemokratin, som det gör när rörelsen ska till att tänka om.

Det var inte länge sedan delar av arbetarrörelsen med stridsrop om »videovåld« engagerat sig i frenetisk kamp mot vhs-kassetten som distributionsteknologi för film, eftersom den helt korrekt bedömdes som svårkontrollerad jämfört med den gamla biografdistributionen.

Det svenska näringslivet tittade så smått på möjligheten att göra affär av televisionen, liksom man räknade på om man kunde ta över dagisverksamheten från den offentliga sektorn: i ett mellanläge mellan affärsutveckling och politisk kamp, i båda fallen långsiktig. Borgerligheten betraktade mediepolitiken – från presstödet till reklamförbudet i radio och TV – som en möjlig angreppspunkt i den förestående stormningen av den socialdemokratiska hegemonin. Mycket möjlig.

När de nya satellitkanalerna vid mitten av åttiotalet hotade att tränga in i folkhemmen fanns det framstående socialdemokrater som ville förbjuda innehav av parabolantenn. Maj-Britt Theorin, sedermera nedrustningsambassadör och FN-delegat, hade skissat en sådan handlingsplan i en programskrift för Kulturarbetarnas Socialdemokratiska Förening 1980. Det var en rimlig tanke i det offentliga samtalet då, rentav en tanke som hade lätt att få gehör hos kulturskribenter och debattörer som ansåg att mediepolitiken hade till uppgift att motverka kommersialismens skadeverkningar – som det ju också heter i de övergripande mål för den svenska kulturpolitiken som antogs av riksdagen 1974.

Med åren blev dock parabolförbudet med sin fantasieggande Stasikaraktär en idé som socialdemokratin fick äta upp nästan lika ofta som man senare fått äta upp kommunikationsminister Ines Uusmanns analys från 1996 att internet var »en fluga som kanske blåser förbi«.

Det fanns andra framträdande socialdemokrater som försökte få partiet att acceptera kommersiell TV. En av de tidigaste och livligaste var Lars Engqvist, då chefredaktör för tidningen *Arbetet* i Malmö och en internt kontroversiell nytänkare i arbetarrörelsen. En grund för hans engagemang i frågan var en önskan att devalvera TV. Lars Engqvist insåg att reklam skulle sänka televisionen från dess upphöjda särställning bland svenska medier, och det tyckte han var önskvärt. Publicistiskt önskvärt för resonerande journalister och för kvaliteten på det offentliga samtalet, politiskt önskvärt för arbetarrörelsen, och ekonomiskt önskvärt för tidningen *Arbetet*. Lars Engqvist tog upp reklam-TV-frågan flera gånger med Olof Palme, som var måttligt intresserad men insåg att något så småningom måste göras.

Olof Palme fruktade att en reklamkanal skulle bli en näringslivskanal, en »4 oktober-kanal« (efter det datum då den offensiva Svenska Arbetsgivareföreningen arrangerade demonstrationer mot löntagarfonderna). En rädsla som ledde många socialdemokrater till slutsatsen att man borde släppa fram reklam men lägga den i public service-TV. Sveriges Television skulle då bli ett så starkt annonsorgan att knappast någon skulle vilja starta konkurrerande, »fria« kanaler. Denna uppfattning var länge den starkaste i partiledningen.

Det fanns också en tredje ståndpunkt inom socialdemokratin, nämligen den att man kunde släppa fram en reklamkanal men tvinga den att lämna pengarna till Sveriges Television, eller kanske till den problemtyngda socialdemokratiska A-pressen via presstödet? Alltså en rent fiskal ambition bakom etableringen av reklam-TV: idén att ge någon en guldgruva så att man sedan kunde beskatta den och få pengar till helt andra saker. Denna åsikt fanns företrädd i partiledningen ännu nära 1991 års val.

Bengt Göransson, socialdemokratisk kultur- och utbildningsminister 1982–1991, gjorde en helt annan bedömning: en kommersiell TV-kanal skulle inte bli någon guldgruva.

Göranssons mediepolitiska mål var att försvara public service-TV, genom att hålla SVT:s båda kanaler fria från reklam och garantera dem en tillräcklig finansiering. En reklamkanal skulle få hjälpa till med den saken, i form av en rejäl koncessionsavgift. I den ursprungliga modellen betalades koncessionsavgiften direkt till »rundradiokontot«, där även licenspengarna hamnar. En del

av reklamintäkterna från marknaden skulle slussas till public
service, pengarna skulle stanna i etermediepolitiken. Dessutom
skulle en reklamkanal åläggas kvalitetskrav, tvång att göra nyheter,
samhällsprogram, barnprogram och drama, samt restriktioner
för reklamtid, så att en socialdemokratisk kulturminister inte
behövde skämmas över att ha släppt fram den. Det var därför
den inte skulle bli någon guldgruva, insåg Göransson, som själv
gärna framhåller att han hade »kommersiell bakgrund« innan
han blev politiker. (Tio år på Reso, tio år som v d för Folkets
Hus riksorganisation.)

När socialdemokratin några år senare gjorde slag i saken var
det Göranssons plan som följdes.

– Bengt Göranssons stora bedrift var att han lyckades hålla
Sveriges Television fritt från reklam trots en bestämd social-
demokratisk uppfattning att reklamen borde ligga i s v t, säger
Göran Lannegren, då chef för kulturdepartementets medieenhet
och senare chef för Statens kulturråd.

För att uppnå det var Göransson tvungen att söka en allians
med oppositionen, främst folkpartiet, men även moderaterna,
vars stora skräck var att sossarna skulle lägga reklamen i Sveriges
Television och på så sätt spika igen utvecklingen för all framtid.

Det var, som sagt, en annan värld.

Överallt i Mediesverige manövrerade folk för att stå bra till
på perrongen när tåget skulle gå. I högkonjunkturen drömdes
om en framtid med 500 kanaler och guld och gröna skogar åt
alla som kunde hantera en videokamera.

Men alla väntade medan sossarna tänkte.

Alla utom Jan Stenbeck som på nyårsafton 1987 helt plötsligt
hade startat t v 3, satellitsänd från London till skandinaviska
hem. Robert Aschberg gjorde *Diskutabelt*, man rökte, svor, skrek
och drack alkohol i den t v-ruta som dittills betraktats som en
folkuppfostrande hushållsapparat.

Det orsakade visst rabalder. Vi fick en ny central TV-kändis – en avreglerad Lennart Hyland. Men TV3 var för excentriskt, för marginellt, och inledningsvis alltför amatörbetonat, för att bli den stora konfrontationen mellan svenskheten och reklamtelevisionen. Kanalen nådde alltför få tittare och sysselsatte alltför få ur mediekårerna för att bli det som i grunden förändrade vår offentlighet.

Den stora kampen om offentligheten, och den involverade hela den svenska samhällseliten, bröt i stället ut några år senare i den besynnerliga process kring 1991 års val som resulterade i TV4: en reklamfinansierad kanal finansierad av Wallenbergpengar och med Jan Stenbeck – kanalens egen huvudkonkurrent – som störste aktieägare.

*

I debatten och nyhetsrapporteringen talade man om den »marksända« reklamkanalen som skulle skapas. Men den intressanta egenskapen är »rikstäckande«, vilket inte satellitsänd eller kabeldistribuerad TV är. I Amerika använder man termen »nationell« för samma egenskap. Detta är förstås kommersiellt intressant eftersom den potentiella publiken blir större.

Den rikstäckande egenskapen är också publicistiskt intressant. Den rör offentligheten, demokratins »torg«, och den för journalistiken viktiga idén om en publiceringskanal där meddelandena blir offentliga. Där man i princip kan tala till alla medborgare, det vill säga till Allmänheten, som ju är journalistikens och politikens gemensamma uppdragsgivare. Rikstäckande TV passar in i den traditionella föreställningen om en medial offentlighet, med journalistkåren som inflytelserika funktionärer. Satellit- och kabel-TV gör det inte.

Marksänd TV engagerade journalisternas skråintresse på ett helt annat sätt än satellitfrågan gjort några år tidigare.

Händelseförloppet i reklam-TV-frågan påverkades av fyra krafter, osäkrade samtidigt: politik, journalistik, näringsliv, teknologi.

Den flerdimensionella osäkerheten gjorde skeendet svårförut-sägbart medan det pågick och svårtolkat i efterhand, labilt och irrationellt dynamiskt som Lustiga Huset på Gröna Lund.

De tre första krafterna försökte vända osäkerheten till sin egen fördel.

Den fjärde, teknologin, ville ingenting, utan följde bara sin egen rastlösa lag, av Intelgrundaren Andy Grove uttryckt: *What can be done, will be done.*

KAPITEL TVÅ

En jäkligt rolig &
intelligent kille

»LARS ENGQVIST var ju inte ›socialdemokratin‹ på den tiden, inte så som han blivit det senare«, säger en framgångsrik person i statsapparaten som jag talar med på hösten 1999.

Då är Lars Engqvist sedan ett par år statsråd i Göran Perssons regering, först integrationsminister, sedan socialminister. Inplockad i den exekutiva partivärmen. Där befann han sig inte under reklam-TV-frågans avgörande. Ändå i händelsernas centrum, på sitt eget sätt.

Den före detta SSU-ordföranden Lars Engqvist var chefredaktör på socialdemokratiska morgontidningen Arbetet i Malmö från 1980 till 1990, då han i stället blev kommunalråd i Malmö.

Han blev en av de absoluta nyckelpersonerna i reklam-TV-frågans utveckling: som politiker och opinionsbildare, och som affärspartner med Jan Stenbeck.

Därefter hamnade Lars Engqvist lite vid sidan av i arbetarrörelsens ordinarie maktstruktur. Vid slutet av nittiotalet hade man parkerat honom på Filminstitutet. Där reformerade han i måttlig takt Harry Scheins gamla filmpolitik – och rörelsen kunde kalla in honom vid behov. (Världskulturhuset, Göteborgs Stadsteater: känsliga situationer, potentiellt skadliga för socialdemokratin, alltför subtila för att bekvämt passa kulturminister Marita Ulvskog.)

I VD-rummet på Filmhuset sjönk Lars Engqvist ner i en fåtölj, väntade medan jag bläddrade upp en tom sida i blocket och sa så:

– Det här hade jag tänkt berätta för dig…

Vid biten där Engqvist försöker köpa Arbetet av Rune Molin

sufflerade han, så att jag inte skulle slarva över den lilla sensationen:
– Detta har jag aldrig berättat för någon journalist tidigare...

Lars Engqvist är en av de okonventionella *associates* till Jan
Stenbeck som av olika typer av fiender och meningsmotståndare
placerats i en dolsk skurkroll. Kanske den dolskaste av dem alla –
i hård konkurrens med den ofördelaktiga roll fienderna skrev åt
Odd Engström, en annan socialdemokratisk självtänkare som
trivts med den kapitalistiske självtänkaren Jan Stenbeck.

I VD:s ljusa hörnrum på Filmhuset summerade Lars Engqvist
sin betydelse för Stenbeck så här:
– Av alla de ambitioner jag hade – först som chefredaktör på
Arbetet och sedan som kommunalråd – blev ingenting. Men jag
hjälpte Jan Stenbeck att komma in i media på allvar. Dit hade
han aldrig klarat sig ensam. Det visste han själv också.

Detta sa Lars Engqvist utan agg eller bitterhet, tvärtom med
ett av sina stillsamt uppspelta, halvt inåtvända småleenden på
läpparna.

Så kan det gå.

*

I det sena åttiotalet satt den socialdemokratiske chefredaktören
Lars Engqvist nere i Malmö och gick igenom sina tillgångar som
medieföretagare.

Han var välförsedd med symboliskt kapital, men när det gällde
vanliga pengar var varken Lars Engqvist eller tidningen *Arbetet*
några belåningsbara namn. Han skulle behöva kapital av båda
sorterna för att kunna förverkliga de drastiska planer han nu
utvecklade, och som fick sin näring av en känsla av ofrihet och
instängdhet, begränsning och tristess. Som så ofta när det gäller
drastiska planer.

När arbetarrörelsen 1985 samlat sina tidningskrafter i A-pres-
sen för att skapa en kraftfull motpart till den borgerliga dominan-

sen på ledarsidorna, hade *Arbetet* tagits med i koncernen mot chefredaktören Lars Engqvists vilja. *Arbetet* var den stora social-demokratiska morgontidningen, ett opinionsinstrument av riks-intresse, samtidigt ett bångstyrigt forum för självständig social-demokratisk opinionsbildning. Tidningen hade just börjat göra vinst. Konkurrensen med den stora borgerliga morgontidningen *Sydsvenska Dagbladet* var framgångsrik, både om upplagan och om andelen av offentligheten och makten över dagordningen. Med motvilja såg tidningsledningen hur det ekonomiska och publicistiska oberoende man kämpat för riskerade att försvinna in under A-pressens gemensamma tak.

Lars Engqvist och hans tidningsledning »ville inte gå de van-liga LO-vägarna«. Man kände sig »utlämnad till arbetarrörelsens ledning i Stockholm«. Fritänkarna i Malmö hade på ett förned-rande och frustrerande sätt hamnat i händerna på betongbefälen vid Norra Bantorget.

För att kunna skapa självständighet behövde *Arbetet* bygga ett eget, bärande ekonomiskt fundament. Engqvist ville att *Arbetet* skulle expandera som medieföretag, söka fler avsättningar för sin kunskap.

Chefredaktör Engqvist inventerade sina affärstillgångar, och kom fram till att han hade full trovärdighet politiskt och publi-cistiskt, noll trovärdighet kommersiellt.

*

Samtidigt satt den nyblivne TV3-piraten Jan Stenbeck i Gamla stan i Stockholm och gick igenom sina tillgångar: full trovärdig-het kommersiellt, noll trovärdighet publicistiskt och politiskt.

För att kunna göra affärer i den politiskt påverkade medie-branschen är det ofta viktigt att betraktas som OK, accepterad, respektabel, försänkt; att besitta tillgångar i det som kallas symboliskt kapital. Just sådant kapital som Jan Stenbeck gjort en affärsidé av att inte ackumulera. Även symboliskt kapital har en förvaltningskostnad. Att i stället fokusera resultatet och strunta i vad de andra tycker om en kan ge en effektivitetsvinst; det var denna vinst Jan Stenbeck sökt genom att konsekvent agera »motvalls« eller »contrarian« som det heter inom gruppen.

Men nu hade Kinnevik kommit till en punkt där nästa steg krävde finansiering även i symboliskt kapital, i en valuta som var erkänd i ankdammen Sverige.

Från båda håll upptäckte man passformen.

Engqvist och Stenbeck behövde varandra och hade något att ge varandra.

Den första kontakten togs tidigt 1988, vid en debatt om TV:s framtid på Börshuset i Malmö. Debattrubriken var »Ska man förbjuda TV3?«. Stenbeck hade just startat sin satellitkanal och den spännande frågan var: Kommer kabelnämnden att tillåta att den sänds vidare genom kablar i svensk jord? Vid middagen efteråt satt Lars Engqvist med TV3:s VD Jan Steinmann, som tyckte att Engqvists åsikter passade jävligt bra in i vad Kinnevik sysslade med. Några veckor senare blev Lars Engqvist inbjuden till ett seminarium om TV3 i Stockholm och fick tillfälle att hälsa på Jan Stenbeck. Redan under våren 1988 besökte Jan Stenbeck och hans inre mediekrets – Pelle Törnberg, Steinmann, Jörgen Widsell – ledningen för *Arbetet* i Malmö.

I tidningens styrelserum, under de röda fanorna och det stora porträttet av agitatorn och tidningsgrundaren Axel Danielsson, diskuterade kapitalisten Stenbeck och den socialdemokratiske chefredaktören Engqvist gemensamma affärer.

Medieaffärer vars like Sverige i sin fyrkantighet dittills inte skådat.

Lars Engqvist hade flera idéer om hur *Arbetet* skulle kunna bredda sin kommersiella bas. En var att starta en kompakt nyhetstidning, gjord av ompackat material från *Arbetet*, och sälja den för en femma i Stockholms tunnelbana. Att använda T-banans perronger som distributionskanal för en tidning var den verkligt originella idén. Syftet för Engqvist var att marknadsföra *Arbetet* i huvudstaden, som ett brett och påhittigt mediaföretag. Ett allvarligt hinder för tidningens utveckling var att ingen i Stockholm räknade med den.

Nu undrade Lars Engqvist om Jan Stenbeck ville bli partner i ett sådant projekt: en ny, fräckt rationell dagstidning, lanserad genom tunnelbanan. En annan affärsidé *Arbetet* sökte kommersiell partner till var att utveckla en söndagstidning, som skulle ge annonsintäkter. En tredje var att göra en TV-programtidning och sälja den till tidningar ute i landet som inte hade råd att göra en egen.

(Vid den här tiden väntade mediebranschen också att Stenbecks nästa drag efter tidningen *Z* och TV3 skulle bli en stor, ny dagstidning, eftersom detta skulle medföra respekt och prestige. Journalister tenderar att övervärdera opinionens betydelse för att påverka ett skeende, ungefär som bankmän kan övervärdera pengars betydelse. Det Stenbeck visar är kanske att samhälleligt godkännande inte alltid behövs, bara ibland, och då inte alltid godkännande från alla; även konsensus kan skräddarsys och utnyttjas resurseffektivt.)

Det blev inget av med Engqvists idé om en tunnelbanetidning. Men efter ett initiativ av helt andra personer startade Kinnevik 1995 gratistidningen *Metro* i Stockholm: spridd genom T-banan, gjord av en liten redaktion med ompackat TT-material, en radikalt förenklad nyhetstidning som blivit Kinneviks stora affärsframgång inom tryckta medier.

– Så fräcka var inte vi... att man skulle dela ut tidningen gratis, säger Lars Engqvist med ett litet leende. Jan ringde och erbjöd mig en styrelseplats när de skulle starta *Metro*, men då hade jag börjat på Filminstitutet och fick förklara att jag inte samtidigt kunde sitta hos honom.

I *Arbetets* styrelserum pratade Engqvist och Stenbeck också om att Kinnevik och *Arbetet* kunde starta ett gemensamt TV-produktionsbolag. Lars Engqvist ledde ett par uppmärksammade samhällsprogram i TV3 (bland andra det smarta och roliga *Redaktörerna*).

Chefredaktören bjöd satellitkanalen på lite välbehövlig prestige och satellitkanalen bjöd chefredaktören möjligheten att profilera sig själv som en frisk och fräsig sossepublicist som inte var rädd för den nya mediesituationen. En som tog upp diskussionen i satellit-TV i stället för att yrka på förbud mot paraboler. Passformen var verkligen utmärkt.

Under 1989 uppfattade Lars Engqvist att han höll på att förlora sin frihetskamp mot arbetarrörelsen i Stockholm.

– Jag förstod att A-pressledningen hade planer på att sparka mig, säger Engqvist. De upplevde våra diskussioner med Kinnevik som en utbrytning – vilket det ju också faktiskt var. Vi berättade inget för dem om våra planer på en Stockholmstidning tillsammans med Stenbeck.

Lars Engqvists frihetsidéer radikaliserades. Han föreslog för Jan Stenbeck att de tillsammans skulle köpa *Arbetet* av arbetarrörelsen. Engqvist räknade med att det skulle behövas 30–40 miljoner kronor.

Jan Stenbeck var inte intresserad av att göra sitt Kinnevik till delägare i den stora socialdemokratiska morgontidningen, men han lovade låna Lars Engqvist de pengar han behövde för att göra affären själv.

Under julhelgen 1989 skrev Lars Engqvist ett brev till Rune Molin på LO i Stockholm och bad att få köpa loss sin tidning från A-pressen.

I brevet avslöjade Lars Engqvist inte sin finansiär, då hade LO-ledningen trott att han blivit helt tokig. Det räckte med att de redan såg honom som en illojal, odisciplinerad solospelare.

Det kom snabbt svar från Molin: *Arbetet* ska förbli en del av A-pressen, LO har fullt förtroende för koncernens ledning. (A-pressen gick i konkurs tre år senare.)

I och med detta brevsvar var Lars Engqvist utspelad som chefredaktör på *Arbetet*.

Den lokala socialdemokratin i Malmö hade däremot uppskattat Lars Engqvists regionalpatriotiska uppstudsighet mot centralmakten i Stockholm. Sånt gillar man i Malmö.

Partiets förre starke man i kommunen Nils Yngvesson hade dragit sig tillbaka och man sökte en ny – en stark man för den nya, flimrande, flytande, avreglerade tiden, med satellit-TV och börsyra och skenande socialbidragskostnader och trottoarserveringar överallt. En stark man för det post-Kockumitiska Malmö, beläget nästan i hjärtat av de olika regionernas Europa. En som såg visioner, en som genom dimman av osäkerhet kunde skåda en inspirerande framtid för Malmö. En som kunde komma på en ny berättelse när den gamla tagit slut.

Den 1 maj 1990 blev Lars Engqvist finanskommunalråd och kommunstyrelsens ordförande i Malmö. Den fritänkande chefredaktören blev den dynamiske Kungen av Malmö och satte »en jävla fart« (som jag minns att hans pressekreterare flämtade åt mig, lyckligt uppgiven, när jag satt och väntade in den översysselsatte Engqvist för en intervju). Det var lite Kennedy, det var schvung i Stadshuset.

När Lars Engqvist gick över till politiken lämnade han alla affärsdiskussioner med Kinnevik.

– Från den stunden var Kinnevik mer intresserat av mig som kommunalråd, säger Lars Engqvist med ännu ett litet leende.

Dessa små leenden är svåra att tolka exakt, entydigt och uttömmande. Jag tror att den fientlighet mot Lars Engqvist som på sina håll odlats med passionerad omsorg hämtar näring ur dessa helt malplacerade ansiktsuttryck: han sitter och flinar, det var en fräck en. Nidbilden av Lars Engqvist är bilden av en cynisk, manipulativ spelare, en lömsk karriärist.

(Samma slags egenskaper, för övrigt, som brukar tillskrivas dem som rör sig för oberäkneligt och för kvickt för att det ska passa in harmoniskt i det svenska mönstret. Jan Stenbecks intellektuella entourage är en hel klan av sådana: partibröder och -systrar som Lars Engqvist, Odd Engström och (nästan) Mona Sahlin, journalister som Göran Rosenberg och Anders Isaksson, författaren Lars Gustafsson, lobbyistpionjären Janerik Larsson, finansoriginal som Johan Björkman och Sven Hagströmer – aparta och smarta folkhempåfåglar som i varierande grad ådragit sig den svenska misstänksamheten genom att inte vara så enkla.)

Själv uppfattar jag Lars Engqvists småleenden – som jag funderat mycket över de gånger jag intervjuat honom – som uttryck för en uppvriden berättarglädje, den känsla som uppstår när meningen tätnar i dramat. Man njuter ju av pjäsen även när det går illa för den i grunden hygglige Hamlet, bara för att det svänger så. Det är, som Ingmar Bergman säger, ruskigt men jävligt roligt.

På samma sätt gissar jag att Lars Engqvist har en njutningsfull relation till den politiska dynamiken, även när det – åtminstone enligt konventionell svensk visdom – är honom själv det går illa för.

*

På den socialdemokratiska partikongressen i september 1990 spelade Lars Engqvist en framträdande roll.

Det var han som dyrkade upp rörelsens låsning i reklam-TV-frågan.

Nyckeln var regionalpolitisk. Lars Engqvist visade sina partikamrater hur reklam i TV kunde bli en kraftfull kulturell och industriell utjämningsreform, i stället för ett nederlag mot marknadskrafterna – bara man la den nya kanalen i Malmö och Göteborg, i stället för i Stockholm.

Beslutet fick en lyster.

Lättad sa kongressen ja till en svensk reklamkanal.

*

Arbetet med att skapa och utdela detta privilegium – monopol-
rätten till rikstäckande reklam-TV, vilket förväntades vara en
guldgruva – sattes snabbt i gång av Ingvar Carlssons regering,
där Odd Engström var vice statsminister.

– Vid jultid 1990, säger Odd Engström, kom Ingvar Carlsson
in till mig och sa: Nu får du gå in och arbeta med TV-frågan, och
söka en bredare politisk enighet. Jag klev alltså in på Bengt Gö-
ranssons område, för att statsministern bett mig. Jag tog kontakt
med moderaterna, centern och folkpartiet och ställde frågan: Hur
ska kommersiell TV se ut för att få brett stöd i riksdagen? Vi kom
fram till en gemensam grund, och det kunde jag avrapportera till
Ingvar Carlsson och regeringen. Sen gick jag hem och sysslade
med andra helveten.

Riksdagspartierna bjöds in till en parlamentarisk kommission
som fick utarbeta regelverket och bearbeta ansökningarna. När
den parlamentariska gruppens gemensamma lagförslag togs av
riksdagen den 11 juni 1991 valde moderaterna att hoppa av
kommissionen och ställa sig utanför samförståndsarbetet i det
som var en moderat profilfråga: »fri« television. (Det vore ju
heller inte så lätt för de moderata systemskiftarna att profilera sig
i en fråga som just höll på att få sin breda samförståndslösning
under socialdemokratiskt ordförandeskap.)

TV-processen pågick under stigande spänning parallellt med
1991 års valrörelse och var avslutad först flera månader efter
regeringsskiftet, då »den enda vägens« ministär med Carl Bildt
som anförare tillträtt för att ansluta Sverige till den borgerliga
världsrevolutionen.

KAPITEL TRE

Robinson för direktörer

EN SÖMNIG SOMMARDAG 1997 satt jag i en korridor på utbildningsdepartementet med två kartonger svensk mediehistoria framför mig: ansökningarna till reklam-TV-loppet 1991. Någon karenstid i myndighetens arkivreglemente hade gått ut, jag hade genskjutit pappersbuntarna just när de skulle skeppas ner i de djupa valv där statsmakten förvarar offentliga handlingar som ingen längre är intresserad av.

Att bläddra igenom dessa handlingar inger en lätt känsla av yrsel: var folk inte kloka, för bara sex–sju år sen? Åtskilliga sökandes förhoppningar framstår i efterhand som gravt orealistiska. Vid sidan av Wallenberg och Stenbeck möter man rader av små reklam- och informationsbolag, med dokumenterad videovana, som förklarar sig villiga att ta ansvar för uppbyggnaden och driften av den stora svenska reklamkanalen, liksom glesbygdskommuner, folkrörelseorganisationer samt olika kombinationer av de tre.

Det är lätt att döma det nyss förflutna på felaktiga grunder.

Det rådde genuin osäkerhet. Det som nu skulle ske – införandet av kommersiell television i Sverige – hade aldrig skett tidigare. Man kunde inte bilda sig en uppfattning av förloppet genom att studera hur vi brukade göra, för detta var första gången.

Det utmärkande för verkligt genomgripande förändringar är att ingen kan veta hur det ska bli. Det blir något vi inte känner från förr, något vi inte har erfarenhet av, något nytt.

Detta är en insikt jag fick under arbetet, efter det att jag intervjuat Jan Stenbeck och den före detta vice statsministern, dåvarande Kinnevikdirektören Odd Engström. (Kanske var det mest Odd Engström som hjälpte mig att förstå, han hade en pedagogisk iver, en stark vilja att bli förstådd – så mötte han också mycket oförståelse, och hån, från partikamrater och vänsterskribenter efter sitt avhopp till kapitalismen.)

Insikten kan verka banal, men är det inte.

Ingen kunde veta vilka regler som skulle gälla för spelet – inte heller, fullt ut, de politiker som skrev dem. Man fick gissa, och göra sina insatser.

Ansökningshandlingarna kan läsas som tre olika spel på framtiden, på vilken grad av osvenskhet som skulle prägla handläggningen (själva ärendet, att införa reklam-TV, var ju osvenskt i sig):

De små medieentreprenörerna och kommunerna i provinsen satsade på att närradions folkrörelsebundna mångfald skulle vara förebild. De räknades bort först.

Wallenbergarna spelade på att den svenska modellen, i vilken de själva är en huvudpart, skulle hålla och styra även denna utvecklingsfas.

Stenbeck spelade på att det svenska konsensussystemet nu skulle bryta samman. Att ett nytt beteende skulle vara starkare under dessa omständigheter.

Den verkliga kampen om den nya reklamkanalen blev ganska snabbt tydlig: här gällde det Wallenberg mot Stenbeck, med socialdemokratin som domare.

En oväntad uppställning, som också hade en annan, mer omedelbar betydelse. Länge såg det ut som att TV4 skulle bli ensamt som seriös sökande. Det skulle alltså bara finnas en part för kulturdepartementet att förhandla med. Dålig sits. Då kom Stenbecks ansökan som en räddning. Med hjälp av den kunde politikerna hetsa de sökande till en ordentlig strid, och tvinga TV4 till betydande eftergifter jämfört med den ursprungliga ansökan.

– Vi lyckades över hövan med att få till en verklig konkur-
renssituation, kluckar en av de dåvarande socialdemokratiska
topptjänstemännen i Bengt Göranssons kulturdepartement.
På departementet hade man uppfattningen att kulturministern
redan nått sitt politiska mål när han lyckades lägga reklamen
utanför SVT. Vilken av de båda sökande som sedan fick kanalen
brydde man sig inte så mycket om, man uppfattade det inte
som särskilt viktigt. En kallsinnighet som ibland gjorde ett
chockerande intryck på kandidaterna.

*

Förloppet liknar ett laboratorieexperiment i affärsmetoder. Eller
en lördagsunderhållning i SVT från Robinson-epoken:
Två lag direktörer ska ta sig fram genom ett politiskt minfält,
som hela tiden förändras av hysteriskt upphetsade krafter.
Wallenberglaget definierar ett enda mål, tillkännager det,
tänker ut den enligt erfarenhet mest logiska vägen till politikernas
hjärtan, marscherar i väg i allas åsyn och spenderar riktiga pengar
på vägen som om man redan vunnit.
Stenbecklaget har flera möjliga mål, är svårtolkat i sina avsikter,
sprider sig i terrängen på jakt efter okända bakvägar och håller i
pengarna genom att låta sin finkanal vara ett rent pappersprojekt.

Wallenbergsfären hade gått in som huvudägare i Nordisk Televi-
sion, ett projekt startat 1984 av de båda frilansande mediedirek-
törerna Gunnar Bergvall (f.d. Bonniers) och Ingemar Leijonborg
(f.d. Sveriges Television), med det från starten formulerade
målet att bli den svenska reklamkanalen – när en sådan skulle
bli tillåten. Våren 1987, när den politiska process Bergvall och
Leijonborg skådat i sina visioner så smått kunde urskiljas även
i verkligheten, kom Wallenbergarna in med hela sin pondus.
Den wallenbergska investeringen sköttes först av sfärens
investmentbolag Providentia och dess VD Per Lundberg, senare

av maktbolaget Investor. Kring sig samlade Wallenbergarna en prydlig skara delägare från olika delar av det svenska samhället: försäkringsbolaget SPP, Lantbrukarnas riksförbund, bokförlaget Natur och Kultur.

Ett Sveriges Television i miniatyr; en avbild av det representativt maktbalanserade Organisationssverige som var på väg att brytas ner. Med en socialdemokratisk delägare hade den politiska täckningen varit total.

TV4:s ägargrupp förband sig att investera en halv miljard kronor i kanalens uppbyggnad. Wallenbergarna stod för hälften, småägarna den andra hälften – som ju ändå var rejäla pengar.

– Det var vi som körde, de andra var bara med på resan, sa en Wallenbergföreträdare till mig på våren 1997, när Wallenbergarna ännu i ett halvår skulle bita ihop och härda ut med sitt delägarskap i den stora svenska reklamkanalen.

Stenbecks framtoning var mer obegriplig. En excentrisk miljardär som hade startat tidningen Z och tjuvstartat reklam-TV i Sverige med satellitkanalen TV3. Ingetdera gjorde honom populär hos det politiska etablissemang som skulle utse vinnaren.

Vad hade Stenbeck i den här matchen att göra?

– När vi startade vår konkurrerande ansökan, säger Jan Stenbeck, hade vi vunnit nästan allt vi gett oss in i. Vi hade en känsla av att om vi startar billigt, kör på med full energi, knackar på alla dörrar, drar i alla fönster, så nog sjutton ska vi hitta en väg att verkligen bli konkurrenter i dealen.

Stenbecksfären bättrade på förvirringen genom att inledningsvis låta sig representeras av två ansökningar – en från TV3 och en från produktionsbolaget Strix.

Desto entydigare var Wallenbergsatsningen.

Redan i september 1990 hade TV4 (namnet togs kvickt sedan Stenbeck startat TV3) rekryterat 160 personer och tjuvstartat sig självt via satellit. TV4 hade en stor nyhetsredaktion och ambitiös samhällsbevakning, sådant som politiker vill se på TV. Kanalen kunde inte gå ihop på den begränsade satellitpubliken. Det var heller inte därför man började sända.

TV4 som satellitkanal var som ett JAS-plan på uppvisningstur: någonting mittemellan en flört och ett hot, riktat mot riksdagen. Förlustsiffrorna växte för varje dag TV4 var i drift som satellit-kanal. I stridens hetta sprängdes den ursprungliga investerings-ramen: TV4:s ägare vräkte ut 850 miljoner kronor på att bygga upp kanalen. En investering som skulle bli komplett värdelös om TV4 inte fick koncessionen till den rikstäckande svenska reklamkanalen. Vilken politiker ville ha ett sådant slöseri med Wallenbergpengar på sitt samvete? (Ett svar är att det inte skulle ha bekommit den dåvarande kulturministern Bengt Göransson ett dugg, fast det kunde man i TV4-ledningen uppenbarligen inte föreställa sig.)

Under tiden visade Jan Stenbeck upp fler oväntade sidor.

Han startade tidskriften *Moderna Tider*, med prestigejourna-listen Göran Rosenberg som redaktör/entreprenör, och ansedda debattörer som Anders Isaksson och Anders Ehnmark i medar-betarkretsen – ett intellektuellt hov som en excentrisk miljardär normalt inte ska kunna samla i vårt land, där det råder sträng apartheid och ömsesidigt förakt mellan det ekonomiska och det kulturella kapitalets förvaltare.

Kultureliten betraktar näringslivsfolk som dumma. Närings-livet betraktar kulturfolk som vimsiga. I båda fallen säkert ofta orättvist. Desto mer effektfullt var det att Jan Stenbeck lyckades knyta till sig den andra eliten i en smidig liten organisation som snabbt producerade stora mängder politisk goodwill åt honom. *Moderna Tider* fick med begränsad upplaga genast ett enastående genomslag i den kvadratkilometer av Stockholm där regeringens departement och riksdagen ligger samlade. När jag själv arbetade på *Moderna Tiders* redaktion häpnade jag över att vi fick insändare från statssekreterare.

– Stenbeck släntrade in på departementet i såna här breda, röda Wall Street-hängslen och delade lite flott ut senaste numret av *Moderna Tider* till alla. Han tyckte väl det var något för oss, säger Sverker Gustavsson, ordförande i den parlamentariska TV-beredningen och kulturminister Bengt Göranssons statssekreterare.

Moderna Tider, som även producerade ett ambitiöst samhällsmagasin för TV3 med Göran Rosenberg som programledare, förändrade (eller konfunderade) omvärldens uppfattning av Jan Stenbeck på ett betydelsefullt sätt.

Om han kandiderat till den politiskt sanktionerade reklam-TV-licensen med bara Z och TV3 på sin mediala meritlista hade han gjort en slätare figur, både i den journalistdrivna opinionens ögon och i riksdagen. *Moderna Tider* gjorde Jan Stenbeck tänkbar som vinnare i reklam-TV-processen; utan den hade han varit anstötlig.

Moderna Tider gav också värdefulla kontakter. Reklam-TV-kampanjen gick genom ett politiskt landskap som var obekant för företagsledningen. Framför allt Anders Isaksson, inflytelserik politisk krönikör i *Dagens Industri*, som själv under en period arbetat i den socialdemokratiska regeringsapparaten, hade en unik kompetens som rådgivare.

Genom mecenatskapet för *Moderna Tider* knöt Jan Stenbeck till sig en *consigliere* på kanslihusnivå, liksom Z-redaktören Jörgen Widsell var det på kvällstidningsnivå. En stor furste med breda verksamhetsytor har behov av flera *consiglieri*, sinsemellan så olika att de inte kan förstå eller särskilt mycket respektera varandra, när de måste mötas på koncernmiddagarna.

Anders Isaksson pekade ut nyckelpersonerna i processen för Jan Stenbeck. Den mest centrale politikern var kulturminister Bengt Göransson. Han borde uppvaktas personligen. Isaksson ringde upp ministern.

– Jag sa till Göransson att nu ringer jag mitt första samtal som inofficiell lobbyist, säger Anders Isaksson, och så förklarade jag situationen, att det egentligen var *Moderna Tider* det handlade om för mig – och jag hade ju heller inget betalt för detta – och så frågade jag om han inte kunde träffa Stenbeck och prata. Och det gjorde de.

Anders Isakssons analys var att det inte räckte med att skapa förståelse inom socialdemokratin. Det hade Stenbeck i viss mån kunnat ordna själv via vice statsministern Odd Engström, en gammal bekantskap från studentåren i Uppsala, och den nya bekantskapen Lars Engqvist, kommunalråd i Malmö. Det viktigaste var, som Isaksson såg det, att skapa en allians mellan socialdemokrati och moderater. För övrigt samma slags allians som Bengt Göransson, av egna skäl, behövde få till stånd.

En sådan allians skulle dra med sig de andra partierna »som fastklistrade«. Det vore också farligt för Kinnevik om valet av kanaloperatör blev en parti- eller blockskiljande fråga, i onödan laddad med spänningen mellan moderater och socialdemokrater. En risk som var uppenbar när Kinneviks konkurrent var dominerad av Wallenbergarna, som av tradition stod nära moderata samlingspartiet. (En relation som blir tydlig i en sådan detalj som att Jan Stenbecks svåger och fiende i arvsstriden om Kinnevik, Bertil af Ugglas, innan han gick bort i förtid varit både påläggskalv inom Wallenbergimperiet och partisekreterare i moderaterna.)

Den näst viktigaste personen i processen var följaktligen Anders Björck, moderaternas dåförtiden högprofilerade mediepolitiker. Björck borde därför också ätas lunch med, menade Anders Isaksson.

Men Jan Stenbeck vägrade.

Till det priset, förklarade han, ville han inte gå vidare i racet. Ensamrätten på rikstäckande reklam-TV var inte värd ett sådant offer som att genomlida en lunch med Anders Björck.

Argument som en *consigliere* måste acceptera som de är.

Dessutom var Isakssons idé om att söka en kraftfull social-moderat allians bakom Kinneviks kanalkandidat direkt oförenlig med Jan Stenbecks egen analys av vilken batalj man just var på väg in i, vilka styrkorna var och hur de var uppställda.

– Stenbecks grundläggande tes, säger Isaksson, var att moderaterna företrädde Wallenbergarna. Så såg han det verkligen.

Som Anders Isaksson kunnat förutse blev det sedan politiskt krångel kring Kinneviks bristande kontakt med moderaterna.

Som Anders Isaksson inte kunnat förutse gav detta krångel en möjlighet för Stenbeck att vid dramats höjdpunkt genomföra en överrumplande nattlig förhandling som lät honom både äta kakan och ha den kvar – ett resultat som bara är möjligt för de verkligt skickliga förhandlarna, och även för dem bara när ytterst sällsynta möjligheter öppnar sig.

– Jag kanske var politiskt smartare än Stenbeck, säger Anders Isaksson, men han var smartare när det gällde att tillvarata sina intressen.

(Enligt en direktör som stått Stenbeck nära är Anders Björck en av de två moderatpolitiker Jan Stenbeck tycker sämst om. Den andre skulle vara Ulf Adelsohn, skolkamrat från Östra Real. Om dessa båda kunde Stenbeck sitta och muttra, säger direktören. När jag ber om en tolkning gissar han att Stenbeck såg ner på moderatpolitiker som tjänstvilligt och eftergivet ställer sig till näringslivets förfogande, som en Svenska Arbetsgivareföreningens politiska gren. Jan Stenbecks ringaktning för det gamla Östermalmsnätverket är ett återkommande tema i berättelserna om honom. Den antas delvis hänga samman med att Jan Stenbeck är en kreativ själ som uppskattar förhandlingens inslag av förförelsekonst, liksom Casanova på sin tid uppskattade förförelsens inslag av förhandling. Delvis med nomadens/rebellens/emigrantens förakt för de gamla skolkamrater som inte vågade uppbrottet, utan blev kvar hemma i mammas bostadsrättsvåning och pappas styrelse.)

*

I kretsen kring *Moderna Tider*s redaktion hade man sina egna motiv för att serva Stenbeck med insikt och information. Deras intresse var att göra tidskriften. Den bar sig inte själv, vilket gjorde redaktionen helt utlämnad till mecenatens välvilja. Det vill man inte vara. TV-produktion såg ut som en naturlig sido-affär för bolaget, med utsikter att få bättre lönsamhet och bli ekonomiskt oberoende. TV3 hade inget större behov av *Moderna Tider*-mässiga produktioner, men det borde en ny rikstäckande reklamkanal få, eftersom den skulle vara underställd public service-liknande innehållskrav. Med Stenbeck som vinnare skapades en framtid för *Moderna Tider* som produktionsbolag.

Här tangerar vi ett annat tema i berättelserna kring Jan Stenbeck: det eventuella köpandet av människor. Köpandet av ansedda och kompetenta redaktörer och direktörer därtill, vuxna män med namn och kostym.

I ett av mina kollegieblock från *Expressen*-reportaget hittar jag en dramatisk anteckning, inom citattecken, på en i övrigt blank sida:

»Alla går att köpa, det gäller bara att konstruera budet rätt.«

Det är ett Jan Stenbeck-uttalande som jag fått rapporterat av en före detta Kinnevikdirektör, citerat ur minnet flera år i efter-hand. Exaktheten kan alltså ifrågasättas, knappast andemeningen. Många andra före detta Kinnevikdirektörer minns likartade repliker, med samma innebörd. Tramsig, direktörscynisk jargong, säger en av dem, glad att ha sluppit ut. Men den citerade repliken ger den annars klichébetonade frasen en lätt blodisande precision: det gäller att konstruera budet rätt, inte bara att rätt och enkelt bjuda tillräckligt mycket pengar.

Det finns en berättelse om Anders Isaksson och Stenbeck.
Efter rådgivningen under reklam-TV-processen erbjöds An-

ders Isaksson en välavlönad ställning i Jan Stenbecks organisation. Den skräddarsydda platsen var utformad så att Isaksson skulle ingå i ett antal styrelser, och att han skulle göra inslag i TV3, som politisk reporter. Han fick själv önska vilka styrelser han skulle sitta i. Isaksson svarade att TV4-styrelsen var den enda som var intressant för honom, men tyvärr fungerade inte upplägget: han kunde inte vara dräng och journalist samtidigt, inte både oberoende och köpt.

Svaret – Stenbecks standardsvar på frågor om att köpa människor – levererades blixtsnabbt på hans annars så loja stockholmska:

– Hördudu. Att det skulle gå att köpa någon har jag aldrig märkt. Däremot vet jag många som har sålt sig.

En annan konsult som engagerades mot mer normal ersättning var den folkpartistiske partistyrelseledamoten Olle Wästberg, då VD för Dagspressens marknadsinformation, senare statssekreterare i Anne Wibbles finansdepartement.

– Olle Wästberg var engagerad som lobbyist, säger en av Kinneviks dåvarande TV-direktörer. Han hjälpte oss att göra politiska analyser. Han är bra på PR- och analysjobb, duktig på att göra politiska bedömningar. Han gjorde nytta.

Olle Wästberg läste igenom Kinneviks ansökan. Han ordnade också ett möte med folkpartiets ledande kulturpolitiker Jan-Erik Wikström. (När det gällde folkpartiet upplevde folk på Kinnevik att de var i underläge eftersom Ingemar Leijonborg, den ene av TV4:s båda pionjärgestalter, är bror till folkpartipolitikern Lars Leijonborg, då ansvarig för mediefrågor inom folkpartiet.)

Olle Wästberg, som nu är generalkonsul i New York, minns sina insatser för Kinnevik som av mera blygsam betydelse – så som PR-konsulter brukar minnas sina insatser i samtal med främmande journalister. Antagligen framställer de saken annorlunda inför sina kunder. Wästberg:

– Jag jobbade mer med Jan Stenbeck och Kinnevik i ett tidigare skede, runt starten av TV3. Då hjälpte jag dem med debatträning, PR-upplägg, analys, jag var samhällskonsult. Jag var inne och hjälpte dem vid starten av Tele2 också [1991–1992], tittade på upplägg och analys.

– Något höll jag säkert på med Rikstelevisionen också, men det var i inledningsfasen när förslaget byggdes upp. Jag var inte alls inne i slutskedet.

När koncessionskampen nådde sitt slutskede var Kinneviks gamle samhällskonsult i stället statssekreterare i den nya regeringen.

Det stora affischnamnet i Stenbecks lag var ändå Lars Engqvist, det socialdemokratiska kommunalrådet i Malmö som några månader tidigare fått partiet att säga ja till reklam-TV. En första rangens politisk och publicistisk prestigespelare, som plötsligt klev fram och presenterade sin kommun som partner i Stenbecksidans förslag till reklamkanal, Rikstelevisionen. Skrivandet och beräknandet av förslaget sköttes av en ung påläggskalv inom Kinnevik vid namn Lars T. Andersson. Lars Engqvist var med från idéstadiet, tillsammans med de redaktionella idékläckarna Pelle Törnberg och Casten Almqvist från Kinneviks produktionsbolag Strix.

Huvuddraget i Rikstelevisionen var att kanalen skulle ligga i Malmö och Göteborg, i stället för i Stockholm: just det mål som Lars Engqvist på partikongressen riktat in hela sin tunga rörelse mot. Göteborgs starke socialdemokrat Göran Johansson anslöt sig med sin kommun till ansökan.

Fursten av Kinnevik tillsammans med Kungen av Malmö (s) och Kungen av Göteborg (s). Vilket gäng.

– Nyckeln var kontakten med sossarna, idén byggdes kring dem, säger en person som hörde till Rikstelevisionens inre krets. Med Lars Engqvist kunde vi slå på den punkt där politikerna är svaga. Norge hade just lagt sin andra kanal i Bergen, Danmark sin i Odense. Det var öppet mål. Det var stort av Jan Stenbeck att se vad de [Engqvist och Johansson] ville ha, att se den framkomliga vägen.

– Stenbeck är typen som ringer och tjatar, säger den före detta Kinnevikmedarbetaren. Han ligger på. Vilket inte en Wallenbergare gör. De framstod allmänt som lite mätta, lite lata. Vårt enda sätt att bryta in var med kalkyler, genom att visa siffror på att vi var seriösa.

– Vi spelade spelet enligt reglerna, säger en Wallenbergman lite surt. Vi uppvaktade och informerade på vanligt svenskt vis. De ägnade sig på ett helt annat sätt åt att smörja politiker, de hade en strävan att slå an rätt strängar – på alla plan. Bland annat hade Stenbeck framträdande socialdemokrater mer eller mindre på sin lönelista.

(När jag ber denne Wallenbergdirektör bli mer specifik säger han att Lars Engqvist ju bodde i Gröna Huset varje gång han var i Stockholm, med »i princip så mycket rödtjut han ville ha«. Även korrekta direktörer kan vara råa bestar *off the record*.)

– Jag kan förstå att de känner det så, säger en Kinnevikdirektör i den inre kretsen. Vi jobbade okonventionellt. Det här var nytt för oss, vi var unga och laddade och använde all vår fantasi och energi för att nå fram och påverka. Och så hade vi ju Lasse Engqvist.

Och Lars Engqvist drevs av sina egna visioner. Liksom han gjort några år tidigare, när han som chefredaktör på *Arbetet* började drömma djärva affärsdrömmar ihop med Jan Stenbeck.

*

Om Lars Engqvists affärsdrömmar blivit verklighet, hade de kunnat visa sig innehålla den socialdemokratiska mediestrategi som saknats sedan den av Engqvist ogillade A-pressen gick i konkurs 1992. Arbetarrörelsens tidningar hade kunnat konkurrera på tidningsmarknaden inte genom presstöd, ägarbegränsningar och andra politiska regleringar, utan genom ett affärsmässigt samarbete med det nya aggressiva medieföretag som är en kommersiell utmanare till de traditionella liberala tidningsföretagen. Snyggt tänkt. Men det blev inte av.

Om arbetarrörelsen med Stenbeck som partner drivit morgontidning i Malmö, eftermiddagstabloid i Stockholm, TV-tidning i hela landsortspressen, produktionsbolag för TV, ja rentav en hel TV-kanal, då hade kulturminister Marita Ulvskog inte behövt anstränga sig så hårt för att bevara någon grad av samhällelig kontroll och ägarmässig mångfald i televisionen. Då hade »samhället« varit insyltat i televisionen upp över öronen. Mediekapitalismen hade kunnat vara delvis rörelseägd.

Men verkligheten har tagit helt andra vägar än dem Lars Engqvist såg i sina visioner. LO har sålt *Aftonbladet* till norska mediekoncernen Schibsted, som även köpt moderata *Svenska Dagbladet*. *Arbetet* togs efter A-pressens konkurs över av ett konsortium bestående av den lokala fackrörelsen och tidningens personal. På våren år 2000 var arbetarrörelsens stora morgontidning på nytt i djup kris. LO vägrade att gå in med några pengar. I augusti samma år gick *Arbetet* i konkurs och lades ner.

Av Lars Engqvists ambitioner blev intet, men han hjälpte Jan Stenbeck in i media på allvar.

TV4-köpet legitimerade Jan Stenbeck som affärsman, om man såg det som ett något så när vänskapligt samarbete. Om man såg det som brutalt övergrepp fick bedriften Stenbecks horn att växa i den svenska näringslivsskogen.

Utan investeringen i Lars Engqvist hade det inte blivit av.

En investering som bestod av tid, vänskap, spännande nattliga samtal i baren på Erik's, drömmar, gemenskap – och en mindre belastning på Kinneviks representationskonto.

Som en gammal medarbetare till Stenbeck säger:

– Jan har stor känsla för att varje människa han vill ha ska smörjas på sitt eget sätt. Göran Rosenberg fick en egen tidning. Lars Gustafsson fick flyga första klass med Concorde för att komma och sprida sin glans över Kinneviks smokingmiddag. Det tyckte han var en höjdare.

Dessutom får de, som en extra bonus, bo i Gröna Huset vid behov.

Vad fick Lars Engqvist?

Känslan av möjligheter som politiken ensam inte kunde erbjuda. Förhoppningen att kunna förverkliga några av sina djärva visioner: riva murar, bygga en del av det nya Europa, att med kraften från högkonjunkturen befria Malmö från Stockholms tyranni (en gammal Malmödröm).

Att göra historia.

*

De vanliga direktörerna från Kinneviks industrisida flinade ibland gott åt de mediepolitiskt smöriga formuleringarna i Rikstelevisionens skrivelser.

– Som alla koncessionsansökningar lovade den kanske väl mycket, säger Lars Engqvist. Den var mycket väl anrättad. Men vi trodde på den. Detta var före fastighetskraschen, före bankkrisen, det fanns en obruten tro.

Yngre TV-direktörer, skolade i nittiotalets snåltider, ser Rikstelevisionen som båg, ett politikerbete som aldrig skulle förverkligas. »En stor jävla politisk bluff«, säger en av Kinneviks före detta TV-chefer. Enligt denna teori skulle Jan Stenbecks mål från början ha varit att skaffa sig ett övertag och sedan gå ihop med Wallenbergarna om TV4. I sin extrema tolkning är detta en teori som tillskriver Jan Stenbeck en närmast absurd förmåga att förutse komplexa skeenden: Stenbeck hade räknat ut alltihop i förväg. En direktör som arbetade nära Stenbeck under förloppet ger i stället denna, betydligt rimligare, beskrivning av hans strategiska och taktiska metodik:

– Stenbeck sätter ut många pjäser på banan, och sedan håller han sig öppen för de möjligheter som uppstår. Han är duktig på spelteori, och vet till exempel att det är bättre att operera med två ansökningar i stället för en; det ger fler öppningar.

Jan Stenbeck själv:

– Att vi gick ihop med Lasse Engqvist beror för det första på att det är en jäkligt intelligent och rolig kille. Sedan ville vi utnyttja avundsjukan mot Stockholm, som är ett grundläggande tema i svensk politik. TV4 var ett utrerat Stockholmssyndikat. För att göra allting på ett annat sätt ville vi ha ett förslag som stöddes av Göteborg och Malmö. Och det är jättelätt. Enda problemet är att dina anställda vill gå på Café Opera och vara nära sina kompisar. Då får de väl åka dit ibland. Var bandmaskinen står som spelar inköpta amerikanska produktioner är ju inget problem.

– Så svaret är: Hade jag fått licensen hade jag byggt Rikstelevisionen.

*

När jag på våren 1997 som *Expressens* reporter gick runt och pratade med människor som varit aktiva i TV-spelet sex år tidigare, fick jag höra en rad skilda tolkningar av upplösningen. Även personer som iakttagit skeendet från centrala positioner kunde ge sinsemellan motstridiga bilder. Bilder som förstås var formade av de medverkandes perspektiv, uppgift, insikt och – både när det gäller avhoppade Kinnevikare och förödmjukade TV4-företrädare – hur illa de i efterhand tyckte om Jan Stenbeck.

Men alla som var med kände att någonting konstigt inträffade där under våren-sommaren 1991, någonting som kastade grus i Wallenbergsidans överlägsna maskineri och som helt osannolikt gjorde Jan Stenbeck till den socialdemokratiska toppens favorit – TV3-piraten, satellitgangstern, den ryktesomspunne advokaten Hugo Stenbecks son.

Folk kliade sig efter sex år fortfarande i huvudena och mumlade: Hur fan kunde det gå som det gick?

Från Wallenbergsidan lyckades jag inte få någon kommentar. Jag skickade ett fax till Peter Wallenberg, där jag bad om hans syn på reklam-TV-processen, antingen i form av en intervju eller som ett samtal *off the record* – »i vilket fall Du kan verka i min artikel utan att synas« skrev jag i ett försök att få Wallenberg-imperiets buttra överhuvud att le. Men det var kanske inte Peter Wallenbergs typ av humor. Han hälsade via sin sekreterare att han inte hade något att berätta, och hänvisade till Per Lundberg som ju hade det operativa ansvaret i TV4 då det begav sig.

Per Lundberg hälsade via sin sekreterare i S-E-Bankens koncernledning att han har pratat färdigt om TV4.

Jan Stenbeck delade däremot gärna med sig av sin uppfattning av vad som gick snett för Wallenbergarna på sommaren 1991:

– Jag hade aldrig vunnit om inte de gjort bort sig. Det enda de behövde var en socialdemokratisk partner, så skulle det vara klart.

– Deras problem var att Per Lundberg inte är en affärsman. När han gick runt på vårkanten och skulle skaffa den socialdemokratiska partnern, menade han att hela kanalen var värd 700 miljoner och erbjöd en andel som kostade därefter. Han gick på Folksam och några andra rörelsebolag, som alla hade lite sämre affärer eftersom de köpt lite väl mycket fastigheter.

– Men de sa allihop: Du, det där dåliga satellitbolaget du har är kanske värt 100 miljoner. Det kan bli värt 700 miljoner om du får licensen, men du får inte licensen om du inte har mig eller nån annan av bröderna med...

Jag hade vid den här tiden läst igenom det mesta som skrivits i större tidningar om TV-kapplöpningen, både samtida rapportering och sammanfattande reportage i efterhand, och aldrig stött på denna uppgift. Jan Stenbeck noterade min häpnad:

– Jag har berättat detta för tvåhundra journalister, men det är ingen som tror på det.

Han fortsätter:

– Vad de gör sen är ännu dummare. De förstår att de kan vinna valet. Då kan de inte motstå frestelsen utan säger: Nu tar vi licensen själva. Så de blir stenhårda i förhandlingarna. De begärde till och med förlusttäckning från staten om kanalen inte skulle gå ihop. Helt bisarra krav.

Vänta, säger jag, »de« förstår att »de« kan vinna valet? Vilka »de«?

– Wallenbergarna, moderaterna, folkpartiet, centerpartiet, säger Jan Stenbeck. Här representerade av LRF och Investor. Det här är ju inte de kloka gubbarna som sitter och beslutar, det här är ett litet sidospår som körs på lägre nivå i gruppen. De börjar tänka: Vi vinner valet, vi behöver bara skjuta upp förhandlingen, och sen har vi det hela. Tänk när de vann det valet, det var ju ett fantastiskt lyft för hela oppositionen. Alla de här killarna hade ju drömmen att nu skulle det plötsligt bli som i Texas, och att de var vinnare.

– Så efter att det hade varit artigt men absolut iskallt för oss hos alla politiker, så ringer plötsligt Bengt Göransson mig genom en sidoperson och vill äta lunch.

(Bengt Göransson minns lunchen men menar att det var Jan Stenbeck som ville träffa honom, inte tvärtom.)

Tanken på en socialdemokratisk delägare i TV4 fanns med i Gunnar Bergvalls och Ingemar Leijonborgs ursprungliga plan. Ganska självklart, med tanke på den representativa mini-SVT-konstruktion de satsat på. De stötte på hos Per Lundberg om detta, men upplevde ibland att Wallenbergdirektören inte var särskilt intresserad av en socialdemokratisk partner. Kanske en begränsad insikt om hur viktiga sossarna är i vårt land.

Ändå gjordes en del ansträngningar i den riktningen.

Per Lundberg och Gunnar Bergvall träffade TCO-basen – senare näringsministern och ännu senare senior rådgivare på Kinnevik – Björn Rosengren för att intressera tjänstemannafacket för ett delägarskap i TV4. Kanske kunde det vara vägen att komma nära rörelsen. Det blev inget.

Björn Rosengren var även styrelseordförande i Sveriges Radio och verkade i den egenskapen kraftfullt för att TV-reklamen skulle läggas i SVT och inte alls i en ny tredje kanal.

Per Lundberg och Gunnar Bergvall träffade också Kooperativa Förbundets VD Leif Lewin. Efter ett fåtal möten hade KF gjort bedömningen att TV4 i och för sig lät intressant, men inte var rätt för KF som just fattat strategibeslut om att renodla kärnverksamheterna under nittiotalet. KF hade annat att göra med sina pengar. Dessutom kändes det obekvämt att gå in i en affär på uppenbart politiska meriter; man blev inbjuden på fel sätt.

Hans Dahlberg, dåvarande VD på Folksam (där både Björn Rosengren och Leif Lewin satt i styrelsen), bekräftar att det kom en förfrågan om partnerskap från TV4. Frågan nådde aldrig upp på vare sig lednings- eller styrelsenivå. Det blev aldrig något personligt möte mellan Per Lundberg och Hans Dahlberg, ingen prisförhandling heller. Folksams tjänstemän tittade på förslaget och bedömde det som ointressant, vilket avrapporterades till VD. Det fanns inget som motiverade Folksam att bli delägare i en TV-kanal.

Dock, säger Hans Dahlberg efter att ha friskat upp minnet med ett telefonsamtal till en av sina dåvarande tjänstemän,»såg vi efter om det fanns möjlighet för några inom folkrörelserna att gå ihop om att gå in i TV4, men det kunde vi inte se att det fanns, och sen föll det, det gick ganska snabbt«.

Dåvarande LO-basen Stig Malm var ordförande i Folksams styrelse. Han har, när jag ringer och frågar efter åtta år, aldrig hört talas om något sådant som att Folksam skulle bli partner med Wallenberg i TV4. Malm hänvisar till Rune Molin som höll i LO:s medieaffärer. Jag ringer upp Molin, som tycker att idén låter konstig. Visserligen hade Molin lämnat LO då, och satt i regeringen, men »en sån sak borde man väl ändå hört talas om« ifall den på allvar kommit upp på rörelsens bord.

KAPITEL FYRA

Vågen kommer

DEN STORA KAPPLÖPNINGEN om reklamkanalen gick in på upploppet över sommaren 1991, samtidigt som Sverige varvade upp sig inför en valrörelse där de borgerliga partierna framstod som allt säkrare vinnare. Luften surrade av systemskiftesretorik. Folkpartiet och moderaterna presenterade det gemensamma ekonomiska programmet *Ny start för Sverige*. Carl Bildt publicerade sin bok *Hallänning, svensk, europé* och var i toppform. Själv gjorde jag för *Moderna Tider* ett reportage om Alf Svensson och hans kristdemokratiska parti som nu, otroligt nog, var på väg in i riksdagen. Många kollegor gjorde i stället reportage om greven Ian Wachtmeisters och schlagerkungen Bert Karlssons parti Ny Demokrati som, ännu mer otroligt, också var på väg in i riksdagen.

Den 11 juni 1991 antog riksdagen propositionen om att skapa en ny kommersiell svensk TV-kanal. Arbetet med att göra det hade då varit i gång i snart ett halvår. I och med riksdagsbeslutet blev nu politikernas krav på och önskemål om en sådan kanal äntligen fastlagda och kända. Reglerna för kanalen hade formats i den politiska processen i Sverker Gustavssons parlamentariska beredning, där samtliga riksdagspartier deltog. Ärendet hade tagit vägen över Konstitutionsutskottet, vars ledamöter dock inte hade andra synpunkter på reklam-TV-processen än att ansökningstiden borde förlängas till den 1 juli.

Så långt var allt lugn, svensk politik.

Riksdagsdebatten fick dock en spännande och oväntad inledning, när den moderate mediepolitikern Anders Björck meddelade att han tänkte hoppa av den parlamentariska beredningen, förebärande raseri över socialdemokratisk arrogans. Närmare bestämt var Björck rasande över att T C O - basen Björn Rosengren (s) fick sitta kvar som ordförande i S R.

»Herr talman!« sa Björck, och fortsatte:

Sverige skall äntligen få en tredje reklamfinansierad kanal. Reklamen kommer till Sverige senare än till något annat europeiskt land, möjligen med undantag av Albanien. Under en lång tid av år har den här frågan dragits i långbänk. Jag tillåter mig, herr talman, att peka på att moderata samlingspartiet långt in på åttiotalet var det enda parti som kunde acceptera reklam i T V. Vi fick, herr talman, utstå mycken spott och spe från partier som i dag kommer att rösta för reklam i T V. Vi var ensamma om att våga driva denna linje. Utan oss skulle frågan fortfarande vara kvar i långbänk.

Det framgår av fortsättningen i Björcks inlägg att han ansåg sig ha gjort en bytesaffär med Bengt Göransson: moderaterna hjälper dig att lägga reklamen utanför S V T, i utbyte mot att du sparkar Rosengren. Nu var han upprörd över att Göransson inte höll sin del av uppgörelsen. Som styrelseordförande i S R hade Björn Rosengren kämpat för att S V T skulle få ta hand om reklamen och stärka public service-koncernens grepp om den nya mediemarknaden. Ur moderat perspektiv representerade T C O - basen och S R - ordföranden Björn Rosengren huvudfienden: den finmaskiga, (s)-tonade korporativismen som gjorde det så tungt att vara borgerlig politiker i vårt land. Att Björn Rosengren fått förlängt förtroende hade blivit känt bara dagarna innan.

»Vi kommer inte att känna oss bundna av beredningens förslag«, deklarerade Björck för moderaternas räkning i sitt anförande. Två gånger, för säkerhets skull.

Anders Björck hade hamnat en bit vid sidan av den rätta vägen, när han snärjt in sig i samförståndslösning med Bengt Göransson, som ju ville göra S V T så starkt som möjligt (den moderata mediepolitiska linjen är att göra det så litet som möjligt). Än en gång hade socialdemokraterna fått formulera problemet. När det väl skett var det mycket svårt för en moderat att ens göra sig förstådd. Kanske var det detta Björck plötsligt märkte. Han hade gått i mjärden, och insåg för sent att hans rörelsefrihet var begränsad.

– Ja, Björck hoppade av utan att hoppa av, säger en av tjänstemännen i Göranssons kulturdepartement med en lätt sarkasm över ett beteende som i korridorerna betraktades som konstigt.

– Han uteblev från mötena, men fick allt material sig tillsänt. Så moderaterna visste precis vad som pågick.

– Och innan dess var han angelägen om vara med. Detta var en lösning som passade honom. Moderaternas hotbild var ju att man skulle stoppa hela reklampotentialen i Sveriges Television. Så Björck deltog i högsta grad i beredningens möten, och där talade han väl för sin sak. Han är ju en skicklig jävel, och fräck som fan.

Jag träffar Anders Björck i Riksdagshuset en vinterdag 1999, åtta år efter stridshettan runt »systemskiftet«. Han har blivit förste vice talman och tar emot i det eleganta lilla rum som hör till detta ämbete.

– Kanske gjorde jag mig inte förstådd, säger han eftersinnande om TV-stridens olika vändningar.

– Det har hänt mig ibland...

Björck gjorde bedömningen att beredningen inte skulle hinna få fram ett beslut i rimlig tid före valet, som sossarna höll på att förlora. Han konfererade med sin partiledare Carl Bildt.

– Och sen hoppade vi av. Det föreföll meningslöst att fortsätta. Vi tänkte att vi får ta tag i det igen efter valet.

Det fanns hos moderaterna en stark tillförsikt beträffande den egna linjen i mediefrågorna, man betraktade den som en politisk succé. Anders Björck säger:

– Att slåss för »fri radio och TV«, som vi sa...

(Och här gör han faktiskt ett par citattecken med fingrarna
i luften.)

– ...var ungefär lika roligt som att slåss mot kollektivanslut-
ningen till facket. Det var tacksamt, minst sagt. Det fanns inget
vidare folkligt stöd för den socialdemokratiska hållningen.

– Vi väntade oss verkligen inte att socialdemokraterna skulle
vilja gå vidare i det läge som uppstått. Och vi blev mycket för-
vånade när vi insåg efter sommaren att de tänkte försöka trumfa
igenom ett beslut i de sista dagarna före valet. Mycket förvånade.
Det strider mot all praxis. Vi uppfattade det som att de försökte
kuppa igenom sin linje.

Efter riksdagsbehandlingen den 11 juni träffades beredningen för
att konstatera att det var dags för sommaruppehåll. Man bokade
ett nytt möte till den 1 september och gav Göran Lannegren –
departementsråd med tio års rutin på kulturdepartementet,
chef för departementets medieenhet – uppdraget att »känna
på« kandidaterna över sommaren. Det vill säga att med hjälp
av informell information hjälpa dem att förstå politikernas krav
på rätt sätt, så att det skulle finnas förutsättningar för ett snabbt
beslut i september. Tiden började bli knapp.

Sommaren gick, med ett allt tydligare borgerligt övertag i
opinionsmätningarna och Carl Bildt alltmer i gasen.

Söndagen den 1 september, med två veckor kvar av den sittande
regeringens tid, återsamlades den parlamentariska beredningen.
Man konstaterade att det fanns två seriösa sökande och gav
Göran Lannegren i uppdrag att förhandla fram färdiga avtal
med båda kandidaterna. Han fick en vecka på sig, knöt till sig en
advokat och en revisor från Bohlins och drog i gång på måndag
morgon. Ett gäng på förmiddagen, ett på eftermiddagen. Kandi-
daterna fick ta med sig sin bokföring, för att få den skärskådad på

departementet. De fick i hemläxa att förtydliga och komplettera till nästa dag. Pang, pang, pang, på söndag skulle det vara klart. Mediesverige höll andan.

– Vi var påpassade, säger Göran Lannegren. Propositionen hade inte ens varit helt klar när ansökningarna gjorts. Det fanns verkligen skäl att strama upp den där processen.

Det kunde, som en departementsmedarbetare säger, ha blivit »världens djävla hallabaloo« om inte alla upplevde att koncessionskampens extremt komprimerade slutfas blev opartiskt och korrekt handlagd. Eftersom det var ett slutet anbudsförfarande kunde Göran Lannegren inte spela ut de båda konkurrenterna mot varandra. Tvärtom höll han dem framgångsrikt ovetande om motpartens bud.

– Vi fick sträng regi från Stenbeck: Gå med på allt, säger en medlem i Kinneviks förhandlingslag. Målet var att vi skulle ha en så stark position som möjligt när det till sist blev dags att göra upp.

När Jan Stenbeck drev upp insatsen genom att själv inställa sig på departementet, lärde han sig att hålla ögonen på en av ministerns medarbetare:

– Där satt en kille, säger Jan Stenbeck, som antingen gillade mig eller var världens sämsta diplomat. För varje gång vi på något villkor gick förbi våra motståndare, så var det som om han blinkade till eller blev lite röd om kinderna, man såg det på honom. Jag tror inte han vet om att han gjorde det. Proffsen höll masken, Lannegren var en riktig pokerspelare, men den här killen var det bara att läsa. Dessutom såg vi ju verkligen till att vara generösa i villkoren.

(Jan Stenbeck är osäker på den genomskinlige personens namn, men minns att han var pressekreterare. Antagligen var det Martin Lindblom, senare chefredaktör för LO-tidningen, som då var Göranssons pressekreterare och var med under några förhandlingsmöten.)

Under förhandlingen la Jan Stenbeck också in TV3 i sitt bud. Han lät TV3 bli huvudman för Kinneviks ansökan, som därefter gick under namnet M3: den politiskt anrättade Rikstelevisionen, spetsad med satellitkanalens reella och kommersiella tillgångar som programbibliotek, James Bond-filmer, hockey-VM med flera attraktiva sporträttigheter, befintlig publik, samt inarbetad annonsorganisation.

– Det var ett extremt smart förhandlingsdrag, säger en före detta Kinnevikdirektör som arbetade med TV-kapplöpningen. En typisk Stenbeckare. Politikerna nappade på chansen att få kontroll över TV3, det kunde de inte låta bli.

– Men sedan fick de ändå inte kontroll över TV3, säger jag.

Direktören skrattar:

– Nä. Men man måste ju locka upp dem ur hålet på något sätt.

Jan Stenbeck själv ger en något annorlunda skildring av hur hans fria satellitkanal kom in i det svenska politiska TV-spelet. Han beskriver det som att Bengt Göransson i de hårdnande slutförhandlingarna tvingade av honom löftet att flytta hem TV3 till Sverige om han fick den nya reklamkanalen – det vill säga i praktiken ett löfte att lägga ner den oreglerade kanal vi känner som TV3.

Folkbildaren skulle tämja satellitpiraten. Löftet sved i Stenbeck.

– Ibland när jag låg i badkaret så funderade jag ju: Jag ger ändå upp min frihet och hamnar under skon, säger Jan Stenbeck. Sverige var ett mycket hårdare land då. Locket låg på.

På ett sätt var det en enkel och formell procedur: riksdagen hade publicerat sina krav på den nya kanalen, det var bara att jämföra kandidaterna med önskemålen och den som passade bäst vann.

Regional spridning var, föga överraskande, ett krav från riksdagens sida. Kanske är det ett tecken på det »lata och bekväma« hos Wallenbergstödda TV4 att man just på den punkten visade en närmast provocerande likgiltighet för de folkvaldas vilja: TV4 var en utpräglat Stockholms- och branschorienterad modell. TV4 ville också ända in i det sista ha två utländska delägare med större andel än det önskemål politikerna uttryckt. De var också missnöjda med avtalstiden, som var för lång, och koncessionsavgiften, som var för hög.

Ändå tyder allt i deras agerande på att TV4-ledningen var intill vidskeplighet bombsäker på att vinna.

– Vi tyckte vi borde komma i första rummet, säger kanalpionjären Gunnar Bergvall. Vi stämde väl med traditionell svensk mediepolitik. I efterhand kan man se att vi var lite överseriösa. Vi hade inte uppfattat att det fanns en poäng i att vara vassare, mer utmanande. Vi satsade på att vinna förtroende.

Man ansåg sig ha ett förkrossande övertag i det faktum att TV4 var en verklig, fullt bemannad TV-kanal medan Rikstelevisionen bara var en ansökan.

I den politiska apparaten gick känsloströmmar i helt motsatt riktning.

Bland departementstjänstemännen fanns en lätt men märkbar irritation över Bergvall och Leijonborg som hängt i korridorerna i åratal och förhört sig så lyhört om det kunde passa med en sådan delägare, eller en sådan, eller kanske en socialdemokratisk...

Inom socialdemokratins toppskikt fanns en reservation inför Wallenbergarnas närvaro i TV4, en rädsla för att spela fram den där 4:e oktoberkanalen som Palme varnat för.

Jan Stenbeck stod på båda punkterna för ett intressant alternativ.

Båda kandidaterna och inte minst pressen uppfattade beredningen som ett miniparlament: en politisk församling som höll avgörandet i sin hand, där en majoritet skulle formas ur ett osäkert partipolitiskt spänningsfält. Bo Hammar, som satt i beredningen för vänsterpartiet men hade tillkännagivit att han tänkte byta parti till socialdemokraterna, blev uppfattad som den osäkra rösten och fick luncha med båda lägren.

Bland departementets handläggare, men också bland beredningens politiker, såg man snarare beslutet som fattat i och med att riksdagen slagit fast kraven på den nya TV-kanalen. Den politiska spelytan hade fixerats under vårens arbetsprocess – de grova dragen i beredningens överenskommelse hade presenterats redan i mars, kommentatorer hade hyllat Björck som vinnare (färre uppfattade att Göransson också var det), eftersom reklamen låg utanför SVT, och dömt den SVT-maximerande linje som företräddes av SVT:s eget kårintresse och dess ordförande Björn Rosengren som förlorare. Nu när reglerna var uppställda återstod att summera, hantverk och mekanik.

Det var bara Anders Björck som skaffat sig lite politiskt handlingsutrymme genom sitt utbrott i riksdagsbehandlingen, och han hade fått ta i.

Det var bara att pricka av punkterna: sval svensk politik som vanligt.

Jan Stenbeck själv tolkar sin vana trogen skeendet på ett mer personligt och operamässigt sätt:

– Statstjänstemännen hade börjat tröttna på Per Lundberg som är dryg och lite fin och som ställde hårda krav. Politikerna hade fattat att de här killarna tänkte vinna valet, och ta alltihop själva. Så i stället lät de mig vinna i den parlamentariska beredningen. Jag tror aldrig de hade tänkt ge mig en licens. Jag tror att meningen var att stoppa hela processen.

Det ligger väl en del sanning i båda tolkningarna, den svala och den heta.

En departementstjänsteman jag talar med säger, med den byråkratiske förvaltningsmekanikerns hela skepsis mot dramatiska upplevelser (speciellt journalisters dramatiska upplevelser):

– Tjaa, jag vet inte om det blev så stor skillnad. Om Bengt hade gjort det då eller om Friggan gjorde det några månader senare, skulle det vara så annorlunda?

Nä, kanske inte för honom, eller för vilken sorts TV-kanal vi fick.

Men för de sökande företagen var det väsentlig skillnad mellan att få och att inte få vara med och driva kanalen. Statsapparatens kallsinne inför de affärsmässiga aspekterna gjorde ett blodisande intryck på kandidaterna. Speciellt på TV4, som spenderat en ruskig massa pengar på att komma så här långt: ackumulerade förluster på 850 miljoner kronor, det är en drivkraft.

Bengt Göransson säger att han gjorde en saklig bedömning av vad de båda kandidaterna erbjöd, och sedan valde den som bjöd mest: Rikstelevisionen. Om det hade lett till att 850 miljoner Wallenberg- och LRF-kronor gått i sjön så var det inte Göranssons bekymmer. Hans politiska intresse var att hålla SVT fritt från reklam, att tvinga på den nya reklamkanalen så många kvalitetskrav som möjligt – och, som en extra triumf, ta död på TV3.

Med ett enda elegant grepp skulle svensk television förpassas tillbaka in under svensk politisk kontroll. Satellitkanalernas kommersialism skulle ersättas med den svenska modellen av reklam-TV: ett slags annonsfinansierad public service.

Ingen dålig seger för en socialdemokratisk kulturminister.

Det var nära att Bengt Göransson lyckades.

Han hade skickligt drivit fram beslutet genom socialdemokratin, mot en partiopinion som ville tvärtom, men han hade glömt att det finns fler partier i Sverige, partier som nu var på god väg att vinna valet.

Jan Stenbeck brukar likna sin entreprenörsorganisation vid en surfare, som paddlar där ute på havet och väntar på vågen, förberedd på det oförutsägbara. Under de allra sista dagarna före valet uppstod en sådan situation i reklam-TV-kampen. I röran av alltför många sammankopplade ambitioner – vissa samverkande, vissa bittert konkurrerande – fanns inte längre någon möjlighet till planering. Det fanns ingen som styrde, ingen som satte dagordningen; dagordningen hade förvandlats till vitt skum och forsande vatten. Man fick vara vaksam, och reagera snabbt. Nu kom vågen, och det gällde bara att hålla sig på benen.

*

Valdagen var söndagen den 15 september.

En vecka innan, söndagen den 8 september, redovisade Göran Lannegren sina förhandlingsresultat för den parlamentariska beredningen, nu utan Anders Björck. Han redovisade också den bedömning han, med bistånd av jurist och revisor, gjorde av utfallet: avtalet med M3 stämde otvetydigt bäst med de ställda kraven.

I ett reportage om koncessionskampen, publicerat som bilaga till tidningen Resumé [37:1992], kunde journalisten Thomas Kanger redovisa det interna dokument där den parlamentariska beredningen ställde upp kandidaterna mot varandra.

Publik som satellitkanal: M3 dubbelt så stor som TV4.

Programrättigheter: M3 hade attraktiva rättigheter inom film, sport och serier, samt stort programbibliotek; TV4 hade få attraktiva rättigheter och litet programbibliotek.

Programprofil: M3 hade »kvällstidningsinriktning«, det vill säga stod för ett alternativ till SVT-traditionen; TV4 bedömdes ha »morgontidningsinriktning« vilket är präktigt och bra men inte skulle berika medieutbudet.

Vidare hade M3 lågkostnadsprofil och små tidigare förluster, medan TV4 höll »delvis högkostnadsprofil« och under sin korta levnad redan arbetat upp betydande förluster.

Alltså bedömdes M3 ha större förutsättningar att överleva och tjäna pengar, och kunna betala in den dryga koncessionsavgiften till staten, vilket inte var en oviktig bevekelsegrund för att släppa fram den nya kanalen. Dessutom accepterade M3 glatt och villigt

en högre koncessionsavgift och kortare avtalstid än TV4, helt i
enlighet med Stenbecks direktiv till sina förhandlare att gå med
på allt.

Vid ett av de sista mötena mellan Göran Lannegren och TV4-
ledningen sa en Wallenbergföreträdare, lite avsides:
»Du ska veta att Stenbeck, han är konkursfärdig.«
Jag försöker pressa Göran Lannegren på vem det var. Per
Lundberg själv?
– Nej, nej. Det var aldrig de stora killarna som sa såna saker,
säger pokerspelaren Lannegren. Men det var en person som
hörde till Wallenbergarna, det var helt klart.

Liknande uppgifter hade förekommit i tidningarna, bland
annat med hänvisning till en mystisk anonym analys som spritts
till redaktionerna, och som även Bengt Göranssons medarbetare
fått ta del av. Budskapet var detsamma som den hjälpsamme Wal-
lenbergmannen viskat till Lannegren: Kinnevik stod vid ruinens
brant. Enligt Jan Stenbecks misstankar var krisrapporten om
Kinnevik författad av Conni Jonsson, Per Lundbergs talangfulle
och drivande unge löjtnant, den högste Wallenbergrepresentant
som arbetade heltid med gruppens TV-investering. (»Vad hette
han nu?« säger Lannegren och kliar sig i huvudet, »Sonny? Conni,
var det ja! Jag minns att jag reagerade på att han hette något man
normalt inte heter i Wallenbergkretsar.«)

Uppenbart var krislarmet en partsinlaga, avsänd från någon
i Wallenberg/TV4-lägret. Ett försök av de välkammade Wal-
lenbergarna att spela hårt och smutsigt i finalen, som inte föll
särdeles väl ut. Delvis för att krokbenet var så illa dolt, delvis för
att beskyllningarna snart skulle visa sig inte hålla.

En fientlig plantering. Inget nytt för politiker. Det var ju krig,
och alla medel kunde förväntas bli använda. Men partisk eller
ej måste uppgiften kollas.

På grund av tidsbristen fick Göran Lannegren agera självsvåldigt. Tisdagen den 10 september ringde han upp fondmäklarfirman Alfred Berg, förklarade situationen, och bad om en oberoende snabbanalys. Han valde Alfred Berg för att firman hade kännedom om Kinnevik och samtidigt var stor nog att ha ett namn att sätta på spel. Alfred Berg accepterade uppdraget och satte sig att jobba över natten.

Samma dag tog Jan Stenbeck kontakt med Lannegren och statssekreteraren Sverker Gustavsson. Han hade hört att det spreds rykten om att Kinnevik var på obestånd. Nu ville han komma upp på departementet och dementera dem personligen. Det fick han.

(Motståndarsidans bild av ett Kinnevik vid ruinens brant, som därför inte borde få förtroendet att driva den nya kanalen, var felaktig. Efter att Jan Stenbeck i tio års tid ihärdigt hade sått ut gamla värden i nya verksamheter var Kinneviks pengar i stort sett slut, det var sant, men eftersom även Handelsbanken – Kinneviks husbank sedan Hugo Stenbecks dagar och Wallenbergska S-E-Bankens huvudkonkurrent – hade tålamod och tillförsikt att vänta på skördetiden utlöstes aldrig någon kris. Kinnevik saknade heller inte säljbara tillgångar. Ett år efter koncessionskampen löstes finansieringsproblemet långsiktigt genom att Kinnevik köpte in hela Korsnäs, varefter dotterbolaget i den svenska skogen fick pytsa in sin vinst på uppåt en miljard kronor årligen i Kinneviks framtidsaffärer i globala kommunikationer: ett direkt kapitalflöde från det gamla bruket till det virtuella.)

Samtidigt som Alfred Bergs ekonomer satte sig med Kinneviks räkenskaper på kvällen tisdagen den 10 september åt TV4-pionjären Gunnar Bergvall en sista middag med Bo Hammar: pannbiff på restaurang Kvarnen på Söder i Stockholm, ett klassiskt tillhåll för Bajenfans, pilsnergubbar och vänstervriden rock'n'rollungdom. Man får anta att det var Hammar, kommunisten på väg att bli sosse, som fått välja krog.

– Hammar sa: »Det vi har att ta ställning till är två papper«, säger Gunnar Bergvall. Det var svårt för mig att förstå den inställningen. Vi hade ju verkligen en fungerande, riktig TV-kanal. Rikstelevisionen var en ren pappersprodukt.

Efter middagen med Bo Hammar på Kvarnen återvände Gunnar Bergvall vid 22-tiden till Investor och Providentias kontor på Arsenalsgatan, de wallenbergska maktbolagen där TV4-sidan upprättat sin generalstab. Bergvall var inställd på överläggningar med sina ägare.

Men ägaren var inte där.

– Då hade Per Lundberg försvunnit över till Jan Stenbeck, säger Gunnar Bergvall. Det blev sent.

TV4:s ledning hade tidigare deklarerat att kanalen skulle läggas ner om man inte fick koncessionen. Någon framtid som satellitkanal fanns ju inte. Nu uppstod hos ägarna helt naturligt ett intresse för att rädda något av sin investering. Uppenbarligen bedömde man redan här att kanalens eldsjälar Bergvall och Leijonborg inte hade någon roll att spela i en förutsättningslös diskussion om samgående med Stenbeck.

En direktör med en central position i Kinneviks TV-grupp säger om natten då Wallenbergarna kom på visit till Skeppsbron:

– TV4-ledningen hade fått klart för sig att de låg pyrt till. De kom stickande hit meddetsamma, Lundberg, Conni och några till. De blev sittande hela natten och pratade om att gå ihop.

– Det var ett förspel. Jag uppfattade det som att det var mer panik på TV4-sidan. För Kinnevik fanns det vissa poänger med att gå båda vägarna [samgående med TV4 eller bygga Rikstelevisionen på egen hand]. Det hade vi ju redan pratat om.

Det nattliga samtalet på Skeppsbron slutade med att Jan Stenbeck och Per Lundberg slöt ett avtal om att dela på bytet: den som får licensen lovar att släppa in den andre, ingen investering ska behöva gå helt till spillo.

*

Här kan det vara värt att stanna upp och tänka efter vad som just hände.

Vem gjorde vad med vem? Vilket var styrkeförhållandet bakom avtalet?

Stenbeck var stark. Hela den stora, brett förankrade, grundligt genomarbetade, svårfrånkomliga beslutsprocessen pekade hans väg. Hans ansökan hade inte kostat stora pengar.

Wallenbergarna stod vid gränsen till det totala misslyckandet. TV4 hade gjort av med 850 miljoner och visste vid det här laget att de inte skulle få koncessionen på egen hand.

Stenbeck räckte ut en hand och räddade Wallenbergarna.

I den uppkomna situationen var det affärsmässigt mer attraktivt än att vinna själv.

Onsdag morgon den 11 september – dagen före det sista regeringssammanträdet före valet – fick Göran Lannegren lugnande besked från Alfred Berg: Kinnevik var inte på obestånd. Analytikerna hade jobbat natten igenom och lämnade först en muntlig rapport, samma eftermiddag hade de hunnit få fram en skriftlig.

Klockan 9:15 fick kulturdepartementet besök av Jan Stenbeck och Per Lundberg. Tillsammans. De båda bittra fienderna berättade för Göran Lannegren och Sverker Gustavsson att de under natten slutit ett intentionsavtal om samarbete i händelse att en av dem fick koncessionen.

»Inget blod ska behöva flyta i efterhand«, förklarade de samstämmigt för de storögda departementstjänstemännen.

– Där gick ju luften lite ur processen, säger Göran Lannegren med ett understatement.

Klockan 10 var det möte i beredningen. Lannegren redovisade Alfred Bergs bedömning att Kinneviks ekonomi var i ordning. Han redovisade på nytt sin bedömning att M3 var den kandidat som bäst överensstämmer med beredningens krav och önskemål.

»M3 är«, sa Lannegren, »den sökande som går längst för att skapa mångfald och kvalitet.«

Centerpartisten i beredningen, Jan Hyttring, argumenterade då för att »vi skulle fortsätta förhandla med TV4 för att få dem att bli lika duktiga«, som en av de närvarande beskriver det. »En märklig idé när man har ett slutet anbudsförfarande.«

– Det var, fortsätter denna källa, inte bara moderaterna som ville rädda Wallenbergarnas pengar – det var också centern som ville rädda LRF:s pengar. Det ska man nog komma ihåg när man försöker förstå det som hände.

Det fanns i beredningen en tydlig majoritet för Stenbeck (bestående av socialdemokrater och vänsterpartister – Hammars partibyte fick alltså ingen betydelse). Centern och miljöpartiet visade seglivade sympatier för TV4, folkpartiet representerat av Jan-Erik Wikström ville skjuta på beslutet med motiveringen att det gått så fort att man inte hunnit tänka efter, moderaterna deltog inte längre i beredningen.

Den mer sakliga, tjänstemannalika prövningen av kandidaterna utföll otvetydigt till M3:s fördel: på punkt efter punkt i den parlamentariska beredningens egen kravlista överträffade de TV4. Det var svårt att komma förbi.

Anders Björck var hemma i Jönköping och kampanjade. Han fick via informella kontakter veta att Göransson stod i begrepp att gå vidare i ärendet. Björck blev »lindrigt uttryckt« arg och sökte sin partiledare som med segervind under vingarna flög landet runt på valturné.

Carl Bildt talade i tio städer på två dagar. Nyhetssändningarna dessa dagar var fulla med bilder av Carl Bildt som vek in sig i ett litet plan på en kal norrländsk flygplats samtidigt som han kastade ur sig några slagkraftiga uttalanden till medias mikrofoner.

Björck fick kontakt med Bildt i luften över Norrland. Via en knastrig mobiltelefon (detta var innan det blev förbjudet att använda mobilen under flygning) rådde Björck sin partiledare att bestämt ta avstånd, från socialdemokratisk maktfullkomlighet mer än från själva sakfrågan för i den var ju Björck partiets talesman. Bildt var av samma uppfattning: det blir en skarp markering.

I lunchekot tillkännagav kulturminister Bengt Göransson resultatet av beredningens arbete: Han ämnade nu överlämna ärendet till regeringen för beslut nästa dag, vid det sista regeringssammanträdet före valet.

I TV4:s hus i Storängsbotten kallades till krismöte klockan 14: Vi har förlorat, Stenbeck har vunnit. Folk grät på redaktionsgolvet, chefspersoner som inte har så nära till känslorna var vita i ansiktet, chockade av att det otänkbara hänt. Dagen levde länge i TV4-folkets minne som *Den svarta onsdagen.*

Något senare på eftermiddagen hörde Anders Björck i radion på sitt hotellrum Carl Bildts direktsända flygplatsuttalande om reklam-TV.

Björck spritter vid minnet:

– Det var ju samtidigt som det pågick kuppförsök i Moskva, Jeltsin var illa ute i några dagar, innan kuppmännen blev tämligen brutalt utkastade. Och Carl jämförde Göransson med den här kuppgeneralen Janajev...

Anders Björcks ansikte slår ut i förtjust leende när han ur minnet återger partiledarens skarpa markering.

– »Vad vi ser nu är samma sak som vi ser i Moskva. Bengt Göransson agerar som Janajev. Och«, skrek Carl, »han kommer att gå samma öde till mötes!«

Vid utropstecknet gör riksdagens förste vice talman Anders Björck ett litet uppspelt hopp i stolen. Politik är kul ibland.

Carl Bildt sa också:

»En borgerlig regering kommer att undersöka möjligheterna att riva upp TV-beslutet.«

»Detta visar en mycket maktfullkomlig och maktmedveten socialdemokrati. Tre dagar före valet dunkar man igenom detta med hjälp av vänsterpartiet men emot de övriga riksdagspartierna.«

»Nu måste M3 fråga sig om de verkligen vill ha koncessionen under dessa mycket tveksamma omständigheter«, tillade Carl Bildt på ett sätt som uppfattades som hotfullt.

Därmed var frågan full av oberäkneligt liv igen.

Hårdheten och tydligheten i Bildts respons överraskade socialdemokraterna, även om det var i finalen av en upphetsad valstrid. Och förvånade: beredningens material utföll tydligt till M3:s fördel, man betraktade frågan som uppgjord och avgjord.

– Det var ett vårdslöst uttalande, säger Bengt Göransson, men Bildt var heller inte alltid så nogräknad.

Som politiskt hantverk var Bildts replik en lyckad stöt.

Den satte ögonblickligen stopp för den starkt uppvarvade, under lång tid uppbyggda socialdemokratiska verksamheten i TV-frågan. Allt gick som tåget – en jättemaskin som började på partikongressen och nu involverade alla riksdagspartier, näringslivet och media – så kom några ord från Bildt och beslutskraften förbyttes i osäkerhet, ängslan och en taktisk reträtt. Tåget tvärnitade.

Till kvällens nyhetssändningar hade socialdemokratin tänkt om. Kulturminister Bengt Göransson meddelade nu att det inte skulle bli något beslut före valet.

Bengt Göransson:

– Vi kunde förutsätta, milt uttryckt, att det skulle bli ett regimskifte. Moderaterna sa att de skulle riva upp vårt beslut. I den situationen var det ju meningslöst att fatta ett beslut.

Beslutet om kulturministerns tvära kursändring togs i samråd mellan statsminister Ingvar Carlsson, vice statsminister Odd Engström och kulturministern själv.

Argumenten bakom beslutet var mångfasetterade. Helt tydligt ville Bildt ha bråk i TV-frågan. Det skulle han inte få. Liksom förmodligen Bildt gjorde s-toppen bedömningen att en socialdemokrat skulle ha svårt att föra debatt om reklam-TV, medan en moderat skulle ha lätt för det; det var inte en socialdemokratisk fråga, inte en fråga socialdemokratin vann något på. Det vore också ett groteskt missbruk av politisk energi att låta hela parti-ledardebatten handla om reklam-TV och Jan Stenbeck. Ädla och krassa motiv smälter så intimt samman att det inte går att exakt urskilja vilket som är taktisk beräkning och vad som är för det allmännas bästa; det är både och, det är politik.

Ingvar Carlssons pressekreterare Martin Lindblom föreslog att man skulle fatta beslutet och ta debatten. När sedan Bildt drog upp saken i TV-studion kunde Ingvar Carlsson bara säga: »Vi socialdemokrater tycker att hela svenska folket ska få se ishockey-VM – varför tycker inte Carl Bildt det?« Och då skulle de där killarna som sitter i bakgrunden och skriver lappar till partiledarna snabbt skriva lappar till Bildt om att släppa ämnet. Hockey-VM var ju TV3:s rättighet, om Kinnevik vunnit hade den följt med till den nya rikstäckande reklamkanalen. Resonemanget kändes lite krångligt, sakfrågan för komplicerad för att förklara i direktsänd TV.

Ingvar Carlsson gjorde bedömningen att hans parti inte ville ha den debatten.

Odd Engström ringde Bengt Göransson som var ute i landet. Man konstaterade att Bildt sagt som han sagt och att det var bäst att släppa TV-beslutet.

– Vi var överens, det var inga *hard feelings*, säger Bengt Göransson. Jag tyckte inte att TV-frågan var så viktig att man kunde låta hela partiledardebatten handla om Stenbeck. Det finns viktigare saker.

Göran Lannegren och Sverker Gustavsson var uppe på Odd Engströms kontor och fick beskedet: Nu lägger vi ner det här.

En tankegång som ytterligare lugnade åtminstone några av socialdemokraterna i kulturdepartementet var att man nog kun-de låta beslutet i reklam-TV-frågan glida över till andra sidan valdagen utan att det skulle äventyras. Enligt de regler som nu en gång uppställts av Sveriges riksdag skulle det inte gå att göra någon annan bedömning; en borgerlig regering skulle vara tvungen att fatta den socialdemokratiska regeringens beslut.

Kulturministern och hans medarbetare blev överrumplade när moderaterna »lät blodsbanden till kapitalet styra«, som Göransson uttrycker det.

Från kulturdepartementet skickade Göransson ut ett skriftligt uttalande:

> När Carl Bildt uttalar att ledningen för M3 bör akta sig för att träffa avtal med landets regering därför att han kan vara i stånd att riva upp ett beslut om avtal efter valet, gör han sig skyldig till ett politiskt hot mot ett enskilt affärsföretag som jag inte ens i min vildaste fantasi kunde föreställa mig att en svensk partiledare skulle kunna göra sig skyldig till.

Medan detta hände satt TV3:s VD Jan Steinmann och vice VD Mats Sundström på planet från London, där de hade sitt dagliga arbete. Efter Göranssons besked i lunchekot hade Steinmann och Sundström fått brådskande telefon från Stockholm: De hade vunnit licensen och måste omedelbart komma hem till Skeppsbron för att vara med och fira. TV3 hade ju blivit huvudman för M3 när Stenbeck höjde insatsen.

– Vi var förstås glada, säger Jan Steinmann, och tog ett par drinkar redan på planet. På Arlanda rusade vi direkt ihop med en jurist på TV4 som sa: »Grabbar, ni har tappat licensen igen.« Då hade det kommit på text-TV:n i vänthallen.

På onsdagskvällen betonade Carl Bildt för TT:s reporter att det uteslutande var den politiska processen han vände sig emot, inte något enskilt företag. Folk i omvärlden, både journalister och direktörerna på de sökande företagen, hade lite svårt att förstå den moderata ståndpunkten; den passade inte in i pjäsen.

I Rapport anklagade Lars Engqvist – Stenbecks socialdemo-

kratiske partner i Rikstelevisionen – Carl Bildt för att gå Wallen-
bergarnas ärenden:

– Det här är sånt som händer i bananrepubliker, fräste Engqvist.
Carl Bildt är med sina uttalanden om beslutet i TV-frågan ute
efter att förstöra för andra än Wallenbergarnas intressen.

I TV4-huset såg personalen tillsammans på Rapport, torkade
tårarna och gladdes åt att en gåtfull gud nedstigit ur teaterma-
skineriet och räddat deras kanal kvar i matchen.

Så kom morgonen och det var torsdagen den 12 september,
dagen för det sista regeringssammanträdet före 1991 års val;
det sista tillfället för den socialdemokratiska regeringen att fatta
några beslut innan de skulle förlora makten. För det pekade alla
opinionsmätningar på.

Statsminister Ingvar Carlsson var ute på Bommersvik och
förberedde sig för partiledarutfrågningen. Tjänstgörande ordfö-
rande vid sammanträdet var vice statsminister Odd Engström.

Odd Engström lyfte bort frågan från dagordningen.

Anders Björck och Carl Bildt möttes hastigt ute i valkampen och
gratulerade varann:

»Du sa att det skulle bli en skarp markering, men det var ju
väldigt vad du tog i.«

»Ja, han gjorde i byxorna. Det hade avsedd effekt.«

»Operationen lyckades.«

På valnatten söndagen den 15 september poserade schlager-
kungen Bert Karlsson stående i tubsockor uppe på riksdagens
talarstol för *Expressens* fotograf Jens Assur. Han hade precis blivit
invald i parlamentet på ett av Ny Demokratis 25 mandat. Det
var under dessa första år på nittiotalet som murar föll, omöjliga
saker blev verklighet. I TV:s valvaka lämnade folkpartiledaren
Bengt Westerberg studion när den andre ledargestalten för det

segerrika Ny Demokrati, partiledare Ian Wachtmeister, kom in
för att sätta sig i soffan hos de övriga borgerliga vinnarna.
Carl Bildt bildade regering. Folkpartiets Anne Wibble blev
finansminister, Jan Stenbecks syster Margaretha af Ugglas (m)
blev utrikesminister, centerns Olof Johansson blev miljöminister.
Kristdemokraterna fick se sin ledare Alf Svensson föra partiet in
i riksdagen som biståndsminister.

Folkpartiets Birgit Friggebo tog över kulturdepartementet
efter Bengt Göransson, och den beredda men olösta reklam-
TV-frågan följde med.

Det var, som en av departementets medarbetare säger, »inget
älsklingsämne för den nya regeringen att få i famnen. Alla insåg
att det skulle vara jävligt svårt att förorda TV4 med det här som
bakgrund [knackar på en bunt handlingar från den parlamenta-
riska TV-beredningen]. Hade inte Stenbeck gått Wallenbergarna
till mötes när de hade sin underbara natt på Skeppsbron, då har
jag svårt att se hur den nya regeringen skulle kunnat gå förbi TV3.
Det hade orsakat svåra problem i den nya regeringen. Jag tror
de var jävligt rädda för det. Det kom som en politisk räddning
att de gick ihop.«

*

Samma dag som tidningarna rapporterar om den dramatiska
uppskjutningen av TV-beslutet, onsdagen den 12 september 1991,
har DN:s ekonomisektion på en insida nyheten att Kinnevik sålt
Kloster Speedsteel till ett franskt metallbolag. Därmed har Jan
Stenbeck helt avvecklat Kinneviks engagemang i den svenska
stålindustrin.

*

Efter valet 1991 låg hela den mödosamt arbetade beslutsproces-
sen i spillror.

Ingen ville köra om hela proceduren.

Vilken tur då att de båda kandidaterna redan slutit ett avtal om att dela på koncessionen. Jan Stenbeck fick tillfälle att dela ut ett par favörer som räddade Wallenbergs och LRF:s investering i TV4, och hjälpte den nya regeringen undan en jobbig intern situation.

En annan effekt av Stenbecks samarbetsavtal med Wallenbergarna var att det blev svårare för en kommande moderatledd regering att skapa en annan modell och släppa loss ännu mer konkurrens. Fri eller nästan fri etableringsrätt, som Anders Björck talade om, har aldrig varit Jan Stenbecks mål när han bryter upp statliga monopol. Han vill bara ha en stark position själv på den nya marknaden. Det är tydligt inte minst inom telefonin där Stenbeckbolagen vältaligt och energiskt argumenterar mot varje ny aktör efter de själva släppts in. Det är affärer han ägnar sig åt, inte politik.

När Birgit Friggebo (fp) tidigt i oktober 1991 installerat sig som kulturminister i den nya regeringen kallade hon snabbt till sig de båda reklam-TV-kandidaterna. Det var ju ett brådskande ärende. Då berättade de att de bestämt sig för att göra kanalen tillsammans.

– Det var så jag fick veta att de gått ihop, säger Friggebo.

Och när kandidaterna gått ihop hade de samtidigt ryckt initiativet ur politikernas händer. Spelet var slut. Det var lite dött. Den genuina konkurrenssituation som satt sådan fart på de sökande tidigare, och departementstjänstemännen varit så stolta över, var nu borta. Politiken hade inte längre någon piska.

– Det enda alternativet till att ge de här sökande koncessionen skulle ha varit att gå ut på en helt ny vända, säger Birgit Friggebo, i och med att de gjort upp själva.

Jan Stenbeck:

– Om den nya regeringen skulle gå emot den av alla partierna tillsatta kommissionens rekommendation, då skulle såssarna dra dem inför konstitutionsutskottet och säga: Fy, här sitter ni och belönar er själva. Annars måste regeringen i princip köra om en ny upphandling.

– Då blev det jättepress på mig. Den här killen... eeeh, som sen blev försvarsminister, eeeh... riksdagsman, Bildt närstående, från Jönköping... vad heter han?

– Björck?

– Björck, ja! Plötsligt kom det ständiga hänvisningar till Björck från olika kontakter. Jag hade aldrig hört att det talades om Anders Björck så mycket tidigare, och alla hälsningar gick ut på att jag måste göra upp med TV4.

– Det var budskapet till dig från moderathåll efter valet?

– Ja. Från en massa håll, men Björcks namn var en gemensam nämnare. Där sitter Wallenbergarna med ett bolag som förlorar enorma pengar varje månad. De hade ju tidigare tagit beslut att om de inte fick licensen skulle de lägga ner bolaget. Och tiden går och de måste göra nånting.

– Då ville jag inte vara den som bråkar. Jag tyckte det här med att ge mig licensen och sen inte ge mig licensen, det var så larvigt alltihop. Då hade jag i hjärtat beslutat mig för att köra TV3 på mitt sätt, och så får det här svenska samhället hålla på och skruva runt med sin egen reklam-TV. Om de orkar ta ett snabbt beslut nu, eller skjuter frågan för all framtid – så har jag i varje fall den framgångsrika konkurrenten.

Dagarna gick. TV4 sände för fullt via satellit och förlorade fruktansvärda pengar.

På kulturdepartementet fortsatte Göran Lannegren förhandla med kandidaterna, fast nu kom de upp tillsammans, och Jan Stenbeck följde inte med. Lannegrens mål var nu att bevaka så att de gamla konkurrenterna inte pressade ner villkoren under det avtal som M3 tidigare accepterat.

Jan Stenbeck hade fått nog av den svenska modellen. Han

var glad över att få behålla sin satellitkanal TV3, och att slippa hamna under den svenska politiska maktens sko.

Den intressanta förhandlingen var nu den hans folk förde med Wallenbergarna, där det skulle avgöras hur hårt Stenbeck skulle skinna sin slagne motståndare – som skonats från det offentliga fiaskot bara genom segrarens taktiska nåd i form av ett samarbetsavtal.

Nu fördes samtalen huvudsakligen på Investor och Providentias huvudkontor på Arsenalsgatan. Vid ett förhandlingsbord i Wallenbergimperiets hjärta lät Kinnevik skräcken verka i motparten. Ämnet för förhandlingarna var, som en Kinnevik-medarbetare uttrycker det, hur mycket Jan Stenbeck skulle stoppa in i en kassa som var tom för att få en tredjedel av bolaget. Jan Stenbecks närvaro vid mötena var sporadisk. Han säger själv att han deltog endast vid ett tillfälle, en lunch på Strand, och att han för övrigt »drev förhandlingarna på telefon genom [Kinneviks vice VD Bengt] Kvarnbäck«.

– Vi förde rena pajasförhandlingar, säger en av medlemmarna i Kinneviks förhandlingslag. Vi bara satt där och lyssnade men sa aldrig något konkret. Wallenbergarna fattade ingenting, men blev mer och mer pressade.

Tidigt i november var Wallenbergarna färdigpressade. Parterna gjorde upp.

En medlem av Kinneviks förhandlingslag har den bestämda uppfattningen att den slutliga uppgörelsen träffades av Peter Wallenberg och Jan Stenbeck vid ett personligt möte i *chambre séparée*, sedan fotfolket i delegationerna etablerat positionerna.

En annan medlem av Kinneviks förhandlingslag har den bestämda uppfattningen att så inte var fallet (han är övertygad om att det var han själv som träffade det slutgiltiga avtalet).

En tredje vill inte alls kommentera, utan säger bara hemlighetsfullt att förhandlingarna hade »många trevliga och konstiga inslag«.

Kinnevik drog tillbaka sin ansökan.

TV4 tog licensen, men nu var Jan Stenbeck störste ägare i TV4.

– Jag satt med alla övertag i förhandlingen, säger Jan Stenbeck. Så jag kunde bara be om vad jag ville ha. Jag fick försäljningsbolaget, jag fick mitt aktieägande nästan gratis, du vet – alltihopa.

Kinnevik fick köpa 30 procent av aktierna i TV4 för 10 miljoner kronor. De gamla ägarna fick ta hand om bolagets ackumulerade förluster på 850 miljoner kronor. Stenbecks säljbolag AirTime fick ensamrätt på att sälja reklamtid i den nya kanalen. För att göra affären snyggare fick TV4 45 procent av AirTime. Stenbeck behöll kontrollen med sina 55 procent.

– Jag tycker i dag att det var fel av mig att göra som jag gjorde, säger Jan Stenbeck. Det hade varit bättre både för satellit-TV och för annat om jag inte hade gjort upp med dem.

– Ville du egentligen göra Rikstelevisionen?

– Hade jag fått licensen hade jag varit tvungen.

– Det hade varit svårt, och dyrt, och du hade förlorat TV3.

– Ja. Men när du ger dig in i en sån här sak gör du det med själ och hjärta. Du kan inte sitta och göra strategiska överväganden mitt i striden. Det gäller att bara köra på tills det är slut. Om det inte är uppenbart dumt. Det är som i krig. I ett riktigt pansarkrig lyssnar du aldrig till taktisk information, du räknar bara antalet stridsvagnar som slås ut och soldater som dödas. Sen byter du ut förbanden och ser hur långt du har kommit. Men du kan inte börja retirera mitt i. Så svaret är: Hade vi vunnit så hade vi genomfört det på bästa sätt. Det hade vi sagt att vi skulle göra. Men i stället så tvingas vi in i den här konstiga TV4-dealen.

– På TV4 betraktas du som en ockuperande fiende. Det finns en irritation över att ni sitter kvar, över att du inte bara säljer aktierna och tar hem vinsten och lämnar dem ifred.

– Det finns bara två egentliga konflikthärdar. Den ena är hur fruktansvärt illa de mådde. De var ju det fina bolaget. De förlorade satellitkriget. De hade en deal om att få en licens. De

förlorade den. Och sen måste de göra upp med djävulen själv.
Här gör Jan Stenbeck en gest mot sin egen bröstkorg.
– Så det fanns ju så mycket smärta och så mycket ilska och så
mycket besvikelse, på alla nivåer i det där bolaget.
– Och sen har du nästa skiljelinje. Det är att vi tror på aktiva
styrelser, som har synpunkter på driften. Ibland vill programche-
fen eller VD absolut göra på ett annat sätt än vi tycker. Då säger
vi: OK, jag hoppas du har rätt. Vi går ju inte och säger åt en kille
att han måste göra på ett visst sätt. Men har han fel tre gånger
i rad tycker jag att han ska jobba för nån annan. Vi försöker
inte detaljstyra bolaget, men vi följer upp noga och håller på
ansvarstagandet. Och det vill de ju inte ha. De vill ha en svensk
organisation där i princip alla beslut tas på tjänstemannanivå,
ibland inte ens på högsta tjänstemannanivå.
– Men vi har ett bra förhållande i styrelsen, om du utgår från
att styrelsen ska vara passiv enligt den svenska modellen. Vilket
vi accepterar. Så vi har ingen frustration.

Detta uttalande – som förstås är sarkastiskt och elakt mot både
Wallenbergs och TV4 – gjorde Jan Stenbeck vid vår intervju i
augusti 1997. Två månader senare hade Wallenbergarna sålt
sina TV4-aktier, Bonnierdirektören Bengt Braun hade blivit den
starke mannen i bolaget, och vid en extra bolagsstämma i januari
1998 knuffades Kinnevik ut ur styrelsen – trots att Kinnevik
fortfarande var den största enskilda aktieägaren med 22 procent
i TV4 (andelen hade krympt från de ursprungliga 30 procenten
till följd av nyemission vid börsintroduktionen).

*

Den konstiga uppgörelsen mellan Wallenberg och Stenbeck om
partnerskap i TV4 innehöll ytterligare två viktiga beståndsdelar.
    Parterna upprättade ett konsortialavtal där man ömsesidigt
garanterade varandra representation i styrelsen.

Den som berättade detta för mig var Björn Nordstrand, som var VD och styrelseledamot i TV4 åren 1992–1994. Han sa det i förbigående i TV4-husets cafeteria efter den bolagsstämma i januari 1998 där Stenbeck åkte ut och bland andra Nordstrand kom in i styrelsen. Det var en stressig nyhetskväll, mina anteckningar är slarviga.

Nu när jag sitter och skriver detta, på hösten 1999, ringer jag Björn Nordstrand på hans mobiltelefon för att förvissa mig om att jag fattat honom rätt, och att han är säker på sin sak. Han svarar efter ett par signaler. Jag presenterar mig, påminner honom om att vi mötts, drar mitt ärende och ska precis ställa min fråga när Nordstrand avbryter mig:

– Du, jag står här i Spanien och ska precis slå ett golfslag, ursäkta mig en stund.

Några sekunder förflyter i tystnad. Så hör jag genom mobiltelefonen, liggande på en välklippt gräsmatta någonstans i Spanien: Whhiingg!

Det karaktäristiskt pigga ljudet av en golfklubba som sopar i väg en boll.

Nordstrand igen:

– Ja, vad sa jag till dig då?

– Att det fanns ett konsortialavtal mellan Wallenberg och Stenbeck, som del i uppgörelsen när de gick samman efter valet 1991.

– Ja. Det fanns det. I princip kan du säga att de lovade rösta på varandra på bolagsstämmorna. De gjorde upp om hur många styrelseplatser respektive ägare skulle ha.

Ingen kunde tränga ut den andre från makten genom att bilda gäng med någon annan ägare. I TV4 var Wallenberg och Stenbeck låsta vid varandra i ömsesidig ringaktning och bristande förståelse, som i ett riktigt dåligt äktenskap. Av personal och övriga ägare – »de gamla ägarna« som man sa på TV4 ännu många år efter samgåendet 1991 – uppfattades Stenbeck från början som en fräck inträngling. »Vi har huvudkonkurrenten vid styrelsebordet«, som en Wallenbergdirektör uttryckte det. När Stenbeck och hans killar steg in på TV4 för att bevista ett styrelsemöte var de på fientligt område, men gick fridlysta genom hatet och avskyn – osårbara genom den uppgörelse de pressat ur Wallenbergsidan.

Förmågan att inte utnyttja ett överläge för hårt har pekats ut som en grundläggande spelregel för de svenska offentliga eliterna (Göran Rosenberg i *Moderna Tider* september 1999, med hänvisning till statsvetarna Hugh Heclos och Henrik Madsens analys av vår svenska »principiella pragmatism«).

Den förre SAF-ordföranden och Aseachefen Curt Nicolin angav 1992 i skriften *Marknad och moral* att »det är god etik att inte vara alltför ›smart‹ även om en affär skulle uppfylla lagens bokstav«; alltså att inte utnyttja ett överläge fullt ut.

Detta är regler för hur man kliar varann på ryggen långsiktigt, grundläggande i slutna maktsystem med ett känt och begränsat antal aktörer. Spelregler som Jan Stenbeck ofta bryter mot på ett distinkt sätt, bland annat i TV4-uppgörelsen med »de gamla ägarna«. Och som inte heller respekterades av Bonniers VD Bengt Braun när Kinnevik blev av med sina styrelseplatser, så snart efter Bonniers inträde i TV4 som det var praktiskt möjligt.

KAPITEL FEM

Slakthus 4

EN ANNAN PUNKT som skrevs in i uppgörelsen mellan Wallenbergsidan och Stenbecksidan på hösten 1991 var att ledningen skulle bort, det vill säga kanalens pionjärer Ingemar Leijonborg och Gunnar Bergvall samt VD:n Björn Unger. Kostnaderna för kanalen hade skenat. Den nye storägaren Kinnevik hade inget förtroende för den gamla ledningen, och fann det dessutom rent allmänt naturligt att ompröva ledningen när man redan handgripligen omprövat ägandet. Leijonborg, Bergvall och Unger hade heller inget starkt stöd hos sina gamla partners i Wallenbergsfären; de offrades raskt i förhandlingen. Det dröjde dock innan de själva fick veta det.

Uppgiften att utföra den beslutade utrensningen i kanalledningen låg på den gamla styrelsen. På kvällen den 10 december började ordföranden Per Lundberg ringa runt för att delge sina toppchefer den dåliga nyheten. Samtalet med Gunnar Bergvall ägde rum först halv två på natten och var det sista av de tre. När samtalet var slut hade Bergvall inte förstått det som att han fått sparken. I stället hade han fått den kristallklara, otvetydiga uppfattningen att Leijonborg och Unger skulle bort, medan han själv skulle vara kvar på TV4 med andra sysslor.

– Det var vad Per Lundberg sa till mig, säger Gunnar Bergvall. Vi var överens om att jag skulle svara för kontinuitet, jag skulle slutföra vissa saker, och så vidare. Jag skulle vara kvar, det råder för mig ingen tvekan om att det var vad Per Lundberg och jag kom överens om i det där telefonsamtalet på natten. Att jag sedan antagligen inte skulle vara kvar på kanalen i all framtid var en annan sak, det hade jag heller aldrig tänkt mig, men tills vidare skulle jag arbeta kvar på TV4. Vi hade ju också ett möte nästa dag för att bekräfta vad vi kommit överens om. Varför skulle vi ha haft det om jag bara fått sparken? Även om Per Lundberg suttit här nu hade jag sagt samma sak, och jag hade sett honom i ögonen och fått honom att medge att det jag säger är sant.

Samtalet var ändå skakande nog för en pionjär, mitt i natten och bara några veckor efter det att ens djärva entreprenörsprojekt blivit verklighet och big business.

En arbetsdag senare, på kvällen den 11 december, hade Publicistklubben ordnat en debatt om den nya TV-kanalen på Berns i Stockholm, under rubriken »Nu väntar verkligheten«. Utannonserade attraktioner i panelen var både Jan Stenbeck och Jan Guillou, då programledare i TV4:s samhällsmagasin *Kalla fakta* och ända sedan IB-affären 1973 den antagligen främste individuelle svingaren av kårens heliga svärd på den mediala cirkusscenen.

Det var en välbesökt kväll.

För en affärsman är offentligheten farlig, en onaturlig plats att uppehålla sig på. De vapen och verktyg direktören är tränad i att använda fungerar dåligt där. Affärsmannen är rustad för att överleva i styrelserummens, kontraktens, handslagens djungellandskap, där information är en form av kapital och det är rationellt och normalt att vara hemlighetsfull med sina avsikter och insikter. Affärsmän trivs i slutna rum. Det är en lika naturlig dragning till den egna biotopen som journalisters dragning till offentligheten – debattens, utspelens, problemformuleringens landskap. Där i det skarpa ljuset är vi hemma (tillsammans med politikerna), där är vi starka, trygga under omständigheter som många andra – till exempel affärsmän – upplever som starkt hotande. Journalisters (och politikers) yttersta livförsäkring, det som låter oss gå på som vi gör, är makten att kunna publicera något, ta något till offentligheten, mobilisera allmänheten och opinionen. Affärsmäns motsvarande yttersta trygghet är en god relation till bankdirektören och de styrande aktieägarna, en handfull personer, men med exceptionella kvalifikationer. Goda sådana relationer är det som låter affärsmannen gå på som han gör och skita i vad andra tycker, inklusive politiker och journalister.

Som nybliven storägare i den av samhället sanktionerade svenska reklamtelevisionen tvingades Jan Stenbeck ut i offentligheten och upp i panelen på PK-debatten för sitt första stora möte med journalisternas kårintresse.

TV4-ledningen hade middag före debatten. Gunnar Bergvall hamnade bredvid Harry Schein, som ansåg att Stenbeck visserligen var framgångsrik, men att han med sin främmande stil väckte onödigt mycket motvilja kring sina segrar. Vilket ju kan bli ett problem i det långa loppet när tillräckligt mycket motvilja ackumulerats. Stenbeck borde lära sig att hitta den smidiga vägen till framgång, ansåg Harry Schein, för en sådan finns ju också.

– Du borde prata med Stenbeck om politisk påverkan, sa Schein till Bergvall, TV4-drömmaren som nu efter fem–sex års tålmodig och lyhörd lobbying fick se sitt projekt förverkligat.

– Kanske det, men hur får jag till ett möte med honom? sa Bergvall, med en skämtsam anspelning på Stenbecks beryktade oåtkomlighet.

– Du får resa till Amerika, det är nog enda möjligheten att få träffa honom, sa Harry Schein till Gunnar Bergvall samtidigt som de reste sig från bordet för att gå i väg till debattsalen.

Jan Stenbeck gick till Berns den 11 december i tron att Per Lundberg informerat kanalledningen om förändringarna, det vill säga att de enligt beslut fått sparken.

Jan Guillou, laddad, noterade att alla närvarande Kinnevikdirektörer bar smoking, detta för att PK-debatten råkade sammanfalla med bolagets traditionella julmiddag på Nya Sällskapet och de efter debatten skulle direkt vidare till festen.

– Så där sprang Göran Rosenberg och alla andra omkring i

smoking, säger Jan Guillou utan att röra en min.

(Rosenberg och Guillou är gamla vänner, rivaler och periodvis bittra fiender från SKP-, PLO- och Jan Myrdal-kretsarna på sjuttiotalet. Där ingick även Robert Aschberg, Jörgen Widsell och Mats Örbrink, samtliga vid denna tid knutna till Kinnevik som redaktörer eller direktörer.)

Jan Stenbeck själv bar dock inte smoking, utan röd kavaj och rutig skjorta. Han tyckte säkert att han klätt ner sig på ett anspråkslöst vis – fritidsklädd för Long Island – men felbedömde den svenska journalistkårens dresskod, som är att vara extremt nerklädd; den röda kavajen uppfattades som provocerande flamboyant och kommenterades med vällustigt avståndstagande i nyhetsrapporteringen. Stenbeck bar inte slips, vilket drog reportrarnas uppmärksamhet till hur bred nacke den nya storföretagaren i mediebranschen hade.»Sveriges Robert Maxwell«, sa Publicistklubbens ordförande Olle Stenholm när han presenterade Stenbeck, med en tveeggad parallell till den kontroversielle mediemagnat som bara en månad tidigare dött under oklara omständigheter i en drunkningsolycka.

– Fet är jag, men jag är inte död, högg Stenbeck tillbaka.

Jan Guillou hälsade Stenbeck välkommen till offentligheten med ett förberett tal, en satirisk parafras på Marcus Antonius tal i Shakespeares *Julius Caesar*.

Från podiet upprepade Guillou frasen »Jan Stenbeck är en ärans man« som ett förgiftat ironiskt omkväde (i Shakespeares original är det lönnmördaren Brutus som är en »ärans man«).

– Du är ganska elak, Jan, var Stenbecks korta kommentar när Guillou var färdig. Talet fick stort genomslag i TV och radio. Här, och i det som strax skulle följa, cementerades medieortodoxins bild av Jan Stenbeck. Alltså hur vi normalt beskriver honom, utan att behöva motivera varför: som en brutal man med dålig smak, och i konflikt med hela den rättänkande journalistkåren.

*

– Hur kom du på den idén? frågar jag Jan Guillou.

– Marcus Antonius tal, ja, säger han med ett svagt leende i mungipan. Det är väldigt bra retorik. Och det gällde att göra det lite inlindat. Om jag framfört gängse, schablonmässig vänsterkritik av medieägaren hade det inte roat någon och inte oroat Stenbeck.

När samtalet på Publicistklubben senare kom in på kanalledningen och förändringarna i den, sa Jan Stenbeck att det var Pirre Wallenberg och inte han som sparkat Ingemar Leijonborg, och la sedan till:»Bergvall ska också sluta«.

Alla tittade på Gunnar Bergvall.

Gunnar Bergvall – som en stund tidigare sagt till *Expressens* reporter Jonas Sima att han skulle jobba kvar tills vidare och stå för kontinuitet – bleknade.

Olle Stenholm kommenterade från debattledarplatsen: »Gunnar Bergvall behövde ni inte ringa till i alla fall!« TV4-medarbetare i salongen rasade:»Ska man behandla folk så här? Finns det ingen plats längre för dessa pionjärer i organisationen? Ska de bara kastas ut i kylan?«

Expressens förstasida nästa dag löd: »Slakthus 4 – här ger Stenbeck sin TV-chef sparken«, över en bild av Gunnar Bergvall som, chockad i bänkraden, håller uppe hakan med händerna. Bergvall har sparat tidningssidan bland sina souvenirer från tiden som TV-pionjär.

– Vi klev upp på prispallen, men den visade sig ha en fallucka, säger Gunnar Bergvall. Självklart var det chockartat att åka ut bara några veckor efter att vi druckit champagne. Vi hade ju faktiskt levererat det vi lovat våra finansiärer: en TV-kanal som skulle ta koncessionen.

Av Jonas Simas nyhetsartikel inne i *Expressen* framgick att Per Lundberg ansåg sig ha informerat Bergvall om att hans tid på TV4 var ute, men den svårbegripliga detaljen sköljdes bort av kraften i skådespelet: amerikansk miljardär i röd kavaj avrättar en god svensk TV-man inför sittande Publicistklubb.

Inom Kinnevik lever uppfattningen att Jan Stenbeck den kvällen genom Per Lundbergs försorg blev lurad i ett bakhåll och tillfogades en betydande förtroendeförlust genom ett besynnerligt väggspel mellan Wallenberg och Guillou, affärsetablissemanget och journalistetablissemanget.

Utan att spekulera i vilka avsikter som eventuellt kan ha funnits hos vem och när, kan man konstatera att det var precis vad som hände.

Från PK-debatten gick Jan Stenbeck på bolagets julmiddag utan att byta om. Alla hans direktörer och redaktörer bar smoking. Själv bar huvudägaren röd kavaj.

Några dagar efter debatten talade Lars Engqvist, den gamle partnern som med sitt agerande på den socialdemokratiska partikongressen drygt ett år tidigare utlöst händelseförloppet, i telefon med Jan Stenbeck:

– Då låg han sjuk, säger Lars Engqvist. Han sa att han absolut inte velat göra någon brutal maktdemonstration, att han var överraskad och illa berörd av hetsen mot honom. Jag uppfattade det faktiskt som att han tagit så illa vid sig att han blivit sjuk.

– Jag blev ju lite förbryllad, och sa: Jan, om du säger upp en direktör offentligt får du räkna med att det blir ett jävla liv. I varje fall om du gör det i Sverige. Men han såg det verkligen på ett annat sätt, och menade att när en ny ägare kommer in är det naturligt att ompröva ledningen.

– Den upplevelsen tror jag blev ett bestående trauma för Jan. Han tycker verkligen att han är jagad, förtalad och missförstådd.

Jan Steinmann, dåvarande VD för TV3, säger:

– Jan var verkligen ledsen efteråt. Innerst inne tror jag han var förbannad för att han inte haft rätt information.

*

Jan Guillou bor numera tillsammans med sin bokförläggarpartner Ann-Marie Skarp i den feta och fina änden av Östermalm nere vid Djurgårdsbron, bara något kvarter från den bostadsfastighet på Strandvägen 27 där häradshövdingen Marcus Wallenberg hade sitt hem och både Jacob och Marcus jr växte upp. Här har paret inte alltid bott, vilket spelar en roll i berättelsen om Guillous mellanhavanden med Jan Stenbeck.

Trappuppgången är praktfullt pråligt 1890-tal.

– Du kan hänga av dig här, säger Jan Guillou och sedan försvinner han.

Succéförfattaren och storjournalisten är ensam hemma i den mörka våningen. Jag glor en stund på den enorma hjortkronan på hallväggen – det första som möter besökarens blick, hornen måste vara en och en halv meter från skallbenet till översta spetsen; jag har aldrig sett något liknande. Så plockar jag fram blocket ur väskan och börjar leta efter min värd.

I andra änden av en kort korridor öppnar sig en bred dörr mot stora salongen. Jag kikar in och ser en del av en soffgrupp, på bordet ligger en stapel manusbuntar och kuvert, hemarbete – det slår mig att skinnsoffan med sin burgna herrklubbstil och gröna läderklädsel liknar den jag några dagar tidigare suttit i hos Kinnevik, i väntrummet innanför vakten på Skeppsbron. När jag kikar runt hörnet ser jag Jan Guillou. Han ligger uppkrupen i soffhörnet, benen är lojt utsträckta med fotsulorna mot gästen, huvudet höjt; han ligger där tyst och väntar på mig, och ser ut som något stort kattdjur vilket väl också är meningen. Jag blir lite ställd och kommer inte på en öppningsreplik, så jag är helt tyst och koncentrerar mig på att bläddra upp en tom sida i mitt block. Till sist säger Jan Guillou, med sin dramatiskt nollställda TV-röst:

– Vad kan jag göra för dig?

Jag ber honom berätta om sin första kontakt med Jan Stenbeck.

Liggande i skinnsoffan börjar Jan Guillou berätta:

Jan Stenbeck sökte Jan Guillou och ville resonera om möjliga TV-program. Detta var tidigt, 1988–1989. Jan Guillou hade gjort *Rekord-Magazinet* i Sveriges Television. TV3 var nystartat och Kinnevik sökte de rätta publikattraktionerna för att bygga upp sin kanal. Man hade Aschberg och hockey-VM, och hade tydligen identifierat Guillou som en betydande råvara i svensk TV-industri, betydande nog för att kräva uppvaktning av Husse personligen om det skulle finnas utsikter att bli något.

Stenbeck och Guillou sågs ett par gånger. De hade var sin idé.

– Stenbeck ville att man skulle göra en *Crime Watch*. Jag var oentusiastisk. Jag tyckte inte att media ska fungera som förlängd polismyndighet.

(Programmet förverkligades ändå, med Hasse Aro som programledare och titeln *Efterlyst*. Det är en framgångsrik institution i TV3 och den svenska reklamtelevisionens längsta långkörare; programmet fyllde tio år 2000.)

– Däremot argumenterade jag för att ett framgångsrikt samhällsprogram är det mest lönsamma man kan ha i kommersiell TV, säger Guillou.

Idén om ett samhällsmagasin för TV3 skulle åtminstone utredas, men då la Stenbeck ner ärendet på »en mindre direktör«, som Guillou säger.

– Och då skulle jag, Göran Rosenberg och Lars Eliazon träffa den här mindre direktören, vars namn jag glömt – en magerlagd flintskallig figur – för att, som vi trodde, diskutera ett samhällsprogram.

– Men direktören började med att diskutera löner, med innebörden att Lars Eliazon skulle ha 40.000, Göran Rosenberg 45.000 och jag 50.000 i månaden. Vi skulle ha olika löner, det var en ideologisk fråga, och man tyckte det var viktigt och riktigt att man började i den ändan.

– Men den här direktören var inte informerad om vissa saker, bland annat inte om Göran Rosenbergs temperament. Så det sprack omedelbart.

Därmed slutade planeringen för Jan Guillous medverkan i TV3. 1990 började Guillou i stället arbeta med samhällsprogrammet *Kalla fakta* i TV4, som då invigdes som satellitkanal med siktet inställt på marksändningsrätten.

Ett av dessa tidiga, förhoppningsfullt nosande möten mellan Stenbeck och Guillou ägde rum på Bistro Ruby på Österlånggatan i Gamla stan. Med vid bordet var även Ann-Marie Skarp. Guillou och Skarp var båda mitt uppe i sina skilsmässor. Skarp hade ett kort men akut bostadsproblem över julhelgen, då ju sådana saker blir ännu krångligare än annars. De pratade om detta.

»Men Ann-Marie kan ju bo här!« utbrast Stenbeck och pekade snett över Österlånggatan mot Gröna Huset, där Kinnevik har ett tiotal gästlägenheter stående, med gott om plats över julen. De tre våningsplanen på vinden är Jan Stenbecks egen Stockholmsvåning.

– Han skröt med att han hade ett hotell, säger Jan Guillou, eftersom han av skatteskäl inte fick bo i Sverige. Där bodde Ann-Marie några dagar mellan jul och nyår. Jag vill minnas att det var tre dagar.

Konstigt då att det är ditt namn som står på skylten utanför »Heartbreak Hotel«, säger jag till Jan Guillou.

– Den känner jag inte till, säger Guillou, och visar tydliga tecken på hårt återhållen nyfikenhet.

Så jag berättar om skylten som sitter i porten till Gröna Huset, långt in och lite vid sidan av där den är omöjlig att se från gatan – men också rätt omöjlig att missa för den som har ärende dit. En mässingsskylt med överskriften »Heartbreak Hotel«, sedan en rad namn. Jan H. Stenbeck överst, på andra plats Jan Guillou. Killar som bott där i tider av skilsmässa eller äktenskapstrassel, enligt Jan Stenbeck själv.

Guillou lyssnar uppmärksamt.

– Nej, jag har inte bott där. Men jag har betalt en räkning för Ann-Marie.

Direkt efter nyårshelgen reste Jan Guillou och Ann-Marie Skarp utomlands och löste på så sätt det akuta boendeproblemet och efter hemkomsten köpte de en lägenhet. (Jan Guillou var här bara ett par böcker in i Hamiltonsviten och ännu inte fullt så ekonomiskt oberoende som senare.)

– Efter någon månad ringde jag och frågade efter en räkning. Jag hade noterat att någon sådan inte kommit. Jag fick tala med en kvinna som skötte hotellet. Hon lät mycket svävande, det verkade inte finnas några rutiner för sådant. Jag förstod då att det inte var meningen att man skulle betala för att bo där. Meningen var att man skulle ta emot den favören.

Guillou bad ändå om en räkning. Ingen kom. Tredje påstötningen gav emellertid resultat.

– Då kom det snabbt en räkning. På, vill jag minnas, 38.000 kronor för de där tre nätterna. Så där fick jag.

Ja, herregud.

Det är ett stycke välspelad teater, utförd under tystnad av två storspelare i den artiga, formellt oklanderliga, djupgående kränkningens svåra genre, en sorts vällustig tragedi. Den rike pojken som såras av att hans, kanske ändå, uppriktiga generositet uppfattas som bestickning, översitteri, vulgärt överdåd. (Säkert ett relationsproblem som Jan Stenbeck lidit av sedan barnsben.) Och det knivskarpa svaret: Ska den här underhuggaren vara stursk och betala för sig, och därmed visa ringaktning för såväl gåva som givare, så ska han få göra det så att det svider – inte för mycket, men ändå så att han får klart för sig vad resurser innebär, utifall någon skulle ha lust att fortsätta slåss en längre tid.

Det är tacksamt att intervjua människor som ordnar sina upplevelser i form av dramatiska berättelser. Jan Guillou hör till den sorten (vilket för övrigt även Jan Stenbeck gör). När jag ber

Guillou förklara vad som hände mellan honom och Stenbeck på PK-debatten, två år efter den korta tid då de nästan samarbetade, levererar han detta scenario:

– Stenbeck var på gång då. Han hade lite medvind i medierna, hade börjat synas och framträda. När han kom till PK i sin röda kavaj trodde han att det skulle bli en behaglig kväll. Han var helt oförberedd på att bli så åtgången som han blev. Efter mitt inlägg var han så förvirrad att han sparkade den stackars Gunnar Bergvall. Han kunde inte komma på hur han skulle försvara sig, så i stället lät han det gå ut över Bergvall. Han måste få utlopp för ilskan. Uppenbarligen tog han illa vid sig, för sedan dess har ju ingen sett röken av honom.

Förnöjt småleende.

Kontentan alltså: Vi kan inte hindra Jan Stenbeck från att äga, köpa och starta saker i vårt samhälle. Rikedomen ger honom den makten. Men vi kan driva ut honom ur vår offentlighet, hindra honom från att göra sig bred, förvägra honom en plats i Sverigebilden. För där är det andra makter som härskar. Det var vad som hände den där kvällen på PK, och det var Jan Guillou som gjorde det: påskjuten drog sig Stenbeck tillbaka från Sveriges rampljus.

En bra story. Det finns onekligen dimensioner av PK-kvällen som inte får plats i Guillous tolkning. Det är så dramatiska berättelser fungerar, vilket man får hålla i minnet när man intervjuar den här typen av människor. Komplexa skeenden kan förstås på många olika sätt, och även sinsemellan motsägande tolkningar kan innehålla sanningar och insikter; helt enkelt för att situationen är komplex, mångbottnad och mångfasetterad.

Så långt har jag varit hos Jan Guillou i kanske tjugofem minuter och är mer än nöjd med vad han berättat. Jag börjar slå ihop blocket och tacka för mig, men kommer på en sak till:

Stämmer det som jag hört att Conni Jonsson kallade till sig Guillou och någon till ur *Kalla fakta*-redaktionen, för att läxa upp dem angående programmets innehåll (detta har berättats för mig som exempel på Wallenbergarnas svårigheter att uppföra sig rätt i mediebranschen).

– Conni Jonsson. Vem är det? säger Jan Guillou, och söker i minnet utan att hitta något.

– Han som var Per Lundbergs andreman, svarar jag, en smart, ung kille som var den Wallenbergare som egentligen jobbade heltid med TV4. I min ålder, tillägger jag. (Eftersom Conni Jonsson är född 1960 och jag själv 1959 har det fastnat i minnet ända sedan jag såg uppgiften i TV4:s årsredovisning.)

– Då kan det inte vara sant, klipper Jan Guillou av efter ålders-uppgiften. Det faller på sin egen orimlighet. En sådan person kan inte läxa upp mig.

Jag uppfattar uttalandet som humoristiskt, självmedvetet och lätt självironiskt, så jag tittar upp ur blocket för att se om Guillou ler. Kanske ler jag en aning själv för att visa att jag hänger med.

Jan Guillous ansikte är av sten, kroppen en aning spänd i soffhörnet. Min uppsyn är antagligen häpen. Kanske hänger ett litet leende kvar, som jag inte hunnit få bort i tid.

– En räknenisse kan inte läxa upp mig, säger Guillou.

– Det har inte hänt. Inte i form av något ordnat möte, inte i form av någon tydligt framförd kritik. Möjligtvis kan det ha hänt att någon räknenisse man passerat i korridoren har kommit med synpunkter. Men då finns det bara ett sätt att svara. Man klappar honom på axeln och säger [Guillou byter till sitt försmädliga TV-leende och den förgiftade rösten]: Hördudu, sköt du siffrorna så tar jag hand om journalistiken.

Jag lyfter ett ögonbryn och säger att den formuleringen använde Göran Rosenberg en gång i ett dramatiskt *Moderna Tider*-möte mot Jan Stenbeck, ordagrant. Guillou hummar och småler hemlighetsfullt; antagligen satt de som tjugoåringar i sektvänsterns hårda kärna och tänkte ut den tuffa frasen tillsammans. Eller ännu troligare: Guillou anser att det är han som lärt

Rosenberg att man ska säga så.

Jan Guillou följer mig till dörren. Jag ser honom under den enorma hjortkronan på hallväggen när han återkommer till historien om skylten utanför Gröna Huset:

– Nä, han skryter med en trofé som han inte är berättigad till. Men han tyckte väl inte att det hade sett lika häftigt ut om det stått Ann-Marie Skarp på skylten.

*

Sedan TV4 börsnoterades låg värdet på Kinneviks 4,5 miljoner aktier i bolaget länge mellan 800 och 450 miljoner kronor. Först rörde sig kursen långsamt från den högre nivån, 160–180 kronor, mot den lägre (länge hörde TV4-aktien till de mobbade på börsen: blickstilla på 100 kronor) i takt med att aktiemarknaden insåg att de public service-liknande reglerna för TV4 begränsar de kommersiella möjligheterna, som kulturminister Bengt Göransson förutsåg. TV4 är en politisk och publicistisk skapelse, inte en affärsmässig. När kanalen under nittiotalets sista år, med Bonniers som nya storägare och *Aftonbladets* förre chefredaktör Torbjörn Larsson som programchef, signalerat en mer affärsmässig linje har kursen stigit. Våren år 2000 är Kinneviks aktiepost i TV4 värd en miljard.

Placeringen i huvudkonkurrenten, tio miljoner kronor, har varit lyckosam.

– Jaja, säger Jan Stenbeck, eftersom det var så låg insats.

Kinneviks säljbolag AirTime har också tjänat bra pengar på att sälja TV4:s reklamtid. Kanalens operativa ledningar har irriterats mycket över denna åderlåtning, framför allt Björn Nordstrand konfronterade under sin VD-tid Kinnevik och AirTime. När en ny konkurrenslag infördes 1994 såg Nordstrand en handlingsmöjlighet uppenbara sig. Han lät TV4 börja sälja sin egen reklamtid. Det var ett flagrant brott mot avtalet med AirTime, men Nordstrand hävdade att han hade stöd för detta i den nya lagen: det var inte längre lagligt att följa avtalet som gav AirTime monopol på försäljning av reklamtid i TV4 samt TV3 och övriga Kinnevikkanaler, det vill säga hela marknaden i Sverige med undantag för den mindre Kanal Fem.

TV4 stämdes för avtalsbrottet av Kinnevik. Rättsprocessen slutade med att TV4 fick betala 92 miljoner kronor i skadestånd till sin huvudägare. Skadeståndet tog nästan hela vinsten för 1996. Så mycket var de 45 procenten som TV4 fick i AirTime värda. Sedan dess har TV4 fortsatt sälja sin egen reklamtid.

AirTime-striden, med sitt svidande skadestånd, blev för folket och herrarna på TV4 det slutgiltiga beviset för att Jan Stenbeck var en fiende mitt ibland dem, en plågoande, en översittare. En fara.

Jan Stenbeck fnyser förstrött:

– De ville inte betala oss alla de pengar de skulle. De använde först konkurrenslagstiftningen och sa att det är olagligt att AirTime skulle sälja 100 procent. Då sa jag OK, ge oss då något i stället för 100 procent av reklamen i 5 år. Låt oss sälja 50 procent i tio år. Eller 25 procent i tjugo. Då hade det ju fullt klart varit lagligt, men det ville de inte. Därför vann vi i stället skiljedomen, och fick ut 100 miljoner i skadestånd. Och det tycker de ju är en oerhörd chikan. Men jag blir ju inte ledsen för att de har fel. Det är de som blir ledsna.

– Men ändå. Du sitter där i styrelsen som en stor ägare, samtidigt som det andra bolaget där du äger 55 procent driver en mycket kostsam process mot TV4. Är du helt lojal med TV4 som styrelseledamot?

– Om du skulle ha regeln att de bolag som Wallenbergarna har aktier i och sitter i styrelsen för, inte kan driva en kommersiell konflikt i skiljedom mot varandra – då skulle du få totalt kaos i Sverige. När vi diskuterat det här har jag sagt att jag har aldrig hört någon bråka om att ni äger försäljningsbolaget för Volkswagen i Sverige, samtidigt som ni äger Saab.

– Och den här killen Ekdahl [ekonomijournalisten och programledaren Lennart Ekdahl, personalrepresentant i TV4:s styrelse] – trevlig i och för sig, fast han alltid säger elakheter om mig och Odd. Han sa att det är helt orimligt att man driver en rättssak mot ett bolag som man sitter i styrelsen för och är aktieägare i. Men betyder det då att om två bolag med delvis samma aktieägare har ett samarbetsavtal, då kan det ena bolaget bryta avtalet utan att det andra får agera? Det är ju helt absurt.

– Är han elak mot dig och Odd?

– Han säger då och då giftigheter om oss, hehe.

– Men ni betraktas väl som ockuperande fiende där, bland folket på TV4?

– Jag förstår det, med den bakgrunden. Det är självklart att de vill bli av med oss på TV4. Tänk dig själv vad de gick igenom, och hur de spelade bort sina kort. Det är som att sitta med sin frånskilda hustrus nye älskare på jobbet. Det är väl ingen som ställer upp på det.

Nu gick det ändå som det gick. Jan Stenbeck tycks betrakta utgången som ett för honom gynnsamt misstag.

– Jag hade aldrig vunnit om inte de hade gjort bort sig. De borde ha släppt in ett socialdemokratiskt bostadsföretag eller Folksam, ett rörelsenära företag, och släppt in dem till ett rimligt pris.

I uppgörelsen med Wallenbergarna hade Kinnevik tre styrelseplatser, som intogs av Jan Stenbeck själv, Pelle Törnberg och Odd Engström. Wallenberg hade tre, på en av dem satt Conni Jonsson, en annan var ordföranden – först Per Lundberg, snart Erik Belfrage. Där satt de i många år och skavde mot varann. Det fanns på TV4 en utbredd irritation över att Stenbeck inte sålde sin aktiepost och var nöjd med att ha gjort ett klipp. Att han satt kvar upplevdes som sadistiskt, inte affärsmässigt. Men det är väl snarare svårt att riktigt skarpt se de affärsmässiga skälen för en försäljning: ägandet i TV4 ger onekligen Kinnevik en unik position på svensk TV-marknad, det krånglar till saker för konkurrenter, det ger ett informationsövertag, ökar i värde och verkar som en komplicerande, svårtolkad faktor i omvärldens bild av Kinnevik. Alltsammans bra att ha i affärer.

Som en Wallenbergdirektör sa, när jag frågade om hans uppfattning om varför Kinnevik stannat i TV4:

– Det är ett pikant förhållande. Folk gillar att prata om det, Janne gillar att skryta om det.

Dessutom är ju de tio miljonerna väl placerade.

På vintern 1997 köpte Bonnierägda Marieberg (då fortfarande börsnoterat, men ändå Bonnierägt) 17 procent i TV4 av försäkringsbolaget SPP, en av »de gamla ägarna« i Wallenbergarnas lilla inkompletta tvärsnitt av det svenska samhället. Vid bolagsstämman i maj samma år röstades Mariebergschefen Bengt Braun in i styrelsen. Braun blev sedan koncernchef för hela Bonnier AB, det nya onoterade jättebolag där familjen samlat alla sina krafter för att se så stora ut som möjligt på en internationell marknad. Tidigare var det smartare för Bonniers att dela upp krafterna, för att se så små ut man kunde och undgå att provocera socialdemokratiska kulturministrar. Tiderna förändras. Bengt Braun demonstrerade detta och visade på en ny djärvare, mer öppet affärsmässig väg för Bonniers – bland annat genom att svårt provocera den socialdemokratiska kulturministern Marita Ulvskog, inte minst genom sitt agerande i TV4.

Ingen av de nya allierade ville kännas vid någon ny allians på TV4:s bolagsstämma i maj 1997, men kroppsspråken talade. På första bänk, under ordföranden och Wallenbergdiplomaten Erik Belfrages välvilliga blick, satt Bengt Braun och Wallenbergarnas unge krigare Conni Jonsson, tätt ihop som ett nyförälskat par. Odd Engström som ensam representerade Kinnevik satt bistert oberörd inne bland småägarna, utan någon att prata med.

Erik Belfrage, som verkligen var diplomat i konungariket

Sveriges tjänst innan han blev det i furstendömet Wallenbergs, var styrelseordförande i TV4 under de sista åren med »de gamla ägarna«: en av dessa ämbetsmannalika direktörer som fått Wallenberginflytandet över svenskt näringsliv att se odramatiskt, formaliserat och lite trist ut. Jag ringde honom för att fråga om han räknade med att Jan Stenbeck skulle komma till stämman.

– Jag håller inte reda på var i världen Janne Stenbeck befinner sig, svarade Erik Belfrage med ett iskallt litet trevligt skratt.

Det var första gången jag noterade att Wallenbergföreträdare har för vana att kalla Jan Stenbeck för »Janne«, ett smeknamn som liksom sätter kortbyxor på honom. Senare har jag märkt att även markant äldre affärsbekanta och de som lärde känna Jan Stenbeck som barn eller tonåring gärna kallar honom Janne, helt vänskapligt eller lätt faderligt. Jan Wallander säger »Janne«. Kinnevikföreträdare har jag aldrig hört säga »Janne« om sin chef och huvudägare. Däremot ofta krasst Husse eller ironiskt Jan Hugo. Ibland hatiskt Den fete, eller, ganska ömsint: Jan.

Vid den här tiden ville Jan Stenbeck lämna sin plats i TV4:s styrelse. (»Javisst. En passiv styrelse av svensk typ – vad skulle jag sitta med i en sådan för?« svarade han när jag frågade om det verkligen var uppriktigt menat.)

Han såg sig om efter en lämplig efterträdare som Kinnevikrepresentant och fastnade för Mona Sahlin. Den socialdemokratiska före detta statsministerkandidaten satt vid denna tid utstött ur rörelsen på ett litet frilanskontor i Gamla stan, bara några kvarter från Kinnevikborgen på Skeppsbron. Efter att ha lämnat politiken efter »Toblerone-affären« hade Mona Sahlin bland annat jobbat som reporter hos Robert Aschberg i TV3, så viss Kinnevikanknytning fanns. Hon är en rivig tjej helt i Jan Stenbecks smak. En färgstark, ursvensk avvikare. Jan Stenbeck odlar sådana människor för varumärkesegenskaperna. Kanske tänkte han att Mona Sahlin kunde vara en bra företrädare för TV4, en som kunde föra kanalens talan rakt in i svenska hjärtan.

Helt säkert bör han ha sett henne som en god företrädare för honom själv, för varumärkena Stenbeck och Kinnevik.

Dessutom hade det väl varit ett roligt skämt, att tvinga Wallenbergherrarna med sina traditionella moderatkontakter att dela styrelsebord med våran Mona.

Odd Engström – även han socialdemokrat med en problematisk relation till rörelsens traditionella sätt att hantera saker och ting – knallade över och framförde Jan Stenbecks förfrågan. Men Mona Sahlin hade då på känn att hon skulle återuppstå politiskt, och tackade nej. (Vid partikongressen samma höst gjorde Mona Sahlin uppmärksammad comeback i partivärmen, och i Göran Perssons nästa regering blev hon näringsminister.)

På morgonen den 21 oktober, ett halvår efter Bonniers inträde i TV4:s ägarkrets, meddelade Investor att de sålt sina aktier i bolaget till finska mediekoncernen Alma, där Bonniers är största enskilda delägare med 23 procent; Bengt Brauns kompisar, han satt rentav själv i styrelsen för Alma. Tillsammans bildade Bonnier-Alma-alliansen en mycket beslutskraftig majoritet. Plötsligt hade makten över den stora svenska reklamkanalen hamnat där ingen trodde att den kunde få hamna: i Bonnierhänder.

Samma år hade Bonniers under Bengt Brauns ledning dessutom köpt Göteborgs kvällstidning GT, samt *Trelleborgs* och *Ystads Allehanda*, liksom man tidigare på nittiotalet förvärvat *Sydsvenskan* och fått *Kvällsposten* på köpet.

– Det här är mycket oroande, det blir en väldig koncentration av makten, sa kulturminister Marita Ulvskog till *Expressen* denna morgon då Bonnier-Alma-pakten i TV4 presenterade sig.

Om Bengt Braun själv sa hon:

– Han har inga som helst skrupler när det gäller att få igenom sin vilja.

Men Braun tycktes inte bry sig om vad Ulvskog morrade. Bonniers, som alltid tassat försiktigt runt socialdemokratiska kulturministrar, såg ut att ha inspirerats av Stenbeck: man måste knacka på politikersnacket och se om det håller, annars är det bara att köra på.

Marita Ulvskog hotade begränsa Bonniermakten genom lagstiftning. Bengt Braun kom med näringsfrihetsargument, och pekade på hotet från ännu större utländska mediebolag som lurar längs våra gränser. Bengt Braun skrev ett brev till statsminister Göran Persson (med ett handskrivet »Bäste Göran« som inledning) där han betonade att Alma är ett börsnoterat finskt bolag med egen fri vilja och vuxna direktörer, inte någon Bonnier-manipulerad spelpjäs: »Almas förvärv kan inte läggas Marieberg till last eller åberopas som skäl för regeringsingripande.«

Nä, det är ju svårt att se hur det skulle kunnat gå till – säkert var det också vad Marita Ulvskog insåg vid samma tid.

»Om vi inte investerar i det nya«, skrev Bengt Braun vidare till statsministern, »kan det gå som det en gång gick för det svenska framgångsföretaget Facit. De fortsatte med mekaniska lösningar i en värld av nya elektroniska möjligheter. Det gick inte bra.«

Brevet avslutades med upplysningen: »Ett likalydande brev har skickats till kulturminister Marita Ulvskog.«

Marita Ulvskog fortsatte vara hotfull en tid men beslöt så småningom att inte ingripa med lagstiftning mot Bonniermakten, utan i stället förstärka public service-alternativet genom att ge 500 friska miljoner till Sveriges Television. En affärsmässig grund för mediepolitiken var därmed etablerad; mediepolitiken konkurrerar med Bonniers på marknadsmässiga villkor. Bengt Braun hade visat sin ägarfamilj att den inte längre behövde huka för kulturministern, och har sedan lönats med högsta posten i Bonnierimperiet, som VD för Bonnier AB.

I januari 1998 kallade TV4 till extra bolagsstämma för att välja en ny styrelse som skulle avspegla de nya ägarförhållandena. Almas VD Matti Packalén tog plats som ordförande och delade majoriteten med Bonniers, Kinnevik fick ingen representation i den nya styrelsen. Bengt Braun lämnade själv över sin styrelseplats till en underordnad Bonnierdirektör.

Jan Stenbeck infann sig inte personligen för att bli utkastad ur styrelsen.

Kinnevik representerades av mediedirektören Pelle Törnberg, som i sin tur hade med sig sin unge vice VD Steve Nylundh – en sportigt snaggad påläggskalv som bär sin grårandiga Tigerkostym som en fältuniform, med alla tre kavajknapparna tillknäppta. Nylundh sändes upp i talarstolen för att läsa Kinneviks anförande från manus. Talet gick ut på att Wallenbergarna använt TV4 för att göra ett aktieklipp och att Bonniers finska »bulvan« betalat ett överpris för att vinna makt. Detta, menade Kinnevik, stred mot de politiska avsikterna när kanalen skapades; själva ämnade man vara trogna sitt eget långsiktiga åtagande.

Ja, vad fan skulle de säga? Sen gick de hem och så var Stenbeck ute ur TV4:s styrelse. De sammansvurna i den nya styrelsen hängde kvar i TV4:s kantin och delade en flaska rödvin.

Jag hade en bra slutkläm på min artikel om stämman, som tyvärr blev struken i *Expressen* nästa dag. Här är den:

»Nu väntar sig alla att Jan Stenbeck ska sälja sina aktier i TV4. Därför kommer han antagligen att behålla dem.«

*

När det började dra ihop sig till maktstrid i TV4 och branschtidningen *Resumé* var full av spektakulära rykten om den förestående utrensningen i styrelsen, fram i december 1997, ringde jag en källa inom Wallenbergimperiet för att spekulera lite i möjliga utgångar. En direktör med central placering och relevanta kunskaper om TV4. Tidigare under min research hade jag haft ett samtal med honom *off the record*, ett allmänt bakgrundsresonemang om TV-kanalens historia och Wallenbergs respektive Kinneviks roller i den.

Nu ringde jag honom igen. Det var ungefär en månad efter att mina artiklar gått i *Expressen*, där jag liksom här skildrat Wallenbergsidan som förlorare i kampen. Min tanke nu var framför allt att ta reda på om det fanns något gammalt avtal mellan Wallenberg och Stenbeck om styrelseplatser, som på grund av de nya ägarna alltså inte längre gällde...

Han avbröt mig innan jag förklarat min tanke.

– Du kan inte räkna med något *off the record*-filosoferande i dag, sa han, och lät på rösten som om han var röd i ansiktet av mödosamt återhållen ilska.

– Du ska veta att vi har läst dina artiklar. Och de har tagits emot mycket negativt.

Han menade att jag publicerat en partsinlaga som ensidigt skildrade skeendet ur Stenbecks perspektiv. En mycket obalanserad bild, och han hade talat med andra som hade samma uppfattning.

Jag blev ganska skakad, jag var helt oförberedd på hans utbrott. Några dagar tidigare hade en av Bengt Göranssons dåvarande medarbetare ringt och sagt att jag gjort den dittills mest fullständiga och korrekta skildringen av koncessionskampen. Detta sa jag till Wallenbergdirektören.

Han sa då, och lät fortfarande rasande, att det var riktigt, det fanns inga sakliga brister i mina artiklar – han kunde till och med instämma i att det var den mest korrekta skildringen hittills – men jag hade »glorifierat Janne«. Och det hade jag inte behövt göra.

Jag noterade i bakhuvudet att han inte dementerade Stenbecks påstående att Wallenbergarna sökt en socialdemokratisk delägare i TV4. Inte heller dementerade han förlustsiffran på 850 miljoner för TV4. Båda var nya uppgifter. Men jag tog inte upp det. I stället svarade jag att visst skildrade jag Jan Stenbecks perspektiv: det var honom reportaget handlade om. Om han i en intervju gör uppseendeväckande bedömningar av motparten så återger jag naturligtvis dem. Den tanken tyckte jag inte var särskilt kontroversiell. Jag hade dessutom erbjudit både Per Lundberg och Peter Wallenberg att berätta sina delar av historien, men de hade inte velat vara med. Då blir det ofelbart så att någon annan – i detta fallet Jan Stenbeck – berättar om dem.

Direktören sa att jag hade låtit Stenbeck smutskasta Investor och alla där som arbetat med TV4. Jag hade »kränkt« Investor, och spritt en »generande bild« av företagets och dess medarbetares hårda och hederliga arbete.

Det blev ett ganska långt samtal, vid det här laget var jag rätt upprörd och antecknade bara enstaka ord. Den enda fullständiga mening jag kan återge med säkerhet är den här:

– Du ska veta att vi har läst det du skrivit. Och det har tagits emot mycket negativt. Jag vill bara att du ska veta det.

Han sa det två gånger, så jag hann få ner alla orden i blocket.

Jag sa att jag var medveten om att jag riskerade att färgas och charmas alltför mycket av Jan Stenbeck, när jag försökte skildra hur hans värld ser ut. Direktören sa att det i så fall inte var första gången Janne tagit upp en journalist i sitt knä och kollrat bort honom och dragit fördel av honom.

Då sa jag:

– Nu är du så oförskämd att jag inte vill fortsätta prata med dig.

Vi la på. En timme senare ringde han upp igen och bad om ursäkt för det sista, den beskyllningen hade han inget fog för. Jag tackade för hans uppriktighet.

Jag var upprörd. Det är långtifrån varje dag man som vuxen blir uppläxad, och det är en märklig upplevelse. Jag hade också fått en ganska skakande demonstration av hur van man i Wallenbergsfären blivit vid att se den värld där de agerar beskrivas på deras villkor, ur deras perspektiv – och hur genuint ovan och ovillig man var vid att acceptera andra perspektiv. Jag hann också tänka att om jag varit normal ekonomijournalist, beroende av källor och samtalspartners inom näringslivet för att utföra mitt jobb, då hade hans bannbulla (»Vi har läst, och det har tagits illa upp«) inneburit verkliga, substantiella problem för mig. För mig personligen, i mitt yrke.

Men jag var mer förvånad.

Det direktören just sagt till mig är mycket dumma saker att säga till en journalist.

Hans av allt att döma djupt kända utbrott mot mig i telefon var ett flagrant brott mot en grundläggande princip i affärer, politik, journalistik, och andra typer av delvis offentliga maktrelationer.

Regeln formuleras av Marlon Brando i *Gudfadern* i en tillrätta-visning av den hetlevrade sonen Sonny: Visa aldrig någon utanför familjen vad du tänker.

En lika grundläggande som god regel för beteende i förhand-lingar, som ju inte är ett vanligt mänskligt umgänge där uppriktig-het kan sägas ha ett egenvärde för relationen.

Och här sitter plötsligt en relativ höjdare inom Wallenberg-gruppen, omvittnat smart kille och erfaren förhandlare, och öppnar hjärtat på vid gavel.

För *Expressen*, av alla.

Jag tänkte: om det någonsin blir av att jag skriver en bok om Sten-beck så har jag fått en bra scen. Varför avskyr de Jan Stenbeck så?

Och varför spelar Jan Stenbeck så gärna upp ett sådant förakt för allt som verkar ordinarie svenskt etablissemang och överklas-sens diskreta charm?

Det är ett märkligt drag.

Att han som är uppvuxen i en elvarumsvåning på Villagatan ändå alltid ser sig själv som ett gatans barn, ett djur i djungeln. Han är född däruppe, i salongerna, men går på som om han fått slåss hela vägen för att ta sig dit.

Många som arbetat med Jan Stenbeck har sett detta, och för-undrats.

Det är som om hans kropp drivs av både kapitalets muskelstyrka och klasshävdelsens psykiska dynamit; hela industrialismens explosionsmotor, i ovanlig kombination under en och samma kavaj.

De flesta har gissat att detta har något att göra med hans far.

*

Göran Lannegren nämner en märklig erfarenhet han gjorde under 1991 års reklam-TV-process:

– Jan Stenbeck betraktades inte som riktigt rumsren. Det märkte vi. Det höjdes ögonbryn när han klev in. Folk sa till oss: Hur fan kan ni ge er i lag med honom i en förhandling.

Jag frågar vem det var som sa så.

Lannegren har ingen lust att vara särskilt specifik.

– Jaa, folk... i vad man kan kalla samhällsetablissemanget. Framför allt i näringslivet förstås, men även andra, i det politiska livet. Och anledningen till att man undrade hur vi kunde ha med Jan Stenbeck att göra var att man menade att förmögenheten hade kommit till på ett osnyggt sätt. Folk hade uppfattningar om att pappan hade kommit över Kinneviks aktieposter i Sandvik och Korsnäs med mer eller mindre skumma metoder, och att han gjort ljusskygga saker under Kreugerkraschen.

Det var en levande uppfattning. Hugo Stenbeck var fortfarande känd, eller misskänd.

*

Under 2000-talets första år sålde Stenbeckgruppen sina aktier i TV4, inköpta alltså för tio miljoner kronor hösten 1991. I maj 2002 sålde man en post motsvarande fem procent av TV4, den gick direkt till Bonniers för 200 miljoner kronor. Och i februari 2005 gick resten, motsvarande 15 procent av TV4, till Robert Weils investmentbolag Proventus. I insiktsfulla samtida nyhetskommentarer betecknades Proventus som »Bonniervänligt«. 2007 sålde Proventus TV4-aktierna vidare till Bonniers.

KAPITEL SEX

En kille som är lite fräsig

DEN 23 MAJ 1997. Bolagsstämma på Kinnevik. I hissen har jag sällskap med ett par äldre aktieägare: alla är vi fulla av förväntningar, dock på olika saker.

Salen högst upp i huset är fullpackad av aktieägare, journalister, analytiker och finansvärldens fluktare, gamar och sensationssökare. En stämma med Jan Stenbeck är underhållande teater.

Han sitter på ordförandeplatsen vid bordets mitt och utstrålar säkerhet. Kroppen orörlig med armarna tungt på bordet. Blicken – aningen rödkantad efter bolagets traditionella vårmiddag på Waldemarsudde kvällen före – scannar oavbrutet över publikens ansikten, vaken. Jan Stenbeck ler varmt när hans blick fångar in *Metro*-grundaren H. C. Ejemyr, som satt sig på första bänk, vid sin furstes fötter. Ejemyr är rådande älsklingsdirektör,»den nye Jörgen Widsell«, enligt avhoppade Kinnevikdirektörer som inte kan låta bli att göra kremlologiska studier av det rangsystem de just smitit ur.

Sitt guldfärgade och lockiga hår har Jan Stenbeck, som alltid i officiella sammanhang, tuktat med tung pomadering och hård bakåtkamning.

Så lätta de andra direktörerna är kring honom, trots att de är stora farbröder själva, alla i den strama, enkelknäppta mörka kostym som är gängse hovuniform i Kinnevik. Kring husse fladdrar de som fjärilar, uppmärksamma på hans signaler.

Jan Stenbecks egen kostym är dubbelknäppt och sydd i ett extremt vackert, djupblått tyg. Ur bröstfickan står en sidennäsduk i ett starkt grönt och blått orientaliskt mönster som verkligen liknar en påfågelsstjärt.

Odd Engström, hovets helige man, är ensam om att bryta mot klädkoden och går finklädd som en folkskollärare i klubblazer och grå byxor.

Aktiespararnas Gunnar Ek är där, som alltid, och skäller på dålig information och allmän obegriplighet i ledningen. Som extranummer sätter han frågetecken för överdådig representation – firman gör ju ändå en förlust.

Det skulle till exempel vara intressant för aktieägarna att få närmare information om hur mycket firandet av Kinneviks 60-årsjubileum kostade. Man har ju i pressen kunnat läsa om ett mycket påkostat fyrverkeri, säger Ek på sitt förtjust försmädliga sätt, liksom å det aktiespekulerande folkets vägnar indignerad. Aktiespararna är girighetens folkrörelse, Ek de små gnidarnas ombudsman och en uppskattad artist på Stockholms bolagsstämmor, alltid i skev kostym och skjorta som kostat högst en femtedel av vad de kostat som sitter på direktörerna vilkas agerande han sätter frågetecken för.

En vacker vithårig överklassdam, promenadklädd i tjock ylletröja – hon har väl gått ner till Skeppsbron från Östermalm – reser sig upp vid sin plats i salen och skäller tillbaka: det är väl rent löjligt att ifrågasätta kostnaderna för fyrverkeriet vid Kinneviks 60-årsfestligheter! Skulle inte gossarna få fira ordentligt?

Jan Stenbeck börjar redovisa ur minnet:

– Fyrverkeriet kostade 240.000. Och vad var räkningen på Grand…

En blick från fursten får en handfull assistenter att kasta sig ner i räkenskaperna och bläddra frenetiskt – vem i helvete kan hitta den siffran nu? Det ser ut som de får en elektrisk stöt, och det får de kanske.

– …den var på 400.000, slår Stenbeck fast. Och så hade vi en engelsk historiker – vad kostade han…

Ny blick på assistenterna, som förtvivlat börjar bläddra åt andra hållet genom den stora pärmen.

– ...jag har för mig det var 50.000 för honom. Duger svaret? Representanten för de små aktieägarna som inte fick vara med på festen tackar och sätter sig. Gunnar Ek gillar, som stämmoartist, att få ta några turer med den improvisatoriske Stenbeck och uppskattar hans i dessa sammanhang ovanliga tydlighet. Ek citerar särskilt gärna den gången han satte frågetecken för storleken på arvodet till styrelseordföranden – en miljon dollar, skulle det verkligen anses rimligt? – och Jan Stenbeck svarade att hans fru behövde pengarna.

Gunnar Ek frågar om koncernbidraget till MTG verkligen är att betrakta som skatteplanering, när det handlar om att täcka rörelseförluster i medieverksamheten? (På bolagsstämmor är »skatteplanering« alltså ett positivt laddat begrepp, till skillnad från hur ordet fungerar i massmedia eller politisk debatt.)

En ung assistent får börja svara men när resonemanget aldrig når punkt hugger Jan Stenbeck åt sig ordet:

– Jo, Gunnar, men det är ju samma förluster som du hittar på vederbörlig plats i resultaträkningen...

Ekonomikillen blir stående mitt på golvet med sin stora pärm i famnen, och tittar Stenbeck i nacken. Efter någon sekunds osäker väntan smyger han tillbaka till sin plats, han behövs nog inte mer.

– ...vi behöver inte hitta på nya förluster, fortsätter Stenbeck leende, vi har nog förluster så det räcker.

Tanterna och farbröderna i publiken skrockar nöjt.

Stämmans stora ämne är utdelningen till aktieägarna av MTG, den dittills förlustbringande mediedelen av Kinnevik. Tio år efter TV3-starten är pionjärtiden över, entreprenörskapets kreativa kaos ska tuktas till grå och trist *day-to-day-business:* MTG knuffas ur boet och börsnoteras separat, fortfarande med Kinnevik som största ägare och i Jan Stenbecks fasta grepp.

Året innan hade Kinnevik på samma sätt delat ut sina svenska telefonverksamheter, Comviq och Tele2, i bolaget Netcom. Ett marknadstrolleri som ledde till att det samlade börsvärdet steg från 13 miljarder kronor till 21 miljarder, när delarna blev värda mer än helheten varit.

Den som ägde en Kinnevikaktie fick också en Netcom i present. Nästa år fick man en MTG-aktie. Det är lätt att förstå den vithåriga damens förtjusning över lille Jans påhittighet.

*

Bolagsstämman 1997 var rejält uppmärksammad i media, eftersom den till stor del handlade om en mediekoncern.

Mycket dystra prognoser hade gjorts för MTG:s utsikter på börsen.

TV3 och de andra TV-kanalerna framtonade fortfarande som en spretig samling och inte som den samtrimmade Viasat-bukett de blivit några år senare. *Metro* hade ännu inte visat sig vara en internationellt reproducerbar framgång. Konkurrerande direktörer såg med avund (och journalistkåren med motsvarande fasa) på den lilla redaktion *Metro* behövde för att bli Stockholms näst största dagliga tidning. Men *Metro* togs ännu inte på fullt allvar, varken som affär eller som tidning. Sonet/Spice hade inte en fullt så dominerande ställning i den svenska filmbranschen. Internetportaler hade ingen vida spridd trovärdighet som affärsområde.

Kinnevik hade värderat MTG-aktien till 59 kronor, de mest positiva utomstående analytikerna hade hamnat runt 50 kronor. Kort före stämman publicerade *Svenska Dagbladet* en stort uppslagen, tvådagars analysserie där Stefan Melesko värderade MTG-aktien till bara 25–35 kronor.

»Denna vildvuxna organisation är inte frukten av någon sammanhållen plan, utan är skapad efter behov som dykt upp efter hand. När det fanns behov av TV-produktion, startades ett sådant bolag, och så vidare«, skrev Melesko ogillande. (Lustigt nog är det ungefär samma beskrivning som Kinnevikfolk kan ge, fast då med stolthet.)

*

Att någon kunde vilja ha det så som Stenbeck ställt till det i sitt arvrike föreföll tydligen otänkbart, liksom för många andra ordinarie medlemmar av svenskt näringsliv. På sina håll – inte minst inom Kinnevik – höjdes ögonbryn över att Melesko, som är mediedirektör och konsult, gjorde ett inhopp som journalist. Analysen visade sig vara en grav snedträff. MTG börsdebuterade på 60 kronor, och kostade drygt 250 kronor två år efter introduktionen hösten 1999. Pinsamheten för konsulten/reportern lindras dock av att hans syn på MTG, Kinnevik och Stenbeck var den vid denna tid allmänt omfattade i det svenska näringslivets konsensus, där även affärspressen ingår. Meleskos analys kan rentav läsas som en sammanfattning av den ringaktande, idiotförklarande Stenbeckliturgin.

Meleskos huvudinvändning mot MTG är den vanliga: att bolaget inte tjänar tillräckligt med pengar. Detta har många genom åren uppfattat som en direkt dödande invändning, en som avslutar samtalet; man behöver inte försöka förstå en affärsman som år efter år förlorar pengar på nya verksamheter. Ändå har ju intjäningsförmågan sin avgörande betydelse främst i mogna och etablerade industrier, mindre när det gäller att kolonisera jungfruliga affärsområden. Tanken att Kinnevik i första hand ägnade sig åt att bygga starka positioner i helt nya marknader som öppnats av teknologin, och då fullt rationellt väntade med rörelsevinsten, finns inte med ens som en dimension i analysen. Denna tanke, som förstås är Kinneviks självsyn, var inte helt excentrisk ens då; det var trots allt 1997, tre år efter Netscape.

Sveriges identitetsskapande industri har dominerats av malm och skog och deras förädlingsverksamheter, vilket gett vårt näringsliv ett bedrägligt intryck av tyngd, fysisk orubblighet. Köpmannanationer har säkert haft lättare att ställa om till den nya tiden.

Kinneviks omvandling, länge starkt ifrågasatt, kan beskrivas som ett byte av tänkesätt. (Inte konstigt då att en lång rad före detta maoister trivts och frodats i Kinneviks krävande intellektuella klimat: de hade tidigare erfarenhet av sådant förändringsarbete.) Kinnevik var den första större svenska industrigrupp som började arbeta efter den virtuella, globala och immateriella ekonomins logik. Alltså en logik sprungen ur industrier där man gör och säljer saker man inte kan ta på, produkter som kan sprida sig med tankens hastighet om man bara lyckas göra dem begripliga. Ja, där marknadsföring och produktutveckling ofta innebär just det: att göra sina grejer fattbara (konsumenterna ligger här ofta steget före i insikt framför analytikerna). Industrin har blivit intellektualiserad. Eller är det renodlat försäljarskap?

Ett annat exempel på den seglivade misstänksamhet som inom näringslivet riktades mot Kinnevik, är en enkät i Dagens Industri den 1 april 1997, där ett representativt urval ur näringslivets brödraskap korade Kinneviks styrelse till den minst kompetenta på börsen. Uppfattningen var att Kinnevik under Jan Stenbecks envälde huvudsakligen »slösar pengar på roliga projekt som inte ger vinst«, som en anonym marknadsaktör kommenterade.

Det var i april 1997.

Hösten 1999 skrivs inte ett ont ord om Jan Stenbeck på ekonomisidorna. Han har blivit ett fosterländskt affärshelgon: killen som gick den rätta vägen innan vi andra ens sett den, långt mindre fattat att den vägen var rätt.

Det sena nittiotalets sorglösa webb-direktörer och virtuella entreprenörer har beundrat Stenbeck ända sedan de gick på Handels. Nu har deras värderingar tagit över. Hela näringslivet har bytt tänkesätt. Det dröjde. Men när det väl hände, gick det otroligt fort.

*

På bolagsstämman är Jan Stenbeck påtagligt sårad och sur beträffande den kritiska publiciteten kring MTG.

– Ibland när jag sitter ensam på ett flygplan och stirrar, säger han trumpet, kan jag få för mig att motvinden för MTG är inspirerad av våra konkurrenter. Det är opportunt just nu att skriva kritiskt om MTG i deras tidningar.

Svenska Dagbladet, där Stefan Meleskos artiklar publicerats, ägdes då fortfarande av Investor. Bonnier och Investor hade just blivit fredliga partners i TV4. (Även mitt påbörjade researcharbete för Expressen betraktade han som en del i en sannolik komplott styrd av Bonnier-Wallenberg – det hade jag just fått höra av en före detta Kinnevikdirektör som träffat någon som träffat Jan Stenbeck i baren på Erik's.)

Jan Stenbeck vägrar ge stämman någon lugnande prognos för TV3:s annonsförsäljning.

– Vi får se hur det går i höst. Kommersiell TV är som dagligvaruhandel. Självklart tror vi det ska gå bra, annars hade vi inte gjort det, men jag kan inte lova något.

1997 var året då TV3 hotades starkt av en Kanal 5 som blivit aggressiv och framgångsrik under en hel avhoppad TV3-ledning med Jan Steinmann i spetsen. Många ville av ren sensationslystnad se Femman gå förbi Trean – på samma sätt som många var upphetsade över att Aftonbladet gick om Expressen. Pelle Törnberg hade stämt Steinmann för att han börjat jobba hos en konkurrent. Steinmann hade köpt över Törnbergs femdagarssåpa Vänner och fiender efter en säsong som publiksuccé. Det var en tid av hårda tag i satellit-TV.

Pelle Törnberg får skeptiska frågor om lönsamheten, varför kommer den aldrig?

Pelle Törnberg, VD för MTG och en av Stenbecks trogna mediepionjärer, var från början en vanlig journalist i jeans och sweatshirt. Nu bär han mörk kostym och har med åren blivit så lik sin furste att han ibland av elaka medieyngel i företaget kallas »Den halvfete«.

Törnberg svarar som en direktör ska, med siffror och prognoser och hänvisningar till de extraordinära kostnaderna i samband med TV3:s byte av satellitposition, en investering som ska ge resultat under 1997 i ökade marknadsandelar...

Plötsligt tröttnar Jan Stenbeck, kanske känner han att siffersnacket inte går in i publikens hjärtan, och tar ordet från sin direktör:

– Vi har blåst på så mycket vi har kunnat, säger Stenbeck.

Pelle Törnberg blir stående med öppen mun i talarstolen, mitt i en mening.

Stenbeck fortsätter:

– Nu är det tid att gå ut i täppan och gallra bland direktörerna, plocka bort dem som mest har bra förslag och fin planering men inte visar så mycket resultat, fortsätter Jan Stenbeck ut i församlingen, förtroligt hänsynslös.

– Sen blir folk lite berusade av den synliga makten i ett TV-bolag, fortsätter Stenbeck. Man vill göra det perfekta och då blir det lätt så att man drar på lite extra. Ni får ha lite tålamod.

– Tack! säger Pelle Törnberg, med teatralt ironisk liten teaterbugning mot ordföranden som svarat så kärnfullt åt honom. Sedan lämnar Törnberg talarstolen och tassar tillbaka till sin plats i direktörsraden på sidan av podiet.

Stenbeck tar upp tråden igen, och säger till aktieägarna:

– Ni kan ju trösta er med att det kanske kommer att gå lite bättre för Kinnevik, när olycksfågeln MTG är ute ur boet...

Jan Stenbeck fnissar. En fläkt av tydligt obehag far över Pelle Törnbergs ansikte där han stelnat med handen på stolsryggen.

– ...men det är ju ett kärleksbarn, säger Stenbeck. Han ler brett och tittar ner i bordet i stället för på Pelle Törnberg.

Aktiespararnas Gunnar Ek klagar på att Odd Engström som är anställd i Kinnevik också sitter i styrelsen. Ett sådant arrangemang är inte brukligt. Det ger en oklar relation till VD Stig Nordin. Vem bestämmer egentligen över vem?

Stenbeck tar frågan resolut:

– Odd är, kan du säga, direktör utan linjeansvar. På det sättet har han en friare ställning gentemot v d. Dessutom är ju Odd och jag gamla vänner. Så om Stig försöker få honom att rösta mot sin övertygelse kan han ju alltid skvallra för mig.

Leende. Även på det virtuella bruket utgår all makt från patron, och alla beslutsvägar går till huvudägaren.

När stämmoförhandlingarna är avslutade är vi ett gäng journalister som börjar arbeta oss fram genom folkströmmen för att prata med Jan Stenbeck. Jag når fram först, hälsar och sträcker fram handen.

Med Jan Stenbecks näve i min säger jag att det är jag från *Expressen* som skrivit och bett om en intervju. Jag säger att jag inte vill ha ett svar nu, för jag vill inte att han säger nej. Jag har inte bråttom. Jag ville bara hälsa.

Jan Stenbeck ger mig då i stället en liten utläggning om varför han i princip inte ger intervjuer:

– I Sverige ska en företagare stänga in sig i en svart kostym och helst se ut att ha riktigt tråkigt för att bli accepterad. Men kommer det en kille som är lite fräsig, och har pengar och verkar tycka det är roligt – då väcker framgången avund. Folk blir bara förbannade på mig.

En skarp liten snabbskiss av den gängse direktörsstilen jämfört med hans egen. Många företagsledare, inte minst ledande gestalter i Wallenbergsfären, brukar verkligen se ut som de skulle till att somna när de blir intervjuade. Det är ett sätt att dölja att det de säger är av betydelse för andra människor.

Den lilla trängseln av reportrar blir en spontan presskonferens. Snett bakom Jan Stenbeck står Janerik Larsson, vid den här tiden informationschef på Kinnevik, och ser ut att lyssna med lika stor spänning som vi andra på vad hans arbetsgivare ska säga.

Någon frågar om banken, Banque Invik som Stenbeck har i Luxemburg: Varför ägs den av Invik, vad är den bra för egentligen, mer än att den ser kul ut?

Stenbeck svarar att en bank är bra för den kan ge ut kreditkort, och dem kan man använda för att sy ihop en massa olika sorters abonnenter som Kinnevik knyter till sig. Med kortet etablerar man en kontakt rakt in i konsumenternas månatliga betalningsrutiner. Har man nu en bank, fortsätter Stenbeck, då måste den hållas avskild ifrån en sådan entreprenörsmiljö som det övriga Kinnevik:

– Det krävs en annan typ av människor för att driva bank. I en bank ska man vara lite sur och negativ, annars kan det gå åt helvete.

Det är väl delvis den inställningen till medarbetarmaterialet som gör att somliga kan känna sig utnyttjade. Människor är något man använder för olika mål, och måste byta ut vid behov.

Andra medarbetare känner sig snarare förstådda: utnyttjade på rätt sätt.

Frågorna kommer snart in på direktörsflykten från Kinnevik. I traditionen från »Slakthus 4« på Berns är det den främsta anklagelsepunkten mot Jan Stenbeck, både i affärspress och allmänpress, som när det gäller Kinnevikföretag visat en ovanlig empati med högavlönade direktörer som inte fått fortsatt förtroende.

Stenbeck säger:

– Att starta nya bolag är det svåraste som finns. Hur ska man veta vem som passar för att leda en verksamhet som inte existerar? Ibland får man fel kille. Ibland är de emotionellt utslitna efter tre år. Det är naturligt att det blir omsättning.

– Men titta på H. C., säger Stenbeck och pekar, plötsligt varm i blicken.

Alla reportrarna vänder huvudet och tittar på H. C. Ejemyr som lommar omkring i den nu nästan folktomma salen, med ögonbrynen nedtryckta, skägget ut och axlarna upp och liksom glöder som en glödlampa hela han. Somliga arter trivs i den livsmiljön, och växer av den.

– Om du får tag på en kille som H. C., som lever så i sin verksamhet, som *är* sitt företag som om han svalt det, då fungerar det att bygga nytt. Och då är det härligt att hålla på med det här slitet. En som är totalt hängiven, som satsar allt för att vi ska lyckas...

Klungan av reportrar begrundar tyst H. C. Ejemyrs förtjänster, ingen kommer på någon följdfråga. Stenbeck fortsätter, kärleksfullt:

– Han kan gå genom ett rum och lukta sig fram till vilken säljare som inte sålt nån annons den dagen.

En reflexion som ofta kommit över mig när jag skrivit om Jan Stenbeck:

Konstigt att en företagsledare som så konsekvent ger så medryckande analyser alltid varit så ovillig att ge intervjuer. När man hör Jan Stenbeck berätta kan man lätt gripas av lust att se sakerna på samma färgstarka, spännande sätt – det verkar så kul, så »fräsigt«.

Eller kanske är det inte så konstigt att han drar sig undan offentligheten.

Han är för uttrycksfull för sina egna syften.

*

Ett fotografuppbåd står på pass vid Kinneviks trappa för att fånga en bild av Stenbeck efter bolagsstämman. Två TV-kameror, fyra–fem tidningsfotografer, däribland min kollega från *Expressen* Rickard Kilström, ung och pigg.

Jag går några varv runt kvarteret för att hitta lönndörren ut ur borgen.

Så mycket har jag redan förstått av Jan Stenbeck att han inte kommer att kliva rakt ut på trappan, som en kanin rakt i armarna på fotograferna och de framsträckta mikrofonerna. Det hade gjort hans nej däruppe till ett rent pajasmotstånd. »Du skall ha kontroll« är en av firmans tio oskrivna lagar. Vill man bevara initiativet gentemot gåpåiga parter som journalistkåren får man acceptera att det krävs en del jobb. Ska man gå sin egen väg och vara stursk gör man klokt i att först se till att vägen finns och är framkomlig. Alla de andra direktörerna troppar ut. Där kommer Stig Nordin och Janerik Larsson, där kommer Pelle Törnberg och H. C. Ejemyr – de går bara runt hörnet upp till Erik's och tar ett glas vin. Men ingen Stenbeck. Fotograferna står kvar. Han måste vara där inne. Nere vid kajen blir styrelsen, direktörerna och de närstående hämtade till bolagsstämmolunchen av en elegant gammal sightseeingbåt med breda bussäten och blänkande, nötbrun träbordläggning. Tiden går.

Det är när jag går där och snokar i kvarterets alla prång som jag upptäcker mässingsskylten längst in i hörnet av porten till Kinneviks privathotell i Gröna Huset. »Heartbreak Hotel« och därunder namnen Jan Hugo Stenbeck, Jan Guillou, den kände reklammannen Hans Brindfors, TV3-personligheten Robert Aschberg, den skarpsinnige finansmannen Dag Tigerschiöld, programledaren Clas Åkeson, Kinneviks mediedirektör Pelle Törnberg (»Per A Törnberg« på skylten), artisten och en gång ZTV-chefen Henrik Schyffert, artisten Thomas »Orup« Eriksson.

– Det är alla de killar som har bott där i tider av äktenskapstrassel eller skilsmässa, sa Jan Stenbeck glatt när jag fick tillfälle att fråga honom om skylten.

– Men du själv är väl inte skild? sa jag, för det var han inte då.

– Nej, svarade Stenbeck, men trassel gäller också. Jag har ständigt äktenskapstrassel.

Lika glatt. Hyggligt att han ställer upp för kamrater i kris. Sedan ska de stå där med sina namn, som något slags rikemansskämt i porten. En påminnelse om vem som har de stora pengarna, och vilken frihet de ger. Den sidan av saken tycks Jan Stenbeck inte alls kunna se, eller också bekymrar den honom inte. Eller också uppskattar han den.

*

En bit upp i gränden finns en låg, bred stålport. Så låg att man inte identifierar den som ett garage, snarare som någon antik glugg för kolleveranser i den gamla bankfastigheten, men det sitter faktiskt en diskret utfartsskylt på porten. Just som jag går förbi glider porten upp och jag skymtar två nyputsade svarta Lexusar med motorerna i gång.

Jag vinkar på Rickard, som hinner fram när bilen med Jan Stenbeck i baksätet är halvvägs ute ur porten. Rickard höjer kameran och stegar fram mot bilens sidofönster där vi kan se Jan Stenbeck sitta och vända nacken mot oss. I samma ögonblick kommer en rask yngling flygande ut ur garaget och spänner ut sin kavaj framför objektivet. Tätt intill kameran, tätt intill *Expressens* fotograf, men utan att nudda vid honom. Total konfrontation och effektivt hinder för Rickards journalistiska arbete, utfört på ett formellt, artigt och nästan oklanderligt sätt. Proffs.

Jag känner igen ynglingen från Kinneviks reception. Den bemannas av ett helt gäng likadana: alerta, överkvalificerade, extremt artiga gossar i välskurna kostymer. 1997 var det ljusgrå flanell, senare har de burit mer diskreta mörkblå eller bruna kostymer. Snygga killar.

Det är fjälljägarna från Gävle Vakt, Kinneviks vaktbolag som även ser till Korsnäs fabriksområde och kör Jan Stenbeck fram och tillbaka till Arlanda i de svarta Lexusarna. Stenbecks livgarde.

Hugo

KAPITEL SJU

Ung advokat i det
unga industrisverige

HUGO STENBECKS yrkeskarriär sträckte sig från sent tiotal
till sent sjuttiotal. Han blev Kinneviks grundare och med tiden
störste delägare, styrelseordförande i de båda betydande industri-
företagen Korsnäs och Sandvik, sin tids främsta styrelseproffs med
plats i ett femtiotal bolagsstyrelser. Därtill framgångsrik ledare för
advokatfirman Lagerlöfs och själv en framstående affärsjurist med
förtroendefulla uppdrag från flera av de näringslivets storspelare
han hann vara samtida med: Ivar Kreuger, Marcus Wallenberg
(både den äldre och den yngre), Handelsbankens direktörer
Helmer Stén och Ernfrid Browaldh. Vidare mycket förmögen,
mycket förtalad, samt far till fyra barn av vilka två dog före 50
års ålder, en blev utrikesminister och en blev Jan Stenbeck.

Hugo Stenbeck föddes 1890 i Uppsala. Hans far Nils Sten-
beck var sparbanksdirektör, en finansiell makthavare med lokal
utsträckning, kommendör av Vasaorden, riddare av Nordstjerne-
orden. Gedigen samhällsbärande borgerlighet i det oskarianska
Sverige. Hugo Stenbeck var näst yngst i en stor syskonskara.
1900-talet skulle snart börja.

Fadern var juristutbildad i Uppsala. 1874–1875 hade han varit
förste inspektor vid Värmlands nation, och han ansvarade för
nationens ekonomi ända in på 1920-talet. En värderad broder.
Hans tre söner blev alla jurister.

Hugo Stenbeck skrev in sig vid universitetet och Värmlands na-
tion 1909. År 1914 hade han sin jur kand klar och i nationslivet

hade han avancerat till förste inspektor, samma förtroendepost hans far innehaft 40 år tidigare. (Släkten har sitt ursprung i Uppland, men ett par generationer förfäder hade varit lantmätare i Värmland – därav nationstraditionen.)

Bankmannen Nils Stenbeck skötte sin gamla studentnations finanser framsynt och skickligt, vilket möjliggjorde byggandet av ett nytt hus åt Värmlands nation på en tomt intill domkyrkan i Uppsala, ett projekt där sonen Hugo i sin tur spelade en ledande roll. Några år före sin examen hade Hugo Stenbeck intresserat arkitekten Ragnar Östberg för att rita det nya nationshuset. Östberg var då i början av det besvärliga, tolv år långa byggandet av Stockholms stadshus; en jättelik tegelborg rest på sjöbotten. De stora pålningsarbetena som håller Stadshuset på plats i leran utfördes för övrigt av byggnadsfirman Kreuger & Toll, med hjälp av den nya betongarmeringsteknik som ingenjör Ivar Kreuger lärt sig under studieåren i Amerika och nu tog med hem till det gamla landet och gjorde lycka med. Hugo Stenbeck var några och tjugo. Ivar Kreuger, som skulle komma att dominera det svenska näringsliv där den unge advokaten Stenbeck inledde sin karriär som affärsjurist, var jämnt tio år äldre.

*

Det var ännu långt ifrån den ordning vi vant oss vid att betrakta som 1900-talets Sverige: den stabila maktdelningen mellan Wallenberg och socialdemokratin, Dodde och Erlander, SAF och LO. Den wallenbergska dominansen i näringslivet är en efterkrigsskapelse, liksom den socialdemokratiska över politiken och det offentliga samtalet.

I det Sverige där Hugo Stenbeck gick ut för att söka sin lycka hade industrialiseringens krafter inte grävt sina fåror, utan sköljde fram som svårförutsägbara möjligheter.

De frambrytande krafterna hade vid det förra sekelskiftet försatt näringslivet i ett nietzscheanskt rock'n'roll-tillstånd. (Inte olikt det tillstånd IT-genombrottet försatt näringslivet i vid detta sekelskifte.)

En romantiskt riskbenägen 1800-talsgestalt som enmansbanken och kulturmecenaten Ernest Thiel var en maktfaktor långt in på tiotalet, och inte definitivt ruinerad förrän i början av tjugotalet. I denna Industrisveriges grundartid var även Wallenbergare rena Stenbeckarna. Knut Agathon Wallenberg [1853–1938] var en självsvåldig och utmanande entreprenör. En affärsman som skapade sin egen värld och hade goda verktyg för att göra det: direktör för Enskilda banken 1886–1911, riksdagsman, utrikesminister 1914–1917. I sina roliga minnesanteckningar *Vara eller synas vara*, sammanställda och publicerade av sonen Tage Thiel 1969, skriver Ernest Thiel om sina affärsäventyr med den dåvarande vännen K. A. Wallenberg, som »hade inflytelserika avundsmän och belackare som otåligt väntade på tillfället att se honom stenad«. När Stockholmsoperan var konkursfärdig 1889 såg Thiel och Wallenberg en möjlighet att få med allmänheten på ett premieobligationslån som blev mycket lyckosamt för de två unga bankirerna. De behöll själva knappt hälften av obligationerna, i väntan på att priset kunde drivas upp. Och, skriver Thiel:

> Vid den första dragningen tillföll oss visserligen samtliga större vinster. Vi såväl som andra behövde ju tjäna pengar.

Som en privat affär, vid sidan av Enskilda banken, drev Knut Wallenberg byggandet av Saltsjöbaden – hela orten, alltså, ute i ödemarken med järnväg och allt. Knut Wallenberg hade en vision av en ståndsmässig badort som på kontinenten, och omskapade oförskräckt geografin, efter att först ha räknat på affären, som ändå visade sig mycket riskabel. När konkursen hotade 1892 fick familjens bank till sist rädda Saltsjöbadsbygget med stora nödkrediter, trots att man utåt inte ville förknippas med det kritiserade och våghalsiga projektet. Ernest Thiels bankirfirma var bulvan i penningtransaktionerna, som om de blivit kända hade kunnat äventyra bankens existens.

Inte heller bankens styrelse tycktes inse sammanhanget: åtgärden mystifierade både utåt och inåt. Och då bankinspektören vid ett senare tillfälle frågade Knut varför banken till förräntning deponerat ett så pass stort belopp hos mig, svarade Knut lakoniskt, att räntan hos mig låg en halv procent högre än den gängse.

Av herrarnas stärkande fjällvandring sommaren 1896 blev LKAB och Gellivarebolaget (inte ägda av Thiel och Wallenberg, men finansierade av deras banker och i växande grad kontrollerade av dem) och Narviksbanan. Man skeppade ut malmen obearbetad till England via den nordnorska hamnen som tack vare Golfströmmen var isfri; ett inrikes kolonialarrangemang som gjorde den norrbottniska malmen kommersiellt utvinningsbar och genererade goda vinster åt det storsvenska näringslivet under många decennier framöver, men inte precis gynnade industrialiseringen av Norrbotten. Spelarna samlade skog och järn, manövrerade mot fördelaktiga positioner inför starten av ett långt och rasande utvecklingslopp, man laddade för 1900-talet.

Det var schvungfulla tider. Några av Konungariket Sveriges maktfaktorer radade flott upp sig i privatpalats på Djurgården. Längst ut och vackrast: Thielska Galleriet, ritat av Ferdinand Boberg, uppfört 1905 som hem åt Ernest Thiel med konstsamling och familj. Intill: Wallenbergarnas lilla tillknäppta Törnrosaslott Täcka Udden, byggt 1870 som sommarbostad åt punschfabrikören Cederlund, köpt av K. A. Wallenberg 1889. Sedan Nedre Manilla, där familjen Bonnier flyttade in 1910 sedan det befintliga 1700-talshuset fått en omfattande tillbyggnad, ritad av Ragnar Östberg. Närmast stan, i bästa läget: Prins Eugens Waldemarsudde, också det av Boberg och uppfört 1905. Några av familjerna har spelat ut sin roll och palatsen har blivit museer (Thiel, Prins Eugen), några är fortfarande kvar på arenan (Wallenberg, Bonnier) och förfädernas hem har blivit representationsbostäder.

Socialdemokratin vann regeringsmakten första gången 1920, med Hjalmar Branting som partiordförande och statsminister, men förlorade den igen. Allmän och lika rösträtt infördes först 1921. I Ådalen 1931, sköt svensk militär mot strejkande arbetare och dödade fem.

Först med valsegern och regeringsbildningen 1932, då Per Albin Hansson tagit över partiledarskapet, inledde socialdemokratin sin dominans över 1900-talets Sverige: den pragmatiska välfärdspolitiken, blandekonomin, handslagen mellan socialdemokratiska finansministrar och wallenbergska industriledare, folkhemmet. Socialdemokraternas regeringsinnehav bröts inte förrän 44 år senare, 1976. En slående parallell mellan socialdemokratin och Wallenbergsfären är att liksom Wallenbergs konstruerat sitt inflytande över industrin med hjälp av förhållandevis små aktieposter, utan att behöva vara majoritetsägare, har socialdemokratin oftast regerat utan egen riksdagsmajoritet: båda har de styrt genom att dominera samförståndet.

1924, efter Ernest Thiels konkurs, köpte staten hans privatpalats, med möblemang och konstsamling, och öppnade det för allmänheten att trampa runt i och glo på. Ett tecken så gott som något på att det var en ny tid som var på väg.

Massans tid, demokratins tid, offentlighetens och massmedias tid började inte ta form förrän långt in på trettiotalet.

Den nya tiden skulle inte göra slut på makt och rikedom, de är odödliga, men skulle etablera nya villkor för hur makt och rikedom samlas, behålls och förräntas.

Man kan enkelt säga att det moderna receptet för hur den jordiska härligheten ska bevaras var: inte så öppet, inte så tydligt, inte så stolt – och framför allt inte så anstötligt, skabröst, avundseldande lustfyllt. Det går bra att vara rik och mäktig i ett modernt och jämlikt samhälle. Det går för sig att vara aristokrati och överklass även i en sossestyrd, massmedieriden, demokratisk välfärdsstat – men då gäller det att se ut som om det är tråkigt och inte ett dugg spännande.

Ragnar Östbergs ritningar till Värmlands nations nya hus låg färdiga när första världskriget 1914 stoppade alla byggplaner. Juris-kandidaten Hugo Stenbeck lämnade universitetet och nationslivet för att göra sin tingstjänstgöring i Uppsala.

*

Efter första världskriget fick Hugo Stenbeck plats vid Erland Lagerlöfs advokatfirma i Stockholm. I Lagerlöfs egen historieskrivning från jubileumsåret 1950 presenteras denna för advokatfirman betydelsefulla rekrytering så här:

> År 1919 undergick firman en viktig förändring. Erland Lagerlöf var svåger med bankdirektören Yngve Lindström, som var gift med en syster till juris-kandidaten Hugo Stenbeck. Då Sven Lagerlöf gick bort anställdes Hugo Stenbeck såsom biträdande jurist.

En för nutida läsare oväntad utförlighet, som antagligen säger något verkligt intressant om hur högt familjeband värderades i den oskarianska headhuntingprocessen. Hur det övre borgerliga civilsamhället med sina ordnar, titlar, skolor, giften, middagar effektivt fungerade som en löpande lämplighetsprövning. Det var en mångsidig social framgallring av de mänskliga kvaliteter som var relevanta i branscher som hanterar makt, ära och rikedom. Inte en nepotism för att sätta de okvalificerade svågrarna på fel plats, utan för att sätta de kvalificerade på rätt.

Bestämningarna i form av hustrurs ursprung, fäders ordnar, bröders titlar, och så vidare angav i förkortning en människas sannolika chans till framgång i den egna miljön. Ungefär som de kryptiska uppgifterna i ett travprogram som för de insatta ger en substantiell information om de tävlande hästarnas förutsättningar att vinna.

(Det är därför denna slutna rekryteringsprocess upplevs som så extra kränkande av dem som står utanför: den fungerade, och fungerar i olika förnyade skepnader fortfarande. Den representerar inte de privilegierade nätverkens misslyckande, utan deras framgång. Det är det som är det jävliga.)

Erland Lagerlöf var en framgångsrik advokat. Den egna firman hade han startat år 1900 jämnt, 32 år gammal. På porträttet har han stärkkrage och uppåtborstad mustasch. Han hade tjänstgjort i Svea Hovrätt, haft en del extraknäck som advokat och vågade nu, när näringslivets nya århundrade började, språnget till egen advokatrörelse, inriktad på affärsjuridik.

Efter några år kom hans bror Sven Lagerlöf med som partner. De hade sitt första kontor i två rum i Centralpalatset vid Tegel-backen. (Ett hus som då ännu inte fått sin tuffa funkistopp av Sven Markelius, utan kröntes av en tungt böljande jugendmur och ett brutet, mörkt plåttak, men ändå stod för förändring och kraft i sin samtids Stockholm: det första renodlade kontors- och butikshus som reste sig ur Norrmalms småhusgytter, vid sekel-skiftet arbetsplats för fler än 200 moderna människor.)

Bröderna Lagerlöf var sysslingar till den världsberömda författarinnan och sedermera nobelpristagaren Selma Lagerlöf, medlemmar av den Lagerlöfsläkt som i ett par århundraden innehaft betydande poster i Värmland. De var inväxta i ett mång-hundraårigt nätverk av förindustriella makthavare, kyrkoherdar, jurister, akademiker.

Advokatbröderna Erland och Sven Lagerlöf styrde in i 1900-

talet bland annat genom att specialisera sig på vattenrätt. Det industrialiserade och moderniserade samhället hittade på allt fler användningar för elektrisk energi. Älvar som var stora nog att driva kraftverk blev kommersiellt högintressanta råvarutillgångar. Rättsfrågor uppstod kring vem som ägde det exploateringsbara i älvarna, och vem som hade rätt att handla i dessa rättigheter. Ofta var staten, »kronan«, i konflikt med näringslivsintressen. Erland Lagerlöf arbetade bland annat med den utdragna processen om Hedensforsarna i Lule älv där kronan i Högsta domstolen 1918 förlorade rättighetstvisten mot Trollhättans Elektriska Kraft A B.

I skriften från Lagerlöfs 50-årsjubileum sammanfattas firmans grundare och hans dramatiska livsöde i stilig juristretorik: hårt argumenterande, skön men inte entydigt förskönande:

> Erland Lagerlöf var en fin, älskvärd och human man med ett milt och försynt väsen, bakom vilket dock fanns både målmedvetenhet och kraft. Han hade ett redigt och logiskt juridiskt tänkande. Det som skapade hans stora framgång som advokat var hans juridiska fantasi, använd för lösande av invecklade affärsproblem. Då näringslivets behov fordrade lösning av viss fråga och juridiska hinder och skatteförhållanden syntes enligt vanligt betraktelsesätt omöjliggöra en sådan lösning, frågade sig Erland Lagerlöf: Finns det icke någon framkomlig väg eller någon bättre och mindre kostsam väg att gå? Och tack vare sin konstruktiva fantasi fann han nästan alltid nya vägar. Detta skapade hans framgång. Det torde icke vara för mycket sagt, att Erland Lagerlöf var den förste representanten för den nuvarande konstruktiva affärs- och skattejuridiska expertisen.

Därefter antar skildringen av firmans grundare i några snabba, innehållsrika meningar en tragisk ton:

> Erland Lagerlöfs stora noggrannhet i arbetet skapade honom ett anseende för exakthet och pålitlighet. Hans stora arbetsbörda i det

hårda advokatyrket i förening med den mottaglighet för förslitning, som ofta följer en fin och känslig natur, medverkade till att han i stor utsträckning var utarbetad redan vid några och 50 års ålder. Vid 55 års ålder dog han hastigt.

I den senaste minnesskriften, utgiven 1999, finns en utförligare historik. Där skildras i klartext de tragiska händelser som drabbade bröderna Lagerlöfs advokatfirma under åren före grundarens död 1923:

Den 14 juni 1918 seglade Sven Lagerlöf, Erlands bror och partner, från Högmarsö till sin sommarvilla på Sandhamn. Han hade hämtat sin båt från vinterförvar, kostern var lastad med hö till korna som han höll vid sommarbostaden för att försörja familjen – de hade tre barn – med mjölk under krigsårens ransonering. Sven Lagerlöf var 40 år. Ombord på båten fanns även hans brorson, Erland Lagerlöfs äldste son Gerard. De överraskades av storm, höet på däck blev genomdränkt av vågorna, båten förliste vid Kråkholmarna på Ljusterölandet. Båda drunknade.

För den växande advokatfirman innebar olyckan att Erland Lagerlöf förlorade sin ende medarbetare. Han var i behov av hjälp. Hugo Stenbeck anställdes som biträdande jurist, den förste på Lagerlöfs: en ung jurist som just avslutat sin tingsmeritering i Uppsala, med värmländsk anknytning och alltså besvågrad med Lagerlöfs genom att hans syster var gift med en bankdirektör som var bror till Erland Lagerlöfs hustru. En betrodd, duglig och flitig medarbetare, när sorgen över den samtidiga förlusten av en son, en kompanjon och en bror drabbat Erland Lagerlöf.

Firman fortsatte växa. 1922 anställdes firmans andre biträdande jurist, Olle Ohlsén. Samma år avlastade sig Erland Lagerlöf en del av ansvaret för firmans utveckling genom att göra Hugo Stenbeck till delägare.

På våren 1923 dog Erland Lagerlöfs mor. Själv led han av permanenta sömnsvårigheter och pressade sig med en hård arbetsbelastning. En junimorgon 1923 klockan nio, sedan en chaufför från Djursholms taxi i vanlig ordning fört honom in till arbetet från villan vid Framnäsviken, kastade sig Erland Lagerlöf från kontorsfönstret på femte våningen.

Hugo Stenbeck och Olle Ohlsén bestämde sig för att driva firman vidare, under namnet Advokatfirman Lagerlöf, ett starkt varumärke. Hugo Stenbeck var 33 år, Olle Ohlsén 29. De var ensamma ägare till advokatfirman och Hugo Stenbeck var dess obestridde ledare, bara knappt fem år efter det att han inträdde i den som ung biträdande jurist.

Om den unge advokaten Hugo Stenbeck har minnesskriften från 1950 detta att berätta:

> Erland Lagerlöf återfann hos denne många av sina egna egenskaper såsom skapande fantasi och intresse för yrkets affärsmässiga sida samt önskan att på ett rättvist och förnuftigt sätt komma till för klienten gynnsammast möjliga resultat. |...|
>
> Hugo Stenbeck samarbetade med Erland Lagerlöf i fem år, präglade av den stora ekonomiska aktivitet som var en följd av det första världskriget. Firman ombesörjde då de mycket stora skogsaffärer, som benämndes efter Tunadal, Ljusne-, Voxna- och Monkonsortierna. Bland annat dessa affärer fastslogo firmans ställning och anseende som affärsjuridisk advokatfirma.

Strukturaffärer i skogen – det var big business på den tiden, vid början av tjugotalet. Tidningen *Affärsvärlden*, grundad 1901, var under 1900-talets första decennier mest upptagen med att bevaka gruv- och skogsföretag, samt med tiden Ivar Kreugers Svenska Tändsticks Aktiebolaget, STAB. Visst fanns det tekniska innovationer som drev på ekonomin – det rapporteras om nya kemiska processer i massaindustrin, nya kommunikationer för utlandshandeln – men i huvudsak tycks förkrigstidens direktörsvärldsbild ha vilat på övertygelsen att konjunkturcykeln har sin gång. Och på den trygga känslan att grunden för vårt lands rikedom stod på rot i Norrland eller låg i berget däruppe, det gällde i huvudsak att skeppa ut godset.

Ibland var det milda vintrar och då gick det undan i skogen. Ibland var det hårda vintrar, då hade man svårt att få ut sina produkter till världsmarknaden och vinsten blev mindre. Ibland föll massapriset eller järnpriset ute i världen och det avrapporteras ungefär som ogynnsam väderlek.

Man var i början av något. Den gamla industrialismens kraft var inte mindre eller beskedligare än dagens, men den rörde sig i långsammare takt, fortfarande bunden till den fysiska verkligheten.

*

I mitten av tjugotalet kom husfrågan upp på nytt i Värmlands nation. Ragnar Östberg, som nu blivit klar med Stockholms stadshus och hyllades som fosterlandets främste arkitekt, friskade upp sina ritningar. 1930 kunde det nya nationshuset invigas, i närvaro av kung Gustav V, och med både advokaten Hugo Stenbeck och hans storebror justitierådet Einar Stenbeck som uppmärksammade gäster. Deras far hade dött bara några veckor före invigningen av det nya nationshus han så länge gjort förberedelser för. Senare samma år donerade bröderna gemensamt den Stenbeckska stipendiefonden.

1930 är också det år då namnet Stenbeck vinner plats i Svenska Släktkalendern. Där framgår att namnet Stenbeck togs av en förfader som hetat Jönsson och dött 1739 som arrendator: namnet var inspirerat av den kvarn hans far drivit, Stennäs kvarn i Ålands socken i Uppland, på vägen mot Sala från Uppsala. Två av Jönsson Stenbecks söner blev kyrkoherdar, den tredje blev genom gifte godsägare i Värmland. Sedan följer två generationer lantmätare i Värmland, och därefter Nils som under senare delen av 1800-talet tog sig tillbaka till Uppsala och blev sparbanksdirektör. Avancemanget genom borgerligheten hade pågått i 200 år innan Nils Stenbecks två söner Einar och Hugo gav familjen en plats i offentligheten, i det stora livet, i Släktkalendern.

Svenska Släktkalendern som började ges ut 1911 på Bonniers är den svenska bourgeoisiens substitut för adelskalender. I all sin korthuggenhet ett vältaligt vittnesbörd om de revolutionära omdaningar av våra övre samhällsskikt som industrialismen förde med sig. Och ett fantasieggande uttryck för de gnistrande sociala ambitioner som medverkade till att driva dessa förändringar. Kalenderns redaktör Gustaf Elgenstierna redigerade även »Svenska Adelns ättartavlor« för Riddarhuset och sökte en ny gren för sin genealogiska verksamhet, då den gamla marknaden höll på att stagnera. Han var medieentreprenör i anor.

I förordet till första årgången skriver han att släktkalendern är avsedd att »därest intresset för densamma visar sig tillräckligt stort – blifva en årligen utkommande kalender innehållande ett flertal, svenska adeln icke tillhörande, släkter, som inom sig räkna på olika områden bemärkta personer«. Han hade identifierat marknaden korrekt. Svenska Släktkalendern utkommer fortfarande, under senare decennier dock mera på ideell än kommersiell grund.

Rutinerat flaggar Elgenstierna i första årgångens förord för några av de släkter »med hvilka en kommande årgång är avsedd att tillökas«, och vilkas medlemmar kunde tänkas vara sugna på att få läsa om sig själva, sina mostrar och farfäder. För att inte tala om hur sugna deras vänner, fiender, konkurrenter och avundsmän kan vara. (Som kommersiellt bokprojekt är det ingen dum idé, och det är egentligen konstigt att nästa stora omdaning av vår samhällselit – vänsterrörelsen, det vill säga den akademiska medelklassens segertåg – inte har fått sin katalogisering: en Svenska Sektvänsterkalendern. Den hade sålt. Och sen en Svenska Yuppiekalendern. Folk har blivit mindre öppna.)

Namnen på släkterna i Gustaf Elgenstiernas målgrupp frammanar en bild av en framstormande borgerlighet, en mer eller mindre self-made ny överklass, med sina förmögenheter i tidens tillväxtbranscher och med en självkänsla lika solid och svällande som ett av Gustaf Wickmans samtida bankpalats i sandsten:

Alexanderson, Annerstedt, Arrhenius, Beijer, Billing, Böttiger, Clason, Cornelius, Curman, Elliot, Evers, Faxe, Fehr, Fogelmarck, Frestadius, Frisell, Frisk, Fürstenberg, Geber, Hafström, Hasselblad, Hintze, Hirsch, Höjer, Hökerberg, Kempe, Key, Key-Åberg, Klemming, Lallerstedt, Lamm, Landqvist, Liljewalch, Livijn, Looström, Lyttkens, Martin, Moll, Munktell, Nathorst, Nobel, Odelberg, Oldenburg, Palme, Pegelow, Quennerstedt, Rabe, Ramstedt, Retzius, Richert, Rubenson, Santesson, Schenström, Smidt, Smitt, Sohlman, Stridsberg, Sundin, Tegnér, Tengvall, Tillberg, Tisell, Tranchell, Trägårdh, Wahren, Waldenström, Wallis, Weinberg, Westerberg, Westin, Wulff, Zethelius, Zethræus, von Zweigbergk, Åkerman, Ödman, Örn, m.fl.

Då hade han redan 301 släkter med i första årgången. Det är trångt i den svenska borgerlighet man ibland brukar säga inte finns.

Familjen Stenbeck håller sig kvar i Svensk Släktkalender bara ett år, enligt Elgenstiernas praxis för mindre betydande släkter: ett införande och sedan hänvisning i följande årgångar. Familjer som Bonnier och Wallenberg är med i varje utgåva. 1930 när Stenbeck är inne har Elgenstierna betat av totalt 1.164 släkter. I uppslagsverket Svenska män och kvinnor, utgivet 1954, är både Hugo och Einar med, storebror justitierådet har då också hunnit bli huvudförfattare till 1944 års aktiebolagslag.

*

Friherre Carl Klingspor, konservativ riksdagsman med sitt gods Råbäck beläget nära Lidköping vid Vänerns södra strand, var vid

1800-talets slut en av Mellansveriges rikaste jordägare. För att flytta över familjens lantbruksbaserade ställning till det industrialiserade Sverige gjorde han nysatsningar i anknytande industrier: sockerbruk i Lidköping, cementfabrik med kalkbruk i Hellekis (stora mängder kalk behövs bland annat i sockerproduktionen).

1914 slog man ihop de tre sockerbruken i Lidköping, Linköping och Mörbylånga till Mellersta Sveriges Sockerfabriks AB med säte i Lidköping och Carl Klingspors son Wilhelm som vice verkställande direktör. 1923 startade man ett rederi med fyra ångbåtar för att hantera sockerproduktionens skrymmande transporter av betor och råsocker över Vänern. Rederiet döptes till Kinnevik, efter vattnet vid hemmahamnen, Kinneviken. 1933 kompletterades sockerfabriken med dotterbolaget Lidköpings Konfektyrindustri.

Socker var en het bransch, politiskt osäker, stridsfråga för protektionister och globaliseringsvänner, av betydelse för folkhushållet och därmed föremål för prisreglering, riksdagsdebatt och krav på/hot om förstatligande.

Sedan betsockret på 1890-talet fått ekonomisk bärkraft i Sverige – till följd av tekniska processframsteg och billiga ångtransporter – och sockret upphört att vara en kolonialprodukt, hade sockerindustrin varit en starkt drivande kraft i mekaniseringen av jordbruket, utbyggnaden av järnvägarna, industrialiseringen av bondelandet.

Betodlingen var en kraft som satte jordbrukare i kontakt med industrikapital, och lantarbetare i kontakt med arbetarrörelse. Sockret hade på bara ett fåtal decennier förvandlats från en exklusiv lyxvara till en stor folkprodukt. Svenskarna blev, med sin vanliga oförmåga till balanserad njutning, snabbt ett av världens mest sockerkonsumerande folk. Priser, löner, arbetstillfällen och investeringar var farligt labila.

Detta var en tid när man allmänt trodde på monopol och oligopol, »truster« på samtida affärsjargong. Det skapades branschkarteller, monopol eller nationella bolag inom margarin, cement, keramik, konstgödsel, gummi, telefoni, tändstickor, järnväg. Svenska Sockerfabriksaktiebolaget – Sockerbolaget, den nationella sockertrusten – blev när det bildades 1907 landets största företag, både räknat i antal sysselsatta och i produktionsvärde, före Stora Kopparberg och LKAB. Ännu 1924 var Sockerbolaget landets tredje största företag, överträffat bara av Ivar Kreugers Svenska Tändsticks AB och Grängesberg.

Sockerbolaget skapades på initiativ av sockerindustrins stormän Tranchell och Ekman, Landskrona och Göteborg, med sikte på total marknadsdominans, bland annat för att dämpa de farliga svängningarna i branschen.

Arton av landets sockerindustrier ingick i fusionen. Bara tre höll stånd mot Sockerbolagets monopoltryck: Lidköping, Linköping och Mörbylånga, det vill säga de tre som 1914 i stället samlades i Klingspors Mellersta Sveriges Sockerfabriks AB, med sikte på att överleva som självständig grupp.

Det var detta styvnackade Asterix-beteende som skapade den position som 1936 gjorde det möjligt att på ett för delägarna fördelaktigt sätt lämna sockret och i stället bilda investmentbolaget Kinnevik; en erfarenhet som uppenbarligen präglat bolaget. Ensam är stark, inte minst för att man då kan välja allierade alltefter situation, och fullt ut utnyttja de oförutsägbara möjligheter som utvecklingen öppnar vägen för. Att, som Jan Stenbeck med ett märkligt ordval säger, »hela tiden ligga och jucka mot verkligheten« är inget man gör i grupp.

Carl Klingspor [1847–1911] inledde moderniseringen av familjeintressena, hans äldste son Wilhelm [1880–1963] fortsatte den – via socker och lantbruk och konfektyr till de storsvenska paradgrenarna skog och stål och Investment AB Kinnevik.

Det är friherre Wilhelm Klingspor med sitt långdraget aristokratiska Gustav V-ansikte, slokande ögon och lilla svarta mustasch som nu hänger porträtt mittemot Hugo Stenbeck på väggen i Kinneviks styrelserum på Skeppsbron 18.

Som juridisk rådgivare i affärerna anlitade man Lagerlöfs advokatfirma.

När Erland Lagerlöf dog 1923 satt han i styrelsen för Mellersta Sveriges Sockerfabriks AB och för Ställbergs Grufve AB, även det Klingsporägt. Dessutom satt han i styrelsen för AB Robo, tyska industrikoncernen Robert Boschs svenska försäljningsbolag; bolaget var kontrollerat av moderbolaget, styrelseposten för klients räkning.

När Hugo Stenbeck 33 år gammal tog över Lagerlöfs efter sin bortgångne arbetsgivare, tog han även över rollen som rådgivare och styrelseledamot hos Carl och Wilhelm Klingspor. Hugo Stenbeck ärvde även posten i styrelsen för Robo. Bolaget spelar ett par decennier längre fram en hisnande roll för Hugo Stenbecks verksamhet, och en direkt skadlig för Jacob Wallenbergs.

KAPITEL ÅTTA

Kreuger

*När Ivar Kreuger inte längre kunde tillfredsställa kraven, var
hans liv slut.
  Och det blev räknat allom till heder, om de spottade på liket.
  Hade han gjort något annat ont än att han handlat med
liknande självsvåld som suveräner i alla tider handlat? Och som
de, om vi får tro Machiavelli, måste handla – sådan världen
och människorna en gång för alla äro.*

POUL BJERRE, *KREUGER*

I BOKEN *The Lexus and the Olive Tree*, en av 1999 års samhälls-
journalistiska bestsellers, skriver *New York Times* utrikeskolum-
nist Thomas Friedman om 1900-talets globaliseringsprocesser,
i sig en följd av att kommunikationsmedlen ständigt blir bättre
och billigare.

Det fanns en första period av globalisering, som inledde
seklet. Den drevs av optimism och affärsmöjligheter skapade
av telefonen, bensinmotorn, radion, telegrafen, grammofonen,
biografen. Den hejdades av börskraschen 1929, trettiotalets
depression, världskriget.

Efter andra världskriget tvingades globaliseringen ta paus, så
länge det kalla krigets murar, uppdelningar och inneslutningar
behärskade människornas umgänge på jorden, och de nationella
ekonomiernas rutnät definierade spelytan.

Senare har globaliseringens ande som bekant på nytt sluppit
ur flaskan, och frodas i den mer dynamiska, mer affärsmässiga
och mindre storpolitiska världsordning som började uppstå på
sjuttiotalet. Den förstärktes under avregleringarnas åttiotal – med

den optimalt symboliska avregleringen av Berlinmuren 1989 – och knöt på nittiotalet ihop hela jordklotet i ett enda kommunikationsnätverk utan centrum. En marknadsplats utan andra regler än dem någon lyckas införa och upprätthålla i en viss krets av människor, i det territorium man lyckas vinna kontroll över. Machiavelliland: det är bara *performance* som räknas, kartorna ritas ständigt om, makt är ett instabilt tillstånd, affärsmässigt.

Ur svenskt perspektiv var det tidiga 1900-talets globaliseringsperiod Ivar Kreugers tid, slutpunkten för den var Kreugerkraschen.

(Lika uppenbart är det sena 1900-talets avreglering och globalisering Jan Stenbecks tid. Den mellanliggande, rigida och reglerade kalla krigsperioden hör till det Wallenbergdominerade industriella landslaget där varje spelare har sin position och Dodde gör upp om speltaktiken med finansministern.)

År 1900, efter ingenjörsexamen på Tekniska högskolan i Stockholm, reste Ivar Kreuger ut i världen på några bohemiska praktik- och studieår, huvudsakligen i USA. 1907 kom han hem till Sverige och startade byggfirma tillsammans med Paul Toll. I USA, där han var ingenjör och arbetsledare vid olika skyskrapebyggen, hade Ivar Kreuger lärt sig modern teknik för att bygga med armerad betong, vilket man inte kände mycket till hemma i Sverige. Kreuger & Toll uppförde snart en rad stora byggnader i Stockholm som bidrog till stadens nya, imponerande utseende: Myrstedts matthörna med sina enorma glasytor mot gatan, Olympiastadion till OS 1912, NK-huset, Danvikens sjukhus, praktbiografen Röda Kvarn på Biblioteksgatan.

En inte fullt så offentlig byggnad, men ändå representativ, som Kreuger & Toll var entreprenör för var bostadsfastigheten Villagatan 13 ovanför Humlegården, inflyttningsklar 1917, där både Kreuger och Toll och senare även Stenbeck skulle bo.

Det finns en historia från bygget på Villagatan som ger en glimt av vad entreprenörsvilja är för något.

Den förste byggmästaren avgick innan arbetet var avslutat. Han hade blivit beordrad av en direktör Palme i Kreugers fastighetsbolag Hufvudstaden, som ägde Villagatan 13, att kröna huset med en inglasad takterrass. Någon sådan terrass fanns inte med i bygglovet. Den samvetsgranne byggmästaren vägrade, och blev tydligen utsatt för en sådan press att han inte såg något annat alternativ till regelbrottet än att lämna uppdraget. En ny byggmästare införskaffades, den inglasade takterrassen byggdes, bygglov inflöt i efterhand. Som läsaren redan förstått flyttade sedan Ivar Kreuger själv in i den översta lägenheten, där en ektrappa ledde upp till det extravaganta uterummet på taket. Efter tio år i huset, 1927, köpte han även lägenheten under, och slog ihop de båda till en trettiorums etagevåning där han bodde fram till sin död fem år senare.

Byggandet ledde till att Kreuger bildade fastighetsbolaget Hufvudstaden, och i förlängningen till att han köpte och utvecklade Svensk Filmindustri när biografbranschen växte till industriell skala. Ivar Kreuger tycks ha varit, som Odd Engström sa om Jan Stenbeck, »biofil«, en livets vän, en med gröna fingrar. Där han fanns växte det och föddes nytt.

Byggbranschen var bara en uppvärmning för Ivar Kreuger. Från mitten av tiotalet ägnade han det mesta av sin entreprenöriella viljestyrka åt tändsticksaffärerna. Här utvecklas Ivar Kreugers grundläggande affärsidé tydligt, det ledmotiv man kan utläsa ur de flesta av hans operationer och strategier; varierat, justerat, anpassat till verkligheten och möjligheterna, men ändå fullt igenkännbart.

Ivar Kreugers tanke var, tidstypiskt, i mass-, konsumtions- och kommunikationssamhällets gryning: om man samordnar en väldig massa små affärer i tillräckligt stor skala, då får man en samlad affär som är enorm, som man kan tjäna enorma pengar på. Det kan gärna vara affärer så små att man inte tänker på dem. Affärer som alla gör, även fattigt folk, som obemärkt ingår i den stora massans vardagsliv – som till exempel att gå på bio, eller ännu bättre att köpa en ask tändstickor.

Vid en tid när vedkaminer, gasspisar och fotogenljus fortfarande hörde till normal levnadsstandard var tändsticksasken en daglig nödvändighet på ett annat sätt än i vår elektrifierade efterkrigstid. Efterfrågan var garanterad, stabil och spridd över jordklotet. Säkerhetständstickan var en innovation som kunde marknadsföras direkt till massan av moderna människor: 1900-talets två stora ekonomiska krafter, teknologin och masspubliken, i direkt kontakt. Nästa produkt Kreuger tänkt gå vidare med efter tändstickorna var telefoni. Briljant. En ocean av struntsummor. Men kraschen kom i vägen, telefonbranschen blev nationella monopol som inte släppte taget förrän den digitala mobiltelefonin blev en massmarknad på nittiotalet, och då var det Jan Stenbeck som gjorde affären.

Med startpunkt i familjens tändsticksbolag drev Ivar Kreuger på några år fram en branschomfattande storfusion som skapade det nationella Svenska Tändsticks Aktiebolaget, med Kreuger som ledare och huvudägare, backad till lika delar av Handelsbanken och Skandinaviska Banken. Så gick han ut i världen, köpte upp nationella tändsticksbolag och vann en rad nationella monopolrättigheter i utbyte mot att han förmedlade stora lån från den amerikanska kapitalmarknaden till mellankrigstidens ekonomiskt pressade europeiska regeringar.

Ivar Kreugers framfart i världen väckte de aldrig särskilt djupt slumrande svenska stormaktsdrömmarna. I pressen blev han kallad »vår finansielle Karl XII«. Trots sin tillbakadragenhet var han en folklig angelägenhet, en svensk kändis och en nationell stolthet. Många svenskar med sparpengar eller familjeförmögenhet investerade i Kreugerpapper, och många blev ruinerade vid kraschen, vilket naturligtvis bidrog till myten.

Många fick lida för att de litat på honom. Det fanns ett behov av förklaring, eller bortförklaring.

*

Parallellt med de globala tändsticksaffärerna började Ivar Kreuger mot tjugotalets slut göra stora investeringar i svensk industri. Den framstående företagsjuristen Hugo Stenbeck vid Lagerlöfs var flitigt engagerad som juridisk konsult och diskret uppköpare i en rad affärer under åren 1929–1930.

Kreuger & Toll blev huvudägare i telefonbolaget L. M. Ericsson, som redan drev telefonnätet i Mexiko och var ute i världen och jagade fler nationella koncessioner. När Kreuger markerat sitt maktövertagande genom att avsätta VD:n Karl Fredrik Wincrantz, och Wincrantz hotade att utnyttja sin position i styrelsen för att ställa till krig, löstes situationen efter medling av Hugo Stenbeck: en överenskommelse träffades i *chambre séparée* och Wincrantz släppte godvilligt sin styrelsestol.

Kreuger & Toll började köpa in norrländska skogsbruk för att skapa en storskalig cellulosatrust. Hugo Stenbeck åkte runt bland de gamla sågverksfamiljerna och träffade konfidentiella avtal om aktieposterna. Samtidigt gjorde han liknande sonderingar för Handelsbankens räkning. Det slutade med att Kreuger och Handelsbanken samarbetade om att skapa SCA, Svenska Cellulosa Aktiebolaget, en jätte som stod för en femtedel av landets pappersmasse- och timmerproduktion.

Kreuger & Toll köpte Bolidengruvan, Ivar Kreuger ville att hans ägarskap skulle vara hemligt. Juridiska konsulten Hugo Stenbeck fick förtroendet att avsluta affären genom att suga upp de sista utestående aktieposterna över den öppna marknaden.

Hugo Stenbeck var alltså inte advokat i någon strikt mening. Han ägnade sig åt business intelligence, omvärldsanalys, styrelsearbete, konsultuppdrag av olika art, förvaltningsuppdrag, förhandlingar och förvärv för klients räkning. Han gjorde affärer med andras pengar. Före grundandet av Kinnevik 1936 var familjen Klingspor bara en stadig kund hos Hugo Stenbeck, han arbetade med hela fältet.

– En av hans affärsidéer tycks ha varit att agera ägare när den verklige ägaren inte ville framträda offentligt, säger historikern Jan Glete, som skildrat de ovanstående affärerna i boken *Kreugerkoncernen och krisen på svensk aktiemarknad*. Boken ingår i det stora Kreugerprojekt som under sjuttio- och åttiotalen genomfördes på historiska institutionen vid Stockholms universitet.

I en annan bok, *Nätverk i näringslivet*, skriver Glete att Hugo Stenbeck under en period kan ha varit ensam om att känna till Kreugers och Handelsbankens samtidiga manövrer i Norrlands skogar.

En affärsjurist som var affärsman mer än jurist. En problemlösare i den högre skolan, i den inre kretsen, och en som det förefaller ganska betrodd medarbetare till Ivar Kreuger, som bör ha varit initierad i tändstickskungens vid det här laget dramatiskt vacklande imperium.

✳

På bara drygt tjugo år byggde Ivar Kreuger upp en spektakulär ställning i det svenska affärslivet. Hans bolag producerade tre fjärdedelar av alla tändstickor som såldes i världen. Han hade förmedlat lån på totalt 385 miljoner dollar till femton stater, och blivit en finansiell institution av världsbetydelse. Kreuger var ett globalt varumärke på kapitalmarknaden.

Kreugerkoncernen utgjorde vid slutet av tjugotalet nästan hälften av det totala börsvärdet på Stockholmsbörsen.

Den 12 mars 1932 begick Ivar Kreuger självmord i Paris. Ett brev han lämnade efter sig till en nära medarbetare inleddes med orden: I have made such a mess of things that I believe this to be the most satisfactory solution for everybody concerned. »Jag har ställt till med en sådan röra att detta nog är den bästa lösningen för alla berörda.«

I *Affärsvärldens* första större artikel om Jan Stenbeck, en

företagsanalys från oktober 1981, uppges att Hugo Stenbeck
»strax innan Kreuger begick självmord i Paris 1932 rådde [...] sin
gode vän Klingspor att sälja av sin aktieportfölj. Klingspor kunde
därmed rädda undan sin förmögenhet från aktiekraschen som
blev oundviklig efter Kreugers fall.« En variant på samma uppgift
finns i *Dagens Industri*-reportern Margaret von Platens *Boken om
Stenbeck* [1993], där det uppges att Hugo Stenbeck i ett iltelegram
rådde Wilhelm Klingspor att sälja alla sina Kreugerpapper.

Kritiska analyser hade gjorts hela tiden av Kreugers affärer. Redan
1922, tio år före kraschen, hade bankinspektionen riktat kritik
mot att Kreuger tog upp stora banklån för att betala höga utdel-
ningar på sina värdepapper – vilket är affärsmässigt osunt. Först
efter kraschen kom det fram att Kreuger också hållit kurserna
uppe genom stora stödköp av sina egna papper – vilket är direkt
bedrägligt.

Kring allt nyskapande och entreprenörskap finns en spänning
mellan tro (på visionen, framtiden) och skepsis (inför de resultat
som kan visas upp för stunden). Kreuger förskönade resultaten,
och samtiden valde med entusiasm att tro. I en hyllningsartikel
till femtioårsdagen den 2 mars 1930 skrev *Affärsvärlden*, nu inte
så återhållsam: »Kreuger är en stor optimist rörande mänsklig-
hetens materiella utveckling. [...] Kreuger har över huvud taget
alltid varit en halv eller kanske en hel generation före sin tid.
Och han har haft resurser eller djärvhet för att handla i stort.«

Den granskning av Kreugerkoncernen som omedelbart efter
självmordet gjordes av den amerikanska revisionsfirman Price
Waterhouse visade att Kreuger använt sig både av fiktiva vinster
och dubbelbokförda tillgångar för att ge sken av en styrka som
hans bolag i verkligheten inte hade.

Månaden före sin död hade han räddats undan konkurs genom
att den svenska riksbanken tillsammans med Skandinaviska
banken och Handelsbanken snabbt försträckte honom 16,7

miljoner kronor. Beslutet fattades under en dags krismöte som även involverade statsminister Ekman och Enskilda Banken. Ivar Kreuger blev hemkallad för att ge bankerna en redogörelse för koncernens ekonomi. Detta hade de ställt som krav för krediten. »Han måste själv ha varit starkt medveten om«, skriver den före detta bankdirektören Lars-Erik Thunholm i en artikel i *Historisk Tidskrift* 1993,

> ...hur ihålig ställningen var och måste ha förstått, att vid den granskning som förestod, hans olika manipulationer för att frisera resultat- och balansräkningarna skulle komma i dagen. Det skulle också stå klart, att han inte hade några som helst möjligheter att möta de stora utbetalningsanspråk han och hans företag stod inför under våren.

I den nutida Kreugerforskningen betraktas det som klarlagt att koncernen vid tiden för kraschen befann sig i en ohållbar ekonomisk situation. Likaså är forskningen enig om att Ivar Kreuger byggt upp sin ställning delvis med hjälp av falsarier och bedrägliga metoder. Detta är inte kontroversiella punkter. Det var inget fel på visionen eller idéerna, men genomförandet var inte hederligt. När alltför många skulder förföll till betalning och han inte kunde fortsätta låna mer och mer, då tog spelet slut.

Kanske kan man säga att Ivar Kreuger övervärderade förtroendets betydelse för framgång i affärer, och därför använde en alltför stor del av sina resurser till att producera förtroende hos etablissemang och allmänhet, medan han tog alltför lätt på rörelseresultatet.

Antagligen kan man också säga att den bittra erfarenheten av Kreugerkraschen – upplevelsen av svek och förrått förtroende, utöver alla de pengar folk förlorade – gjorde det svenska näringslivet för generationer framöver skeptiskt mot avvikande visioner, ängsligt traditionsbundet, överdrivet fixerat vid rörelseresultatet.

Efter Kreugerfeber kom Kreugerallergi. Vilket i så fall delvis skulle förklara att Jan Stenbecks omvandling av Kinnevik bemötts med sådan misstro. En misstänksamhet som förstärkts av att Jan Stenbeck på så många sätt påminner om Ivar Kreuger (den stora skillnaden är förstås att Jan Stenbeck lyckades med språnget medan Kreuger misslyckades), och av fadern Hugo Stenbecks direktkontakter med Kreuger och hans mytomspunna roll i efterspelet till kraschen.

*

Tändstickspalatset på Västra Trädgårdsgatan i Stockholm är en vacker industriborg, ritad av Ivar Tengbom och uppförd av Ivar Kreuger 1928 som huvudkontor för hans koncern.

Utåt mot gatan vänder huset en gracil renässansmur. Fasaden är ogenomtränglig, utan en min – samtidigt fenomenalt lätt och spänstig jämfört med Wallenbergarnas gruvligt gravallvarliga Enskilda Banken på andra sidan Kungsträdgården, ritat tio år tidigare av samme arkitekt.

Inåt sluter sig Tändstickspalatset kring en cirkelrund borggård där bronsdjur av Carl Milles strövar runt; känslan av att befinna sig innanför, i ett välbyggt försvarssystem, inne i de mjuka ljusa delarna under skalet, är stark. Nere i vänstra hörnet av fasaden finns en diskret garageport, som kan släppa ut bilarna på gatan direkt ur innanmätet. Graciöst, vackert, raffinerat smakfullt, skyddat från omvärlden och med en liten pojkrumsaktig James Bond-kvalitet; en uttrycksfull avbild av sin herre, som de flesta huvudkontorsbyggnader.

Därinne i Tändstickspalatset samlades den 15 mars 1932 en grupp herrar för att gå igenom Ivar Kreugers kontor. Bland dem fanns bolagets ofta anlitade juridiske konsult Hugo Stenbeck och hans advokatpartner på Lagerlöfs Olle Ohlsén, och på deras förslag sprängdes och öppnades Ivar Kreugers kassaskåp.

Det var tre dagar efter självmordet. Kreuger & Tolls styrelse hade sökt och beviljats moratorium, ett tillfälligt uppskov med utbetalningar. Att det kunde gå så fort berodde på att ärendet, som krävde ny lagstiftning, var förberett av riksbank och regering. Kreugers krasch var väntad, självmord eller inte. Samtidigt hade regeringen i kraftfulla ordalag uppmanat bolagsstyrelsen att ta tag i härvan och tillsätta en utredningskommission, regeringen tänkte inte gå ner sig.

»Man måste utgå från«, sa finansminister Hamrin till *Dagens Nyheter*, »att ledningen för Kreuger & Toll nu omedelbart tar initiativet till en grundlig och allsidig utredning rörande koncernens faktiska ställning. En dylik utredning är enligt min mening ofrånkomlig med hänsyn till alla intresserade parter både här hemma och i utlandet.« [Publicerat 15 mars 1932.]

Ivar Kreugers organisation var starkt centraliserad, alla beslutsvägar gick till huvudägaren. När han nu var borta tog det en tid för styrelse och direktörer att komma till sans. Till den 16 mars hade man ändå fått ihop en utredningskommission, vars uppdrag var att göra sig en bild av koncernens tillstånd. Någon sådan hade man inte, nu när man inte kunde fråga Ivar Kreuger.

Kreugerstyrelsens förslag till utredningskommission bestod av: ordförande Torsten Nothin, före detta justitieminister, generaldirektör i lantmäteristyrelsen; Martin Fehr, professor i rättsvetenskap, liberal riksdagsman och medlem av riksbanksfullmäktige; samt advokaten Hugo Stenbeck, bolagets jurist. En som var allmänt oförvitlig, en som representerade den högste fordringsägaren (det vill säga riksbanken), och en som var någotsånär bekant med terrängen.

Regeringen krävde att kommissionen också skulle innehålla representanter för affärsbankerna och på så sätt kom Handelsbankens Ernfrid Browaldh, Enskilda Bankens Jacob Wallenberg, samt SKF-chefen och Skandinaviska Bankens styrelseledamot Björn Prytz med i kommissionen. (Oscar Rydbeck som var chef för denna Kreugers husbank satt själv i Kreuger & Tolls styrelse och var utdömd såsom jävig.) Utredningskommissionen gjorde sedan sitt arbete, beställde en revision, utvärderade resultatet, fann att en konkurs var enda möjliga utvägen eftersom bolaget var på obestånd och rapporterade detta i slutet av maj till sin uppdragsgivare, Kreuger & Tolls styrelse. Den 24 maj 1932 gick Kreuger & Toll i konkurs, och sedan vidtog ett i närmare tio år utdraget manövrerande där de som hade pengar att förlora i konkursen gjorde vad de kunde för att få tillbaka något av dem.

Många investerare, stora som små, gjorde svåra förluster. Ett nationellt förtroende var grovt sviket. Under tiden närmast efter kraschen rådde upphetsade, häxjaktliknande stämningar då allt som kunde sammankopplas med Ivar Kreuger angreps. Brodern Torsten Kreuger, som drev egna affärer och mest hade efternamnet gemensamt med vår fallne finansielle Karl XII, blev i en sidoprocess om en konkurs i pappersmassefabriken Högbroforsens Industri AB dömd till ett års straffarbete: han hade varit VD för bolaget, och bokföringen, som lockat folk att investera i bolaget trots att det gick dåligt, hade varit missvisande. Domen föll 1933, och blev ifrågasatt av många. Torsten Kreuger gjorde flera försök att få resning i målet, utan att lyckas.

Av bankerna var Skandinaviska banken värst ute. Bankens chef Oscar Rydbeck dömdes till fängelse och när processen var över hade Skandinaviska banken fått Wallenbergs Enskilda banken som storägare. Handelsbanken drabbades av att ensam få ta hand om ett olönsamt SCA, tvärtemot bankens stora plan som var att göra sig av med de skogsegendomar man fått på halsen i tjugotalets deflationskris, när mindre låntagare än Kreuger gjort konkurs och tvingats överlåta sina säkerheter till banken.

Wallenbergfamiljens Enskilda Banken hade hållit sig undan affärer med Ivar Kreuger. De bedömde honom som en dålig risk, vilket man i efterhand får säga var en riktig bedömning. Wallenbergarna, på uppåtgående, betraktade honom säkert också som en rival om finansmakten i Sverige och därför inte någon man borde samarbeta med. (I varje fall framgår det av

Ivar Kreugers brev till kollegor att han kände sig motarbetad av
Wallenbergarna, och att han var övertygad om att de utnyttjade
sina internationella kontakter för att konspirera mot honom.)

Eftersom Wallenbergsfären inte led egna förluster till följd av
Kreugers fall, hade man där i stället möjligheten att rycka fram
och ta över positioner i de industrier som ingick i Kreugers stora
finansiella bygge. Kreugerföretag som Tändsticksaktiebolaget,
Stora Kopparberg, skf, Grängesberg och l. m. Ericsson blev
i olika grad Wallenbergföretag efter konkursprocessen. Sådan
är kapitalismen. Den enes död är den andres bröd. Den som
belånar något riskerar att förlora det om man inte klarar sina
avbetalningar. Det är meningen att det ska fungera så. I Erics-
son – det nationella telefonbolaget vars ena hälft den pressade
Kreuger sålt till huvudkonkurrenten i usa för att få loss pengar,
och som först 1960 med slit, flit och list helt kunde hemföras
till fosterlandet – delades makten lika mellan Wallenbergare och
Handelsbanken, ett arrangemang som består i dag.

Det där är i grova drag den beskrivning av Ivar Kreugers
kris och krasch som ges i den moderna forskningen. Jan Gletes
Kreugerkoncernen och krisen på svensk aktiemarknad publicerades
1981. Björn Gäfverts *Kreuger, riksbanken och regeringen* 1979.
Båda ingår i det stora Kreugerprojektet vid Stockholms univer-
sitet. Lars-Erik Thunholm, tidigare vd i s-e-Banken och flitig
styrelseledamot inom Wallenbergsfären, ger samma generella
bild i sin bok *Ivar Kreuger* som publicerades 1996 och nådde en
bredare allmänhet, åtminstone inom näringslivet.

Innan denna bild av Kreugerkraschen etablerades, under
åttio- och nittiotalen, fanns en helt annan.

*

1972 publicerades en liten bok med titeln *Torsten Kreuger – san-
ningen på väg.*

På bokens tredje sida beskylls advokat Hugo Stenbeck för att ha utnyttjat den förtvivlade, uppjagade situationen efter Kreugers död till att svindla både regering och bolagsstyrelse.

Initiativet till utredningskommissionen togs av den förslagne advokaten själv, hävdas det i boken. Han gick helt fräckt till regeringen och sa att styrelsen bett honom dra i gång detta, och sedan till styrelsen och sa att regeringen gett honom uppdraget – och så lyckades han vinna en plats åt sig själv vid den plundring av Kreugers livsverk som skulle ta vid. För att vinna falsk auktoritet åt sitt tilltag ska Hugo Stenbeck sedan ha kallat utredningsgruppen en »Kunglig Kommission«.

Kreugerkoncernen, hävdar författaren, var fullt sund och vital. Den föll på en likviditetskris som tvingats fram genom massiva, världsomspännande, fientliga manipulationer orkestrerade av Kreugers fiender, närmare bestämt den amerikanska investmentbanken Morgan Stanley och Wallenbergarna.

Utan omsvep anklagas Hugo Stenbeck vidare för att ha stulit handlingar ur Ivar Kreugers uppsprängda kassaskåp, ett otvetydigt brottsligt beteende. Handlingarna ska han sedan ha levererat till herrar Wallenberg, den skrupelfrie advokatens uppdragsgivare.

Bokens femte sida pryds av ett helsidesporträtt av Hugo Stenbeck. Det är det vanliga studioporträttet, som Hugo själv måste ha spritt ut, där advokaten blickar framåt under lätt sänkta ögonbryn och inte ser helt ofarlig ut.

När boken kom ut hade Hugo Stenbeck ännu fem år kvar i livet och var trots hög ålder den tongivande kraften i Kinnevikkoncernen, där han styrde över Sandvik och Korsnäs. En etablerad industriman; huruvida han var respektabel var fortfarande omstritt.

Bokens författare är Ulf Adelsohn, då ung jurist och moderatpolitiker i karriären, partikamrat med Hugo Stenbecks dotter Margaretha af Ugglas och blivande partiledare, nu landshövding i Stockholm.

Jag ringer Ulf Adelsohn och frågar vad han menade, och på vilka källor han byggde dessa allvarliga anklagelser mot Hugo Stenbeck.

– Jaaa, säger Adelsohn, det där byggde väl inte direkt på någon egen forskning. Utan det var mera en uppfattning som var spridd på den tiden, som jag sammanfattade... med den unge juristens självsäkerhet och glöd, kanske man kan säga.

Jag försöker locka in honom i ett allmänt resonemang om stämningarna kring familjen Stenbeck inom det moderata och högborgerliga Sverige, men får inte något bra grepp på ämnet. Adelsohn är ohjälpsam på ett utsökt vänligt sätt: rutinerad politiker. Till sist tackar jag för samtalet och tillägger att om jag kommer på några mer konkreta frågor så återkommer jag.

– Jaha! Och då lovar jag att i motsvarande mån bli mer diffus i mina svar, säger han med ett kort och hjärtligt Ulf Adelsohn-skratt.

Det Ulf Adelsohn sammanfattade i sin bok 1972 är huvudlinjerna i den konspiratoriska Kreugerlitteraturen – »Kreugerpropagandan« som Lars-Erik Thunholm kallar den – som framställer Ivar Kreuger som offer i stället för förövare. Ivar Kreugers bror Torsten var den drivande kraften bakom denna litteratur. Några böcker skrev han själv, andra finansierade han, ytterligare andra böcker och otaliga tidningsartiklar inspirerade och initierade han i sin outtröttliga kamp för att rentvå sitt och sin brors namn och för att få världen att köpa hans version av vad som hände med tändsticksimperiet. Tidningsartiklarna började komma i slutet av trettiotalet. Böckerna med sina talande titlar ett par årtionden senare: Sven Stolpes och Börjes Heeds *Ivar Kreuger mördad?* 1955, Anders Byttners *Vem tog Kreugerkoncernen* 1961, Torsten Kreugers *Sanningen om Ivar Kreuger* 1966, Ulf af Trolles *Bröderna Kreuger: Torsten och Ivar* 1989. Torsten Kreuger var framgångsrik i att sprida sin version.

»Att Torsten Kreuger lade ner frenetisk energi och stora pengar på att vinna upprättelse för egen del kan man förstå och respektera«, skriver Lars-Erik Thunholm i *Historisk Tidskrift*:

I den uppjagade stämning som rådde i vårt land i Kreugerkraschens efterföljd, blev Torsten Kreuger ett offer för den häxjakt som då utlöstes och blev då dömd för ett brott han inte begått. [...] men han skulle ha vunnit större respekt om han inte samtidigt inriktat sina bemödanden också på den långt mera diskutabla uppgiften att söka vinna rehabilitering även för brodern, och detta med en argumentering som i sin osaklighet inte kunnat stå sig för en seriös granskning.

Huvudpremissen för Torsten Kreugers resonemang är att Kreuger & Toll inte hade några djupare ekonomiska problem. Det hade ju motbevisats redan i revisionen och konkursutredningen 1932, men siffror är tråkiga, och samtiden glömmer så lätt.

En central punkt i Kreugerpropagandan är att Kreugers fiender självsvåldigt arrangerade och bemannade utredningskommissionen. Kommissionen ska sedan ha drivit koncernen till en onödig konkurs, som lät de sammansvurna dela på bytet – det som Torsten Kreuger effektfullt döpt till »järvarnas gästabud«.

Kommissionen har, i denna version, avgörande betydelse som ondskans verktyg och den som pekas ut som dess lejde hantverkare är Hugo Stenbeck.

Tillsättningen var »ett smart klipp av en skicklig advokat, Hugo Stenbeck, som utnyttjade den allmänna oredan«, skrev »företagsdoktorn« Ulf af Trolle. Det är rätt hårda ord, fällda av en man med hög ställning både inom sjuttio- och åttiotalens näringsliv och samhällsdebatt.

En ofta upprepad scen i Kreugerpropagandan är den där Hugo Stenbeck stjäl handlingar ur Kreugers kassaskåp, efter att ha tagit sin orättmätiga plats i den självsvåldigt tillsatta »Kungliga Kommissionen«.

Det är en fantasieggande bild, och mycket livskraftig.

»Det är en av de fräckaste kupper jag hört talas om«, skriver journalisten Maria-Pia Boëthius i *Sfärfäderna* från 1998, obekymrad av senare tids forskning. I första bandet av *Företagsledarnas århundrade* från 1997 skriver *Affärsvärldens* förre chefredaktör Ronald Fagerfjäll att »den så kallade kungliga kommissionen är självtillsatt [av Hugo Stenbeck], men båda de ansvariga parterna, Kreugerkoncernens ledning och regeringen, är bara alltför glada att kunna fjärma sig från finanskraschens hantering«.

Bland de moderna Kreugerhistorikerna har både Lars-Erik Thunholm och Björn Gäfvert gripits av sympati för den stackars hårde advokaten Stenbeck som tycks ha varit så lätt att tycka illa om och som, kanske just därför, tilldelats en så ofördelaktig roll. Båda redogör, med direkt hänvisning till »legenden« om Hugo Stenbeck, för hur beslutet om en kommission fattades den 16 mars i Kreuger *&* Tolls styrelse, och menar att Stenbeck var en ganska naturlig och oförarglig ledamot i sin egenskap av jurist som hade arbetat med Kreuger i olika affärer. Han betraktades som representant för bolaget, på konsultnivå, en guide i det Kreugerska genilandskapet. Thunholm tillägger att beskyllningen att kommissionen benämnt sig »kunglig« och utgett sig för att agera på regeringsuppdrag är ett rent påhitt. De använde själva aldrig detta uttryck.

»Denna rövarhistoria«, fräser Thunholm sammanfattande,

…är så enkel och osannolik, att det är förvånande att någon vettig människa gått på den, men t.o.m. Ulf af Trolle, som borde ha varit bättre informerad, gör i sin bok om bröderna Kreuger ett stort nummer av denna »kupp«. Även Ulf Adelsohn har i sin bok om Torsten Kreuger svalt denna historia med hull och hår.

Gäfvert är mycket detaljerad. Eftersom det i Kreugerlitteraturen lagts så stor vikt vid kommissionens bildande vill han ge en så

utförlig bild som källmaterialet medger. »Denna bild kan för
övrigt ingalunda sägas bekräfta den uppfattning som framförts i
de ovan åsyftade böckerna«, skriver Gäfvert i sin doktorsavhand-
ling som alltså publicerades redan 1979, nog så förkrossande på
oförhastad historikerprosa.

Hans kollega Jan Glete säger sammanfattande, när jag talar
med honom i telefon:

– Det finns ingenting i källorna som tyder på att Hugo Stenbeck
agerade otillbörligt.

Men föreställningen om Hugo Stenbecks skurkaktighet är
seglivad. Den är helt enkelt en för bra story för att lägga ner,
folk vill tro på den, den tycks förklara en massa som annars blir
svårbegripligt. Hur kunde advokaten bli så rik? Och hur kunde
det gå så illa med den finansman som vi nästan alla trodde så
helhjärtat på?

Behovet av förklaringar var mest pockande på Östermalm.
Det är en mytologisk efterhandskonstruktion att breda små-
sparargrupper förlorade sina surt förvärvade slantar i kraschen.
Priserna på Kreugerpappren låg mellan 500 och 900 kronor,
över normalpris även i dag och på tjugo– och trettiotalen ett
effektivt hinder för löntagare, tjänstemannamedelklass och flitig
arbetarklass – det vill säga de nya grupperna, stigande mot den
politiska makten i det moderna samhället. Aktiehandel som
folknöje är en följd av den datoriserade handeln och åttiotalets
mediabevakade hausse.

Vem som helst knallade inte in på bankens notariatsavdelning
1930 och la en order, det kan man nog utgå från. Vanligt folk
läste om Kreuger i tidningen, inte i sina deklarationer.

När jag nämner för en journalistkollega att Kreuger kom-
mer in på ett hörn i min bok, berättar han om en släkting vars
farmor och farfar blev ruinerade i Kreugerkraschen. Han har sett
gamla bilder från deras sommarnöje i skärgården. Palatsliknande
byggnad, trädgård med äppelträd i rader, ekonomibyggnader,

brygga med några små båtar: den sortens förkrigsförmögna sommarstuga som nu kan vara kontor åt flera bidragsstödda småföretag där ute i skärgårdskommunerna. Efter kraschen förlorade de sommarnöjet, fick lämna den stora våningen på Östermalm, flyttade in i en tvåa i ett gårdshus och modern i familjen arbetade som sömmerska åt sina gamla väninnor för att bidra till försörjningen.

Det fanns som sagt behov av förklaring.

En annan kompis med helt genomsnittlig medelklassbakgrund som blivit affärsman, och som likt många yngre företagare hyser stor respekt för Jan Stenbeck, säger till mig 1999: »Går du ända tillbaka till Kreugerkraschen? Där blir det ju riktigt smutsigt.«

Det är muntlig tradition runt Stureplan.

*

– Talade din far någonsin med dig om Kreugerkraschen? frågar jag Jan Stenbeck.

– Ja.

– Jag häpnade själv när jag hittade Adelsohns bok, där din far utmålas som skurk redan på sidan tre, så sent som 1972.

– Mm! Men om du läser de böcker som senare har kommit ut, [Gäfvert] om riksbankens protokoll och Lars-Erik Thunholms bok, så skriver de att min pappa var en väldigt perifer figur. Och som jag har hört historien berättas, utan undantag – men den kan ju vara friserad också – så blev han utsedd till ärkeskurk därför att han och den här överståthållaren Nothin var de enda som levde länge och som var prominenta. När Torsten skulle driva sin kampanj för återupprättelse, så måste han hänga motståndarkransen om halsen på någon.

– Den reella historien, såvitt jag vet, var bara att min fars dåvarande advokatpartner, som hette Ohlsén, stod nära någon i Kreugerstyrelsen, som ringde upp honom efter självmordet. Då satt de här styrelseledamöterna som kacklande hönor, för det var ju Ivar som skötte allt. Så när han inte var där blev det som när förskingraren till sist tar semester, helt plötsligt börjar den väldigt skickligt hopkomna konstruktionen av halvlögner att falla samman. Dessutom var det ju så – och det här är inte min pappas berättelse, utan det har jag läst mig till – så hade han ju flera lån i svenska banker som hade förfallit. De ringde väl också och undrade när de skulle få betalt.

– Då kom pappa med Ohlsén upp på kontoret och sa att styrelsen måste sammanträda, och måste göra det och det... De var anställda av styrelsen och fick betalt av den för att hjälpa dem i den här krisen. Det stod ett stort kassaskåp inne på Kreugers kontor. Och varje gång de frågade efter underlag till något, fick de alltid till svar att: det brukade han stoppa in i kassaskåpet. De tog reda på att kassaskåpet stod på bolagets mark, att det var bolaget som betalt det. Då sa de: »Spräng det.« Så sprängdes kassaskåpet, man tog fram papperen och hittade bland annat de här förfalskade italienska statsobligationerna som fick allt att falla ihop.

– En helt annan grej är att det svenska systemet satte Torsten Kreuger i fängelse för Högbroforsmålet. Min far sa att han adrig hade blivit fälld för de sakerna om inte den stora krisen funnits. Och Torsten var ju den som överlevde och var den bittre, som skulle få sin broder oskyldigförklarad. Men hans resonemang var så barnsligt. Du har en kolossal likviditetskris, så blir det en förtroendekris, och så vill alla ha tillbaka sina lån, och så ligger det några tillgångar som säkerhet. Då tar ju bankerna dem till det värde de rimligt har i den perioden. Vilket naturligtvis är ett oerhört lågt pris. Dessutom var det allmän finanskris i världen. Då jämför de [Torsten Kreuger m anhängare] med vad de här grejerna var värda tio år senare, eller fem år senare. Det är ju en irrelevant jämförelse. För då har hela världen haft fem års tillväxt, finanskrisen är borta. 1946 är jämförelsen de brukar göra. Mellan 1932 och 1946 ligger fjorton år och ett jättelikt världskrig.

– Sen var den stora frågan om kommissionen skulle försöka driva konkursboet vidare. Man skulle stifta en undantagslag så att bankerna inte kunde gå in och ta tillgångarna. Det var ett förslag som min far stödde. Det kan mycket väl ha varit för att han såg sig själv som en av de blivande kommissionärerna. Men Wallenbergarna motsatte sig det. Så det drevs till en juridisk konkurs. Och då skedde den här förmögenhetsförstörelsen. Men min far var emot det.

(Här ger historikerna en lite annorlunda skildring. Thunholm uppger att Ernfrid Browaldh la fram förslaget om förlängt moratorium och lugnare avyttring, och fick stöd av Jacob Wallenberg, men röstades ner av Fehr och ordföranden Nothin. Vad advokaten Stenbeck ansåg har tydligen inte tagits till protokollet.)

– Att en ung jurist och moderatpolitiker som Adelsohn kunde skriva så om din far utan att blinka, utan att egentligen ta hänsyn till att han gav skurkrollen till en man som fortfarande levde...

– Mm, mm!

– ...det måste ha varit plågsamt för din far?

– Jamenduvet. Du säger: Det här är mitt liv. Och så lägger du en enorm massa positiva saker på hög. Och så funderar du: Hur mycket skit är det då rimligt att du ska ta för att kompensera det. Jag tror att min far tyckte att den *ration* var väldigt positiv för honom. Han hade en väldig massa bra saker.

– Han struntade i det?

– Nä, det vill jag inte säga. Han svalde det. Han gick aldrig till motattack. Jag vet att han blev inkallad till något förhör i samband med att Torsten Kreuger lämnat in en stämning. Då fick min far, fin gammal advokat, gå in i tingsrätten och bli förhörd av Henning Sjöström som var den stora attackadvokaten på den tiden. Min far tyckte det var oerhört pinsamt. Å andra sidan tyckte han väl också att här kommer det ärrade gamla lejonet, och möter mera av en hund som springer och skäller på honom. Jag tror inte det var med någon större nervositet som han gick in.

Vad Ulf Adelsohn och såna som han skrev... jag undrar om han ens brydde sig om det. Du vet han var född 1890, min pappa.

– Och jag var ju van vid att det kom vart tredje år ungefär. En gång i skolan kom min kristendomslärare, som var en hygglig naiv typ, till mig med ett klipp ur nån artikel om en av de här återkommande Torsten Kreuger-stödda böckerna. Han undrade om det var sant att min pappa var en skurk. Ha! Ha! Jag sa att såvitt jag visste så var det inte det.

– Men jag skulle tro att jag kände min far så väl, att om han gjort nåt skumt, då skulle jag känna det, som ett moln i honom, när ämnet kom upp. Men han kanske var så skicklig att jag inte skulle ha gjort det.

– Men det är på den nivån att en del människor trott att jag fick jobb på Morgan Stanley som nåt slags handslag som gick igen från trettiotalet skurkarna emellan. Morgan var ju de som ansågs ha spelat emot Kreuger.

– Och... om du lovar att inte publicera namnet: [kvinnlig medlem av svensk finansfamilj] sa till min fru för sex år sen, att »alla vet ju att Jans pappa var inblandad i Kreugerkraschen på det hemskaste sätt, familjens förmögenhet kommer därifrån...«. Så min stackars fru kom till mig förskräckt och frågade om detta är sant.

Jan Stenbeck säger detta lätt och leende.

– Det finns en otäck uppfattning i Sverige att alla stora förmögenheter har börjat med en stöld någonstans. Det är ju inte alls sant. Det finns många stora förmögenheter som har börjat med tur. Eller med sparande och hårt arbete. Men föreställningen om en arvsskuld eller något brott i botten passar liksom in i folks sätt att tänka.

– Vad som sen skedde var att det skulle komma ett Kreuger-jubileum, 40 eller 50 år efter hans självmord. Och då var Wallenbergarna så sura på det här, för de fick ju åka i det också, så de lät Wallenbergstiftelsen göra donationer till vetenskapligt arbete om kraschen. Så folk gick in i Riksbankens arkiv och det blev de här nya böckerna som fick hela diskussionen att vända. Så det kan jag tacka dem för.

*

En före detta Kinnevikdirektör jag talar med berättar att han fick en aha-upplevelse av lite annan art när han 1995 läste Lars-Erik Thunholms Kreugerbiografi.

– Du kan dra hur många paralleller som helst mellan Jan Stenbeck och Ivar Kreuger. Det var en förbluffande upplevelse för mig. Så många likheter: den totala personliga kontrollen, charmen, sättet att tvinga in verkligheten i den egna visionen, sättet att dra sig undan och samtidigt manipulera...

Han tystnar i uppräkningen av likheter, en sekund går, och sedan säger han fortsättningen högt:

– Det skulle inte förvåna mig om Expressen en dag på sin löpsedel har nyheten att Jan Stenbeck skjutit sig. Det tror jag inte skulle förvåna någon som arbetat med honom.

Jag kom inte på någon följdfråga.

Man kan uppfatta uttalandet som ren direktörmachismo, kritstrecks-hemingwayiana. Det är det väl delvis. Men det är också ett uttalande gjort av en intelligent, observant, välformulerad människa, om en person som spelat en mycket stor roll i hans liv. Ingen dum kille, om än med den för Kinnevikdirektörer vanliga fallenheten för dramatisering.

Uttalandet är kanske ändå värt att fästa sig vid, och föra vidare. Dels för att det görs av en människa som arbetat nära Jan Stenbeck och känner honom, hans ambitioner och hans företag; uttalandet ger en blixtbild av hur pass dramatisk Jan Stenbeck framstått som. Det ger också en bild av hur man även i centrum av Stenbecks värld hållit öppet, åtminstone i bakhuvudet, för förändrarens worst case-scenario: möjligheten att allt detta slit, denna enorma energiutveckling, i slutändan bara resulterar i att man gör »a mess of things« som Kreuger sa.

Dels också för att uttalandet märkligt nog gjordes på våren 1997, bara ett halvår innan Jan Stenbeck skulle avtäcka sitt livsverk och kurserna började skjuta i höjden. Bara ett och ett halvt år innan Jan Stenbeck skulle tilldelas Albert Bonniers pris som Årets Företagare och fick motta finansfolkets hyllningar i *Dagens Industri*. En solklar vinnare, helt utan behov av att skjuta sig.

*

Inte ens i Hugos Stenbecks egen gamla advokatfirma kan man helt ta avstånd från ryktena kring sin gamle härskares agerande i Kreugerkraschen.

Lagerlöfs är numera fusionerade med göteborgska Lemans advokatbyrå, grundad 1849, alltså har man bytt år noll och den senaste jubileumsskriften är en 150-årsbok som utkom 1999. Det är en ambitiös bok, med själva historiken skriven av den lundensiske juridikprofessorn Kjell Å. Modéer, som haft tillgång till Lagerlöfs arkiv och intervjuer med pensionerade medarbetare från gammel-Hugos dagar.

När det kommer till Kreugerhistorien beskrivs det att Hugo Stenbeck uppfattades som tilltagsen, framfusig i sitt agerande, chockerande handlingskraftig inför en omgivning som var slagen av sorg och förtvivlan – och, får man förmoda, rätt mycket genuin skräck, det var ju ändå vuxna affärsmän med styrelseansvar som nu inte visste vare sig ut eller in i firman. Modéer betonar samtidigt den »formella korrekthet« som präglade Hugo Stenbecks arbete.

Vad är då brottet? Såvitt man kan förstå att han har utnyttjat sina övertag för hårt, varit alltför målmedveten, alltför lite inordnad i svenskhetens system, inte frågat någon högre makt i näringslivet om lov. Att han var »slipad« och »spelade sina kort väl«. Alltså ungefär samma saker man brukar anklaga hans son Jan för.

Ändå är det en historisk omständighet som skildras i 150-års-boken, ett faktiskt förhållande som inte kan räknas bort från historieskrivningen om Lagerlöfs eller Hugo Stenbeck – eller Kinnevik och Jan Stenbeck – utan att den förvanskas: Hugo Stenbeck hade dåligt rykte, somliga ville hålla ett säkerhetsavstånd till honom.

»Börsvinnarna stod där som förlorarna«, skriver Modéer:

...kollektivt letade de efter syndabockar och paralyserade iakttog de hur nya aktörer handlingskraftigt kratsade kastanjerna ur askan. Hugo Stenbeck agerade i ett moraliskt affekterat samhällsklimat. Mot den bakgrunden är det förklarligt att Advokatfirman Lagerlöf under decennier fick leva med det kainsmärke som den fick genom Hugo Stenbecks förhållande till det Kreugerska dödsboet. Ryktena om Hugo Stenbecks slipade metoder cirkulerade i såväl advokat- som bankkretsar.

Jag hade länge svårt att förstå hur Hugo Stenbeck under decennier kunde vara verksam och framgångsrik som affärsjurist, betrodd med uppdrag från samtliga maktcentra i det svenska näringslivet, och företagare på börsnoterad nivå, samtidigt som dessa fruktansvärda anklagelser mot honom vägrade dö bort.

Anklagelser inte bara om den sortens professionella svekfullhet och rörliga lojaliteter som i elakaste fall skulle kunna anses höra till advokatrollen – strävan efter »för klienten gynnsammast möjliga resultat« som det heter i Lagerlöfs femtioårsskrift – utan detaljerade beskyllningar för direkt kriminellt beteende, och för att ha spelat en aktiv och avgörande roll i en sammansvärjning mot Kreuger som drabbade mängder av aktieägare mycket hårt. För att inte tala om hur den anses ha drabbat Ivar Kreuger själv: i sin mest extrema uttolkning innebär ju Kreugerpropagandan att familjen Wallenberg med Hugo Stenbeck som sitt köpta redskap konspirerade för att mörda honom. En ganska magstark tanke, därför endast underförstådd i böckerna.

Tore Browaldh, Handelsbankens VD 1955–1966, 82-årig pensionär när jag ringer (han hugger luren på en signal och svarar »Browaldh!«, fortfarande på bettet) ger en rimlig förklaring till varför Hugo Stenbecks vanrykte inte hindrade hans affärsframgång: ingen brydde sig om pratet, det vill säga ingen som betydde något.

– I de kretsar som räknades, i näringslivet och bankerna, där hade Torsten Kreugers historier ingen trovärdighet alls. Ingen alls. Men de spreds till journalister och allmänhet.

I en av tidningen *Affärsvärldens* kommentarer [31 oktober 1940] till Högbroforssaken konstateras också att det visserligen funnits olika uppfattningar bland de höga rättsinstanser som utrett och dömt i fallet, men att dessa gällt straffvärde och grader av försumlighet. Att Högbrofors räkenskaper, som Torsten Kreuger ansvarat för, var missvisande och felaktiga har samtliga instanser varit överens om.

Hugo Stenbeck var nog »mer företagare och nyskapare än advokat«, säger Browaldh. Successivt förflyttade han sitt arbete från sådana verksamheter där den allmänna opinionen har betydelse, till sådana där enbart näringslivets interna opinion (som ofta kan avvika kraftigt från den förra) är värd att fästa avseende vid.

Till skillnad från politiker och journalister (jurister är kanske ett mellanting) kan affärsmän helt bortse från vad flertalet anser om det de gör, för att i stället helt inrikta sig på »den relevanta referensgruppen, det vill säga det fåtal individer som är betydelsfulla«, som Åke Ortmark skriver i sin bok *Skuld och makt*, i en passage om K. A. Wallenberg och hans självsvåldiga entreprenörsvilja.

*

Under det händelserika Kreugeråret 1932 bildade Per Albin Hansson regering och inledde det socialdemokratiska styre av

PER ANDERSSON ❖ *Stenbeck*

Sverige som inte skulle brytas förrän efter 44 år. Hugo Stenbeck gifte sig med Märtha, född Odelfelt, syster till den Bertil Odelfelt som var direktör i Handelsbanken och blev vice vd under Tore Browaldh.

Året därpå födde Märtha Stenbeck parets första barn, en son som döptes till Hugo och som även i affärslivet kom att kallas Lill-Hugo.

Elisabeth föddes 1935, Margaretha 1938, minstingen Jan 1942 – ett år efter att familjen flyttat in på Villagatan 13, det hus där Ivar Kreuger haft sin etagevåning på trettio rum med inglasad takterrass. Familjen Hugo Stenbeck bodde i elva rum på tre trappor, i en våning som närmast innan bebotts av Kreugers kompanjon Paul Toll medan han höll på att bygga en toppmodern funkisfastighet på tomten snett över gatan, Villagatan 10.

På Villagatan 13 växte Jan Stenbeck upp. Där bodde hans mor och bundsförvant i den kommande arvsstriden kvar fram till sin död 1992.

Det stod länge Stenbeck i porten på Villagatan 13. Jan Stenbeck hade, som vilken medelklassförälder som helst, sparat den nedärvda bostadsrätten till sina barn. Äldsta dottern Cristina var folkbokförd där under 1995–1996, då hon var i Stockholm »för att lära sig svenska«, som Jan Stenbeck förklarade i en intervju i *Finanstidningen*.

Våningen såldes 2005 till affärsmannen Dan Walker, grundare av riskkapitalbolaget Ledstiernan, för 18 miljoner kronor.

KAPITEL NIO

Investment AB Kinnevik

FRAM TILL 1936 var Hugo Stenbeck bara en arvoderad konsult i förhållande till Carl och Wilhelm Klingspor. Rådgivare i förvaltningen av deras anrika jordbruksbaserade, lantadliga förmögenhet; en som skulle skjuta till nya idéer till deras gamla pengar.

Detta år genomfördes en serieaffär som bland annat resulterade i att advokaten Stenbeck släpptes in som delägare. 46 år gammal kunde Hugo Stenbeck börja göra stora affärer med delvis egna pengar.

Affären involverade sockerindustrin, Korsnäs, familjerna Klingspor, von Horn och Stenbeck, samt som ofta i Kinneviksammanhang Handelsbanken.

Det började försommaren 1936, då Hugo Stenbeck och hans fru Märtha blev delägare i Mellersta Sveriges Sockerfabriks AB. De fick kliva ombord innan resan anträddes.

På hösten sålde Mellersta Sveriges Sockerfabriks AB till sist sina tre sockerfabriker till det stora Sockerbolaget, som därmed uppnådde det nationella monopol det strävat efter sedan starten 1907. Priset var 8,25 miljoner kronor, 7,5 miljoner för fabrikerna och 750.000 för ångbåtarna. Konfektyrindustrin ingick inte i köpet. I Sockerbolagets styrelse satt då bland andra Handelsbankens chef Helmer Stén.

Det var en stor affär, Klingspors mellansvenska sockerfabriker stod för en tiondel av landets sockerproduktion och sysselsatte tolv–tretton procent av landets sockerarbetare.

Bolaget ombildades den 18 december 1936 till Investment

AB Kinnevik, ett blandat investmentbolag. Som den tredje grundaren vid sidan av Hugo Stenbeck och Wilhelm Klingspor räknas Robert von Horn, bland annat styrelseledamot i Handelsbanken, trots att familjen von Horns ägande alltid varit betydligt mindre än familjen Klingspors. De tre familjerna utgör Kinneviks omhuldade ursprungliga krets, än i dag representerad i styrelser och på smokingmiddagar. I Kinneviks första styrelse var Wilhelm Klingspor ordförande, bland ledamöterna fanns förutom Hugo Stenbeck och Robert von Horn även Handelsbankschefen Helmer Stén. Kinnevik köpte så en post på 6.035 aktier i Gävletraktens stora skogsbolag Korsnäs. Efter bara något år hade innehavet ökats till 30.000 Korsnäsaktier jämnt och snyggt, vilket gav kontroll över bolaget. En position som sedan dess systematiskt har förstärkts, så att Korsnäs numera ingår i Kinnevik som ett helägt dotterbolag.

Det hävdas ofta i berättelserna att denna värdefulla aktiepost, Kinneviks grundplåt, köptes av Ivar Kreugers gamle byggkompanjon Paul Toll, som var i behov av kontanter efter kraschen. Ett berättargrepp som länkar Hugo Stenbecks rikedom till hans insats i den beryktade Kreugerkommissionen.

Men det var bara en mindre del av Kinneviks Korsnäsaktier som kom från Paul Toll.

Den största delen av Korsnäsposten såldes till Kinnevik av Korsnäs, bolaget hade delvis ägt sig själv. Kinnevik blev alltså insläppt i ägarkretsen inifrån. Paul Toll satt vid denna tid i Korsnässtyrelsen. Robert von Horn var sedan tidigare delägare, och genom Kinnevik kunde han flytta fram sina positioner i bolaget: några år efter affären gick han in i styrelsen som ordförande.

Korsnäs använde sedan pengarna man fått för aktierna till att köpa Gimo-Österbybruks stora skogsegendomar från Handelsbanken. Dessa skogar utgör fortfarande Korsnäs sydliga ände, där det mörka granskogslandet sladdar ner mot Uppsalaslätten. Det är klassisk industrihistorisk bygd; det gamla Österbybruk är numera museiby, och det var på Gimo bruk som Louis De Geer på 1600-talet vann monopol på kanongjutning, skapade makt och rikedom och startade den svenska vapenexporten.

Skogsdelen av Gimo-Österbybruk var tänkt att ingå i Svenska Cellulosa AB, Ivar Kreugers projekterade enorma skogsbolag, men blev kvar hos banken när Kreuger och hans visioner föll. »Kreugerkoncernens sammanbrott reducerade det stort anlagda SCA till något av en torso – må vara en gigantisk sådan«, skriver Jan Glete. Hos Handelsbanken hade Gimo-Österbybruk hamnat som förfallen pant i tjugotalets deflationskris, då många mindre skogs- och järnindustrier gick omkull och blev bankägda. Så många att bankerna skapade sina investmentbolag för att husera dem, strukturera om dem och på sikt försöka bli av med dem på bra sätt: Handelsbankens Industrivärden och Skandinaviska Bankens Custos.

(Stålverksdelen av Gimo-Österbybruk drevs av den så kallade Brukskoncernen, där Handelsbanken sökte strukturera om en del av sina övertagna krisföretag i stålbranschen. Det lätt uppgivna namnet byttes senare till det mer normalt bruksmässiga Fagersta, ett bolag som skulle spela en avgörande roll för Jan Stenbeck i hans kamp för kontrollen över Kinnevik.)

Vid Korsnäs bolagsstämma 1937 valdes Hugo Stenbeck och Wilhelm Klingspor in i styrelsen, Klingspor som ordförande. Kinneviks radarpar, advokaten och adelsmannen: nu var de på väg.

Kedjan av affärer ser ju ut att ha varit väl samordnad; »koordinationen kan ha kommit från Svenska Handelsbanken«, som Jan Glete skriver i *Nätverk i näringslivet*.

Man kan följa pengarna, utbetalade från Sockerbolaget med hjälp av Handelsbankschefen, på rask vandring genom Kinneviks och Korsnäs kassakistor för att innan året är slut ha hamnat hos

Handelsbanken, som samtidigt blev av med ett rejält stycke av de skogsindustrier som banken ständigt försöker bli av med.

Hos det nationella Sockerbolaget hade den sista tiondelen av den nationella sockerindustrin hamnat.

Hos det sydliga skogsbruket Korsnäs hade ett bra stycke sydliga skogar hamnat.

Hos Kinnevik hade kontrollen över Korsnäs hamnat, ett industriellt fundament som tålde att bygga på.

Och en bit av Kinnevik hade hamnat hos Hugo Stenbeck som medverkat till att allt detta kunnat hända.

Det var alltså inte ett utnyttjat överläge från Kreugerkraschen som grundlade Kinnevik.

Det var en framspelning från Handelsbanken. En boll att springa på till Hugo Stenbeck från bankcheferna Helmer Stén och Ernfrid Browaldh.

En bra boll dessutom.

Genom flitigt och gnetigt uppköpande av aktieposter som blev tillgängliga på marknaden, blev Hugo Stenbeck inom loppet av några decennier störste delägare i Kinnevik. Enligt Margaret von Platen i Boken om Stenbeck nådde Hugo Stenbeck redan på femtiotalet trettio procent i bolaget mot Klingspors tjugofem; av sammanhanget att döma har hon uppgiften från medlemmar av familjen Klingspor. Historikern Jan Glete skriver att ägarfördelningen var känd utåt först på sextiotalet och att det då ännu vägde jämnt mellan Stenbeck och Klingspor.

Under Jan Stenbecks tid var Kinneviks båda adelssläkter Klingspor och von Horn helt marginaliserade i ägarbilden. Familjen Klingspor, som är den större, hade vid slutet av nittiotalet 5,9 procent av rösterna i Kinnevik. Jan Stenbeck hade personligen 8,3 procent; inklusive de bolag han kontrollerade styrde han över mer än 50 procent av rösterna. Men Hugos gamla adliga partners är fortfarande representerade i styrelser och fortfarande av stor betydelse i företagets självbild och excentriska imagebygge. Utåt fungerar namnen Klingspor och von Horn som färgklickar i varumärket. Inåt – det vill säga inuti Jan Stenbeck – var banden antagligen starkare, både mer känslosamma och mer innebördsrika.

– Nu hade Jan kunnat köra ifrån dem helt, säger en före detta Kinnevikdirektör. Han behöver ju inte dem. Snarare är det tvärtom, att de som en gång med sina gamla förmögenheter hjälpte Hugo att komma i gång i affärer, de har nu blivit helt beroende av Jan Stenbeck. Men han lämpar dem inte överbord, där finns en trohet och lojalitet som berättar något viktigt om Jan.

*

En lustighet som belyser vilket förvirrande långt tidsspann de två generationerna Stenbeck – Hugo och Jan – täcker, eftersom arvtagaren var sladdbarn och fadern verksam långt upp i det som för de flesta andra är ålderdomen:

Jag ringer först Jan Wallander, Handelsbankens VD på sjuttiotalet, för att prata med någon som haft affärer med Hugo Stenbeck.

– Det var före min tid, säger Wallander, prova med Tore Browaldh.

Så ringer jag Tore Browaldh, VD 1955–1966, som säger:

– Det var före min tid, det var min far som egentligen hade mest med honom att göra.

Tore Browaldhs far Ernfrid Browaldh var Handelsbankens VD 1944–1955, vice VD 1928–1944.

Förutom tidsaspekten belyser bankchefernas sätt att svara kanske också att det verkligen fanns vad man ömsesidigt uppfattade som ett förtroendefullt, vitalt och viktigt samspel mellan Handelsbanken och Kinnevik, mellan Ernfrid Browaldh och Hugo Stenbeck, där långt tillbaka på trettio-, fyrtio- och femtiotalen, och att minnet av detta lever kvar som en naturlig del av företagens historiska medvetande. För bankens del säkert högre och högre upp i medvetandet ju klarare deras kille Jan Stenbeck framstår som det sena 1900-talets vinnare i svensk industri.

*

Kinnevik ökade sitt innehav i Korsnäs från årsredovisning till årsredovisning. Jordbruket fanns med från det lantadliga förflutna, som ett apart inslag i ett blandat investmentbolag. Vid sidan av dessa grenar, som fortfarande finns kvar i bolaget, var det tidiga Kinnevik en liten godiskoncern med dotterbolagen Lidköpings konfektyr, som brutits ur sockerfabriken när den såldes, och Svenska Suchard med fabrik i Alingsås, som köptes in redan 1937.

Kinneviks verksamhetsberättelser från trettio- och fyrtiotalen uppehåller sig mycket vid »bolagets tvenne dotterbolag Svenska Suchard AB och AB Lidköpings konfektyr«. Kinnevik börsnoterades först 1954, tonen i de tunna årsredovisningarna är tämligen familjär och informationen sparsmakad. Om någon aktieägare ville veta mer så var det bara att fråga Hugo eller Wilhelm som satt på andra sidan bordet. Verksamhetsberättelserna i de tryckta årsredovisningarna är ytterst kortfattade, men chokladbranschen får alltid en liten resonerande analys.

Bolagsstämmohumor av samma slag som när Jan Stenbecks högteknologiska Kinnevik av i dag alltid inleder sina verksamhetsberättelser med ett stycke om Mellersta Sveriges Lantbruks AB (omsättning 14 miljoner, vinst 2–3), till exempel så här:

Växtodlingsåret 1998 blev det blötaste i mannaminne. Efter en mild vinter och en något fuktig och kall vår, övergick försommaren i regn och åter regn. Under sådana betingelser svarar grödan med att växa sig kraftig och frodig, med stråförsvagning som följd. När sedan inte vädret förändrades blev resultatet omfattande liggsäd. Den liggande spannmålen skapade i de allra flesta fall kvalitetsproblem. Grundpriset har legat genomsnittligt på fjolårets nivå medan kvalitetsproblemen påverkat produkternas försäljningspris. Kräftdammen på Svedberga gård har i år givit god fångst.

Och direkt på det:

MIC startade under 1998 verksamhet i tre nya regioner i Ryssland för kommersiell trafik. Nya licenser har erhållits i Senegal [...] samt en licens för trådlös kommunikation i Argentina...

Affärerna vid sidan av chokladen får i de tidiga årsredovisningarna bara ett hastigt omnämnande i övergången till resultat- och balansräkningarnas siffersidor: »Resultatet av bolagets övriga verksamhet framgår av följande...« Det som tydligast framgår där är att Kinnevik envist och energiskt ökar sitt aktieinnehav i Korsnäs, för att säkra sin ledande ställning bland ägarna och befästa den gentemot eventuella konkurrenter om bolaget. Bara de paranoida överlever. Under femtiotalet hade Kinnevik nått 20 procent i Korsnäs.

Korsnäs AB hör till de små av de storsvenska skogsbolagen. Orten Korsnäs ligger i Dalarna. Där låg den äldsta svenska kopparhyttan, omnämnd i en skriven källa från 1357. En av den svenska industrins vaggor, alltså, men det var inte det lokala näringslivet som drev upp storbolaget som bär ortens namn. De som identifierat affärsmöjligheten var en grupp företagare i Gävle, i mitten av 1800-talet en aggressivt blomstrande handelsstad. En av entreprenörerna var Göran Fredrik Göransson, som ett decennium senare skulle starta Sandvikens Jernverk, vilket i sin tur skapade samhället Sandviken.

Dessa investeringshungriga handelsmän från kusten bildade Korsnäsbolaget 1855, för att ge Dalarna den sågverksindustri som redan fanns i Värmland och Norrland, och för att göra Gävle till utskeppningshamn för den. Affärsmöjligheten hade öppnats när Dalarnas tidigare stränga monopolprivilegier för trähandel avvecklades och även andra, nationella handelsrestriktioner för trävaror lyftes: det stod öppet för vilken hugad kapitalist som helst att exploatera skogen.

Korsnäsbolagets verksamhet liknar en stor tratt, med den breda änden uppe i Dalarnas djupa finnskogar och den smala änden, ur vilken det kommer sågat virke i prydliga staplar, nere på kajen i Gävle hamn. Däremellan ligger en väldig mängd arbete, stora investeringar, mycket sågande, men ännu mera mervärde.

1899 hade Dalälven gjorts flottbar ända ner till kusten. Korsnäsbolaget flyttade då sågverket ut ur dalaskogen och ner till havet strax utanför Gävle. Stora delar av arbetsstyrkan följde med; det var ett litet samhälle som nyanlades vid bruket, välordnat, logiskt och tegelrutigt som en Märklinmodell, med sågen som eldosan som får allt att gå runt och älven som rälsen – utlagd av Naturen själv, smärre förbättringar utförda av den oförtröttliga ingenjören människan.

Korsnäs hade den svenska skogsbranschens isfriaste hamn i Gävle, vilket gjorde att man kunde skeppa virke till världen även under månader då konkurrenterna låg infrusna i Bottenviken. Bolaget har nämnts med uppskattning i *Affärsvärldens* återhållsamma spalter ända sedan tidningen började komma ut 1901: ett bruk med intellektuellt innehåll.

1910 anlades sulfitfabrik, 1915 sulfatfabrik där gallringsvirke och sågverksavfall upparbetades till pappersmassa och spånskivor; förädlingslinjen etablerades tidigt. 1927 köpte Korsnäs sina första aktier i jämtländska Krångede kraftverk för att trygga elförsörjningen. (Långt senare, när Jan Stenbeck bytte till sig Fagersta från Handelsbanken, blev Krångede helt Kinnevik-kontrollerat. 1993, sedan Kinnevik köpt in hela Korsnäs, såldes Krångede kraftverk till Stockholms stad.)

*

En berättelse om Hugo Stenbeck som visar att han inte var

entydigt allierad med något maktcentrum i näringslivet, utan snarare en frilansande affärsman, öppen för kvalificerade uppdrag från hela fältet, finns i Ulf Olssons historik över Enskilda banken *Bank, familj, företagande* [1986].

En fantastisk berättelse som börjar 1939, vid det andra världskrigets utbrott.

Den tyska Boschkoncernen, framsprungen ur Robert Boschs finmekaniska verkstad i Stuttgart, var sedan sekelskiftet världsledande på elektrisk utrustning till bilar. Bilindustrin växte över hela världen, Bosch växte globalt och byggde upp såväl fabriker som försäljningsbolag i en rad länder.

Under det första världskriget förlorade företaget det mesta av sin internationella organisation. Fabriker och patent beslagtogs av Tysklands fiender, under nya ägare började dotterbolagen konkurrera mot sitt förra moderbolag med dess egna produkter.

Men Bosch kämpade sig tillbaka, genom mellankrigstidens politiska och ekonomiska kaos i det krossade och förödmjukade Tyskland, där barnen använde buntar av hyperinflationsdrabbade marksedlar som byggklossar och där Adolf Hitler odlade anhängare i bitterheten, missnöjet och bortförklaringarna. Vid slutet av trettiotalet hade Boschkoncernen genom hårt arbete på nytt tillverkning i England, Frankrike och USA, samt försäljningsbolag i en lång rad länder, däribland AB Robo i Sverige.

Den här gången hade Bosch gjort vissa säkerhetsarrangemang. Som ägare till de utländska bolagen stod först ett schweiziskt holdingbolag, sedan en holländsk bankirfirma, men Bosch var alltid garanterat kontroll och återköpsrätt. »I flera fall var Boschs ägarinflytande dolt bakom någon form av bulvankonstruktion«, skriver Ulf Olsson. I det svenska AB Robo var alltså Hugo Stenbeck styrelseordförande för Boschs räkning, ett uppdrag han ärvt av sin tragiskt bortgångne arbetsgivare Erland Lagerlöf; det följde med firman.

När andra världskriget bröt ut i september 1939, och det på nytt blev risk för beslag, hade Boschs holländska bulvanbankir just gått i konkurs. Boschledningen sökte en köpare i neutralt land som kunde gå in som tillfällig ägare och hålla bolagsgruppen samlad och skyddad från konkurrentattacker under kriget.

Robert Bosch, 78 år gammal vid krigsutbrottet, hade byggt upp sitt företag till ett socialt föredöme, med höga arbetarlöner, välfärdssystem för de anställda, åtta timmars arbetsdag införd redan 1906. Han gav donationer till sjukvård och utbildning, hyste vissa socialistsympatier, och var mycket negativt inställd till Hitlerregimen.

En av Robert Boschs rådgivare i koncernledningen var Carl Goerdeler, före detta borgmästare i Leipzig som avgått efter att ha kommit i konflikt med de nya makthavarna i landet. Senare under kriget spelade Goerdeler en ledande roll i den tyska motståndsrörelsen mot den nazistiska regimen. Han avrättades 1944 efter det misslyckade attentatet mot Hitler, iscensatt av en grupp oppositionella officerare.

Goerdeler var den medarbetare som av Robert Bosch skickades ut i världen för att diskret söka efter en förstående affärspartner hos vilken man kunde parkera koncernen tills det rådande eländet var över.

I början av september 1939 kom Carl Goerdeler till Jacob Wallenberg på Stockholms Enskilda Bank, och möttes av intresse. Förhandlingar upptogs, avtal upprättades i december med innebörden att Enskilda banken skulle köpa åtta Boschföretag i neutrala länder, och förband sig att sälja tillbaka dem till Bosch inom två år efter ett vapenstillestånd. Aktierna placerades i det nybildade Planeten AB, dotterbolag till Wallenbergska investmentbolaget Providentia. Enskilda banken betalade 3,2 miljoner kronor för aktierna. Återköpspriset fastställdes till köpesumman plus ett påslag av några få procent per år så länge arrangemanget varade. Under den tid bolagen var i bankens ägo var det dock banken som tog aktieutdelningarna, och det var som sagt världsledande, inarbetade företag i en expansiv bransch. För Jacob Wallenberg och hans bankstyrelse såg det ut som en god affär. För Robert Bosch såg det ut som en möjlighet att rädda koncernen genom ofredsåren. En parkering i neutralt land.

I maj året därpå fördjupades samarbetet när Enskilda Banken även köpte aktiemajoriteten i American Bosch Corporation, Boschkoncernens bolag i USA. Priset var nästan 3 miljoner dollar, motsvarande drygt 12 miljoner kronor. Samma villkor för återförsäljning till moderbolaget vid krigsslutet gällde. Inte bara storleken på det amerikanska företaget gjorde situationen känsligare, utan också förhållandet att American Bosch Corporation hade en stor och växande andel av sin produktion knuten till det amerikanska försvaret. Det var världskrig och många i USA menade att försvarsviktig produktion borde vara i nationell ägo, eller förpassas dit.

Den amerikanska företagsledningen rapporterade till sina nya ägare vid Kungsträdgården i Stockholm att man under rådande omständigheter besvärades av att inte vara ett amerikanskt företag.

Marcus Wallenberg, »Dodde«, yngre bror till Jacob och vice VD i Enskilda banken, vistades i USA från oktober 1940 till januari 1941 och ägnade sig bland annat åt att försöka trygga bankens amerikanska Boschinvestering. Han ordnade så att den amerikanska företagsledningen fick utöva de svenska ägarnas rösträtt, och han dolde och förnekade de överenskommelser banken hade med den tyska Boschledningen om återköp efter kriget, det vill säga bankens roll som bulvan.

»Från denna tid«, skriver Ulf Olsson, »växte det fram en dubbelhet i bankens handläggande av den amerikanska Bosch-affären.«

Den 7 december 1941 anföll japanskt flyg den amerikanska flottbasen Pearl Harbour. Den 11 december var USA och Tyskland i krig med varandra. Den 18 maj 1942 togs Enskilda Bankens aktier i American Bosch Corporation i beslag av amerikanska myndigheter. Man hade uppfattningen att bolaget stod under tyskt inflytande, trots intensiva ansträngningar från både bankledningen och den svenska regeringen att övertyga amerikanerna om att ägandet var svenskt, och en rent affärsmässig investering utan specialavtal eller muntliga åtaganden – vilket alltså inte var helt sant, men det visste inte regeringen när man gick i god för det.

Beslaget innebar för Enskilda banken dels en risk att förlora en ganska stor investering, dels en risk att identifieras som politiskt opålitlig, internationellt kontroversiell, en farlig partner och någon man helst inte ville ha att göra med, vilket var värre. För Bosch innebar det risken att förlora en betydande del av sin internationella organisation, antagligen till en konkurrent, precis som skett i det förra kriget. Bara Enskilda banken kunde hjälpa Bosch; de var i knipan tillsammans.

I flera år förhandlade banken enträget och lyhört för att vinna tillbaka kontrollen över sina aktier. Den amerikanska inställningen, som fram till krigsslutet successivt hårdnade, var att Wallenbergarna snarast borde sälja till amerikanska ägare. En försäljning under tvång i krigstid hade gett ett mycket dåligt pris. Bankens möjlighet till en bättre affär, och samtidigt att honorera den ursprungliga överenskommelsen med Boschkoncernen, var att försöka vinna tid och rätten att själv söka en lämplig köpare i USA efter kriget.

För att se bättre ut i processen bad Enskilda banken Bosch om ett skriftligt intyg på att det inte fanns några optionsöverenskommelser av något slag mellan dem rörande Boschbolagen. (Vilket det alltså ändå fanns, eller hade funnits.)

Representanter för Boschledningen bad att få överlämna intyget till bankledningen personligen; man ville göra muntliga kommentarer.

Den 25 juni 1942 kom K. E. Thomä, chef för Boschkoncernens

juridiska avdelning, på besök till Jacob Wallenberg i Stockholm och överräckte brevet.

Han förstod, sa han samtidigt, att denna försäkran var nödvändig med tanke på bankens besvär i USA, men han hoppades att banken skulle visa fortsatt lojalitet.

Jacob Wallenberg svarade att han inte ville kommentera detta för att inte vara belastad av några förpliktelser. Han sa också att det inte var uteslutet att det skulle gå att finna en köpare i USA som var acceptabel och lämplig också för Bosch.

Av samma skäl – för att se bättre ut i den amerikanska processen – ville banken snabbt avveckla sin europeiska Boschaffär. Det var ju svårt att se oskyldig och oberoende ut i Amerika om bankkontoret i Stockholm samtidigt var ett rent parkeringshus för en massa andra dotterbolag i Boschkoncernen.

Problemet var att bolagen bara kunde säljas till Bosch – och helst på sådana sätt att Bosch inte syntes – men Bosch hade svårt att i krigstid föra in tillräckligt mycket pengar i Sverige för att köpa tillbaka sina dotterbolag.

Avvecklingen tog tid.

I augusti 1943 arbetade man fram en tillfällig lösning som skulle lätta på spänningen: alla bankens aktieposter i de europeiska Boschbolagen köptes av ett svenskt bolag med namnet Tessalia. Därmed var ägarbanden mellan Enskilda banken och Boschbolagen helt avklippta.

Tessalia, den nya ägaren till Boschkoncernens dotterbolag, hade bara två aktieägare: Hugo Stenbeck, styrelseordförande i Boschkoncernens svenska bolag AB Robo, och Hans Th. Holm, VD i samma bolag.

Köpet var finansierat av Bosch i Tyskland. Genom en schweizisk bank hade Boschledningen ställt svenska statsobligationer till förfogande för AB Kaldag, ytterligare ett litet bolag med Hugo Stenbeck och Hans Th. Holm som ägare. Kaldag, det vill säga Stenbeck och Holm, hade sedan använt dessa värdepapper som säkerhet för att ta upp lån i en rad svenska provinsbanker, och med dessa pengar kunde man gå till Jacob Wallenberg och köpa loss Boschbolagen. Advokatlivet kan vara spännande.

Boschledningen i Tyskland vidtog ytterligare en åtgärd för att säkra sitt inflytande över de alltmer intrikat parkerade dotterbolagen.

Man skrev ut ett optionsbevis, vars innebörd var att den person som kunde visa upp detta dokument hade rätt att köpa Tessalias tillgångar, det vill säga Boschs dotterbolag. I ett matchande dokument förband sig Tessalias ägare att sälja bolagets innehåll till den som kunde visa upp optionsbeviset.

Optionsbeviset placerades i bankfack hos Enskilda banken.

För att öppna facket krävdes två nycklar. Den ena fanns hos direktör Rolf Calissendorff i banken, väl bevandrad i Boschaffären.

Den andra nyckeln fanns hos Stenbeck eller Holm.

Ett sista dokument författades för att knyta ihop paketet: ett papper där Stenbeck och Holm förband sig att öppna bankfacket och överlämna innehållet till innehavaren av detta papper.

Detta dokument överlämnades därefter till Bosch.

Hos Boschledningen i Tyskland fanns ett papper.

Hos Wallenbergarna på banken fanns en nyckel.

Däremellan fanns Hugo Stenbeck och direktör Holm med alla de farliga sakerna på hand, för klients räkning. Ställföreträdande risktagare, högt kvalificerade bulvaner.

Dock blev situationen snart för het även för Hugo Stenbeck, som ju också hade egna affärer att se till, både som jurist på Lagerlöfs och som koncernbyggare på Kinnevik. Han och hans bolag hade affärsförbindelser med USA.

När Kinnevik första gången omnämns i *Affärsvärlden*, i en genomgång av de svenska investmentbolagen i december 1942, är det med beskrivningen att företaget har en aktieportfölj bokförd till 9,4 miljoner kronor »vari ingå framför allt 30.000 Korsnäsaktier och dessutom en betydande portfölj av amerikanska industriaktier«. De amerikanska aktierna var bokförda till 5 miljoner kronor, mycket mer än konfektyrfabrikerna i Lidköping [1,25 miljon tillsammans] som verksamhetsberättelserna uppehöll sig så ivrigt vid.

Den amerikanske ministern i Stockholm hotade både Stenbeck och Holm med att de skulle svartlistas för affärer i USA, om de inte avbröt sitt bulvanskap för tyska affärsintressen.

Mot slutet av 1944 drog sig Hugo Stenbeck och direktör Holm ur Boschaffären. I deras ställe kom advokat Sten Södermark, personlig vän till bankdirektör Calissendorff, och kamrer Axel Billing, en tidigare anställd i Robo. De fick nu ta över hela arrangemanget av nycklar, dokument, förbindelser, lån och bolag.

Vid krigsslutet beslagtogs bolagen av den svenska Flyktkapitalbyrån, såsom i realiteten tysk egendom. Den europeiska delen av arrangemanget blev en besvikelse för Bosch, man fick aldrig möjlighet att köpa tillbaka bolagen, men kunde avslutas med en nätt vinst för Enskilda banken.

I USA fortsatte problemen. Myndigheterna ställde krav på försäljning, banken höll emot. I processens gång hade Enskilda banken både för svenska och amerikanska myndigheter förnekat att det fanns tyska intressen bakom bankens investering. På direkta och upprepade frågor från amerikanska myndigheter hade man förtigit det ursprungliga arrangemanget kring affären. Man hade också förstört dokument som visade detta arrangemang.

Hos Bosch i Stuttgart hade man däremot sparat de känsliga avtalen, promemoriorna och breven, kanske för att en dag kunna visa att det faktiskt var deras koncern och att Enskilda banken bara hade den till låns.

När de allierade trupperna intog Stuttgart 1945 fann man dessa handlingar i Boschs koncernarkiv – inmurade i ett dolt

arkivrum bakom en dubbel tegelvägg. I det allra hemligaste.
Bröderna Wallenberg och deras bank såg nu inte så bra ut.

Både den svenska regeringen och den amerikanska före-
tagsledningen, och inte minst de adrenalinstinna amerikanska
myndigheterna kände sig förda bakom ljuset. Både pengar och
heder var i fara.

Det amerikanska finansdepartementet började snart driva en
mycket hård linje med krav på svartlistning av Enskilda banken,
vilket skulle ha inneburit ett stopp för bankens alla förbindelser
med de allierade länderna och hade varit förödande, kanske
rentav till allvarlig skada för Sveriges nationella ekonomi.

Bankens tillgångar i USA blev frysta, varje transaktion krävde
särskilt tillstånd, banken kunde i praktiken inte längre göra affärer
i USA.

Processen att navigera sig ur detta ekonomiska krigstillstånd
pågick under flera år, och blev delvis inblandad i och komplicerad
av andra ekonomiska stridsfrågor mellan Sverige och USA. Den
amerikanska staten sålde under tiden Boschaktierna till inhemska
ägare. Den tyska koncernen förlorade allt inflytande över sina
amerikanska dotterbolag. Striden i slutskedet stod mellan En-
skilda banken och USA och gällde den köpeskilling USA redan
tagit in, 7,7 miljoner dollar.

När striden slutligen löstes i september 1950 hade banken
pressats att godta 2,6 miljoner dollar – en spartanskt uträknad
summa som skulle motsvara bankens ursprungliga investering,
med avdrag för den realisationsvinst man gjort på den europeiska
Boschparkeringen.

Man hade också accepterat att offra Jacob Wallenberg, som
1946 vid 54 års ålder fick träda ner från VD-posten i Enskilda
banken och framleva resten av sin karriär undangömd i de
Wallenbergska investmentbolagen Investor och Providentia, de
bolag för vilka näringslivssvenskan uppfann termen maktbolag.

Den yngre brodern Marcus Wallenberg – »Dodde« – tog

hans plats som chef i Enskilda banken och som ledare för Wallenbergsfären.

Samma år, 1946, blev Tage Erlander socialdemokratisk partiordförande och statsminister.

Huvudrollsinnehavarna är på plats. Den svenska efterkrigstiden kan börja.

*

1951 dyker bolaget Auto-Marin – »innehållande Boschintresset«, upplyser *Affärsvärlden* – upp som dotterbolag i Kinneviks årsredovisning. Två år senare även Robo Fastighets AB. Hugo Stenbeck är styrelseordförande i Auto-Marin.

Det är åter fred på jorden och *business as usual*. Robert Bosch bygger för andra gången upp den världskoncern ett världskrig förstört. Hugo Stenbeck är behjälplig.

I bokslutet för 1958 redovisar Kinnevik en bytesaffär med »ett Robert Boschkoncernen i Stuttgart närstående schweiziskt intresse«, som *Affärsvärlden* skriver. Kontrollposten i Auto-Marin har överförts till Boschs schweiziska företrädare, i utbyte har Kinnevik erhållit 86 procent av aktiekapitalet i ett schweiziskt värdepappersförvaltande bolag vid namn Latellana AG. Parkering under avveckling, avgift erlagd. »Några andra uppgifter om Latellana än att det äger utländska aktier lämnas tyvärr icke«, klagar *Affärsvärlden*, med verksamhetsberättelsens retande men undflyende vittring i näsborrarna.

*

Den 6 juni 1950 firade Advokatfirman Lagerlöfs sitt femtioårsjubileum med en smokingmiddag för personalen i festvåningen på Restaurang Hasselbacken, på ett försommargrönt Djurgården.

Eftersom man valt att fira på Svenska flaggans dag kunde firman som fond till sin egen feststämning få en högtidligt uppsträckt huvudstad. »På jubileumsdagens morgon voro därför flaggorna i topp på alla huvudstadens flaggstänger, vilket i det vackra vädret redan från början skänkte dagen en festlig prägel«, som det heter i manuskriptet till 50-årsskriften, författat av firmans delägare advokat Sten B:son Leijonhufvud,»Elake Sten« kallad på grund av bettet i repliken.

Lagerlöfs ledare sedan 1923 Hugo Stenbeck höll högtidstalet, i den kärvt frimodiga, fördomsfritt affärsmannamässiga och liksom amerikanska stil som tydligen var hans.

Ursprungligen, avslöjade han, hade man tänkt anlita en journalist för att skriva jubileumsskriften som festens deltagare fått som gåva.

»Denne frågade«, sa den smokingklädde Hugo Stenbeck,

...vad syftemålet med firmans tillväxt vore och hur jag ville tolka firmans uppgifter. Uppgiften vore, svarade jag, att skänka ett antal svenska jurister ett trevligt arbete, goda inkomster och en bra ställning. Detta kan omöjligt vara ett syfte, som man kan sätta i en festskrift, genmälte han. Där måste man sätta, att firmans ändamål är att hjälpa det svenska näringslivet och dylikt. Jag är inte ense med honom. Jag anser, att firmans ändamål liksom över huvud taget alla mänskliga institutioner är att skapa trevligt arbete och god försörjning åt alla dem, som ägna sina krafter åt firman.

Tydligen var Hugo Stenbeck också amerikavän. I högtidstalet ställde han upp som ett ideal för sin personal och sina delägare att de skulle förena

...de bästa svenska och amerikanska egenskaperna i sin verksamhet i firman, de svenska egenskaperna att ha sinne för vad som är rättvist och billigt samt gärna vilja erkänna det berättigade i andras önskemål och intressen, samt de amerikanska egenskaperna att ha arbetsenergi och framåtanda samt en glad och vänlig inställning gentemot arbetskamraterna.

*

Det där med vänligheten mot arbetskamraterna kan nog ha fått en del menande blickar att utbytas över festborden på Hasselbacken. Bilden av Hugo Stenbeck som framtonar i den allmänna mytologin och i Lagerlöfs senaste historik – som bland annat bygger på intervjuer med pensionerad personal – är bilden av en härskande patriark, en krävande och pressande närvaro på jobbet, skrämmande och isolerad i sin upphöjdhet.

Sekreterare beskriver hur han satt bakom ett enormt bord i sitt ovala kontorsrum (fåfängan!) och gav diktamen. Hur han inför besökare satte sig tillrätta för att majestätiskt avteckna sig i profil mot Nybroviken. Det beskrivs hur han krävde lojalitet, höll på formerna, och hur han i sin resultatorienterade »amerikanska« affärsinriktning odlade en föraktfull rivalitet gentemot de höga juristerna i staten, hovrättsråden i Wrangelska palatset och justitieråden som hans egen bror. Odlade, eller kanske hade fått på hjärnan. Som om Lagerlöfs på Strandvägen hade utsett Hovrätten på Riddarholmen till konkurrerande hov, vilket nog enligt gängse uppfattning vore rätt förmätet.

Anklagelsegrunderna mot Hugo Stenbeck är, här som annars, oklara: fåfänga, hög profil.

Vilken företagsledare på femtiotalet satt inte vid stort bord och gav diktamen? Säkert hade inte många ovala rum, men den extravagansen får i rättvisans namn skrivas på arkitektens räkning. Vem höll inte på etiketten?

Det tycks finnas något annat under, som varit svårt att finna ord för när man intervjuats om hur det var hos Lagerlöfs på Gammel-Hugos tid. Intrycket man får är att Hugo Stenbeck helt enkelt kunde vara obehaglig, och att minnet av hur det kändes när Hugo satt sig på en finns kvar som en emotionell erfarenhet i Advokatfirman Lagerlöfs kollektiva omedvetna.

Ju närmare Hugo Stenbecks skrivbord desto mörkare var kostymen, sades det med en av tidens fraser.

Det kan ju inte vara sant, knappt ens intressant, i en bransch där alla kostymer är mörka, men säger antagligen något om den känsla med vilken Hugo Stenbeck fyllde hierarkin under sig. Han var ju också, redan 1950, en sextioårig juristveteran med gåtfulla erfarenheter av den legendomspunne Ivar Kreuger.

*

1954 flyttade Lagerlöfs in i nya, större lokaler på Strandvägen 7A (där firman fortfarande finns kvar). Investment AB Kinnevik flyttade sitt huvudkontor till samma adress. Hugo Stenbeck var huvudkontoret. 1945 hade han blivit »verkställande ledamot inom styrelsen« sedan den förste VD:n insjuknat, avgått och avlidit. Ett par år senare började Kinnevik hålla bolagsstämma i Stockholm, i Handelsbankens lokaler, i stället för i Lidköping, där bolaget dock fortsatte att ha sitt formella säte, hemma hos Klingsporarna som en artighet mot kapitalets ursprung.

1954 börsintroducerades också Investment AB Kinnevik.

Tjugotusen aktier som bjöds ut fick en strykande åtgång till kursen 155 kronor, rapporterade *Affärsvärlden*. Utanför majoritetsgruppen hade Kinnevik nu omkring 2.500 aktieägare. Tidningen konstaterade att:

...företagets ställning är mycket god och dess portfölj omspänner intressen i flera av våra förnämsta näringsgrenar, nämligen lantbruk, skogs- och järnindustri, verkstadsrörelse, gruvhantering samt handel inom bil-elektriska branschen. Bolaget äger nämligen aktier i Mellersta Sveriges Lantbruks AB, i Korsnäs, Halmstads järnverk, Ställbergs gruv AB, Höganäs-Billesholm, de Lavals ångturbin och Auto-Marin (som i sin tur äger det svenska Boschbolaget Robo), vartill kommer mindre poster amerikanska aktier.

Engagemanget i konfektyrindustrin hade Kinnevik avvecklat några år tidigare.

Hugo Stenbeck fortsatte vara den obestridde och konungslige ledaren för Lagerlöfs, med självklar plats vid änden av bordet. Men i de nya lokalerna på Strandvägen organiserade Hugo Stenbeck sin allt intensivare affärsverksamhet i en egen avdelning, avskild från de övriga delägarnas mer normala juridiska verksamhet. Detta för att de senares advokatroller inte skulle bli komprometterade. Hugo Stenbeck drev sin avdelning på Lagerlöfs som en juridisk avdelning inom Investment AB Kinnevik, och inrättade sina dotterbolags kontor en trappa upp från advokatbyrån.

Vid sin dagliga ankomst till kontoret togs Hugo Stenbeck emot av sin egen vaktmästare – firmans trotjänare Allan Westberg, anställd som springpojke av Erland Lagerlöf själv 1909 – som lyfte av och på honom rocken. På operan abonnerade Hugo och Märta Stenbeck på första radens vänstra loge, mittemot den kungliga logen. Sturskt.

Med de borgerliga dygderna vilja, intelligens och flit hade Hugo Stenbeck skapat sig en furstlig tillvaro i ett rike utsträckt mellan elvarummaren på Villagatan och kontoret på Strandvägen, mellan de lantadliga ägorna vid Lidköping och huvudinvesteringen Korsnäs stora skogar, inte långt från Uppsala där Hugo Stenbeck föddes och växte upp som son till en sparbanksdirektör.

Kinnevik köpte fler Korsnäsaktier och väntade på tillfället till nästa stora investering, den kompletterande: i grannbruket Sandvikens Jernverk. Det hade skapats 1862 av Göran Fredrik Göransson, Gävleentreprenören som även varit delaktig i att dra i gång Korsnäs.

*

1957 installerades äldste sonen Hugo Stenbeck j:r på Lagerlöfs, i rummet intill faderns med utsikt mot Strandvägen.

Han kom direkt från Uppsala, där han profilerat sig på juridicum och Värmlands nation genom att alltid bära kritstreck och kubb. På bilder har Lill-Hugo glasögon med tjocka bågar och håret hårt bakåtkammat. Han utstrålar varken lillasyster Margarethas typ av självkänsla, eller lillebror Jans. De båda småsyskonen ger intryck av att ha naturlig fallenhet för makten och härligheten, och lust till den. Det gör inte den smorde storebrodern.

1957 blev också Wilhelm Haglund VD för Sandvikens Jernverk, vilket i sig är en scen i en annan spektakulär svensk saga. Gossen som föds i en starkt frireligiös arbetarfamilj på Laxå bruk är flitig och visar en häpnadsväckande teknisk begåvning. Kommer till Sandviken som gymnasieingenjör, får leda utvecklingen av dotterbolaget Coromant: borrhuvuden och skärverktyg av hårdmetall, en möjlig framtidsnisch. Avancerar till VD för hela Sandvikens Jernverk och blir den som ställer om bruket från allmän stålproduktion till den specialiserade och lönsamma hårdmetallmarknaden och satsar hårt på att bygga ut företagets stora och viktiga internationella organisation. Hela tiden flitig, from, framåt.

Sandviken hade ett samarbetsavtal med Atlas Copco som sålde Coromant bergborrar med ensamrätt i världen. Det var ett par: det Wallenbergstyrda maskinbolaget, med Marcus Wallenberg själv som ordförande, gjorde små och lättarbetade borrmaskiner med slanka Coromantkrönta spjut som såldes genom en global kår av flitiga försäljningsingenjörer. Svenskt stål – i alla fall nästan, hårdmetall är ett keramiskt material – bet på nytt i världen, vilket tilltalade den svenska stormaktsfantasin. (För mig, uppvuxen på sextiotalet, är bilden av en svart arbetare som svettas i en sydafrikansk gruva med Atlas Copcos firmamärke på hjälmen urbilden av svensk smygimperialism.)

Coromanttillverkningen förlades till Gimo i Uppland och startades 1951. Haglund hade fått kämpa för att hålla liv i sitt hårdmetallprojekt i Sandvikens stålmiljö, men vid slutet av femtiotalet var det tydligt att han lyckats. Coromant höll, man hade hittat användningar för hårdmetallen och utvecklat marknadsföringsbara produkter. Den smartaste var det så kallade vändskäret – liksom ett rakblad av hårdmetall som skruvades fast i borrkronan. När det blivit slött vände man det och när alla eggarna var nerslitna kastade man det och köpte ett nytt från Sandviken. Wilhelm Haglunds vinstgenererande hårdmetallskär blev med tiden vändpunkten i Sandvikens lönsamhet, räddningen för bruket.

Strax före Wilhelm Haglunds tillträde som Sandvikenchef hade Hugo Stenbeck nämnt för Handelsbankens VD Tore Browaldh att han var intresserad av att köpa en större post aktier i Sandviken. Handelsbanken var en för bolagen gemensam samarbetspartner, en relevant kommunikationsled för sådana budskap; bland annat satt Sandvikens VD av tradition i bankens styrelse. Stenbeck förklarade att Kinnevik siktade på 25 procent i Sandvik. *Balls.*

Sandvikens Jernverk stod vid denna tidpunkt inför ett strategiskt beslut och befann sig samtidigt mitt i en ledningskris.

Grundarfamiljen Göransson med gamle patrons son Karl-Fredrik, 78, i centrum hade svårt att fatta beslutet att satsa i stor skala på Coromant. Det skulle innebära förnyelse, stora investeringar men också ett brott mot ståltraditionerna. I stället bet sig familjen hårt fast i makten med hjälp av sina styrelseposter och sin känsla av att vara brukets legitima regenter.

Detta iakttogs med avvaktan i det svenska näringslivets hajbassäng. Företagsledningen var ifrågasatt, en svag doft av blod.

I sin memoarbok *Vägen vidare* beskriver Tore Browaldh hur han blev ombedd att mäkla fred i Sandvikstyrelsen för att hålla kvar de två utomstående representanterna (SPP och Skandinaviska Banken) sedan de kommit i konflikt med familjen Göranssons folk. En sådan demonstration av svikande förtroende hade varit »katastrofal« ansåg den under patriarkatet plågade VD:n Erik Forsberg, moderniseraren Wilhelm Haglunds företrädare på posten. Bankdirektören medlade taktfullt. Handelsbanken var stor kreditgivare till Sandviken, det fick inte se ut som en påtryckning, skriver Browaldh. Styrelsen höll ihop.

Men krisen för företaget var inte undanröjd, lönsamheten var för låg, man hade inte råd att göra den nödvändiga satsningen på Coromant.

Eftersom Sandviken redan uttömt sina lånemöjligheter fick lösningen bli en nyemission av aktier, det vill säga ta in kapital från aktiemarknaden till att investera i hårdmetallen och en ny framtid.

Nyemissionen sköttes av Handelsbanken. När den var genomförd på våren 1958, visade det sig att Kinnevik tillsammans med det Kinnevikkontrollerade Korsnäs köpt 12,5 procent av Sandviks aktiekapital och därmed var brukets nya storägare.

Vid bolagsstämman i maj 1958 tog Hugo Stenbeck och Korsnäs VD Erik W. Eriksson plats i Sandvikstyrelsen. Året därpå valdes Hugo Stenbeck till vice ordförande, några år senare ordförande. Kinnevik bedrev ett flitigt Sandvikköpande, på samma sätt som man sedan 1936 köpt Korsnäsaktier. 1962 hade man nått 15 procent, under sjuttiotalet 30 procent.

– Hugo Stenbeck ville skapa ett nytt Stora Kopparberg genom att slå ihop Korsnäs och Sandvik, säger Tore Browaldh i telefon. Han var väldigt envis när det gällde att försöka förvärva kontrollen i dessa båda bolag. Han talade själv om det på det sättet, att han ville skapa ett nytt Stora Kopparberg. Han hade en vision om att bolagen kunde passa ihop, bland annat hade ju båda stora naturtillgångar.

Det var ingen liten ambition han uttryckte inför sin bankdirektör, advokaten Stenbeck. Stora Kopparbergs Bergslags AB, antagligen världens äldsta verksamma industriföretag med rötter i 1000-talets malmhantering i Falun, var under hela 1900-talet ett av Sveriges största företag, dessutom starkt emblematiskt för den svenska industriidentiteten: båda de traditionella bruksnäringarna, rygg mot rygg för att hjälpa varann genom branschvisa konjuktursvackor. Skog- och stålkombinationen utvecklades under 1800-talet av patron Erik Johan Ljungberg, som byggde upp det enorma Domnarvets järnverk med vinsterna från den inte lika investeringskrävande sågverksrörelsen.

Kinneviks maktövertagande i Sandvik brukar ibland beskrivas som »kuppartat«, det vill säga man frågade inte Wallenbergs om lov. Handelsbanken var ju minst sagt med på noterna, den gamla ägarfamiljen bör åtminstone ha varit informerad.

Brukets nytillträdde VD, den flitige och förändringsdrivande arbetarsonen Wilhelm Haglund, för vars nysatsningar hela emissionen genomfördes, fick en stark och betydelsefull allierad i den nye huvudägaren Hugo Stenbeck.

– Utvecklingen av Sandvik hade aldrig blivit så snabb, så expansiv, så framgångsrik om inte Hugo Stenbeck kommit in, säger Tore Browaldh.

Också Wilhelm Haglund prisar Hugo Stenbeck i sina memoarer *Levebröd*:

> På grund av det stora ägarintresse Hugo Stenbeck representerade, sin positiva inställning och klarsyn var han tongivande inom styrelsen. När det gällde koncernens utveckling tvekade Hugo Stenbeck aldrig inför de djärva beslut som krävdes. Han är därför i utomordentligt hög grad delaktig i de resultat jag här redovisat.

*

Skogsbolaget Marma-Långrör i Hälsingland hade efter tjugotalets krisår hamnat i Skandinaviska Bankens ägo. Banken försökte bli av med bolaget på ett bra sätt – så som också Handelsbanken försökte bli av med sina förfallna panter, till exempel Gimo-Österbybruk.

För att hålla Marma-Långrör attraktivt och i säljbar form var banken tvungen att investera. 1926 anlade man Sveriges största sulfatfabrik.

1929 hade Skandinaviska Banken en köpare på kroken – eller om det nu var köparen som hade banken på kroken.

Ivar Kreuger som höll på att bygga upp sitt nationella skogsbolag SCA förklarade sig intresserad av att köpa Marma till sin koncern. I november detta börskraschens år, bara några veckor efter den svarta torsdagen på Wall Street, slöt Kreuger och bankchefen Oscar Rydbeck ett avtal som gav Kreugerkoncernen option på att köpa Marma-Långrör. Optionstiden löpte ut den siste december 1931.

Oscar Rydbeck, som även var Ivar Kreugers husbankir och styrelseledamot i Kreuger & Toll, måste ha känt sig lättad över att ha löst Marmaproblemet.

Skandinaviska Banken hade lånat ut 60 miljoner kronor till Marma-Långrör, alltså hade banken ett substantiellt intresse av att bolaget hamnade i skickliga händer och kunde betala tillbaka. Bara Kreugerkoncernen var ett större engagemang för Skandinaviska Banken.

När optionstiden löpte ut var Ivar Kreuger redan i kris, knappt tre månader senare var han död. Banken satt kvar med Marma-Långrör i sitt investmentbolag Custos, vilket för all del inte var Skandinaviska Bankens eller dess VD:s största problem vid denna tid.

1944 öppnades en ny möjlighet för Skandinaviska Banken att avlasta sig sitt problematiska skogsbolag Marma-Långrör. Man följde delvis Handelsbankens exempel, och sålde hälften av sitt kvarblivna SCA-bolag till Hugo Stenbeck – fast inte till Korsnäs, utan till Kinnevik, där Marma senare kom till nytta i Hugo Stenbecks strävan efter att förstärka och säkra Kinneviks kontroll över Korsnäs. Den andra hälften av Marma-Långrör sålde banken till Barkman & Co, ett familjeägt handelsbolag.

1960 gjorde Kinnevik sitt nästa drag, och lät Korsnäs köpa

Marma. Helt ensamt om att styra och ställa i affären var ju Kinnevik inte – det fanns andra ägare i Korsnäs, inte bara Barkmans – men man hade ett väsentligt inflytande på båda sidor av uppgörelsen, drygt 20 procent av Korsnäs aktier på hand, och Hugo Stenbeck i båda de samtyckande bolagens styrelser.

Barkmans fick betalt för sin hälft av Marma i form av en årlig provision från Korsnäs, det vill säga en hacka pengar och så var de utköpta, eller hade sålt ner sig, eller var försörjda, vilket man vill.

Kinnevik fick betalt för sin hälft av Marma i form av Korsnäsaktier – det vill säga industriell makt och avkastning, framtid, riket konsoliderat.

Efter affären hade Kinnevik 26 procent i Korsnäs. Lite säkrare.

*

Under femtiotalets första år köpte Kinnevik upp aktiemajoriteten i de Laval Ångturbin, ett bolag med industrisvenska anor och ära, under några år före sekelskiftet ägare till Allmänna Svenska Elektriska AB, det vill säga Asea.

de Laval tillverkade sina ångturbiner i Nacka, i en långsträckt, högstämd fabriksbyggnad i rött tegel som påminner om de kungliga hovstallarna på Östermalm eller om en frikyrklig kasern stor nog för en armé av predikanter. Byggnaden har fortfarande det farbroderligt respektingivande bolagsnamnet inmurat i gaveln, men är nu hem för ett återvinningsvaruhus och ett antal bilplåtslagare.

Då, när Hugo Stenbeck gick in, var de Laval en medelstor europeisk tillverkare i sin nisch i den tunga verkstadsindustrin, precis i skarven mellan mekanisk och elektrisk energi.

Aseas konkurrerande företag var Stal, Svenska Turbinfabriks AB Ljungström i Finspång, inköpt 1916.

Asea var en av de stora spelarna i elektrifieringen av Sverige, det nationella brukets kraftbolag, styrt av familjen Wallenberg sedan länge och en central plattform för sfärens inflytande i svenskt näringsliv. Marcus Wallenberg var ordförande i styrelsen 1956–1976, ledamot sedan 1930. Också en seg gubbe.

Våren 1958 gjorde Hugo Stenbeck Asea ett förslag: Ska vi inte låta våra turbinfabriker gå ihop? Intresse fanns hos Dodde. Stal var det större bolaget, dessutom del i landets särklassigt dominerande företag i kraftbranschen.

Men Hugo Stenbeck ville inte bara passivt och standardbetonat ta en minoritetsandel i ett nytt fusionerat bolag styrt av herrar Wallenberg. Vad vore vinsten för honom och Kinnevik i det? I stället begärde han lika inflytande.

Lösningen blev att Asea och det Kinnevikägda Förvaltnings A B de Laval tog vardera trettio procent av det nya bolaget Stal-Laval, medan resten släpptes på börsen. Som sagt: *Balls*.

Jämlikheten mellan Wallenberg och Stenbeck i Stal-Laval varade dock inte särskilt länge. Redan 1962 hade Asea köpt in aktiemajoriteten, samma år sålde Kinnevik sin del – som då förhoppningsvis hade ett högre värde än den haft om Hugo vetat sin plats. I varje fall hade den det säkert för honom själv.

*

Under sextiotalet byggde Hugo Stenbeck vidare, enligt ritningen.

I Sandviks officiella historiebok *Omvandlingen* finns en bild från 1966 där Hugo Stenbeck hälsar på arbetarna i Tierp; en patriark i paletå, leende sitt karaktäristiska lilla bitska leende, redan där är han 76 år gammal men har fortfarande tio år vid makten i Kinnevik framför sig.

Hugo Stenbeck hade gjort sitt stora, djärva, energikrävande språng. Återstod uppföljning, komplettering, köp av fler Sandvik och Korsnäs, förberedelser för överlämning till arvtagarna, åtgärder för att hålla fred mellan barnen.

1962 blev Hugo Stenbeck j:r delägare i Lagerlöfs.

1963 blev han VD i Kinnevik, fadern retirerade till ordförande-posten i styrelsen. Det var krattat för Lill-Hugo.

Kinnevik ägde vid sextiotalets början 26 procent i Korsnäs, 15 procent i Sandvikens Jernverk. Vid sjuttiotalets slut 30 procent i Korsnäs och 25 procent i Sandviken.

1972 bytte Sandvikens Jernverk namn till Sandvik, en förkort-ning som funnits i brukets järnstämplar sedan 1800-talet och som redan användes som varumärke både på stålprodukter och verktyg. Namnets moderna klang passade det högteknologiska, internationella verkstadsföretag som växt fram ur det gamla bru-ket. Namnet Sandvik passade också bra in i Kinneviks mönster för bolagsnamn (Kinnevik, Invik, senare vidareutvecklat av Jan Stenbeck genom bland annat Comvik, Medvik, Techvik, Finvik).

Om det bolag Hugo Stenbeck lämnade ifrån sig var det rimligt och befogat att säga: Vi driver Korsnäs och Sandviken.

Det låter nåt. Det var nåt.

KAPITEL TIO

Brukets hjärta

EN VINTERDAG 1999 kör jag genom skogarna vid Gimo i norra Uppland. Jag är på spaning efter Christineholm, den herrgård Jan Stenbeck hyr som sommarstuga i fäderneslandet, men hittar den inte. I stället kommer jag oförberedd in i de sydliga Korsnäs-skogarna och blir, som en modern människa lätt blir inför en sådan upplevelse, lite överväldigad.

Det finns, som Ulf Adelsohn sa en gång på valturné, en jävla massa gran i det här landet.

Bolagsskog är något helt speciellt. Kammad och ryktad, ansad, ren och ompysslad som om mossan på marken var räfsad och sopad. Man kör från Stockholm till Gävle och det är mil efter mil av militäriskt organiserad granskog, raka stammar, lika tjocka: kultiverad natur. Bilradion babblar, granarna paraderar förbi, här och där små hus av trä bland träden, eller stora hus. På enstaka ställen gjutna grindar, en stenmur, en allé som markerar brukskontoret. Längs vägen finns skyltarna till de gamla bolagen: Stjernsund, Österbybruk, Leufsta, Dannemora – skogsindustri-erna som ätits upp av Korsnäs. Järndelarna som lagts ned eller ätits upp av Sandvik.

Sandvik och Korsnäs ligger kant i kant. Det var grannbruken i Gävletrakten Hugo Stenbeck ville slå ihop till sitt eget Stora Kopparberg. Två sofistikerade företag, modernister i traditiona-lismens verksamheter: Korsnäs med sin höga förädlingsgrad och specialisering på »kraftpapper«, pappersäckar och vätskekartong. Sandvik med sina vändskär av Coromant, sina dotterbolag i 35 länder med tillverkning i 19 och sin globala armé av Atlas-Copco-säljare.

*

På väg mot Gimo genom det snöiga skogslandskapet passerar jag timmer i högar på regelbundna avstånd i vägkanten, sågat och framkört ur skogen, prydligt staplat i väntan på transport, allt märkt med Korsnäsbolagets krona.

Jan Stenbecks timmer.

Jag kör igenom Dannemora och Österbybruk. Herrgårdar, kontor, industribyggnader finns bevarade från 1600- och 1700-tal; en faluröd, knuttimrad skogstolkning av upplyst kontinental klassicism. Hjärtslitande. Här stod Mårten Triewalds »eld- och luftmachin« och larmade 1728. Det är ett landskap som bågnar av storsvensk industri- och makthistoria. Och där det är tätt mellan industrimuseerna, de kulturskyddade bruksgatorna, flott-ningsrännorna, gruvschakten och dammarna; bruksmiljöerna är föremål för fetischistiskt intresse i vårt moderna land.

Jag har hört att Jan Stenbecks sommarstugeherrgård ska ligga vid en sjö. När en vattenyta skymtar mellan träden på vänster sida viker jag av på vinst och förlust. (Stadsbo. Jag trodde jag bara kunde kryssa runt i nordvästra Uppland och leta rätt på huset. Vid en sjö.) Snart är jag inne på skogsvägarna, timmervägarna, Korsnäs egna transportleder. Raka enspåriga grusvägar, anlagda som ett fint artärnät i bolagsskogen för att föra ut avverkningen till yttervärlden. Jag kör och kör. Det är knäpptyst, vägen vit med vita lastbilsspår och skogen svart. Hypnotiskt. En jävla massa gran. Så börjar jag plötsligt – innan jag hunnit förstå varför – speja in bland träden efter ett gammalt torp. Här, tänker jag lite upphetsat, har det säkert legat någon fattig stackares boning – och där ligger mycket riktigt en husgrund, eller två. Det händer flera gånger i följd innan jag förstår vad det är för tecken i skogen jag läser av med sådan precision: äppelträden, gråskäggiga, krokiga, små. Där det står gamla förvridna äppelträd bland granarna har någon bott, och intill ligger de stora, grovt huggna stenblock som torpet och dess uthus byggts på och som nu är allt som finns kvar: mitt folks lämningar. Min farmors skog i Blekinge var sådan, full av äppelträd och husgrunder. Jag tillbringade min barndoms somrar i den skogen, det måste vara där jag fått tecknen inpräntade i ögon och huvud. Där fanns också en imperiebyggare, fast i mer blekingsk skala: en viss Erik Storchenfelt, känd som »ingenjörn« eftersom han var det och hade arbetat, eventuellt studerat, i Tyskland på Kreugertiden. Han levde fortfarande och spankulerade runt på ägorna när jag var barn på sextiotalet, en mycket liten furste i ett mycket obetydligt furstendöme, men ändå. Min farmor var skogens Asterix, som vägrat sälja sitt ynka lilla fädernetorp till stormannen, och vägrade – ibland med en förnärmad fnysning, ibland med ett överlägset skratt – ta städuppdrag i ingenjörns mycket lilla herrgård.

Djupare in i Korsnässkogen följer jag en smalare sidoväg som för mig närmare sjön. Jag passerar en vägbom som oförhappandes står olåst. Där hade jag tur. När jag kört en halvtimme till och allt ser likadant ut, tycker jag att jag var dum som slank in där det stod öppet. Tänk nu om han som öppnat kör ut och låser efter sig, och varför skulle det stå öppet någonstans i andra änden av vägnätet, och hur ska jag i så fall hitta den öppningen. Jag kastar ett öga på bensinmätaren som – löjligt nog – visar på nästan tom tank. Det börjar mörkna. Snön blir grå. Skogen ser kall ut. Jag börjar känna mig vilse och som en tjuvåkare på bolagets tydligt utmärkta privata väg, vilket jag odiskutabelt är, och blir rädd eller känner mig i varje fall olustig innan det visar sig att vägen jag kör leder runt bruksdammen och ut från brukets ägor. Känslor från det gamla Sverige, som rest sig i skogen och gripit tag i mig i min bil.

Jag räddar mig ut på allmän väg. Inombords svär jag åt det jag lämnar bakom mig: Fy fan och dra åt helvete, skitskogsjävel.

Utan att ha sett någon skylt mot något Christineholm når jag fram till Gimo, kör planlöst igenom det moderna villasamhället och följer anvisningarna mot bruksherrgården – där man glider in i en annan liten värld, preciöst välplanerad.

Som när Mary Poppins och barnen hoppar in i Dick van Dykes trottoarmålning. Jag måste gå av och titta.

Herrgården med sitt raffinerade cirkelspel mellan huvudbyggnad och flyglar, är nu konferensanläggning. Gimo bruk grundades 1615 av Louis De Geer, en belgisk entreprenör som invandrade till Sverige och ackumulerade sitt industrikapital genom att gjuta järnkanoner – en vital produkt i 1600-talets internationella ekonomi. Louis De Geer fick egendomar och monopolrättigheter av kungen och grundlade tillsammans med Willem de Besche på Finspångs bruk den svenska vapenexporten. Bruksherrgården i Gimo ritades på 1760-talet av den store rokokoarkitekten Jean Eric Rehn, som även gjorde en generalplan för det gamla bruksområdet, andlöst elegant att gå igenom, som en upphetsad hyllning till ordningens skönhet. Det som ser ut som en sjö bakom herrgården är i själva verket Stora bruksdammen; teknologi, inte natur, kraftreserven för maskineriet, uppdämd och styrd genom slussar och kanaler. Från den rinner en vattenfåra till Lilla bruksdammen, en rektangulär vattenspegel som ligger som centrum för det gamla industriområdets alléer. Där ser jag på ena sidan dammen Korsnäs lokalkontor i en vitputsad gammal reslig bruksbyggnad, och på andra sidan Sandviks Coromantanläggning i femtiotalistiskt låga, platta fabrikshus av gult tegel: Hugo Stenbecks »nya Stora Kopparberg«.

*

»Bruket« är en ofta använd metafor och symbol för svenskheten, som vi föreställer oss den skild från andra folknaturer på jorden.

Bruket beskriver det välordnade samhällets djupgående rötter i vår historia, i vår och våra förfäders erfarenhet av vad det är att vara människa. Bruket står för ursprunget till folkhem, välfärdsstat och Organisationssverige: en rationell, trivsam, regelbunden, inrutad, trygg ordning där alla individer är underordnade det stora pragmatiska systemet för allas bästa. Där åtskilda sociala klasser samlever i förnuftig fred, styrda av gemensamma intressen. Folk har levt på många andra sätt i svensk historia, men bruket är den organisation vi tyr oss till (och saknar).

På denna biltur till Gimo inser jag att »bruket« också i sin effektivt hierarkiska uppbyggnad är en miljö där alla beslutsvägar går till huvudägaren, där privat och offentligt smälter samman, liksom bolagets tillgångar och härlighet flyter samman med huvudägarens förmögenhet och härlighet. Ett furstendöme, centrerat kring sin furste, vars oberoende är byggt på modernt industriellt värdeskapande i stället för gammaldags beskattningsrätt. Oberoende måste till, annars är det inget furstendöme; den slutna, självtillräckliga, självstyrande egenskapen är central, och provocerande – på bruket liksom hos Machiavellis Cesare Borgia och IT-branschens alla »uppstickare«, »utmanare« och »frifräsare« som »går sin egen väg«, det vill säga inte inordnar sig i den nationella hierarkin utan direkt i den internationella.

Hugo Stenbeck byggde det oberoende bruket i det nationella brukets tid, odlade omsorgsfullt en självstyrande ställning medan andra mindre koncerner tvärtom sökte upp tryggheten och skyddet i ett större block, under en stark arm och ett stort svärd – oftast var det Wallenbergsfären (som under denna nationalstaternas och de industriella landslagens epok förstås odlade sin självständighet på nationell nivå).

Jag intervjuade en gång en pensionerad företagsledare, grundare och ägare till ett medelstort handelsföretag som sålde och lagerhöll elektroniska komponenter. En, som Ferlin säger, *selfmade man* och högst belåten – och på goda grunder, han hade skapat något att vara stolt över, som han nu lämnade över till sonen. Han nämnde flera gånger, både diskret och mer direkt, att han var personligen bekant med ledande Wallenbergdirektörer. Och han betonade blygsamt men eftertryckligt att han suttit med i s-e-Bankens »stora styrelse«, ett tecken på att han trots den oglamorösa business han drev ändå uppnått en viss ställning i näringslivets offentlighet. (Den »stora styrelsen« var ett slags referensgrupp som banken höll just för att knyta lojalitetsband till sådana som den här företagaren, och i viss mån för att hämta in information från dem. Som vi ser fungerade det.)

Det var de industriella landslagens efterkrigstid. Hugo Stenbeck gick mot strömmen, med avsikt att lyckas, och lyckades bygga sitt nya Stora Kopparberg.

Jag hittar under en senare biltur i Upplands vallontrakter Jan Stenbecks sommarstugeherrgård Christineholm. Den ligger några mil längre söderut, vid en sjö som heter Erken. Jag hade tagit fel på Gimo och Rimbo. Detta är strax utanför Rimbo.

Christineholm – en liten gul miniherrgård, som en stor villa i två eller tre huvudbyggnader, elegant placerade i en slänt mot sjön, ackompanjerad av stora ekonomibyggnader och en liten rad tjänstebostäder, alla i falurött trä. Egendomen hör till Hargs Bruk, Gimo-Österbybruks sydliga granne, ägt av släkten Beck-Friis. Själva brukssamhället Harg vid kusten är museum, skogen arrenderar Beck-Friisarna ut till Korsnäs och jordbruken till jordbrukare. Den herrskapliga bostadsdelen av Christineholm hyr de ut till Jan Stenbeck.

*

När Jan Wallander blev v D för Handelsbanken 1970 ansågs det att han borde äta lunch med Hugo Stenbeck. Hugo Stenbeck var då 80 år gammal, fortfarande styrelseordförande i Kinnevik med Lill-Hugo som v D; formellt en stofil, reellt inte.

Wallander var ny chef för Sveriges då största affärsbank, centralperson i ett enormt kontaktnät, med kalendern överfull. Hedersbetygelsen i en personlig lunch är ett tecken på att även banken värderade, och hyste respekt inför, sin långvariga relation

med gamle Hugo Stenbeck. Wallander var då den fjärde Handels-
bankschef i ordningen som Hugo Stenbeck haft ömsesidigt utbyte
med: Helmer Stén på tjugo- och trettiotalen, Ernfrid Browaldh
på trettio-, fyrtio- och femtiotalen, Tore Browaldh på femtio- och
sextiotalen.

– Kinnevik var en viktig kund för banken, säger Jan Wallander.
Inte så stort bolag, men betydande, och jag fick klart för mig
att i bakgrunden fanns den här Hugo Stenbeck, den äldre, som
kunde vara besvärlig om han ville. Och nu borde han få ta den
nya vD:n i skärskådan. Vi möttes på en lunch på Operakällaren.
Min företrädare Tore Browaldh förmedlade kontakten.

Nå, undrar jag, hur var han? Jan Wallander är bankmannamäs-
sig i sitt svar.

Fadern Hugo var förstås en viljestark och kraftfull personlighet
som präglade familjen. Lill-Hugo var vekare, dessutom sjuk en
längre tid före sin död; dominerad av pappa. Jan var på den tiden
»playboy och exporterad till Amerika«.

Men Gammel-Hugo, frågar jag, och föreställer mig den åttio-
årige Hugo Stenbeck, i mörk skräddarsydd kostym och med
blicken kisande skarp, som bjuds till bords vid Operakällarens
snövita linneduk av Handelsbankens färske chef, intellektuell
och lätt gåtfull. En hovritual vid Kungsträdgården – hovritual
inte i meningen att det skulle vara ett tomt spel, utan tvärtom
en bekräftelse av högst vitala allianser, en paying of respects, en
inspektion av det strömförande ledningsnätet. Bilden jag gör
mig av detta tillfälle retar nyfikenheten. Hur ska jag till exempel
förstå att Hugo Stenbeck ibland beskrivs som inbitet, nästan
fixerat, oppositionell mot Wallenbergarna – samtidigt som han
både som jurist och företagare ibland samarbetade med dem?

Jan Wallander funderar tyst, med halva ansiktet dolt bakom
handen och ögonen fästa på mig.

– Jag uppfattade hos Hugo Stenbeck en stark önskan om själv-
ständighet. Och då menade man på den tiden självständighet i

förhållande till Wallenberg.

I sin memoarbok *Forskaren som bankdirektör* anger Jan Wallander just Wallenbergarna som en kraft som verkade sammanhållande på Handelsbankskretsen, det viktiga nätverk av vänskapliga företag banken omgav sig med och dit Kinnevik hörde. Det fanns ett behov av att hålla ihop mot Wallenbergarna: »De upplevdes som hotfulla. Fick de chansen, så tog de makten. De personifierades nu i första hand av den kraftfulle och dominerande Marcus Wallenberg.«

I bankbranschen fanns, skriver Wallander också, en »intensiv misstro och fruktan [...] inför familjen Wallenberg och dess bank« – och det redan innan Enskilda Banken fusionerade med Skandinaviska Banken och blev landets största.

Ett uppdrag för Handelsbankens chef var att balansera detta inflytande, att motverka Wallenbergdominansen. Att ständigt hålla ett öga på huvudkonkurrenten på andra sidan Arsenalsgatan, där de båda bankerna ligger i var sin uppsättning palatsbyggnader. Handelsbanken bildades för övrigt av utbrytare från Enskilda efter en schism med A. O. Wallenberg. Fiendskapen mellan bankerna är en del av företagskulturen, en levande identitetsskapande tradition.

Ett sätt för Handelsbanken att mobilisera motkrafter mot Wallenbergarna är att stödja olika uppstickare, utmanare och fritänkare i det nationella bruket. Så stod Jan Wallander glad och stolt vid Anders Walls sida på sjuttiotalet och vid Refaat El-Sayeds på åttiotalet. På samma sätt har Wallander och hans efterträdare på Handelsbankens VD-post backat upp Jan Stenbeck. Hans företrädare backade upp Hugo Stenbeck.

*

– Hur var relationen mellan din far och Wallenbergarna under de senare åren? frågar jag Jan Stenbeck.

– Den var alltid oerhört artig. Pappa sa: »Självklart kommer

jag till ditt kontor, Dodde.« Och Dodde sa: »Absolut inte. De
sista tre gångerna har du kommit till mig, nu kommer jag till
dig!« Sådär, va, gamla män emellan. Men en sak irriterade dem.
Atlas Copco var ett av deras favoritbolag, det har legat både
Pirre Wallenberg och Dodde Wallenberg varmt om hjärtat. Och
under många år har Atlas Copcos bästa inkomstkälla inte varit
att sälja själva bergborrmaskinerna, utan borrstålen. Precis som
att Gillette inte tjänar pengar på att sälja hyvlarna utan att sälja
rakbladen, så tjänade Atlas Copco pengarna på att sälja skären –
som tillverkades av Sandvik.

– Och de hade aldrig trott att pappa skulle lyckas vända på
Sandvik som var i kris i slutet på femtiotalet. Dodde sa en gång,
mycket famöst inför en sån där grupp människor, att »nu har
advokaten nog bitit sig i tummen«.

Jan Stenbeck imiterar gamle Marcus Wallenberg med högdra-
gen överklassdiktion.

– Men i stället blev Sandvik en stor vinnare. Och Atlas Copco
levde på att vara Sandviks agent. Vi hade prisdiskussioner och
det var inte alltid vi hade fel i att vi skulle ha högre priser av dem.
Så jag kan tänka mig att det fanns en liten irritation hos dem.

– Sen markerade min pappa alltid mycket klart att han ansåg
Jacob Wallenberg vara den bäste av bröderna, på sånt där gam-
maldags sätt. Om det nånsin framfördes till Dodde, som var
mycket olik sin bror – och de var inte alltid helt kontanta – så
kan jag tänka mig att han tog det som ett helt onödigt påpekande
från advokaten.

Jan

»Jag försöker vara en framgångsrik affärsman.«
JAN STENBECK I SITT SOMMARPROGRAM 1997

KAPITEL ELVA

Ut
[1942–1978]

JAN STENBECK FÖDDES den 14 november 1942. Familjen Hugo Stenbeck hade året innan flyttat in i elvarummaren på Villagatan 13. Kinnevik var ett sex år gammalt investmentbolag. Det var krig. I årsredovisningen konstaterar Kinneviks styrelse att bolagets tvenne konfektyrindustrier haft besvärligt med råvaru-försörjningen på grund av att lejdbåtstrafiken legat nere under perioder av året.

Barndomsvärlden är Östermalm vid gränsen till den vanliga världen.

I söder Humlegården, lekplatsen för bättre folks barn. Där sprang den lille Jan Stenbeck omkring och lekte sanning och konsekvens med flickorna tillsammans med den jämnårige Jan Steinmann som bodde en bit ner i Rådmansgatans mer normal-borgerliga backe. De gled ifrån varandra i tonåren, men innan dess hade de också pokerklubben Vat 69 ihop, med kassan i en cigarrlåda och klubblokal i Jan Stenbecks pojkrum på Villagatan 13. I norr över Valhallavägen ligger Stockholms Stadion, byggt liksom det egna huset av Kreuger & Toll, två av pappas affärsbe-kanta. Den ene var nu död och den andre bodde på andra sidan Villagatan. Engelbrektskyrkan, i vars colombarium Hugo och Märtha Stenbeck är begravda, tornar upp sig över grannskapet som en vanvettig rymdfärja av obeskrivliga mängder rött tegel, färdig för avgång till himmelen. Bakom Stadion Lilljansskogen, vildmarken, frihet och äventyr på promenadavstånd.

Stadsbilden i dessa kvarter är upphetsad, dramatisk och liksom snurrig av sin egen härlighet.

Jan Stenbecks bildningsväg var den vanliga östermalmska: Carlssons skola, gymnasist på Östra Real. Studentexamen 1961 med sex stora A i betyget. Sex. Därmed hade lillbrorsan förnedrat storebror arvtagaren Hugo j:r – åtminstone i studentbetygens marginella och töntiga men svidande och ändå uppmärksammade gren.

Lill-Hugo som bara haft tre stora A var då redan färdig med juridiken i Uppsala och arbetade hos pappa på Lagerlöfs, helt i enlighet med planen. Året efter Jans studentskiva blev Lill-Hugo delägare i advokatbyrån, nästa år VD i Kinnevik, men kallades ändå Lill-Hugo. (När jag ringer Tore Browaldh gör han det fortfarande: »Det var mest Lill-Hugo jag hade att göra med.«)

Lille Jan å sin sida kallades svart får, playboy, skitstövel, fräsig kille, beroende på vem man talade med. Familjen hade inget ansvar kvar att lämna i arv åt honom.

Det finns en bild från 1960, publicerad över nästan ett helt uppslag i *Vecko-Journalen* [5/8 1960], tidningen som framgångsrikt hanterade den svenska societeten som ett hemkört Hollywood, folkhemskt sagomaterial.

Här är det regatta i Marstrand. På enspaltig bild ser vi Jacob Wallenberg i sin gamla flottistmössa ombord på *Refanut*.

På den stora bilden ser vi fyra unga kvinnor, alla med huckle och solglasögon, lätt inkognito. Bildtext:

Prinsessor på vift i typisk Marstrandsuniform. Italiensk sidenblus, korta shorts och pepparkaksben. Deras värdinnor Margaretha och Elisabeth Stenbeck fann den tidiga morgontimmen lugnast för shopping.

Familjen Stenbeck hade ett sommarhus på västkusten, döttrarna har tagit dit sina kungliga väninnor. På bilden ser prinsessorna Birgitta och Desirée mulna ut och ignorerar fotografen. Den äldsta systern Stenbeck, Elisabeth, ler spänt och håller en nyköpt *Dagens Nyheter* framför sig. Margaretha Stenbeck, 21, står i bildens mitt med händerna hopslagna i värdinnepose – hon har snabbt tagit befälet över fotograferingen – och avfyrar lugnt sin charm genom stora svarta solglasögon och vitt leende: den verkligt drottninglika i gänget. Bakom Margaretha, till hälften skymd, går en yngling. Av placeringen att döma hör han till sällskapet, jag vill gärna tro att det är den 18-årige Jan Stenbeck, men det går inte att se säkert. Det är likt, och framför allt: så måste han ha gått, lillbrorsan, aningen överflödig bakom den formidabla Margaretha, liksom muttrande och sparkande på en sten medan han grunnar på vad hans egen grej ska bli.

I *Expressens* bildarkiv har jag hittat motsvarande vinterbilder från samma tid: sessorna och systrarna Stenbeck i skidbacken.

I en tidig intervju protesterade Jan Stenbeck mot att bli etiketterad »överklass«.

Den samhällsmiljö där han växte upp var inte överklass, menade han – »snarare övre medelklass«.

Mina systrar, tillade han, gick förvisso på dansklubb med Hagaprinsessorna, men inte han själv. (Holger Rosenqvists dansklubb var ett socialt dressyrprogram för den seriösa Östermalmsungdomen: de fick lära sig stegen, fraserna och gesterna, men framför allt fick de klart för sig vilka tänkbara partners som stod till buds för att föra blodet och arvet vidare, samt tillfälle att förutsättningslöst känna på dessa i en foxtrot och en stilla vals.)

Uttalandet säger också något om hemmet, om vilken stämning den dominante Hugo Stenbeck skapat i sin familj.

Man kan som bekant vara fattig och ändå aristokrat, liksom man kan vara stormrik och ändå kämpande medelklass. Det sitter inte enbart i bankkontot, utan i en känsla av tillhörighet, av utgångspunkt.

Det utmärkande för överklass är att man betraktar det som naturligt att just jag, vi, min familj, har allt detta härliga.

Det utmärkande för medelklass är känslan av att ha kämpat sig till de marginaler man har, och medvetenheten om att man kan förlora dem igen ifall någon annan kämpar bättre. Upplevelsen av att man måste simma för att hålla sig flytande, att bara de paranoida överlever.

Kapitalismen har en medelklassjäl. Amerika har en medelklass-själ.

Överklassens intresse är att begränsa dynamiken, försvara privilegier, befästa positioner. Aristokratins princip är att vissa har en ställning utan att först behöva vinna den. Föränderligheten är en fiende.

För medelklassen är föränderligheten en vän.

Hugo Stenbeck, amerikavän och son till en sparbanksdirektör, hade blivit rik genom att arbeta hårt; slit är slit även på en viss nivå, även i en elvarummare på Villagatan. Övre medelklass, tvungen att hålla sig i form, inte bekväm överklass. Det lät han alltså barnen förstå.

I skolans sociala djungel profilerade Jan Stenbeck sig som en fräsig kille: Hugo Stenbecks ohängde yngste, en uppkomlings son, en sparbanksdirektörs sonson. Berättelser från gymnasie- och studentåren handlar om en extravagant rikemansgosse som sökte uppmärksamhet, med dragning åt det odrägliga även med Östermalmsmått mätt.

När en tjej som han stötte på vägrade låta sig bjudas ut, hyrde han en sångkör som fick åka ut och sjunga under hennes balkong, samtidigt som han själv ringde upp henne ännu en gång och föreslog en date. Då tackade hon enligt anekdoten ja. Det gäller bara att konstruera budet rätt. När Jan Stenbecks dåvarande fästmö tog studenten, hade fästmannen Jan i sin kärlek och sitt självhävdelsebehov ordnat med en vagn dragen av sex sportbilar som skulle föra henne hem. Båda anekdoterna återges med lätt avsmak av Margaret von Platen, själv av den gamla fina överklass där man genom generationerna utvecklat sätt att handskas smakfullt med sin överlägsenhet.

*

I Uppsala skrev Jan Stenbeck in sig vid Värmlands nation, vars stenhus vid domkyrkan hans far och farfar låtit bygga, och började studera juridik. Han bodde inte på studenthem, utan hade en egen lägenhet på stan, körde vit sportbil, bjöd hem kvinnliga bekanta på middag som de fick tillreda av de ingredienser på gåslevernivå som han köpt. Fortsatte som förr: excentrisk, odräglig, framgångsrik, misslyckad. En entreprenör som sökte sin verksamhet, medan omvärlden tvivlade på att han skulle finna någon. Inför somliga studentbekanta odlade han en bild av sig själv som en som hade kontakt med farliga kretsar, en gangstrars och torpeders vän; han visste hur man kunde tysta folk, han kunde visa en pistol som han hade gömd i fåtöljen. Lite knäpp.

För Peter Kadhammar, en journalist som långt senare engagerades som stjärnreporter på tidningen Z, har Jan Stenbeck berättat en historia från sina »hippieår«. Det bör vara de tidiga studentåren eller de följande sabbatsåren från juridicum i början av sextiotalet. Efter Harvard finns inte mycket i Jan Stenbecks karriär som liknar hippietillvaro.

Historien går så här, traderad från huvudpersonens egen berättelse:

Jan Stenbeck var på semester på Cypern och råkade ut för några lokala gangstrar som gjorde livet surt för honom »och hans två väninnor«. Det hade blivit konflikt av någon orsak, och nu trakasserades semesterfirarna på nattklubben av busarna.

Semestern riskerade att bli förstörd.

Då ringde Jan Stenbeck till en krögare han kände i London som hade gangsterkontakter. Krögaren skickade ner »en jätteneger«, som Stenbeck sa. Denne enorme torped från London följde med till nattklubben och stirrade ut de lokala smågangstrarna tills de »svettades bort«.

Semestern var räddad för Jan Stenbeck och hans två väninnor.

*

Medan storebror Hugo utmärkt sig i Uppsala genom att bära kritstreck och kubb profilerade sig lille Jan genom att ha med sin bassethund Hubert överallt. På krogen låg Jan Stenbecks signaturhund under bordet, på universitetet hängde han med till föreläsningarna. När Jan Stenbeck 1997 blev hedersledamot av Värmlands nation, vilket även hans far varit, omnämns hunden med kluckande uppskattning i nationstidningens lilla hyllningsartikel.

I Uppsala 1961–1962 blev Jan Stenbeck bekant med den unge studenten Odd Engström, värmlänning och arbetarrörelsegosse.

Odd Engström, son till en yrkeslärare, bar med sig sitt ursprung och sociala arv, som var skogsarbete, skogstorp, ödemarkens arbetarklass. En bildnings- och karriärväg uppåt från mörkret mot ljuset.

Jan Stenbeck, född i ljuset, var på utflykt från bourgeoisiens salonger för att njuta studentens fria flykt med gedigna skyddsnät under sig, och samtidigt försöka meritera sig för ansvar och makt. Borgerlig universitetstradition.

De kom från var sitt håll, från ingenstans i Sverige respektive Östermalm, och möttes. De hade förstås olika värderingar, några gånger råkade de i gräl i en politisk diskussion, båda var styva i korken, men vänskap uppstod.

Det var Odd Engström som gav denna beskrivning av relationen. Han sa också:

– Jan var redan en rebell, inte i någon vänsterpolitisk mening, men mot konventionen och mot det förväntade. Inte ens då var han en borgarbracka eller konservativ. Jag upplevde honom som seriös. Intellektuellt spännande.

– Sedan gick vi skilda vägar, men höll kontakten. Jan blev den ende svensk som slagit sig fram på Wall Street, jag gick till statsförvaltningen. Han ringde när han var hemma i Sverige. Långt senare, i strukturrationaliseringens och stålkrisens sena

sjuttiotal, levde de också genom sina arbeten i en gemensam
värld, när Jan Stenbeck tvingats resa hem från Amerika och ta
hand om Kinnevik, och Odd Engström var departementsråd hos
Gunnar Sträng på finansdepartementet.

*

Jan Stenbeck avslutade inte sina juridikstudier i första försöket.
Han tröttnade på Uppsala efter två år som student och for till
Amerika, för att söka sin lycka långt borta från föräldrahemmet
och familjeföretaget. I den svenska folkbokföringen står han som
utvandrad 1964.

Jan Stenbeck:

– Jag tog 80 procent av en jur kand i Sverige. Sen gjorde jag
upp med min pappa att om jag flyttade utomlands fick jag halva
skatteinbesparingen. Han hade gett förmögenheten till oss fyra
barn. Det var ju 80 procents marginalskatt då, så det kunde jag
leva ganska gott på. Och så fick jag av nån oförklarlig anledning
genast ganska roliga jobb. Jobbade för [datateknikföretaget] Lyt-
ton Industries, med intelligenta människor och fina kunder, fast
mitt jobb var i princip att vara ölhämtare.

Begreppet ölhämtare hör till Kinneviks internjargong och
företagsmyt. Alla nyrekryteringar sägs börja som ölhämtare.
En symbolisk etikett på firmans bristande respekt för titulatur,
internaristokrati, alla typer av ställning som inte vilar på presta-
tion. Här börjar alla med att hämta öl, sedan kan man gå hur
långt som helst.

Ölhämtarbegreppet har en klang av initiationsrit: en period
av späkelse och försakelse som förbereder den utvalde direktören
för att hel- och renhjärtat inträda i Kinneviks affärssekt, Jan
Stenbecks riddarorden.

Jan Stenbeck själv stannade inte länge på ölhämtarnivån i
exilen.

– Jag skulle hela tiden göra färdig jur kanden, och gjorde

den aldrig färdig. Så beslöt jag mig för att om du inte har en amerikansk MBA, [*Master of Business Administration*, ekonomexamen], blir du egentligen bara en europé som ska utsträcka de här amerikanska konglomeratens aktionsradie.

– Då var jag 22 år. Och då beslöt jag att jag måste ta en MBA och för det måste jag ta färdigt jur kanden. Så jag åkte tillbaka till Uppsala, och satt där den tiden som behövdes. Då hade jag tagit de första 80 procenten på två och ett kvarts år genom att dubbelläsa. Så hela jur kanden tog inte mer än sex år, med de här åren emellan. Sen sökte jag in på Handels och på Harvard Business School och kom in på båda. Men jag valde att gå på Harvard för att komma ut i världen. Så gick jag där, och fick jobb – trots att mina betyg för första gången i mitt liv var halvdana, vilket hade mycket att göra med att konkurrensen var mycket bättre än nånsin tidigare.

1990 gjorde den amerikanska affärstidningen *Business Week* uppföljningsreportage om *The Class of '70* – 1970 års avgångsklass från Harvard Business School, där Jan Stenbeck ingick. Att klassen innehöll den entreprenör som infört både privatägd telefoni och kommersiell TV i den starka socialdemokratiska statens Sverige har de amerikanska kollegorna missat – eller också har de inte fått svar på sina fax till Kinnevikkontoret. Jan Stenbeck nämns inte i artiklarna. Däremot berättas att när studentkåren röstade för strejk i protest mot kriget i Vietnam 1969, och tiotusen Harvardstudenter fyllde demonstrationståg i stället för föreläsningssalar, då fortsatte undervisningen som vanligt bara på det anrika universitetets *Business School* och *Law School*, ekonomi och juridik, den centrala elitskolningen. »Vi var en ö av konservatism i ett hav av oro«, säger en klasskamrat till Jan Stenbeck i *Business Week*.

1970 års klass på Harvard Business School var ändå annorlunda.

»De var inga eleganta får«, säger den dåvarande intagningsansvarige Anthony G. Athos till *Business Week.* »Vi ville inte släppa in vem som helst från Williams och Yale och Harvard med button-down-krage. Vi letade efter människor som rör om i grytan snarare än bevakar den. Världen förändrades, och det var tid för Harvard att förändras.« Harvard Business School tog ut en entreprenörs- och förändrarklass.

»Detta var eleverna«, skriver *Business Week,* »som var förutbestämda att vara bron från organisationsmänniskans epok till en tidsålder som hyllar individuellt initiativ.«

Affärsmän är ur ett – typiskt amerikanskt – perspektiv just »rebeller fast inte i vänsterpolitisk mening«, som Odd Engström sa. Framför allt gäller det i tider av stor och genomgripande teknologisk förändring, tider som vår.

Denna företagaridentitet som förändrare, stor rorsman, naturkrafternas betvingare, framstegets pådrivare, arbetstillfällenas skapare (för övrigt skarpt tecknad av Marx och Engels i det kommunistiska manifestets inledningskapitel) är central i direktörernas självsyn och industriledarnas ideologi. Omvärlden, media och opinionen, väljer i stället oftast att betrakta näringslivet som en statisk maktfaktor, en överhet.

Det känns inte så från insidan. Där känns det fan så dynamiskt, och om det finns stabilitet beror det bara på att någon har slitit hårt och skickligt för att tygla dynamikens rastlösa krafter. Bolag är på det sättet medelklassiga, inte överklassiga: kommer det någon som konkurrerar bättre kan allt vara förlorat, och de kommer hela tiden.

Modernt affärstänkande är fixerat vid förändring, vid förmågan att agera och reagera när grundförutsättningarna plötsligt förändras, när *Only the Paranoid Survive* – bara de paranoida överlever – som Intelchefen Andy Groves redan klassiska lilla bok från 1996 heter.

Joseph Schumpeter, professor vid Harvard Business School

på fyrtiotalet, myntade uttrycket *creative destruction*, skapande förstörelse – man måste riva stagnerade industrier för att få luft och ljus i tillväxtbranscherna. Det är alltså ett positivt begrepp, något bra.

Schumpeters rasande dynamiska, entreprenörsbaserade syn på företagandet – affärer är förändring – har gjort honom till IT-ekonomins favoritauktoritet. Det gemensamma för Schumpeter och Andy Grove, skrev amerikanska *Slate Magazines* kritiker James Surowiecki knivskarpt, är uppfattningen att förnyelse ersätter tradition som grund för ett företags trovärdighet och framgång:

> *Innovation replaces tradition.* Nuet – eller möjligen framtiden – ersätter det förflutna. Inget är så viktigt som vad som ska hända härnäst, och det som ska hända härnäst kan bara hända om vi överger det som är i dag. Detta gör systemet till en fantastisk plats för förnyelse, men svårt att leva i, eftersom de flesta människor föredrar någon grad av trygghet framför ett liv i nästan total osäkerhet om framtiden. Vi behöver inte dagligen skapa våra närmaste relationer på nytt. Men det är precis vad Schumpeter, och Grove efter honom, hävdar är nödvändigt för att nå framgång.
>
> (Citerad i Thomas Friedman, *The Lexus and the Olive Tree*.)

Begreppet »förändring« i management- och företagarideologi har stora likheter med det som i politiskt och existentiellt tänkande kallas »befrielse«. Niccolò Machiavelli [1469–1527], författare till den tidlösa managementklassikern *Fursten*, använde kort och gott termen »erövring« för ungefär samma sak.

I sin bok om Machiavelli, *Maktens hemligheter* [1986], pekar författaren Anders Ehnmark ut de stora skillnaderna mellan befrielse och frihet, ett begreppspar som ofta blandats samman, avsiktligt eller oavsiktligt. Befrielse kräver helt andra saker än frihet, befrielse kan ofta kräva en hel del ofrihet, maktkoncentration, hemlighetsmakeri och hårdhet.

Erövring/befrielse är Machiavellis gren. När det händer mycket på kort tid.

Affärslivets motsvarande begrepp är »förändring« kontra »förvaltning«. *Creative destruction* mot *business as usual.* Cowboy- och pionjärtid, respektive normalgrå ingenjörs- och civilekonomverksamhet.

Jan Stenbecks affärsgren är samma som Machiavellis: förändring, med industriell styrka.

Examensfotot av *The Class of '70* sitter på omslaget till *Business Weeks* temanummer. Längst fram står Jan Stenbeck och garvar med bassethunden Hubert vid sina fötter.

Rebell, fast inte i vänsterpolitisk mening.

*

Efter examen från Harvard Business School fick Jan Stenbeck anställning på investmentbanken Morgan Stanley.

– Jag fick den bästa typen av jobb man kunde få, hos Morgan Stanley på Wall Street, den fina firman. Det var en enorm tur. De brukade ta in sex killar, men det året beslöt de att ta in tolv, och jag var säkert den elfte och den halfte, det var säkert nån som var sjuk som gjorde att jag fick det jobbet. Sen jobbade jag där i sex år.

– Vad gjorde du?

– Då var jag *corporate financer.* Det enda extraordinära var att under en period skickade de runt mig i Mellanöstern. Mest för att jag var utlänning och hade en förmåga att överleva socialt med alla de här lustiga premiärministrarna och shejkerna. Det var efter oljekrisen och alla skulle följa vart oljepengarna tog vägen.

Från VD-stolen på Kinnevik hade Lill-Hugo gjort ett försök att bistå sin yngre bror där ute i stora världen.

– Hugo skulle hjälpa mig att få jobb efter Harvard, så han

ringde familjens affärsbekanta, säger Jan Stenbeck. Och när jag kunde tacka nej till de jobben för att jag på egen hand kunnat skaffa mig det här hos Morgan, då tror jag att ingen var mer förvånad än han. Att det svarta fåret kunde få ett så fint jobb.

Det Kinnevik Jan Stenbeck kände sig stå utanför, fri från, styrdes av Lill-Hugo, under uppsikt av grundaren, den stränge fadern och viljestarke klassklättraren Gammel-Hugo som satt som styrelseordförande. Och kritiserad av den formidabla systern Margaretha och hennes make sedan 1966 Bertil af Ugglas. Han var friherre, moderat partisekreterare och före detta påläggskalv inom Wallenbergsfären: en hermelin bland katterna i Stenbecksfären. Svågern var ett orosmoment, en osäkerhetsfaktor.

Inte konstigt att Jan Stenbeck tyckte det var en lättnad att stå på egna ben och hålla sig borta från familjeföretaget. Borta också från den östermalmska ankdammen, full av plaskande gamla gymnasiekompisar och deras pappor, så långt från stora världen.

Ibland passerade Jan Stenbeck Stockholm och tittade in till det gamla gänget som stod kvar och hängde i baren på Grand Hôtel. En gång gled han in efter en framgångsrik långresa i arabländerna. På sjuttiotalet hade flygbolagen ett system där de häftade på en ny biljett för varje vidareflygning och ombokning, så att en rejäl affärsresa genererade ett helt litet dragspel av biljetter. Jan Stenbeck gjorde entré och kastade sina hophäftade flygbiljetter som en serpentin över bardisken.

Kompisarna skrattade lite grann.

En annan gång, när det gått trögare, klev han in som ett spöke, nersliten och restrött.

– Då skrattade mina gamla kompisar så de höll på att ramla omkull, säger Jan Stenbeck. Folk är ju så: det är OK att det går bra för en kille, bara han lider.

Jan Stenbeck hade utvandrat till stora världen, till den friskare luften. På Morgan Stanley avancerade han till *vice president*.

– Det är steget innan du blir partner. På den tiden var det även

juridiskt ett partnerskap, du hade en andel i firman. Nu är det
hundratals *vice presidents*. När jag var där var vi åttio professio-
nella i firman, tjugo partners, och kanske femton *vice presidents*
som stod på tillväxt. Nu har firman säkert 4000 anställda. Det
hemska är att det ju är trettio år sen det här.
  – Var du inställd på att leva och verka i Amerika då?
  – Ja. Jag hade tänkt mig bli en fin partner på Wall Street, vilket
är ett underbart liv. För att du jobbar med jävligt intelligenta
människor, och det ligger en artig konflikt i luften, för du har
med pengar att göra och det gäller vem som ska få den sista
marginalen.

Jan Stenbeck och Merrill, född McLeod och dotter till en redaktör
på modetidningen *Harper's Bazaar*, gifte sig 1976.
  I mars samma år dog Hugo Stenbeck j:r efter en tids sjukdom
i cancer.
  Nio månader senare, i januari 1977, dog deras far, 86 år
gammal. Bara två år tidigare hade han trätt tillbaka från ordfö-
randeposten i Kinnevik.
  Han efterlämnade ett brev till sin yngste son. Ändrat uppdrag.
  – Min far hade, säger Jan Stenbeck, lämnat ett handskrivet
brev till mig, som sa: Du slipper bli advokat, du slipper gå in i
Lagerlöfs, men du måste ta hand om mamma, och du måste ta
hand om Kinnevik.
  – Det var med lite blandade känslor du återvände hem?
  – Jaa, men du vet, om man måste göra något tycker jag inte
man ifrågasätter det. Blandade? Ja, såtillvida att jag lämnade
någonting underbart. Men att komma hem och fullfölja vad
min fader gjorde, och du vet, lite oljeporträtt på väggarna och
så där – det var ju jävligt roligt också. Jag har det uttrycket: har
du inget val ska du inte klaga.
  Senare samma år, 1977, dog Margarethas man Bertil af Ugglas
oväntat av en hjärntumör.

I USA föddes Jan och Merrill Stenbecks första barn, dottern Cristina, i september 1977.

(Parets äldste son, född 1979, fick namnet Hugo. Yngsta dottern Sophie föddes 1980 och Max 1985. Jan och Merrill Stenbeck skilde sig 1999.)

I Kinneviks årsredovisning 1978 finns det första styrelseporträttet efter Jan Stenbecks hemkomst till bolaget.

Gruppfotot runt sammanträdesbordet är taget den 13 december 1977. Nära bordets kortända, mellan friherre Fritz Klingspor och docent Nils Landqvist, Korsnäschefen, sitter Jan Stenbeck, halvlånghårig och alert bland pappas gamla tunga industrifarbröder. Jan Stenbeck bär fluga. Den unge herren på Kinnevik, åter från Amerika. Fräsig.

Här och några år framöver presenterades Jan Stenbeck som direktör i styrelsepresentationen. 1981, vid Kinneviks 45-årsjubileum, gav han sig själv den lätt excentriska titel han fortfarande bär i sina svenska bolags styrelsepresentationer: herr.

Alla andra ledamöter står presenterade med en yrkestitel eller akademisk grad – docent Nils Landqvist, lantmästare Bo von Horn, bruksdisponent Arne Westerberg, direktör Daniel Johannesson, och så vidare. Själv står han som herr Jan Hugo Stenbeck. Huvudägarens privilegium.

Maktsamling
[1978–1983]

DET VAR SJUTTIOTAL, överallt höll världen på att förändras. Margaretha af Ugglas hade också studerat vid Harvard, visserligen bara ett år, men hon hade även en examen från Handelshögskolan i Stockholm. Hon arbetade som ledarskribent på *Veckans Affärer* och i *Svenska Dagbladet*. 1974 – året då Abba slog igenom internationellt med »Waterloo« och Nationalteatern släppte *Livet är en fest* – blev hon invald i riksdagen för moderaterna, 36 år gammal.

I familjeföretaget snett över Villagatan, Johnsonkoncernen, höll den några år yngre Antonia Ax:son Johnson på att skolas in vid makten. Men att Margaretha af Ugglas skulle få driva sitt familjeföretag, eller ha något större inflytande över driften, var tydligen inte aktuellt, trots att hon visade intresse och ambition i den riktningen. Det går att förstå hennes frustration.

1974 förlorade Margaretha af Ugglas de styrelseposter hon hade i Kinneviks bolag, samma år som hon blev riksdagsledamot. Hon hade bland annat sedan 1970 varit suppleant i Sandvikstyrelsen. Efter Margaretha inträdde storasyster Elisabeth Stenbeck-Silfverstolpe (även hon nu gift med en adelsman) som suppleant i Sandvik, och satt kvar till 1982. Jan Stenbeck blev ordinarie ledamot av Sandvikstyrelsen 1976.

I Kinnevikstyrelsen satt Jan Stenbeck med som ordinarie ledamot ända sedan 1971.

*

Hugo Stenbeck j:r dog vid 43 års ålder i mars 1976. En oväntad död efter en kortare tids sjukdom i cancer, onaturlig också på det sättet att arvtagaren gick bort före den som lämnade arvet.

Hugo Stenbeck j:r testamenterade sina aktier till Jan, och rubbade därmed den ordning, den maktbalans mellan syskonen, som fadern så omsorgsfullt konstruerat.

Jan Stenbeck:

– Han gav en summa tillgångar till sin hustru och de styrande aktierna till mig. Det gjorde att min fars trevliga konstruktion med fyra barn och mamman med utslagsröst föll ihop. Då kände systrarna att om jag och mamma lierade oss mot dem, så var de ute. Och då började de agera för att föregripa en konflikt. Då hade det redan en tid pågått en strid mellan min syster Margaretha och min bror Hugo. Bakom mycket av det låg Bertil af Ugglas, som var min brors bäste vän och min systers make. Han kände – med rätta kanske – att han hade bra idéer om vad familjen borde göra. Men det var inte tankar om att den lille är stark, alltså att Kinnevik kan gå själv och på egen hand bygga något stort.

– Varför gjorde din bror så? Har du någon uppfattning om det?

– Jag tror han alltid tyckte lite illa om mig som barn. En av anledningarna till att jag flyttade utomlands var att Sverige liksom inte var stort nog för oss båda. Han krympte när jag växte. Det var tio år mellan oss och vi var aldrig särskilt nära varann. Sen hade han en period när... han fick cancer, och innan dess var han under en tid inte särskilt lycklig. Och då hade konflikten mellan min syster Margaretha och honom börjat...

Men vad bestod den konflikten i...?

– Ja, att hon ville ha mera inflytande, och hon tyckte inte att han skötte Kinnevik bra nog och sånt därnt. Jag och min far kom alltid bra överens. Inte för att han tyckte att jag gjorde rätt, men det fanns nog lite av den äldre mannens sympati för busgrabben, som ändå står på egna ben. Och Margaretha var på mig om att jag skulle gå till pappa och säga att vi kunde göra mycket bättre affärer utan Hugo. Jag sa till henne att jag inte ville göra mig skyldig till brodermord. Jag kunde försörja mig själv på många sätt, men om Hugo blev av med sin ställning så kunde han begå självmord och jag ville inte blanda mig i det här. Då levde jag mitt liv i Amerika, så jag hade inte den här... du vet, många människor i Sverige upplever att kakan inte är stor nog för man tror inte riktigt på tillväxt och dynamik. Det blir nästan som hos jordbruksbundna människor, när de ska dela på en gård, att man fokuserar på delandet i stället för vad man kan göra med det. Där jag bodde i Amerika och jobbade på Morgan Stanley upplevde jag att jag hade så många olika möjliga livsvägar, så innan min bror hade förlorat några pengar – för oss eller Klingsporarna eller von Hornarna – så tyckte jag inte det var så mycket att agera mot. Det är ju alltid lätt att prata om att man kan tjäna mer pengar. Och då tror jag plötsligt min bror upplevde mig som lojal mot honom, till sin förvåning. Sen såg han väl ändå att jag hade tagit en jur kand, gått på Harvard Business School, blivit *vice president* på Morgan Stanley.

Jag frågar Jan Stenbeck om de djupare motiven och rollerna i konflikten, som åtminstone jag inte lyckades begripa trots att den delvis utspelade sig för öppen ridå och rapporterades ivrigt, men oklart, i pressen.

– Hm, svarar han, men om du tänker dig då: Hon gifter sig med min brors bästa vän, Bertil af Ugglas. De har känt varann sen Östra Real. På två månader är de fiender. Sen under en period av tre eller fyra år så sker från dem en uppmarsch av mer och mer kritik riktad mot min bror...

– .... i familjesammanhang och styrelser...?

– Ja, men då tog pappa och petade ut henne ur styrelsen. Vilket hon blev fruktansvärt ilsken för. Så pappa valde till slut, när fajten gått tillräckligt långt, att stödja min bror och puffa ut henne. Vilket hon upplevde som en kolossal chikan. Och Bertil af Ugglas var ju en sån där halv-Wallenbergare, du vet hans pappa var chef för Wallenbergstiftelsen, och han hade jobbat som handsekreterare till Dodde. Han såg säkert Kinnevik som en del av det här sociala systemet som dominerar i Sverige. Som den lilla granngården som kanske skulle kunna knytas ihop i större sammanhang, du vet... han beskrev aldrig sina motiv för mig.

– Sen mitt i det här bråket dör Bertil av en hjärntumör. Och det kanske bara sätter henne... min syster är intelligent och har en fruktansvärt stor viljestyrka, det kanske sätter henne på en sån där torpedliknande mission att fullfölja hennes och makens tankar, va? Jag vet inte.

– Där ställer sig era föräldrar bakom...

– Hugo.

– ...och dig i förlängningen?

– Nej, jag syntes inte då. Men sedan dog min bror och då åkte jag hem och gjorde i princip det klassiska. Jag satte mamma på ena sidan av bordet, och satte mig ner med Nils Landqvist (Korsnäs VD) och Arne Westerberg (Sandviks VD) och sa att vi fortsätter precis som tidigare, och jag vill helst inte flytta hem till Sverige, men jag tar ansvar för att kontoret drivs. Då utgjorde posterna i Korsnäs och Sandvik kanske 80 procent av förmögenheten i bolaget. Då tror jag att vi bara hade 300 miljoner i tillgångar och ett aktiekapital på 240 miljoner. Allt var mycket mindre då. Den enda anställda i Kinnevik var en kvinnlig sekreterare som gjorde böckerna med bläckpenna. Och så pappa då, och min bror. Allt annat drevs i de stora bolagen.

– Jag skulle tro att Arne och Nils var mest glada för att jag inte kom hem. Jag tror att de valde mig för att då slapp de få någon annan. Och så kanske de inte hade så mycket val heller om de la ihop mig och mamma, och mamma var en gammaldags bestämd kvinna och hon beslöt sig för att stödja mig.

– Då gick jag till Margaretha och hade några möten med henne och Bertil. Och sa låt oss nu försöka hitta en basis för att brygga över det här. Då sa Margaretha att hennes krav var att bli invald i styrelserna igen, meddetsamma. Och om jag minns rätt skulle Bertil också ha något slags styrelsepost, men det är jag inte säker på.

– Då sa jag att eftersom alla nu har slagits i tio år, eller om det var åtta år, så skulle det uppfattas som att jag var illojal mot min bror om jag gick ut och vände allt meddetsamma – och indirekt mot min mor, som ju stått på min brors sida. Så jag behövde arton månader till två år på mig för att steg för steg knappa på det här och få alla med mig. Då sa hon bara att det accepterade hon inte, för då skulle den här fejden fortsätta.

– Då sa jag... ett fel jag har är att jag har svårt att hålla på och massera situationen, jag jobbar hellre så att ibland gör man rätt, ibland gör man fel, men man tar ett beslut... så jag sa att då får du välja själv, och sen... körde jag på.

– Och då ville hon ha ut sin del av arvet?

– Njäe, först ville hon ha pengar. Då sa jag OK, då säljer vi av en del aktier och gör så. Då beslöt sig hennes advokat, som var en sån här skicklig kille som hette [Bengt] Westerling, att de inte ville ha några pengar. Det var aldrig den typiska skiljelinjen. Alla fokuserade på vad som skulle ske med bolagen. Men i och med att hon fanns där, och den konflikten fanns, så uppfattade andra människor att det var ett tillfälle att raida mig. Det ser ut som en familjefejd, men egentligen var det ju skåningarna [Skånska cement, numera Skanska] och Anders Wall som ville ta makten i Korsnäs, där det låg en massa pengar.

– Hur menar du nu?

– Upplägget var att de skulle raida mig i Sandvik, och börja köpa aktier. Då skulle jag använda de extrapengar som fanns i Korsnäs till att köpa emot dem. Då skulle jag börja bli kritiserad för att pengar som skulle gå till att köpa motorsågar gick till att försvara mitt intresse i Sandvik, jag som inte en gång var i Sverige, och så vidare. Och sen skulle de lägga ett bud på Korsnäs, det var det de var intresserade av, eller Kinnevik.

*

Jag frågar naturligtvis vilka »de« skulle ha varit.

Jan Stenbeck nämner ett par mindre kända finansanalytiker, en på Skanska och en på S-E-Banken, tjänstemän som ska ha tänkt ut anfallet och vunnit sina företagsledningars stöd, i fallet Skanska mycket aktivt stöd. Den vid tiden regerande svenske finansmatadoren Anders Wall har han just nämnt, lite senare i samtalet placerar han in Percy Barnevik i bilden och via honom hela Wallenbergsfären. Ännu lite senare i min intervju pekar han ut stjärnmäklaren Mats Qviberg, då på S-E-Banken, nu partner med Sven Hagströmer i Hagströmer & Qviberg, som en hjärna bakom attacken på Sandvik.

Detta behöver inte tyda på en paranoid hållning hos Jan Stenbeck.

Det kan också avspegla det förhållandet att alla var ute efter Kinnevik, Korsnäs, Sandvik. Det var inte *en* attack vid arvskiftets tid, under sjuttiotalets sista år. Det var flera, efter varandra, samtidigt, delvis konkurrerande, delvis samspelta, utan uppehåll.

De kom hela tiden, i våg efter våg.

Den fräcke och starke Hugo Stenbeck var död och hans gamla imperium såg ut att falla sönder i syskongräl, amatörism, arvsstrid, fåfänga.

Man kände igen tecknen.

Investment A B Kinnevik såg ut som en linkande gnu i Kungsträdgården, och följdes med blicken av både hyenor och lejon i det svenska näringslivet.

Men Jan Stenbeck var paranoid nog att överleva.

*

Den 35-årige Jan Stenbeck markerade starten på sin egen epok i Kinnevik med tre betydelsefulla affärer.

Två gjordes i Sverige. Den tredje gjordes i USA och var den mest betydelsefulla av de tre, men uppmärksammades inte i Sverige.

Inte förrän långt senare.

Kanske låg det under det svenska näringslivets bergsmanna-värdighet att intressera sig för vad Hugo Stenbecks yngste son hade för sig med små utvecklingsbolag i Amerika. Kanske begrep man inte vad det var han sysslade med. Eller kanske trodde man inte på det – vilket i så fall inte hade varit särskilt konstigt. Det var inte många som då, 1978–1979, tog mobiltelefoner på allvar som något annat än en hopplöst dyr och avancerad servicefunktion för ambulansförare och enstaka toppdirektörer. Något dömt att bedrivas med liten volym och försumbara intäkter.

Det var maktsamlingens stadium, för att låna ett uttryck från Anders Ehnmarks bok om Machiavelli.

Där var det Cesare Borgia som sökte samla tillräcklig makt och styrka för att angripa Florens. Machiavelli bevakade och rapporterade.

Här är det Jan Stenbeck som under några febrila år kämpar för kontrollen över Kinnevik, för att när den makten är samlad och tyglad, starta en befrielse av vissa affärsidéer.

Ett angrepp – på vad?

På kapitalet, på marknaden, inte för att krossa dem utan för att bemäktiga sig rejäla segment av deras tillväxtzoner. Bygga ett starkt rike. Vara en framgångsrik affärsman. Och vad skulle Cesare Borgia med Florens till? Ha det. Se det växa, öka sitt inflytande, ackumulera kapital och talang. Kinnevik är en organisation vars syfte är att bereda sina medlemmar vinst.

Det finns påfallande likheter mellan den machiavelliska furstestaten och det blandade investmentbolaget.

Omgiven av några få valda män försöker Jan Stenbeck – i fluga – säkra greppet om företaget. Han söker gynnsamma situationer, bra fästen, pålitliga strukturer i det föränderliga landskap av inte helt vänliga krafter som omger honom; en svekfull verklighet, opålitlig.

Det är, som Ehnmark skriver om Borgias maktsamling, som om han bygger ett korthus som hela tiden ramlar och måste resas på nytt. Skeendet är vanvettigt mångdimensionellt.

Systrarna ville sälja sina aktier externt.

Konkurrenter vill hela tiden attackera arvet – och att köpa systrarnas aktier skulle vara ett mycket verkningsfullt sätt.

Sandvik var den ömtåligaste punkten, där Kinnevik bara hade drygt tjugofem procent av rösterna. Resten var spritt på mindre ägare, det vill säga ett öppet fält för konkurrerande maktambitioner.

– Den vanliga uppfattningen i Sverige då var att Jan var en playboy som bodde i USA, säger Daniel Johannesson, under åttiotalet Kinneviks VD och koncernchef, nu generaldirektör för Statens järnvägar.

– Man utgick ifrån att »de där bolagen kommer vi över«. Men där bedrog de sig rejält. Det var inte många i Sverige som visste vem Jan Stenbeck var då. Det visste han kanske inte själv heller… Nej, det var nog så: han visste inte själv vad han hade i sig.

Striden, maktsamlingen, pågår från 1978 till hösten 1983. Så länge är utgången osäker. Sedan har Jan Stenbeck vunnit kontrollen över bolaget och kan koncentrera sig på att bygga om och styra det.

Det finns en Stenbeckhistoria från den här tiden. Den utspelar sig på inrikesflyget.

Planet flyger så att man ser grannsamhällena Gävle och Sandviken.

Jan Stenbeck pekar genom fönstret och säger till sin medpassagerare:

»Titta! Allt det där äger jag.«

Det lät nåt. Det var nåt.

Det var innan det svenska affärsetablissemanget hade tagit ifrån honom Sandvik.

*

Den ena av Jan Stenbecks tre betydelsefulla inledande affärer var att Kinnevik köpte fastigheten Diana:1 på Skeppsbron 18 i Gamla stan och flyttade sitt huvudkontor dit, bort från rummen över pappa Hugos avdelning på Lagerlöfs advokatfirma på Strandvägen.

I februari 1978 köpte Kinnevik fastigheten. Den 7 april inkom till stadsbyggnadskontoret ritningarna för en genomgripande ombyggnad som skulle göra hela Skeppsbron 18 till ett sammanhållet, och ganska rymligt tilltaget, huvudkontor; Kinneviks egen borg i Gamla stan. På sjätte våningen (den övervåning som år 1919 inreddes till frukostrum för personalen på AB Kol & Koks) har ritningen ett enda stort kontor, med »plats för plantering och vattenspel« mitt på golvet. Huvudägarens kontor. Där har Jan Stenbeck, som han påpekat för besökare, sjöutsikt åt två håll, medan pappa på Strandvägen bara hade sjöutsikt åt ett håll.

Det smala och höga huset bröstar upp sig med påtaglig ambition. Över porten bryter en sandstensskulpterad fartygsstäv fram ur fasaden. Sex våningar upp är takkrönet det högsta på hela Skeppsbron, krönt av en jordglob. Huset byggdes 1909 med ett Handelsbankskontor i bottenvåningens lilla bankhall. Skeppsbron var då i slutet av sin glansperiod som landets finansiella centrum, det gamla Sveriges Wall Street.

Uttrycket Skeppsbroadel är businessjargong från 1700-talet och syftar på de ytterligt rika handelsfamiljer som vid den tiden blev en maktfaktor i riket – ett realfrälse som gick upp medan det gamla nominella frälset gick ner; ofta allierade familjerna sig med varandra genom äktenskap för att dämpa konjunktureffekterna.

Skeppsbroadeln var en halvmodern elit, som byggde sin förmögenhet och ställning på kapitalism, entreprenörskap och internationella kontakter, i stället för på att plåga bönder och driva krig åt kungen. På Skeppsbron byggde de sina palats i rad, nära till slottet, bankerna, skeppsredarna, advokaterna, domstolarna, konkurrenterna, krogarna.

Under det helmoderna 1900-talet förlorade Skeppsbron, och hela Gamla stan, sin flotta aura. Det var ju så gammalt och urmodigt, halvslum och Kungliga slottet och trånga krokiga gränder. Det fanns till och med funderingar på att riva eländet och bygga höghus i Gamla stan.

Av handlingarna på stadsbyggnadskontoret kan man utläsa att Skeppsbron 18 sedan fyrtiotalet inrymde frisersalong i suterräng-lokalerna, vars halvtrappor ner från gatan (nu igenbommade) är markerade med svällande koppartak och högdramatiskt utsirade trästycken. I gatuplanet fanns på sjuttiotalet kontor och butik för resebyrån Nyman & Schultz. De andra våningarna? Alla de andra rummen? Det framgår inte, hyresgästerna har inte haft kontakt med stadsbyggnadskontoret. Fastigheten ägdes av en fröken Siri Svensson i Djursholm, som 1972 hade problem med att finansiera en nödvändig fasadrenovering. Nästa dokument i högen är den nya ägaren Kinneviks ombyggnadsplan från 1978.

Som vissa smarta djur i naturen kan bosätta sig i gamla övergivna björniden eller örnnästen tog Jan Stenbeck över en befintlig praktanläggning vars ursprungliga roll var utspelad, och fick därigenom en låg ingångskostnad på den egna prakten. Som han själv säger: Det finns ingen bättre grund för att driva företag än att köpa billigt. Liksom de flesta huvudkontor är Skeppsbron 18 ett vältaligt porträtt av sin huvudägare.

Huset är mycket vackert renoverat invändigt, med snickerierna prydligt penselmålade i vitt. Vid hissen sitter en mässingsplakett som högtidlighåller renoveringen: ett tjugotal namn på hantverkarna som deltog i arbetet, uppradade under tillkännagivandet att »följande personer bidragit utöver vad vanligt är med energi och talang«, undertecknat Jan H. Stenbeck.

När jag intervjuade Pelle Törnberg, VD för Kinneviks medie-grupp MTG, på hans kontor i huset kommenterade jag det vackra måleriarbetet, och plaketten där nere vid hissen. Han hävdade då att det fortfarande händer att grånade hantverkare snackar sig förbi vakten för att visa skylten för sina barnbarn. De är stolta över arbetet, över det värdefulla de varit med och skapat. När Kinnevik tog över huset var det svårt nergånget, fullt av bruna heltäckningsmattor och ruffiga små kontor åt firmor som exporterade kondomer till Polen och importerade konserver åt andra hållet, sa Törnberg med ett uttryck han säkert knyckt från chefen. På den tiden var han själv inte i firman.

1979 när huset på Skeppsbron 18 var färdigrenoverat ansökte Kinnevik hos stadsbyggnadskontoret om att få fasadbelysa sitt nya huvudkontor. Det blev avslag med hänvisning till den känsliga miljön. Huset hade inte den offentliga karaktär som kunde motivera ett såpass drastiskt inslag i gatubilden som en fasadbelysning. (Det är bara Kungliga slottet som är fasadbelyst häromkring, och så på andra sidan vattnet Grand Hôtel och saf-huset.) Samma år monterades den automatiska vikdörren i det låga källargaraget på sidan av huset.

*

Den andra viktiga affären Jan Stenbeck gjorde som ledare för Kinnevik var att ta kontroll över Fagersta, Handelsbankens gamla »brukskoncern«, genom en bytesaffär med banken 1978-1979: Kinnevik lämnade ifrån sig en liten post Sandvikaktier, som inte påverkade maktställningen i det bolaget, och fick i utbyte en stor post röststarka A-aktier i Fagersta. Året därpå utnyttjade Kinnevik en option att köpa resten av bankens Fagerstaaktier, vilket gav Kinnevik 40 procent av rösterna där, det vill säga full kontroll.

Kinnevik hade fått ett nytt dotterbolag, och utgjorde ett nytt block i specialstålsbranschen.

Det var ju meningen att Handelsbanken någon gång skulle bli av med Fagersta, uppbyggt av förfallna panter från tjugotalets finanskris. Nu var det dessutom global stålkris, plågsamma och arbetskrävande strukturomvandlingar på gång. Världens stålbehov var tillgodosett och ökade inte, den teknologiska utvecklingen ledde bara till överproduktion, och i nästa steg till utslagning. Den mellansvenska stålhanteringen – Bergslagen, sedan århundraden den svenska industrins hjärtland – hade strukturrationaliserats ner till tre stora grupper. Johnsonkoncernens Avesta, Wallenbergstyrda Uddeholm, och Kinneviks Sandvik/Fagersta. En ska bort, som Brasse Brännström sa i *Fem myror.* Och sedan en till. Man manövrerade för att få goda positioner. Processen tog nästan tio år.

Samtidigt med stålindustrins kris hade oljekriserna ändrat världsekonomins grundkalkyl, och datoriseringen av arbetsliv och produktion hade börjat ta fart; 1975 sätts ofta som startår för »den tredje industriella revolutionen«, den som drivs av datorkraft och som fortfarande pågår.

Tidningen *Affärsvärlden* från de här åren är full av reportage om stålförhandlingar med industriministrarna Nils G. Åsling och Thage G. Peterson, krispaket och industristöd, och i framtidens vågskål nyheter om försöken att få till en svensk datorindustri (halvstatliga Data-Saab, Luxortillverkade ABC 80) samt febriga rapporter om den nya informationsåldern och dess effekter på ekonomi och samhällsliv.

I stort sett är det samma framtidsprofetior som fortfarande görs, och som för varje år blir alltmer begripliga: man kunde se linjerna från början, men de skapade ingen mening eftersom vi aldrig hade varit med om något som liknade det som skulle komma.

»Framtidskontor på väg: Elektronisk postgång och bärbara telefoner«, skrev *Affärsvärlden* i november 1978:

Nya elektroniska attiraljer för kommunikation mellan kontor introduceras nu nästan dagligen. Teoretiskt erbjuder detta framtidskontor möjlighet för dagens pappersbundna administratörer att arbeta hemma samtidigt som de står i elektronisk kontakt med sina kolleger.

Att sitta hemma och jobba, inte behöva gå till kontoret – alltid det som drar till sig uppmärksamheten, och skymmer andra och viktigare insikter om den nya teknikens innebörd. *Affärsvärlden* 1978 kämpade sig ändå en bit in i scenariot:

> Ett [problem] är att sortera bort de något löjliga tillämpningarna från de realistiska. I dag demonstrerar försäljare hur en affärsman skall programmera sin dator med sina sammankomster precis som om det inte fanns dagbok och programmering inte krävde både tid och pengar.

En almanacka i datorn verkade science fiction. Men när det gällde det stora problemet, att lyckas få datorer och »faksimilapparater« (det vill säga faxar) att kommunicera med varandra, kunde den nyktra *Affärsvärlden* se trovärdiga utvecklingar, begreppen måste dock först förklaras för läsarna:

> Det främsta syftet med faksimil är att sända ett skrivet meddelande över telenätet. Utvecklandet av pålitliga apparater som kan överföra en sida på mindre än en minut har nu i hög grad ökat potentialen på denna marknad. Priset är högt för närvarande (vanligen 10.000 dollar per apparat) men det minskar snabbt. I mitten av 1980-talet borde det vara jämförbart med kostnaden för dagens långsammare apparater, som tar två–tre minuter på sig för att överföra en sida. [...] Denna form av elektronisk post kan redan vara billigare än att posta ett brev.

Och så, sensationen:

> En bärbar telefon som man kan ha i fickan ligger inte långt bort i framtiden.

Tidningen hade koll på att amerikanska myndigheter gett tillstånd för försök med en ny generation mobiltelefoni, och rapporterar att AT&T och Motorola just startat varsitt cellulärt system (här kallat »nätsystem«).

Affärsvärlden hade missat att Jan Stenbeck, Hugo Stenbecks ohängde yngste, hade fått den tredje försökslicensen, men tidningen kunde redan urskilja de omständigheter som skulle göra mobiltelefoni till grunden för en ny basindustri, tio år senare och framåt:

Dagens mobila telefonsystem stör etern genom att sprida ut störningar över stora områden. Genom de nya lågspänniga apparaterna som bara är avsedda för sändning över kortare sträckor kan det nya »nätsystemet« pressa in fler kunder på de tillgängliga frekvenserna. Det är värt pengar. Redan finns det 40.000 användare av mobila telefoner i USA och 20.000 står på väntelista. Marknaden kommer att växa samtidigt som mikroelektroniken sänker kostnaderna.

Det är skrivet i början av samma omvandlingstid som vi nu, år 2000, kanske närmar oss slutet av. I varje fall har utvecklingsvägarna valts, science fiction har blivit vardag och ovissheten i stora delar skingrats.

Då, 1978, syntes bara utgångspunkterna: datorisering, stålöverskott, nedläggning av stora manuella arbetsplatser. Men man kunde redan dra ut linjerna till de plågsamma frågor om livets och arbetets mening som ekat genom åttio- och nittiotal: Ska man verkligen kunna tjäna pengar på att skicka information mellan datorer? Kommer det inte alltid att vara viktigast att göra och flytta saker?

Samma frågor, med nya variabler, som våra förfäder ställde under det förrförra århundradet: Ska man verkligen flytta sitt kapital/sin arbetskraft till industrin, dessa löjliga små stinkande och bullrande tegellador, kommer inte den där ångbubblan att spricka och är inte dessa fabriker övervärderade? Vad har fabrikssystemet bevisat, jämfört med jordbruket som fungerat i tusentals år, och kommer det inte alltid att vara viktigast att bruka jorden och producera mat åt människor och djur (vilket ju trots allt är det vi lever av)?

De nya förmögenheterna skapades av dem som var snabbast med att tro på att villkoren verkligen förändrats, och orkade vara öppna för det oväntade. *Hustle as strategy*, som ekonomen Amar Bhide uttryckt det, att anlägga den kortsiktiga jakten på möjligheter som långsiktig strategi.

Genom bytet med Kinnevik lyckades Handelsbanken komma ur sin »brukskoncern« på ett bra sätt. Kinnevik gick i ett slag från ingenting till styrande ställning i Fagersta. En framspelning.

Det som i samtiden uppmärksammades mest var att det gamla fina kraftverket Krångede i Jämtland nu kommit i Kinneviks ägo, genom de tre dotterbolagen Korsnäs, Sandvik och Fagersta som alla var stora ägare i Krångede. Detta var även för Kinnevikledningen en viktig poäng i Fagerstaaffären: att genom sin nya triangelkonstellation komma över vattenkraften, som på den tiden betraktades som guld.

Längre fram var det Fagersta som räddade Jan Stenbecks kontroll över Kinnevik.

Liljan som sedan 1983 är Kinneviks symbol var ursprungligen Fagerstas järnstämpel. Den hänger över porten till Kinnevik-kontoret på Skeppsbron, som en hedersbetygelse åt det gamla kämpande problembruket som föll i strukturomvandlingen och vars sista betydande insats för svensk industri var att rädda fädernearvet åt Jan Stenbeck.

*

Den tredje viktiga tidiga affären, den som gjordes i USA, var att Jan Stenbeck tillsammans med Shelby Bryan, kompis från Morgan

Stanley, i mars 1979 startade bolaget Millicom.

Partnerskapet mellan Stenbeck och Shelby Bryan hade sin upprinnelse några år tidigare, innan Jan Stenbeck blev arvtagare till Kinnevik och bara var en vanlig hungrig bankir på Wall Street i den gryende informationsteknologiska revolutionen. Då köpte Stenbeck och Bryan tillsammans med ytterligare några kompisar på banken ett bolag vid namn Miltope, ett elektronikföretag i försvarsindustrin, tillverkare av bland annat *rugged computers*, datorutrustning som tål fältmässig hantering. Miltope var ingen helt lysande rörelse, men förde möjligheter med sig.

– När du köpte det bolaget, frågar jag Jan Stenbeck, hade du redan hunnit bli lite förmögen där borta av egen kraft?

– Näää, svarar Jan Stenbeck.

– Du hade goda lånemöjligheter?

– Men du vet vi köpte det för 600.000 dollar.

– Ja?

(Det tar mig en sekund att förstå att han menar att det var billigt.)

– Det var i konkurs, vi bjöd 800.000 dollar. Då sa de nej. Så frågade mina kompisar vad vi skulle höja priset till. Men jag sa: Den här killen vet inte vad det är värt, han förhandlar bara för att få mer pengar. Så om vi går med på att ge honom mer pengar kommer han bara att be om ytterligare mer pengar. Så nu talar vi inte med honom på en månad, och så kommer vi in och sänker priset i stället. Och han skrev på jättekvickt, för det betydde att han fick personligt ansvar, i stället för att se bra ut så såg han dålig ut. Så vi köpte det där bolaget för 600.000 dollar och det kunde vi få ihop med egna pengar. Vi var en tre–fyra stycken. Vi jobbade på banken och hade sparpengar. Bolaget hette Miltope. I Amerika fanns på den tiden en regel att om man hade för hög vinstmarginal på ett statskontrakt, så kunde de komma in i efterhand och omförhandla kontraktet. Alla andra bolag som sysslade med försvarsgrejer hade jättehöga *overheads*.

Amerikanska staten fick betala för fina kontor, och jetplan och allt. Vi hade inget sånt och ville inte skaffa oss. Men det man fick ha obehindrat det var *research & development*, forskning och utveckling. Så vi kunde satsa på cellulärtelefoni trots att det inte passade i vår affärsidé, och fick dra av de pengarna. Och den amerikanska staten tyckte det var OK, som ett sätt att sponsra framtiden.

Jan Stenbecks och Shelby Bryans nyinköpta lilla Miltope fick en av de tre första amerikanska licenserna för att göra försök med cellulär mobiltelefoni.

De andra två aktörerna var elektronikjätten Motorola, på väg ut ur TV- och radioapparater och in i mikroprocessorer och mobiltelefonsystem, och AT&T – American Telephone & Telegraph, det amerikanska televerket, då i början av sin avreglering och marknadsanpassning.

När Stenbecks och Bryans mobiltelefonexperiment växt sig för stort för forsknings- och utvecklingsavdelningen på Miltope, fick verksamheten ett eget bolag: Millicom, startat 1979, under årens lopp i varierande grad och former delägt av Kinnevik.

– Vad folk inte vet är att alla de här projekten egentligen har startat i Amerika. Allting som folk talar om i Europa det börjar ett och ett halvt år tidigare i Amerika, så det enda jag kan skryta med är att jag var först i Amerika. Och du vet att när det gällde sån här cellulärtelefoni, då var det Motorola, AT&T och mitt lilla bolag, som hade tre licenser från amerikanska staten för radiofrekvenser för att försöka göra såna här system. Och det var det här amerikanska försvarselektronikbolaget som stödde all den verksamheten, säger Jan Stenbeck.

1979 – det var två år innan Ronald Reagan blev president i USA, ett år före den svenska kärnkraftsomröstningen, året då Marcus »Dodde« Wallenberg fyllde 80 år.

*

Jan Wallander har som 79-årig pensionär kvar ett arbetsrum på direktionsvåningen i Handelsbankens huvudkontor vid Kungsträdgården i Stockholm. Han var bankens VD 1970–1978, styrelseordförande 1978–1991. Nu hedersordförande i styrelsen. Handelsbankens hus är stort på utsidan. Ett helt kvarter långt, med överdimensionerade fönster och våningsplan som skulle passa jättar (den förstorade effekten kommer av att husets sex våningar göms bakom en fasad som bara fått fyra plan, för att passa ett formschema från renässansen som arkitekten gillade). Jag blir insläppt av vakten och tar trappan upp till direktions-våningen. Inuti känns det som en hel värld. Det starkaste intrycket är av upphävd tid, i kapprummet finns gammaldags saker som paraplyställ och klädborste. Arbetsuppgifterna här uppe har karaktären av eviga frågor, och ansvaret kan förfölja en till graven: en behaglig, lågmält surrande stämning. Genom en fönsterrad däruppe kan man titta ner i bankhallen, där kassorna och småkunderna är.

Jag slår mig ner en stund vid ett bord, tittar, känner. Dörrarna till arbetsrummen är märkliga dubbelkopplade saker i mörkt trä, naturligtvis jättelika; det ser ut som om varje medarbetare på den här nivån förvaras i kassaskåp. I mitt minne är direktionsvå-ningen stor och hög som en gammal centralstation i en storstad, men det kan ju inte vara riktigt. Husets kraftfulla intryck är inte obekant för dess herrar. Jan Wallander skriver i sin memoarbok *Forskaren som bankdirektör* om att det intill VD-rummet i banken finns en salong med ett runt bord i mitten, som var »en stor tillgång« för direktören:

> Ibland kan det vara bra om ens motpart får uppleva den nästan mytiska kraften hos en mäktig och månghundraårig institution som Handelsbanken, där den tryggt vilar i sitt väldiga hus vid Kungsträdgården. Jag brukade skämta om att ett sätt att åstadkomma denna känsla var att låta min sekreterare visa in vederbörande i

salongen. Där fick han sedan sitta någon kvart eller så för att i stillhet begrunda det vackra rummet, en stor tavla av Ragnar Sandberg med en fiskargumma omgiven av flaxande måsar och en utmärkt Zorn, som visar Stockholms Ström med Handelsbanken i fonden.

Så kommer Jan Wallander och lotsar mig till sitt nuvarande rum, med utsikt mot Kungsan och Strömmen. Han bär en skräddarsydd tweedkostym med en raffinerat ljusgrön färgton i det annars traditionella mönstret.

På väggen hänger fadern Sven Wallanders små målningar av Kungsgatan med Kungstornen: hans genombrottsverk som arkitekt. Hela stadsplanen var hans idé, den breda gatans vida sväng ner till Stureplan framsprängd ur Brunkebergsåsen, de spektakulära tornen av vilka han själv detaljutformade det norra. Sven Wallanders bidrag till Stockholmsprofilen. Därefter inledde han samarbete med arbetarrörelsen, grundade och ledde HSB som producerade och finansierade kvalitetsboende åt ambitiös arbetarklass. Farfar Alf Wallander var konstnär och formgivare, engagerad bland annat vid Rörstrands porslinsfabrik och Kosta glasbruk, drivande kraft i introduktionen av jugendstilen i Sverige.

Allt detta kan ses som beståndsdelar i Handelsbankens »humanistiska« imagebygge, en samhällsintresserad, konstnärlig och intellektuell framtoning som mycket distinkt fanns hos de båda direktörerna Tore Browaldh och Jan Wallander, det vill säga bankens femtio- till sjuttiotal. Tore Browaldh skriver i sina memoarer att han ville få banken att framstå som en samhällsmedveten och progressiv institution. I *Dagens Nyheter* blev han kallad en »socialistisk gökunge i storfinansens bo«. Detta om chefen för Handelsbanken; femtiotalet var en upphetsad tid.

Själv skriver Browaldh att han ville bryta traditionalismen i sitt företags samhällsrelationer, *och i dess sätt att konkurrera* (min kursivering): alltså förnyelse av affärsmässiga skäl, för att fungera bättre som företag – starkare, mer lönsamt, mer lyhört, effektivare, och så vidare – i ett samhälle som inte såg ut som förr. Och det låg i Handelsbankens intresse att lämna detta förr, eftersom förr var så ohjälpligt dominerat av huvudkonkurrenten Wallenberg och Enskilda Banken.

Resonemanget har många fasetter, ädla och krassa motiv smälter samman så det är svårt att avgöra vilket som är vilket och vilket som dominerar; kanske finns det här något som skulle kunna kallas ädelkrasst, den välförstådda egennyttan man talar om i filosofin.

Affärerna hade kommit att likna politik. Detta var en tid då politik uppfattades som det styrande mönstret, den övergripande tankemodellen.

Nu, år 2000, uppfattas tvärtom affärer som det övergripande tankemönstret, i en avreglerad och globaliserad tid. Det är förändringen vi gått igenom, och fortfarande går igenom, sedan murarna föll och efterkrigstiden tog slut. Nittiotalets förändring, vågen som kunde anas i fjärran redan 1978, vågen Jan Stenbeck surfat på.

Tore Browaldh argumenterade för en näringslivets ideologi som byggde på annat än den rena vinstmaximeringen. Detta tyckte Marcus Wallenberg var nonsens, vilket han också kunde ge uttryck för på föraktfullt och direkt oförskämt sätt, skriver Jan Wallander i sina memoarer:

Dodde var en karlakarl, seglare och jägare med ett stundom rätt bullersamt skämtlynne och med ringa intellektuella intressen och föga förståelse för människors ömtåligare känslor. Tore å andra sidan med starka intellektuella intressen, aptit på livsgåtorna och näringslivets ideologiska problemställningar och med svagt intresse för svettdrivande kroppsrörelse och sportsliga aktiviteter. För en sådan livshållning hade Dodde föga förståelse, den tedde sig för honom som tecken på svaghet och bristande handlingskraft.

Även i den svenska bankvärlden levde man på efterkrigstidens villkor, det fanns en inrutad spelplan, två maktpoler med en mur emellan.

Tore Browaldh fick beröm för sitt »progressiva« tänkande av fackföreningsfolk och sossar (vilket ju inte heller var en oväsentlig affärsmässig tillgång i framgångsårens Sverige) men skäll av direktörskollegor.

»De brev som gladde mig mest«, skriver han i memoarerna (och man förstår att den här typen av vändningar kunnat reta hjärtslag på kollegor av mer normal älgjagande direktörstyp):

> ...kom från Gunnar Sträng och Margit Abenius, vars bok om Karin Boye är en av mina älsklingsböcker. Det som gjorde mig besviken var att reaktionen inom näringslivet var så negativ. Två undantag vill jag dock notera: Joel Larsson, chef för SKF, och Hugo Stenbeck, skapare av Kinnevikkoncernen. Den senare var över huvud taget i sitt tänkande mer öppen för tidens strömningar än sina jämnåriga.

Det sista stämmer väl med Hugo Stenbecks formuleringar i tal och intervjuer, där han gärna betonar betydelsen av alla medarbetares personliga engagemang, värdet av goda relationer och trivsel i firman, och så vidare – vilket säkert inte avspeglar något slags sossig hållning hos Hugo Stenbeck, att han i lönndom skulle verka för den »ekonomiska demokratin«, utan snarare en amerikanskt dynamisk friskusmentalitet: det får inte växa mossa på organisationen, inte uppstå någon internaristokrati som åsidosätter det ändamålsenliga. Han var ju också en uppkomling, en som både kunde skita i traditionerna och bära smoking. Ändå är Tore Browaldhs kommentar en oväntad synpunkt på en man som för övrigt ensidigt beskrivs som hård, slipad, hänsynslös, hungrig och skrämmande. Mindre oväntat är att den läggs fram i en före detta Handelsbanksdirektörs memoarer.

Handelsbankens Sverigebild som den framtonar i direktörernas memoarer är lite alternativ i ett SAF-moderat-Wallenberg-dominerat svenskt näringsliv, fast inte alternativ i den vänsterpolitiska mening man lade i ordet på sjuttiotalet. Det är ändå en bank, en stor bank med stora affärer.

– Fint, säger jag fåraktigt om Kungsgatan på väggen.

– Ja, det blev ganska bra, svarar Jan Wallander.

Han sätter sig bakom bordet. Fäster ögonen stilla på mig och döljer munnen bakom en stor hand. Är tyst.

Jag börjar prata alldeles för mycket. Han säger några få saker som alla är mycket innehållsrika.

Efter lite inledande prat om Hugo Stenbeck närmar jag mig tassande ämnet Fagersta, som blev en hjälpande hand till Jan Stenbeck i maktkampen kring hans övertagande av Kinnevik. Jan Wallander sitter tyst och lyssnar på mina försök att formulera en fråga. Så tar han plötsligt bort handen från munnen och säger:

– Det uppstod en situation i alla dessa turer där banken kunde ställa sig på den ena sidan eller den andra. Jag ställde mig på Jans sida.

– Varför?

– Jag trodde han var duktig.

– Hur gjorde du när du ställde dig på hans sida?

Jan Wallander kliar sig i huvudet, plötsligt pensionär.

– Jag minns inte exakt. Det var väldigt mycket krångel i Fagersta och Sandvikaktier. Jag har för mig att det fanns aktier i bankens stiftelser... jag minns inte exakt...

Hedersordförandens privilegium, att inte behöva minnas teknikaliteterna. Bara tänka stort.

– Generellt, säger Jan Wallander, vill folk ofta tillskriva banken större makt och handlingsfrihet än vad som är reellt.

– Nej, säger jag, ni kan inte helt efter eget huvud bestämma vilket lopp händelsernas flod ska ta från dag till dag, men ni kan navigera och styra en del inom forsen.

– Ja, ja, säger Wallander och verkar gilla bilden.

– Inte minst Jan, fortsätter han, har en tendens att uppleva olika situationer som personliga spel snarare än uttryck för ekonomiska realiteter.

Avslutningsvis:

– Det finns en gammal vänskap mellan Jan och mig. Det tror jag är en ömsesidig upplevelse. Vi har stött honom i olika sammanhang.

*

Maktsamlingen fortsatte.

Jan Stenbeck startade finansbolaget Finvik, och lät Kinnevik köpa försäkringsbolaget Atlantica, för att bygga upp en verksamhet i finansiella tjänster – något han sedan inte hunnit ta ordentligt tag i förrän tjugo år senare.

1980 började Jan Stenbeck bygga motorgruppen Svenska Motor AB inom Kinnevik, när han köpte Svenska Traktor AB och agenturen för Toyota. Det var oljekris, bilar var inget man ville vara i om man kunde slippa. En starkt mytologiserad Stenbeckhistoria, mycket spridd bland journalister med eller utan egen Kinnevikerfarenhet, beskriver hur Margaretha af Ugglas kritiserade motorsatsningarna och hur Jan Stenbeck då slängde upp fönstret mot Skeppsbron och sa: »Lukta! Är det lukten av hästskit du känner?« Som historien berättas bland Stenbecks folk var det av fåfänga syster Margaretha (m) var emot bilbranschen, den ska inte ha varit fin nog åt familjeföretaget, men hon kan ju också ha bedömt att bilismen befann sig i en nedgångstid. I så fall var hon inte ensam. Toyotaagenturen köpte Kinnevik av bröderna Sven och Christer Salén, arvtagare till Salénrederiets bananbåtsförmögenhet, ett par jämnåriga och likasinnade affärsbekanta till Jan Stenbeck, tidvis med plats i Kinnevikstyrelsen. Några år senare var de huvudpersoner i Saléninvests gigantiska och välplanerade konkurs. Även där, i svallet efter den största företagskollapsen i Sverige sedan Kreugerkraschen, var Jan Stenbeck inne och försökte hitta ett grepp för Kinnevik i kylbåtsbranschen, utan att lyckas.

Fagersta och Sandvik var båda engagerade i förhandlingar om specialstålets framtid i Sverige. Smärtsamma strukturomvandlingar och upphetsade massmedier väntade. Daniel Johannesson flyttade från Halmstads Jernverk, det minsta bolaget i Kinneviks järn- och stålgrupp, till Fagersta som VD.

Jan Stenbeck processade med sina systrar. Margaretha af Ugglas och Elisabeth Stenbeck-Silfverstolpe ville sälja sina aktier på den öppna marknaden för att få bästa pris när de nu avsåg att utträda ur familjearvet. Jan Stenbeck hävdade att hembudsrätten tvingade dem att sälja till någon av de befintliga aktieägarna, det vill säga till Jan Stenbeck eller deras mor Märtha.

*

1969 hade Percy Barnevik kommit till Sandvikens Järnverk som ansvarig för administrativ rationalisering och ADB – vilket på den tiden var ett stort, pionjärliknande projekt. Det var då den allmänna databehandlingen bröt igenom, företag över hela världen tog IBM i handen och vågade språnget från hålkort till magnetband. Ett exempel på vad datoriseringen av logistik, order och lager har inneburit är att Sandvik under de följande femton åren förkortade tiden från order till leverans från två månader till 24 timmar. Från 60 dygns acceptabel reaktionstid till att effektuera över natten (förr sov man då); det är en skillnad mellan två universum. Det är Nicholas Negropontes nya digitala värld, där det inte är de stora som äter de små utan de snabba som äter de långsamma.

Percy Barnevik var påläggskalv. »Ibland trodde man nästan att han var koncernchef i Sandvik«, säger en kollega i Martin Haags och Bo Petterssons biografi Percy Barnevik – makten, myten, människan. 1973 fick Percy Barnevik titeln controller och var i praktiken direktörsassistent åt VD Arne Westerberg, som efterträtt den legendomspunne, fromme och flitige Wilhelm Haglund. Westerberg kom från Halmstads Jernverk, ett Kinnevikföretag som tillverkade armeringsjärn med importerat järnskrot och rysk malm som råvara; snygg idé, men inte så tjusig.

1975 blev Percy Barnevik chef för Sandvik Inc, bolagets hela verksamhet i USA, med både tillverkning och försäljning, 1.000 anställda och en omsättning på 400 miljoner kronor. Percy Barnevik var 33 år – han är ett år äldre än Jan Stenbeck – ett VD-ämne som odlades. Själv har han kallat sina fyra år i USA »den viktigaste erfarenheten under mitt liv«.

Medan Barnevik var i USA dog både Hugo junior och den gamle Hugo Stenbeck, och Jan Stenbeck blev ledare för Kinnevik. Sommaren 1979 kallades Percy Barnevik hem för att bli vice VD. Inte VD. Jan Stenbeck hade beslutat att Percy Barnevik behövde stå på tillväxt, och att Sandviks stålchef Lennart Ollén under några år skulle hålla VD-stolen.

Barnevik flyttade hem till Sandviken. Allt verkade lugnt så långt Jan Stenbeck kunde se. Men det fanns fler som var intresserade av talangen Barnevik.

I november samma år berättade Percy Barnevik att han värvats till Asea som VD. Där, på det wallenbergska globala kraftindustribolaget – senare fusionerat med Brown Boveri till ABB – inledde Percy Barnevik den bana som under hela 1990-talet skulle ge honom en ohotad ställning som den svenska näringslivsaristokratins absolut högsta höns och mest respekterade auktoritet. En abstrakt, rationell tjänstemannakung, internationellt respekterad. Ett slätt ansikte åt storfinansen, som inte utlöste aggressioner hos media.

Jan Stenbeck:

– Percy Barnevik kom till oss från Ax:son Johnson som – för att låna Jan Guillous i och för sig inte så trevliga ord – sån här »räknenisse«, och hade under Arne Westerberg blivit jävligt kunnig. Han hade varit dotterbolagschef i USA, kom tillbaka och blev finansdirektör i Sandvik, och vi hade sagt åt honom att han måste vänta två år och sedan bli VD. Och jag ville ha Lennart Ollén som var en stor och stabil gubbe, medan Barnevik visade att han kunde klara sig i Sverige igen. Han hade blivit väldigt Amerikaälskande. Men då slutförde han egentligen en förhandling om att bli VD i Asea, och talade om det för oss i november. Så han stod sedan på Wallenbergsidan och kunde hela Kinnevikgruppen, och kunde Sandvik och kunde allting.

Till Martin Haag och Bo Pettersson säger Jan Stenbeck att Percy Barnevik tog emot en summa på »minst 100.000 dollar« från Sandvik innan han reste hem för att stå på tillväxt i Sandviken. Pengarna placerades enligt Stenbecks uppgifter i USA: ett sparkapital utanför svenska skattemyndigheters räckvidd, en liten förmögenhet, fuck-off-pengar, som det kallas.

Formellt förklarades pengarna som en bonus, men den egentliga avsikten med utbetalningen, enligt vad Jan Stenbeck förklarat för Barneviks biografer, var från företagsledningens sida att skapa lojalitet hos och visa förtroende för påläggskalven. En handpenning på Barnevik.

Jan Stenbeck kände sig bedragen av Percy Barnevik. Känner sig fortfarande bedragen – och det blev han väl också. Det är med sådana spel och knep en obemedlad men begåvad medelklass bygger maktpositioner gentemot ägarkapitalister. Meritokraten mot Huvudägaren.

Machiavelli skriver om detta också: Fursten bör personligen utföra befälhavarens plikter, lejda fältherrar är inte att lita på, för om denne är duktig vill han ta makten från dig och är han oduglig störtar han dig i fördärvet på det sättet. När viktiga erövringar ska göras duger det inte att sitta i styrelsen och röka cigarr.»Francesco Sforza blev hertig av Milano från att ha varit privatman, därför att han var beväpnad och rustad, hans söner blev privatmän från att ha varit hertigar därför att de flydde ifrån alla besvär med vapnen.« Förändringstid är Machiavellitid, entreprenörskap en Machiavellisk gren, där man ska skriva sina egna lagar.

Den djärve huvudägaren är en figur som fungerar bättre i förändringstid, mindre bra i de mellanliggande plana tidsperioderna, som är tjänstemannastyrets tid.

Det går naturligtvis att ha invändningar mot schematiseringen. Var till exempel inte Marcus Wallenberg, verksam under efterkrigstidens stabila och plana tillväxtperiod, en självsvåldigt drivande furste? Jo, men kanske kamouflerad bakom svalt tjänstemannamässig byråkrati, mästerligt anpassad till samtidens krav och villkor. Inom Kinnevik har flera anställda direktörer gjort djärva entreprenörsinsatser, men det har ju varit i Stenbecks värld, under hans lag.

Ett undantag från regeln tycks vara den fromme och flitige Wilhelm Haglund, arbetarsonen som förändrade Sandvikens Jernverk utifrån en ställning byggd på merit och inte ägande, men han opererade under en period då den gamla ägarmakten förtvinade och lämnade ett tomrum. Och han var ju också unik.

Det unika med Jan Stenbeck är att han klarar sig så pass bra på båda sidor av skiljelinjen. Han har både kläckt (eller fångat) omvälvande idéer och industrialiserat dem: det vill säga finansierat, byggt och bevarat kontrollen på global skala. Han har både kunnat skapa nytt och behålla det, både kunnat leka och tukta.

De flesta tvingas koncentrera sig på endera grenen. De dubbla mästerspelarna är lite kusliga.

*

1981 beslutade tingsrätten att systrarna hade rätt att sälja sina aktier till vem de ville. Beslutet överklagades och processen fortsatte, ovissheten förlängdes ett par år.

Den första större artikeln om Jan Stenbeck i *Affärsvärlden* är från oktober 1981. Passfotot är uppdraget på omslaget så att det

är flera millimeter mellan rasterprickarna; det var den enda bild
av Jan Stenbeck som fanns att tillgå.

Rubrik: »Det okända Kinnevik och dess makthavare«.

I artikeln beskrivs Kinnevik som en normal svensk industri-
koncern, men lite konstig:

Kinnevikgruppen är en av Sveriges mest svåranalyserade koncerner.
Det beror bland annat på att ägarfamiljen Stenbeck valt att verka inåt
men inte synas utåt. Bakom Kinneviks fasad döljer sig emellertid
miljardtillgångar i form av skog och framför allt inflationssäker
vattenkraft.

Jan Stenbecks Kinnevik i puppstadiet.

Kinnevik ses i huvudsak som en stålgrupp, därför problem-
tyngd, som skaffat sig stora värden i vattenkraften i Krångede:

Den mäktiga, men anmärkningsvärt anonyma Kinnevikgruppen
har i skymundan tagit kontrollen över ett av Sveriges attraktivaste
kraftbolag – Krångede. Detta skedde när Kinnevik förvärvade 40
procent av röstetalet i Fagersta av [Handelsbankens investmentbolag]
Industrivärden i utbyte mot Sandvikaktier. Kinnevik kontrollerar
efter transaktionen 46,5 procent i Krångede. Å andra sidan har
köpet lett till att Kinnevik sitter djupare fast i specialstålet med ökad
riskexponering som följd.

Nu behöver man pressa ut mer värde ur Korsnäs, få stil på Fa-
gersta, och se till att bil- och traktorhandlarna i Svenska Motor
AB börjar göra vinst, menar *Affärsvärlden*. Mobiltelefonin nämns
mycket kortfattat:

Comvik, f.d. Företagstelefon AB, är senaste tillskottet i SMA-gruppen.
Företagets verksamhetsområde är radiokommunikation/biltelefon.
Omsättningen beräknas i år uppgå till 30–40 mkr. Framtidsutsik-

terna är emellertid osäkra eftersom Televerket tycks ha ambitioner att skapa monopol på marknaden. Ärendet ligger för närvarande hos NO.

Det är allt.

1982 köpte Kinnevik ytterligare en fastighet i kvarteret Diana i Gamla Stan, Diana:4, adresserna Brunnsgränd 6/Österlånggatan 17. Ett vackert grönputsat och fönsterrikt hus med klassisk fasad och skarpa linjer, som fick sin anabola 1700-talsstil när en hel våning byggdes på den äldre byggnaden år 1901. Övervåningarna strävar en bra bit över huvudet på den beridne S:t Göran som slåss mot draken på sin kullerstensbelagda högplatå tvärsöver Österlånggatans snäva ravin. Huset ligger alltså på baksidan av det kvarter där Kinneviks huvudkontor i Skeppsbron 18 sträcker upp sig som ett punschgult skjortbröst utåt vattnet; Gröna Huset sluter sig diskret inåt gränderna. Arbete och fritid. Palatset och lustgården.

Gröna Huset är ett typiskt Gamla stan-hus, som haft butik i gatuplanet, småkontor ovanpå, och på de översta våningarna några små lägenheter. Märkligt smalt och kompakt, egentligen bara en trappuppgång med några meters marginal åt alla håll. Intill trappan är en ljusgård, hela vägen från topp till botten.

Kinnevik bad stadsbyggnadskontoret om förhandsbesked på en ombyggnad av Diana:4 till hotell, med restaurang på de båda bottenplanen, och inredning av etagelägenhet på de tre vindsplanen: taket i denna spektakulära våning är delvis glasat eftersom det är ljusgårdens övre ände, ljusinsläppet.

Det blev ett bestämt avslag. Hotell vore helt i strid med stadsplanen för området.

Nästa år, 1983, kom Kinnevik igen med reviderade ritningar. Man har tänkt om, och vill göra Diana:4 till »flerbostadshus«. I botten är det fortfarande restaurang och överst samma etagelägenhet i tre plan. Ändringarna är smärre. Lägenheterna på mellanvåningarna har blivit aningen större. Ett »barnvagnsrum« har tillkommit nere i trapphuset, och står mycket tydligt utmärkt på ritningen.

Stadsbyggnadskontoret våndades en del över den ovanliga etagevåningen överst, men godkände.

Sedan dess har Gröna Huset ändå fungerat som hotell, för Kinnevikgruppens eget bruk. Det finns en dam som är *manager* för hotellet, det finns en tariff för interndebitering: prisnivån ligger över andra hotell av motsvarande standard i Stockholm. Det är inte billigt men det gör ju förstås lite extra intryck när en dotterbolagschef kan husera viktiga gäster i koncernens eget hotell, beläget mitt i riket, mitt i Stenbecks värld.

Killen som jobbade som »Luma« (gammaldags Stockholms-slang för ljushuvud, efter glödlampemärket, och Kinneviks internord för organisationens *trainee*, en ung och framåt direk-törsassistent åt Jan Stenbeck) när hotellet organiserades fick jaga runt på auktioner och köpa oskarianska grejer till gästrummens inredning, »dåliga antikviteter«, förklarar en direktör. Alltså gamla grejer, fina grejer, dyra grejer med kvalitet, men sådant som av den snobbiga eftervärlden kommit att betraktas som dålig smak, vulgärt. Sådant gillar Jan, det är hans stil: containerfynd från överklassen.

Etagevåningen överst är förstås Jan Stenbecks. Huvudägarens Stockholmsbostad.

Det är tydligt att Jan Stenbeck förälskat sig i hotellmetaforen och hållit fast vid den trots att upplägget inte fungerade formellt, och i realiteten inte behövdes. Flera av direktörerna som var med under de tidiga åren fnissar gott åt påhittet: han kunde inte ha egendom i Sverige av skatteskäl, så då lät han i stället företaget starta ett hotell, och överst var det en svit som hade mycket hög beläggning – det är Jan, det.

Jan Guillou som mött Gröna Huset ur ett annat perspektiv, och står med sitt namn på skylten i porten som Stenbecks trofé, fnyser åt samma snack:

– Han skröt med att han hade ett hotell eftersom han inte fick bo i Sverige.

Observera att historien är präglad av sjuttiotalshumor kring skattefrågor: ett slags välfärdssvenska fräckisar. Nu är vitsen inte lika tydlig längre, i en rörligare och avreglerad värld.

– Men det är ett hotell! invänder en senare direktör inom koncernen när jag benämner Gröna Huset det »så kallade« hotellet.

Så jag berättar om mina fynd på stadsbyggnadskontoret, om hotellplanerna som fick avslag och hur det sedan lanserades som flerbostadshus med barnvagnsrum.

– Det där är Jan, säger direktören, rätt förtjust. Det är säkert han som sagt: »Rita dit ett barnvagnsrum så får vi se om de köper det då!«

Den kände stockholmskrögaren Erik Lallerstedt, som varit med från planeringsstadiet i Jan Stenbecks omvandling av Gröna Huset, flyttade sin restaurang Erik's från båten på Strandvägen till lokalerna i Gamla Stan. Där var Erik's under många år den ryktesomsusade, halvslutna platsen för lyx och njutning i Stenbecks värld. När stället började frekventeras av journalister som värvats till Kinneviks mediesatsningar läckte det även ut till pressen vad Husse tyckte om att dricka: champagne och Gammeldansk.

*

På våren 1983 fastställde hovrätten att Jan Stenbecks systrar hade rätt att sälja sina Kinnevikaktier externt. Möjligheterna för utomstående att utmana Jan Stenbecks kontroll över Kinnevik, Sandvik och Korsnäs ökade, och det fanns som sagt intresserade. Både lejon och hyenor.

På sommaren skulle det braka loss, med crescendo under september och oktober.

Tre händelseförlopp är sammantvinnade. När man inser att de pågick samtidigt – och var för sig hade avgörande betydelse för Kinnevik och påkallade företagsledningens odelade uppmärksamhet – blir intrycket en vanvettigt kompakt dramatik.

Inför hotet att systrarnas aktier skulle hamna hos en utomstående säkrade Jan Stenbeck kontrollen genom en så kallad »reverse takeover« där Fagersta köpte sin huvudägare Kinnevik. Under tiden gjorde det vanligtvis fredliga Skånska Cementgjuteriet en överraskande attack och lyckades ta Sandvik ifrån Kinnevik.

Jan Stenbeck gick ur striden med ett halverat arvrike. Men han gick.

Daniel Johannesson, då VD i Fagersta, senare VD och koncernchef i Kinnevik, nu generaldirektör för SJ:

– Jag satt i Fagersta och jobbade med upptakten till hela omstruktureringen av stålbranschen, medan Jan satt i Stockholm och snabbt som fan kokte ihop en *reverse takeover* som man aldrig hört talas om i Sverige tidigare. Det var han och Christer Brandberg, som hade blivit utsparkad från Polar och var lite tilltufsad, men en talang av något slag. Sådana fiskar Jan gärna upp, och ger ett kontor. Så fick han en billig och lojal konsult.

Det går en historia om Christer Brandberg också, som återges för mig av en annan före detta Kinnevikdirektör: »Brandberg är den enda ekonomen på Electrolux som använder kokt spaghetti när han ska dra ett rakt streck«, sa Hans Werthén, den legendariske Electroluxchefen, om den unge okonventionelle talangen när han var där.

Det tekniska utförandet i baklängesaffären var komplicerat och arbetskrävande, grundtanken enkel.

I ett första steg skulle Fagersta köpa de styrande aktierna i Kinnevik – Jan Stenbecks, mamma Märthas, familjerna Klingspors och von Horns. I nästa steg skulle Fagersta lägga ett bud på övriga Kinnevikaktier, med betalning i Fagerstaaktier, och så var det ombytta roller: Fagersta ägde Kinnevik, de gamla aktieägare som ville hade följt med i flytten, och Jan Stenbecks och hans vänners kontroll över bolaget var stärkt. Systrarnas Kinnevikaktier skulle inte länge ha någon maktegenskap. De skulle ha att välja mellan att sälja aktierna (vilket de senare också gjorde, till Fagersta för 100 miljoner kronor) eller växla över dem till aktier i ett Fagersta som var lillebrors styrinstrument (vilket hade lönat sig otroligt mycket bättre på sikt, men det kunde man ju knappast tro då, och kanske brydde sig inte systrarna om sådana överväganden vid det laget).

– Så plötsligt, säger Daniel Johannesson med ett leende, fick det bolag där jag var chef ett affärsförslag från en av mina styrelsemedlemmar. Och inte vilken medlem som helst, utan Jan Hugo Stenbeck.

– Jag bedömde förslaget ur mina aktieägares perspektiv och fann att det var bra för Fagersta. Jan bedömde det ur båda bolagens perspektiv – det vill säga ur sitt eget.

En av Kinneviks revisorer, Knut Ranby, menade att affären var diskutabel. Det var inte tillåtet för dotterbolag att köpa sitt moderbolag. Han kunde inte skriva under prospektet. De två andra revisorerna – från Bohlins och Ernest & Young – såg inga problem, och signerade där de skulle. Det fanns en tidspress i processen: om inte Fagersta tillräckligt snabbt kunde köpa Kinnevik, skulle någon annan maktsugen aktör kunna köpa systrarnas aktier och då kunde det vara farväl till hela Hugo Stenbecks skapelse och Jan Stenbeck hade inte längre haft något arvrike alls.

– Det var mycket sent i proceduren när Ranby plötsligt hoppade upp och sa detta, säger Daniel Johannesson. Prospektet var tryckt, budet var offentliggjort, bankerna stod redo.

– Det fanns en regel om att dotterbolag inte får köpa moderbolag. Men vad dotterbolag betydde var inte närmare preciserat. Det talades om »bestämmande inflytande«. Ranby ville få testat i domstol vad det betydde. Kinnevik ägde mindre än femtio procent av såväl röster som kapital i Fagersta. Som vi såg det var grundfrågan: Var detta en korrekt affär, där ingen gynnades på bekostnad av någon annan? Och det var det.

– Så prospektet var utskickat till bankerna. I prospektet stod Ranbys namn tryckt, men han hade ju sen bestämt sig för att han inte kunde skriva på. Det var felaktigt att hans namn stod där. Då sa börsstyrelsen att vi måste skicka ut ett nytt prospekt med korrekta uppgifter. De struntade i om Ranby hade rätt eller fel, de tänkte bara på formaliteten. Det var ett enormt bråkande. Vad vi sa lyssnade ingen till, men vi såg hela tiden till att marknaden hade korrekt och fullständig information. Vi gjorde också ett tillägg till prospektet där vi berättade vad Ranby sagt, men att trycka ett helt nytt prospekt vägrade vi – det fanns inte tid till det.

Affären genomfördes och Fagersta tog kontroll över Kinnevik. En avgörande punkt var när Handelsbanken gick med, med de 12 procent av Kinnevik som fanns i bankens pensionsfonder.

Under den andra veckan i september 1983, när Jan Stenbecks Kinnevikledning var upptagen med att försvara och genomföra Fagerstaaffären, började Sandviks aktiekurs plötsligt röra sig på ett svårförklarligt sätt. På några få dagar gick den upp med 30 procent. Stora affärer registrerades utan att någon köpare gav sig till känna, det ryktades också om stora försäljningar utanför börsen.

På kvällen måndagen den 11 september skickade Skånska Cementgjuteriet ut en kommuniké vars innehåll *Affärsvärlden* upphetsat karaktäriserade som »dynamit«: det var Cementgjuteriet som köpt in sig i Sandvik, och nu kallade man till extra bolagsstämma för att byta ut styrelsen. Sandvik behöver en ledning med bättre »industriell initiativkraft«, skrev Cementgjuteriet förolämpande.

På våren samma år hade Cementgjuteriet köpt 10 procent

i Sandvik och bedyrat att det var en ren kapitalplacering utan maktanspråk. (Det är den affären som, enligt Jan Stenbecks informationer, initierades och mäklades av Mats Qviberg på S-E-Banken.)

»Detta«, skrev *Affärsvärlden*, »är ord och inga visor! Har någonsin ett svenskt börsbolag gått så hårt fram i en maktaffär som Cementgjuteriet?«

Skånska Cementgjuteriet stod fritt i förhållande till de stora sfärerna i näringslivet. Under den starke koncernchefen Bengt Haak odlade man ett utpräglat direktörsvälde, och balanserade de olika ägarmakterna mot varandra.

Affärsvärlden häpnade över Cementgjuteriets brutalitet och öppenhet, och rös samtidigt över den uppenbara gängbildningen bakom attacken:

> Kommunikén säger ingenting om vilka styrelsekandidater som Skånska Cementgjuteriet har på lut. Att det blir en namnkunnig församling kan man vara förvissad om. Cementgjuteriet har inte gått ut med denna bannbulla mot Stenbeck utan att vara förankrat i övriga industrisverige.

Affärsvärldens fortsatta kommentar ger en fängslande bild av näringslivets internpolitik: hur en tvetydig image och ihållande kritiska tidningsskriverier kring Fagersta-Kinnevik-affären i det här fallet bedöms ha haft en stor saklig betydelse för skeendet. Hade inte Jan Stenbeck varit utskälld, isolerad och så hopplöst provocerande i sitt sätt, hade Cementgjuteriet inte kunnat gå i land med det här. Han var utanför flocken.

> Det officiella motivet för Cementgjuteriets intervention i Sandvik är alltså industriellt, men självfallet har aktionen också ett samband med de våldsamma protesterna mot Stenbecks maktaffär i Kinnevik-Fagersta.

Sandvik får nu en svensk, seriös ägare, kommer det att heta i kommentarerna, och Cementgjuteriets överraskande inhopp kommer att applåderas från många håll. Inte minst från etablissemanget, som nu kan visa politikerna att man kan hålla rent i eget hus. Cementgjuteriet skulle ha haft väsentligt svårare att genomföra denna affär för två år sedan – om den över huvud taget skulle ha lyckats.

Och tidningen fortsatte krasst:

Inom näringslivet har man i sak upplevt andra maktaffärer av Kinnevik-Fagersta-modell, men då som regel med litet finess. Här blev formerna för magstarka, och det i en tid då de börsetiska frågorna redan börjat bli politiskt utmanande.

Till sist rättade *Affärsvärlden* in sig i gängbildningen:

Men Stenbeck har framför allt sig själv att skylla. Han har inte ord om sig att lyssna och han har skött sin PR i Sverige dåligt, eller rättare sagt, han har inte skött den alls. Man kan ha många synpunkter på det svenska etablissemangets ryggdunkarmentalitet, men som framgångsrik affärsman borde Stenbeck ha lärt sig att all business is local.

Han var utanför flocken, det var förklaringen. Direktörer är inte sämre än djur: de äter inte folk av sin egen sort.

På extrastämman onsdagen den 24 oktober byttes hela styrelsen ut.

»Vi oroades av att tongivande styrelseledamöter syntes upptagna med andra problem«, sa Skanskas VD Birger Löwhagen i sitt tal till stämman.

Percy Barnevik valdes till ordförande i den nya Sandvikstyrelsen.

I Sandviks officiella företagshistoria *Omvandlingen* kommen-

teras avslutningen av Midnattsräden med pokerface:
»Stämman förlöpte utan dramatik.«

*

Som straff för trotset mot börsstyrelsens krav på ett nytt prospekt blev både Fagersta och Kinnevik den 23 september 1983 avregistrerade från Stockholms fondbörs: utslängda ur klassrummet. Kinnevik blev börsnoterat på nytt först 1991.

Den 12 oktober 1983 höll Kinnevik extra bolagsstämma på biografen Draken i Stockholm. Revisorn Knut Ranby hade krävt stämman, hans mål var att få Fagerstas köp av Kinnevik upphävt. Jan Stenbecks systrar stödde Ranby, vilket var logiskt eftersom deras aktier vore mer värda om de också innebar inflytande över företaget. Avgörande för utgången var om Fagersta skulle ha rösträtt vid stämman för sina Kinnevikaktier – fick man det var det kort och gott Jan Stenbeck som bestämde vad stämman skulle besluta. Ordföranden beviljade Fagersta rösträtt, vilket knappast kan ha förvånat, när stämman ju var arrangerad av den sittande Kinnevikledningen, det vill säga av Jan Stenbeck. Sådan är kapitalismen. Striden var egentligen över där. Det finns en pressbild som visar Jan Stenbeck och Margaretha af Ugglas i salongen, med ett par bänkrader tomhet och iskyla mellan sig. Såvitt känt har de inte haft någon kontakt sedan dess, och möttes inte igen förrän på moderns begravning 1992.

Men framför allt finns en pressbild som visar Jan Stenbeck när han kommer ut från stämman. På biografen Draken gick då *Staying Alive* med John Travolta. Jan Stenbeck hade mutat en biografvaktmästare att ändra på skylten så att det stod: »Jan Stenbeck i *Staying Alive*«.

Under denna skylt gjorde Jan Stenbeck sin lika gåtfulla som effektfulla entré i den svenska offentligheten, in i kändisskapet. På pressbilden är han ung och fräsig – 41 år gammal – leende som en mätt katt medan han knäpper kavajen i steget. Utstrålar skamlös affärsglädje.

Under hösten sålde Jan Stenbeck Kinneviks och Korsnäs alla aktier i Sandvik till Skanska.

Hugo Stenbecks »nya Stora Kopparberg« var sönderslaget. Jan Stenbeck hade förlorat halva sitt arvrike, när han inte kunde försvara Sandvik mot de svenska direktörernas gängbildning.

En Kinnevikdirektör säger att Jan Stenbeck svor att aldrig mer ha något med s-e-Banken att göra, eftersom Midnattsräden lades upp av deras stjärnmäklare Mats Qviberg. Och så byggde han nytt, i stället för det gamla de tagit ifrån honom.

För 1983 kom det ingen tryckt årsredovisning från Kinnevik, bara ett tunt pappersark med en delårsrapport där man konstaterade att Kinneviks styrelse tyckte att budet från Fagersta var bra och industriellt riktigt, och därför rekommenderade sina aktieägare att acceptera det. Vid årets slut var Kinnevik ett dotterbolag till Fagersta. Nästa år hade Fagersta bytt namn till Industriförvaltnings AB Kinnevik.

1984 kom det en riktig årsredovisning, nu utförd i nytt format, med ny typografi, samma formgivning som sedan användes så länge Jan Stenbeck levde och ledde Kinnevik.

På årsredovisningens omslag såg man för första gången Kinneviks nya emblem. Enligt samstämmiga uppgifter från folk som arbetat nära Jan Stenbeck var det han själv som utformade denna särpräglade, Tintinaktiga heraldiska symbolvärld som genomsyrar hela Stenbeckgruppen. Han ska ha funnit stort nöje i det. Kinnevikemblemet var först ut.

Mot bakgrund av en böljande blågul flagga, och inskriven i järnsymbolens cirkel och pil, syns vad som liknar en smäcker palm, tecknad med några få eleganta röda streck.

Det är en lilja med fyra långa kronblad. Förebilden är ingen egentlig lilja, utan den botaniskt närstående örten ormbär som växer i bergslagsskogarna. Liljan har sedan 1600-talet varit Fagerstas järnstämpel. Detta är djup brukshistoria, med förgreningar långt ner i hjärterötterna på både arbetarrörelse och kapitalism i vårt land.

Varje järnverk hade sitt ursprungsmärke, som hamrades in i produkten med en stämpel. Därav namnet järnstämpel, därav också det kärvt renskalade formspråket.

Som modernt varumärke för Fagersta Bruks AB var liljan utförd i företagets mellanblå profilfärg. Fagerstablått, någonstans mittemellan Sandvikblått och Handelsbankblått, är en färgton som fortfarande stänker fram i ortens stadsbild, synlig på industribyggnader, portar och skyltar – somliga rostande kvarlämningar och somliga tillhörande Fagersta Stainless, trådtillverkningen som blev kvar av bruksbolaget, med Sandvik och finska Outokumpu som ägare.

När Jan Stenbeck omdefinierade Fagerstaliljan till Kinneviks emblem, och därmed till symbol för helt andra saker än bruksindustrins orubbliga stabilitet, lät han den byta färg till klarröd.

Som bolagets säte angav årsredovisningen Gamla Brukskontoret, Fagersta. Det lilla, låga trähuset med klocktorn på taket intill bruksherrgården var den enda del av Fagerstakoncernen som Jan Stenbeck behöll i sitt Kinnevik.

På omslagets insida fanns ett citat ur Voltaires satiriska roman Candide:

> – Allt har ett sammanhang i denna den bästa av tänkbara världar. Ty om ni icke för er kärlek till fröken Kunigunda blivit utjagad ur ett skönt slott medelst kraftiga sparkar i er bak, om ni icke hade råkat ut för inkvisitionen, om ni icke till fots hade släpat er genom Amerika, om ni icke hade förlorat era baggar från det härliga Eldorado, så skulle ni icke sitta här och äta syltad cederbark och pistacier.
> – Det är väl talat, svarade Candide, men låt oss nu odla vår trädgård.

*

Jag frågar Daniel Johannesson vad det betydde för Kinnevik/ Fagersta att vara ställt utanför börsen.

Vi sitter i ett sammanträdesrum på generaldirektörens våning i Stockholms Centralstation. Allt är respektingivande och anrikt och panelerat i mörk ek. Generaldirektören för Statens järnvägar börjar fnissa.

– ...det är otroligt... Det betydde ingenting. Alla mäklare och banker handlade Kinnevik ändå. Vi vände oss ju inte främst till institutioner, utan Kinnevikaktien var marknadsförd som något för privatpersoner som hade kapital att placera och ville vara med på en resa. Det var ingen skillnad alls – förutom den stora fördelen att det inte var någon förmögenhetsskatt.

Generaldirektören fnissar en stund igen.

– Om ett bolag inte var börsnoterat behövde man inte ta upp aktierna i deklarationen. Det är otroligt.

Generaldirektören samlar sig.

– Efter allt detta bråkande visade det sig att ingen hade blivit förfördelad. Jag hade inte dåligt samvete. Har inte dåligt samvete. Ingen har beivrat något i domstol. Och alla har ju de facto blivit förfärligt rika. Framför allt de som behöll sina aktier och var med på hela den här resan sen. De är ju försörjda på det.

Ett leende igen:

– Det står i Kinneviks bolagsordning att syftet är att bereda aktieägarna vinst. Så är det ju i alla bolag – men man skriver inte ut det. Det låter lite fult. Det tyckte vi var jätteroligt att skriva.

Till sist:

– Jag gick stärkt ur det där. Jag fick med mig en tro på min egen förmåga att bedöma vad som är rätt och fel. En insikt att rätt har man i hjärtat, inte i en bokstavstro.

*

– Så det var aldrig en familjefejd, säger Jan Stenbeck, efter att snabbt ha skissat sig igenom händelserna under maktsamlingen och dess urladdning hösten 1983.

– Utan det var, föreslår jag, något som gjordes för att man såg ett företag i omvandling, kris, gungning, och då kunde man hoppa in och försöka hugga för sig… ?

Han går rakt på.

– Den enda lilla kris vi hade haft var en valutasmäll, en spekulation av en kille på finansavdelningen på Sandvik. Den var så här stor [måttar några centimeter med nypan]. Sen har ju Skanska och alla de andra haft hundra gånger så stora smällar som vi hade.

– Vi hade ingen kris. Det är mera det här att… svenskt näringsliv är som hela havet stormar för en dansklubb, va. Här har du en massa fina bolag, fina positioner, titlar, säten, styrelseplatser, dotterbolags styrelseplatser och liknande. Och jag sitter i Amerika. Och då får folk för sig att de kan knuffa ut mig.

– Jag fick en fråga en gång av en kille: Jan, hur kan du tänka dig att du ska sitta i New York och sköta de här två–tre stora svenska bolagen? Och jag ställde motfrågan: Hur kan du tänka dig att man skulle sitta i Sandviken och driva, vad man nu hade, 160 dotterbolag i hela världen? Han tittade på mig: ? Han förstod liksom inte vad jag menade. Men den som sitter i New York har ju informationsövertaget över den som sitter i Gävle eller Sandviken. Till och med mot den som sitter på Karlavägen.

*

Det var sen höst 1983. Maktsamlingens ovissa period var över, striden avslutad, fotfästet erövrat. Nu började Jan Stenbeck arbeta på sitt egentliga projekt som ledare för Kinnevik, att bygga nytt i verksamheter som inte fanns ännu och skapa positioner på marknader som inte uppstått.

Han hade tjuvstartat.

KAPITEL TRETTON

Mobiltelefoni
[1980–1990]

DEN 25 MAJ 1979 kraschade American Airlines flight 191 med destination Los Angeles vid starten från O'Hareflygplatsen i Chicago. En motor och en del av vingen slets loss när planet lyfte. Olycksorsaken var enligt haveriutredningen en materialskada som orsakats av dåligt underhåll. Det var den dittills värsta flygolyckan i USA. 271 människor ombord dödades, och två personer som befann sig på marken. Planet var en DC10.

Torsten Press är en legendar från charterbranschens pionjärtid. Han var en av de påhittiga människor som skapade marknadsföringsbara och masstillverkade produkter av det tidigare så spretiga resandet; de konsumentförpackade en blandning av infrastruktur och längtan. Fantastiska affärer.

1962 blev Torsten Press VD för nystartade Club 33, som senare slogs samman med Vingresor. När SAS 1971 köpte Vingresor blev Torsten Press styrelseordförande och satt kvar på den posten till 1975. Under Torsten Press tid som VD för Vingresor anställdes Jan Carlzon, den blivande SAS-chefen, pyramidrivaren, managementgurun.

Efter sina många år på Ving kände Torsten Press mot slutet av sjuttiotalet att det var dags att dra i gång något nytt.

– Jag hade en idé om att börja med flygplansleasing, säger Torsten Press. Vi skulle köpa en DC10 från Thai. Ingen ville ha DC10:or efter den där kraschen i Chicago, så man kunde komma över dem billigt. Men jag hade en kompis som kunde flygplan, och han sa att det inte var något fel på planen. Det var den mänskliga faktorn, så de skulle komma tillbaka och gå upp i värde igen. Det var bra plan.

Torsten Press gick till sina vänner på Handelsbanken och frågade vem som kunde finansiera en sådan sak. Och de sa: »Prata med Jan Stenbeck.«

– Vi träffades. Han var lite intresserad av min idé, säger Torsten Press. Men då berättade han också om något nytt, som han tyckte att jag skulle jobba med i stället. Att man kunde telefonera medan man rörde sig. Ha en telefon i bilen. Det lät ju fantastiskt och spännande.

*

De ledande länderna i mobiltelefonins utveckling är Sverige och USA. Den amerikanske telekomkonsulten Garry A. Garrard som skrivit branschens historia i *Cellular Communications – World-wide Market Development* [1998] skildrar ett omständigheternas växelspel som varit tursamt för Jan Stenbeck, svensk och amerikansk företagare. Hände det inte först i Sverige så hände det först i USA. När det körde fast i USA lossnade det i Sverige, och omvänt.

Världens första mobiltelefonsystem togs i bruk i USA strax efter andra världskriget. Redan 1947 hade telefonbolaget Bells ingenjörer kommit på cellulärtekniken, tanken att man delar ett täckningsområde i små bitar och på så sätt ökar kapaciteten för samtidiga samtal radikalt: en frekvens som används av ett samtal i en cell kan användas av någon annan i cellen intill, och så vidare. Konkret innebär cellulärtekniken att man ställer ut en mängd små sändare i ett täckningsområde – det är de smala grå lådor vi nu vant oss vid att se på hustaken i våra storstäder – i stället för att ha en stor och stark sändare som täcker hela området.

Cellulärtekniken gör slut på frekvensbristen och gör telefoni av mobilradion. Men 1947 låg tanken långt före de tekniska realiteterna. Den tidens elektromekaniska växlar var för långsamma för att kunna flytta ett pågående samtal mellan olika celler, den

274 PER ANDERSSON ❧ Stenbeck

förmåga som branschfolket kallar *handover* och som är ganska avgörande för att mobiltelefonin ska vara mobil på riktigt. Utan en automatisk och krångelfri *handover* mellan olika sändare/celler hade man varit tvungen att stanna bilen medan man pratade, eller akta sig för att knalla runt fel gathörn. Först runt 1970 hade transistoriseringen utvecklats så långt att de elektroniska växlar som Bells tekniker drömt om 1947 blev realiserbara.

I Sverige satte Televerket i gång sitt Mobiltelefonsystem A, MTA, 1955. Det var världens första automatiska mobiltelesystem, där abonnenten själv kunde ringa upp och ta emot samtal från det fasta telenätet utan hjälp av en växeltelefonist. Det täckte bara storstadsområdena, och hanterade mycket få anslutna telefoner. Systemet var utvecklat av Televerket och L. M. Ericsson i nära samarbete.

1961 hade Televerkets generaldirektör i sin tjänstelimousin en specialbyggd Cobra, en av de tretton telefoner som var anslutna till testriggningen av MTB, ett snabbare och billigare system byggt på transistorteknik. Den heltransistoriserade andra generationen MTB-telefoner var utförda i svart bakelit och vägde nio kilo.

En avgörande olikhet med dagens mobiltelefoni var att MTB bara kunde hantera sex samtal samtidigt i Stockholm. Det fanns inga som helst tankar på att mobiltelefoni skulle kunna vara en stor konsumentmarknad, inte ens en het företagsmarknad. Snarare sågs mobiltelefonin som en samhällsservice, något som monopolverket ansvarsfullt tillhandahöll åt dem som hade seriöst behov av den. 1967 fanns totalt 450 mobiltelefonabonnenter i Sverige. Typiska användare var läkare, veterinärer, låssmeder, ambulansförare, taxiföretag, åkare, banker, bärgningsbilar.

1969 började de nordiska televerken tillsammans utveckla en ny gemensam standard för ett automatiskt system, den döptes till NMT – Nordisk Mobiltelefon – och projektgruppen kallades NMT-gruppen. De påbörjade sin tolvåriga vandring mot marknaden. Nu hade det börjat komma uppstickare lite varstans, som fått tillåtelse att köra mobilradionät för traktens veterinärer och låssmeder med manuell koppling till det fasta telenätet. De var välkomna att hjälpa Televerket med den påfrestande rikstäckningen, men hölls nogsamt undan från en utveckling som kunde göra dem farliga för det prioriterade NMT-systemet. I tidens lilla skala hade de ändå blivit ett hot: 1971 hade Televerket 500 mobilabonnenter, de privata alternativen 215 tillsammans. Parallellt med att NMT-arbetet pågick sjösatte Televerket MTD för att bevara greppet om marknaden. MTD var visserligen manuellt kopplat – en teknologisk taktisk reträtt – men billigare, lättare, bättre, och hade större kapacitet än något man tidigare sett.

För att ringa upp någon i MTD måste man veta ungefär var personen befann sig, så att växeltelefonisten skulle kunna skicka i väg samtalet till rätt basstation ute i landet. Det fanns ingen automatiserad övergång mellan olika basstationer, rullade man över en gräns bröts samtalet. I sin ursprungliga form var MTD ett öppet system där abonnenter kunde lyssna på varandras samtal och numren ropades upp i etern, som från en taxiväxel.

MTD blev en publiksuccé ändå, med tusentals nya abonnenter årligen. Marknaden visade sig ha en helt ny skala. När MTD vid sjuttiotalets slut nått upp mot 20.000 abonnenter bröt ekonomin i systemet samman för då krävdes det så många växeltelefonister för att hantera samtalen. De var den dyra faktorn i ekvationen.

De prognoser som gjorts för mobiltelefonins tillväxt har konsekvent missat målet. Även företagen som satsat pengarna och energin i branschen har gravt underskattat dess potential. Det som är verklighet ett år hade verkat orimligt bara året innan; det har varit branschens normala gång.

NMT-gruppen, anförd av den i sin nisch legendariske ingenjören Östen Mäkitalo från Televerkets radiolaboratorium, arbetade vidare på ett helautomatiskt system, byggt med den då nya mikroprocesstekniken: ett litet silikonchip fullt av transistorer, som kunde göra saker som verkat rena nippran bara något år tidigare. Ett pilotsystem sattes upp som gjorde grundliga tester av all utrustning, växlar, basstationer och telefoner. Det pågick i över två år och avslutades 1978.

Ett viktigt traditionsbrott var att televerken i NMT inte tänkte hyra ut apparaten till abonnenten. I stället skulle kunderna få köpa sina apparater. Och de skulle tillverkas av industrin, enligt öppna specifikationer för systemet, och typgodkännas av Televerket. Marknaden fick komma in, och så slapp televerken binda kapital i tusentals mobiltelefoner. Tidigare hade det varit Televerkets hårda linje att äga apparaturen. Själv minns jag de första faxarna jag mötte i mitt liv: brandgula klumpar som hängde på väggen i *Sydsvenskans* Eslövsredaktion och var Televerkets egendom, märkta med respektingivande plåtskyltar. Krånglade de fick man ringa ett speciellt nummer och så kom en av verkets reparatörer och frågade om man mixtrat själv.

Det var en mental berlinmur som föll i telebranschen när det inte längre var exklusivt förbehållet Televerket att äga och handha telefonutrustning. Telefonsvarare, personsökare och med tiden framför allt mobiltelefoner var produkterna som drev på utvecklingen. Att äga en konstigt utformad, »amerikansk« telefon, köpt i en av de nya, konstiga teleimportaffärer som växte upp på städernas bakgator, var vid en viss, konstig tid i åttiotalets början en borgerligt revolutionär gest: en trotsig ohörsamhet mot förmyndarsamhällets grå Dialoger och Diavoxer.

*

I USA hade AT&T under sextiotalet drivit på för att få frekvensutrymme för att expandera mobiltelefonin, och utveckla cellulärtekniken – den förlösande teknologin. Den ansvariga myndigheten Federal Communications Commission, FCC, var svårövertygad, men ihärdig lobbying från AT&T:s sida hade nött ner motståndet under början av sjuttiotalet. 1974 hade FCC bestämt ett frekvensområde för försöken och inbjöd industrin att komma med ansökningar. AT&T i Illinois var först med sin ansökan, fick sin försökslicens 1977 och kunde starta sitt system i Chicago i december 1978. En andra licens gavs till Motorola, som på grund av tekniskt krångel fick liv i sitt system i Washington DC först i december 1980.

En tredje licens gavs till Millicom, Jan Stenbecks och Shelby Bryans bolag som bildats 1979 för att härbärgera mobilutvecklingsavdelningen från Miltope. Millicom profilerade sig djärvt gentemot konkurrenterna genom att inrikta sitt försökssystem i Raleigh-Durham, North Carolina, på att utveckla en handhållen mobiltelefon. Det var Jan Stenbecks och Shelby Bryans vision: att man skulle kunna knalla runt med en personlig telefon i fickan. Först 1986–1987 förverkligades visionen, av Motorola 8000 och Nokias Mobira Cityman för NMT 900-systemet. Innan dess bestod alla mobiltelefoner av en axelremsväska och en lur med sladd, om inte apparaturen satt fast monterad i en bil. I sitt tio år tidigare projekt att ta fram en handhållen mobil samarbetade Millicom med den amerikanska radiotillverkaren E. F. Johnson, och det brittiska bolaget Racal – en liten, framåt, entreprenörsdriven tillverkare av radioutrustning främst för försvarsbruk.

Någon fungerande handhållen mobiltelefon fick de inte fram den gången, men det blev andra givande samarbeten.

*

Samtidigt som de första cellulärförsöken förbereddes i USA drev Östen Mäkitalo i Sverige på för att göra NMT till ett system med små celler, för att öka samtalskapaciteten. Efter långt utvecklingsarbete började de nordiska televerkens NMT bli premiärklart när sjuttiotalet övergick i åttiotal.

1979 presenterade verket en ny hårdare policy i förhållande till de privatägda små konkurrenterna: de var nu uttryckligen hänvisade till delar av landet där Televerket inte var verksamt, och de fick endast koppla upp sig manuellt till det fasta nätet. Automatiska växlar fick inte ägas privat. Den standarden skulle vara förbehållen televerkens gemensamma NMT, snart på marknaden.

Televerkets generaldirektör sedan 1977, Tony Hagström, var ekonom och inledde affärsanpassningen av Televerket; det har aldrig varit ett affärsmässigt intresse att dra på sig farlig konkurrens eller slarva bort en stark marknadsposition.

(Den generella tanken att konkurrens är nyttigt har vunnit terräng senare. Vid den här tiden betraktades regleringar som naturliga, och näringsfrihet som främmande, i stället för som nu tvärtom.)

Televerkets regler för konkurrenterna var allt svårare att leva under, vilket ledde till att det 1980 bara fanns en privat konkurrent kvar på banan: Företagstelefon AB, med rötter i det första privata mobiltelefonbolag som släppts fram i Sverige.

I oktober 1980 ansökte Företagstelefon om tillstånd att installera automatisk växel i sitt system. Televerket, både tillsynsmyndighet och huvudkonkurrent med sitt eget automatiska system i startgroparna, avslog.

I den intensiva skriftväxling som följde menade Företagstelefon att man måste ha rätt att utveckla sitt företag med ny teknologi.

Televerket hävdade sin monopolrätt på talad kommunikation över det allmänna telenätet, att man måste ta hänsyn till det kommande NMT-systemet, åberopade industripolitik och nationell prestige och erbjöd till sist Företagstelefon hjälp med att fixa till bättre manuella växlar. Något annat kunde det inte bli tal om.

Företagstelefon vek sig, bara för att veckan efter komma tillbaka med nya friska takter. Men då var bolaget omdöpt till Comvik och presenterade sig som en del av Kinnevik.

Och sedan körde de på.

Exakt när Kinnevik blev ägare till Företagstelefon/Comvik är inte helt klart. Direktörer i bolaget brukar säga rätt svepande att det var någon gång 1980–1981. I den lilla skriften *Nätväktarstaten*

– *berättelsen om hur Sverige fick världens mest liberala telelagstiftning* som Kinneviks telekoncern Netcom själva gett ut, skriver journalisten och debattören Anders Johnson: »I september 1981 köps Företagstelefon av Kinnevik och det byter namn till Comvik.«

Samma datering av köpet, september 1981, finns i Bengt G. Mölleryds doktorsavhandling *Entrepreneurship in Technological Systems – the Development of Mobile Telephony in Sweden* [Handelshögskolan 1999], den första auktoritativa historieskrivningen med svenskt perspektiv.

September 1981 var den tidpunkt då Comvik gick ut på marknaden och erbjöd konsumenterna att teckna abonnemang.

Enligt vad Kinnevik själv uppgett i årsredovisningarna för 1994 och 1995 förvärvade man Företagstelefon redan 1979, samtidigt med att man i USA startade Millicom för att driva på utvecklingen där.

Passagen i årsredovisningen, under rubriken »Historik«, lyder i sin helhet:

Kinneviks telekommunikationssatsning började med mobiltelefoni. Sedan 1976 drevs forskning och utredande verksamhet inom Miltope Group Inc., ett bolag i USA med aktieägargemenskap med Kinnevik. 1979 bildade dessa aktieägare Millicom Inc. i USA för att påskynda utvecklingen av mobiltelefoni i USA. Samma år köpte Kinnevik en mindre svensk mobiltelefonioperatör med ett manuellt system. Det inköpta bolaget fick namnet Comvik. Detta blev basen för långdragna legala och politiska ansträngningar som skulle krävas för att etablera principen om konkurrens på lika villkor med telemonopolet.

Kinnevik var alltså antagligen det företag som från början kom släpande med de automatiska växlarna till Företagstelefon och spetsade till situationen, fast incognito.

*

Comvik såg inte ut som någon vidare intressant affär i sig.

En mörbultad radiotelefoniverksamhet inträngd i ett hörn av Televerket som vildsint försvarade sin marknadsdominans.

– Men Jan Stenbeck såg något annat, säger Torsten Press. Han såg detta primärt som en ingång i mobiltelefoni, i telebranschen. När jag kom in hade de just köpt in ett mobiltelesystem från USA, som de tänkte sätta i gång här. De frågade om jag ville bli ordförande för detta.

Och, tillägger Torsten Press lakoniskt, för att ytterligare precisera vad det var han erbjöds att jobba med:

– Vårt tillstånd var för manuell uppkoppling. Men det amerikanska systemet de köpt in var automatiskt.

Det var samma växlar som Televerket inte låtit Företagstelefon installera, levererade från Jan Stenbecks amerikanska samarbetspartners E. F. Johnson. Comvik fortsatte med samma utrustning och samma argumentation som Företagstelefon använt, utan att tappa fart.

*

Comvik hade premiär som mobiltelefonoperatör i Sverige sista veckan i september 1981, världens första cellulärsystem i kommersiell drift. En vecka innan televerkens NMT-projekt öppnades för abonnenter.

Omedelbart – den 25 september 1981 – fick Comvik ta emot en skarp not från sin tillsynsmyndighet och huvudkonkurrent. Televerket hade upptäckt att Comvik körde en otillåten automatisk växel som kunde störa det svenska folkets fasta telenät. Televerket hotade att stänga av Comviks tillgång till det fasta nätet om företaget inte följde sina licensvillkor och använde manuell växel. Comvik begärde då tillstånd för automatisk växel hos Televerkets generaldirektör. Begäran avslogs den 1 oktober, samma dag som Televerkets egna NMT sattes i bruk.

– Jag kände folk i riksdagen, säger Torsten Press, och försökte skapa opinion. Detta var under mittenregeringen med folkpartiet och centern.

– Det visade sig att det fanns inget riktigt förbud som vi bröt mot, det fanns ingen lagstiftning som reglerade det här. Det fanns en televerksregel.

Vad som fanns var en politik fastlagd av regering och riksdag, som gav Televerket monopol på talad kommunikation i det allmänna telenätet. Eftersom Televerket dittills varit ensamt i branschen fanns inget behov av annan reglering än verkets interna reglemente. Och så hade man en ny teknik som kunde resultera i att man fick volym i mobiltelefonin. Den behövde inte längre ett fast nät för att fungera, men för att vara attraktiv och meningsfull måste den ge sina användare möjlighet att ringa till det allmänna nätet.

Det fanns genuin oklarhet och osäkerhet, till följd av en teknisk utveckling som inte täcktes av gamla rutiner och regler.

Och Televerket fick i Jan Stenbecks organisation en ny typ av motspelare, som inte var lika lätt att hålla inträngd i hörnet.

– Jag tyckte det var roligt, säger Torsten Press.

Stenbecks motdrag när Televerket inte tillät Comvik att ha automatisk samtalskoppling, var att förse sitt automatiska system med en röd knapp som en växeltelefonist måste trycka på varje gång ett samtal skulle kopplas upp. Före och efter knapptryckningen skedde allt automatiskt. Begåvad teater. Plötsligt såg Televerkets krav så absurda ut. Alla direktörer kluckar vid minnet.

I december 1981 beviljade regeringen en dispens till Comvik att använda automatiska växlar.

Torsten Press hade lyckats bra med att bearbeta sina vänner i riksdagen.

Motiven var inte direkt principiellt klara: mobiltelefoni skulle anses ligga inom Televerkets monopolområde, men Comvik förtjänade ett undantag eftersom företaget så länge haft tillåtelse att verka (ända sedan 1964 om man räknar med förste

ägaren Wikanders Ur & Optik) och var för litet för att vara
farligt för Televerket, som också kunde må bra av lite lagom
konkurrens. Comvik tog ungefär en tredjedel av de nytecknade
mobilabonnemangen. Vid slutet av 1981 hade Comvik tvåtusen
abonnenter, och uppskattade att man 1990 skulle ha sextusen
abonnenter.

– I dag är det inget märkvärdigt att vi har tre telefonoperatörer
i Sverige, säger Torsten Press. Då var det som om sjukkassan
skulle konkurrensutsättas. Det var helig mark. Politikerna var
stolta över Televerket. Och satt kanske i dess styrelse.

Både L. M. Ericsson, det vill säga den nationella storindu-
strin, och facket ställde sig solidariskt på Televerkets sida och
krävde av regeringen att Comvik måtte stoppas, annars kunde
arbetstillfällen i Sverige gå förlorade. Ericssons dåvarande VD
Björn Svedberg skrev till regeringen och argumenterade för att
Televerket borde få bygga upp ett rikstäckande NMT-nät utan
att störas av konkurrens.

I denna strid mötte telemonopolet och Televerket-Ericsson-
alliansen för första gången en utmanare med industriell tyngd.

Bolaget som på ett oförskämt vis satte en dam att trycka på
en röd knapp för att göra en automatisk växel manuell, var ju
samma koncern som drev Sandvik, Fagersta, Korsnäs, och satt
i strukturförhandlingar om specialstålet med industriministern.

Comviks inbrytning i telemonopolet hade stor politisk be-
tydelse.

Som affär var det inte så lysande.

– Det var en *uphill battle*, säger Torsten Press. Televerket och
Ericsson motarbetade oss på alla vis. Vårt nät fungerade inte så
bra. Den här gamla amerikanska utrustningen var tungarbetad,
och den var inte av standardtyp så det var svårt att komplettera
och bygga ut den. Vi fick utveckla växlarna själva, med egna
tekniker.

I de tidigare amerikanska försöken hade både AT&T och

Motorola arbetat med AMPS-systemet som sedan blivit amerikansk standard. Millicom arbetade med E. F. Johnsons eget system, snart urmodigt.

Kinnevik tvingades därför in i handgriplig konstruktion och tillverkning för att hålla i gång sitt excentriska mobiltelenät. Detta egna tekniska arbete skedde inom bolaget Techvik, lokaliserat med viss politisk känslighet till Fagersta, där Kinnevik samtidigt avvecklade stålverket.

*

Samtidigt i USA:

Jan Stenbeck fortsatte sitt samarbete med Racal, det som inte resulterat i en tidig handhållen mobiltelefon. När Millicom fick bygga sitt försöksnät i North Carolina hade Jan Stenbeck trott att de skulle få behålla sin licens. Men det blev tydligt att det skulle komma en helt ny licensrunda i USA. Jan Stenbeck sökte nya fästen, nya framkomliga vägar, och gjorde avregleringen till sin hemmamarknad:

– Det stod klart att Amerika skulle liberalisera telekom. Thatcher gjorde allt som Reagan gjorde, så jag dök ner i England och tittade – och där vann vi den största telekomlicens som någonsin delats ut, för att driva ett cellulärt nät över hela England. Det var jag tillsammans med Racal.

Mer formellt var det Millicom tillsammans med Racal.

Racals man i projektet var Gerald Whent, som också blev VD för Vodafone, som Millicom och Racals gemensamma brittiska mobiltelefonoperatör hette. Licensen delades ut i december 1982.

– Hur kom det sig att ni vann den? frågar jag Jan Stenbeck.

– Racal var jättesmarta, hittade vägar till politiker. Jag hade i princip ett 22-procentigt ägande i Vodafone. Så länge hade det varit bättre för mig om jag bara behållit de aktierna och inte gjort nånting. Men i stället sålde jag dem och satsade på andra saker och förlorade hälften...

Garry A. Garrard beskriver Racal som ett ovanligt försvars-
elektronikbolag, en liten utmanare och uppstickare som vässat
sina entreprenörskrafter på sjuttiotalets expansiva och svårförut-
sägbara världsmarknad för militär kommunikationsutrustning,
snarare än att ha halvsovit sig fram genom de feta och regelbundna
inhemska försvarskontrakten. När mobiltelefonin kom förbi som
en oväntad affärsmöjlighet, gav sig Racal på den med allt vad man
hade. 1986 sålde Millicom sin andel i Vodafone till partnern.
Millicom fick betalt i form av aktier i Racal, och 30 miljoner
dollar som en kontant förhandsbetalning på den royalty man
avtalat: 10 procent av vinsten, före skatt, i femton år. Aktierna i
Racal sålde Millicom under början av nittiotalet för i runda tal
en halv miljard kronor. År 2000 är Vodafone världens största
mobiltelefonioperatör efter att ha köpt upp både amerikanska
AirTouch och tyska Mannesmann. Den dag i maj år 2000 då
man tillkännagav att man valt Ericsson som huvudleverantör för
sitt nästa mobilnät i England steg Ericssonaktien med nio procent.

Vid mitten av åttiotalet var Millicoms affärsidé preciserad: att
dra nytta av den pågående avregleringen av telekommunikationer,
för att söka licenser och driva telefoni globalt, i samarbete med
lokala finansiärer och partners, primärt i utvecklingsländer där
sådana investeringar blir billigare.

*

Hemma i Sverige kämpade Comvik på i motlutet, investerade
tungt i utbyggnad av nätet (vid starten var systemet inte ens
cellulärt), byggde marknadsorganisation. Sökte mer frekvensut-
rymme hos Televerket men fick inget. Stötte hela tiden i olika tak.

I april 1985 skrev Kinneviks koncernchef Daniel Johannes-
son till regeringen och lovade 50–100 nya jobb i Fagersta om
Comvik fick tolv nya frekvenser. I juni beslöt regeringen att ge
dem åtta frekvenser. Motlut.

– Comvik tjänade inte pengar, säger Torsten Press, men vi

blev en operatör som kunde lite om telefoni. Det starka med Stenbeck var att han inte bangade. Han var helt övertygad om att monopolet skulle slås sönder. Jag var väl hans verktyg för det.

Under rubriken »The First European Cellular Competitor« – den europeiska cellulärtelefonins första utmanare – skriver Garry A. Garrard om Comvik och dess konkurrent och tillsynsmyndighet Televerket:

> Eftersom Televerket hade infört allvarliga inskränkningar i Comviks möjligheter att konkurrera effektivt, intog det en avspänd hållning till sin mindre utmanare. Man bedömde att Comviks abonnenter kom från den begränsade grupp av människor som utvecklat en stark motvilja mot Televerket och allt vad de gjorde.

Comvik i sin ursprungliga form var ett ständigt omprövande, ett ständigt sökande efter nya framkomliga vägar, en evinnerlig frekvensbrist och krånglande hemmagjord teknik. Det var en återvändsgränd.

I fyra år hade Comvik investerat och byggt upp något som inte kunde användas för att driva konkurrenskraftig mobiltelefoni i Sverige, som ursprungligen tänkt. Dags att tänka om, och försöka hitta något som det kunde användas till.

– Vad Comvik gav oss, säger Torsten Press, var en möjlighet att gå ut i världen.

Under ledningsmötenas brainstormar tog en rätt attraktiv *sales-pitch* form:

»Hej, vi representerar Sveriges självständiga teleoperatör, vi driver det privata mobiltelenätet i Sverige. Vi tror att mobiltelefoni kommer starkt, och vi kan bygga det i ditt land – gratis. Kostar dig inte en krona!«

Vilket också skulle betyda att Comvik fick en mobiltelefonlicens utan att behöva betala en krona för den. En variant på vad Knut Wallenberg och hans samtida svenska kapitalistkollegor sa till skogsbönderna hundra år tidigare, när de köpte ihop skog till skogsbolagen: de samlade råvara som inte nått sitt värde, till en industri som inte börjat. Licensen är en viktig råvara i mobilteleindustrin, och innan det fanns teknik som fungerade var licensen inte värd särskilt mycket.

– Så Stenbeck tyckte att vi skulle gå internationellt, säger Torsten Press, och jag blev anställd som VD för något som vi kallade Comvik International. Och så gav jag mig ut och skaffade licenser, *license hunting*. Mobiltelefonin var på gång, den hårdaste konkurrensen fanns förstås i stora, utvecklade länder, så vår idé var att gå på små länder, som inte var så utvecklade och framför allt där det saknades anbudssituation.

Han tystnar och tittar på mig som om han berättat färdigt.

– Men hur gjorde du? frågar jag.

– Ja, det var bara att hoppa på länderna, svarar Torsten Press. Jag hade kontakter sedan min tid på Vingresor. Och jag tänkte tidigt att länder som varit engelska kolonier skulle vara lättare, eftersom monopolen inte var så strängt reglerade där. Vi sökte tillstånd oinbjudna, det var ju inte en fråga på dagordningen då. Jag gick på kommunikationsdepartement, ministerier. Jag fick ju förklara från grunden, mobiltelefoni var inget man hört talas om, men idén bar. Det lät otroligt för dem, att de fick det gratis. Vi annonserade till och med i *The Economist*: det var en massa flaggor och så förklarade vi vår idé. Det framstod som chockartat, att länderna inte behövde betala något.

Torsten Press gick på en del nitar men vann mer. Mauritius, Sri Lanka (båda tagna i drift 1989) och Pakistan (i drift 1990) var bland de tidiga avtalen. Hela tiden gick Comvik in tillsammans med en lokal partner, »annars går det inte«, som Press kategoriskt slår fast.

I upplägget fanns en inriktning på tredje världen, för att undvika kostnadsdrivande trängsel, för att nå de jungfruliga affärsmöjligheterna, den obrukade marknaden. I fattiga länder med dåligt utbyggd infrastruktur såg man dessutom möjligheten att utvecklingen skulle gå från ingen telefon alls direkt till mobiltelefoni, utan att ta »omvägen« över den fasta telefonin.

Men den allra första licensen Torsten Press vann åt Comvik låg lite vid sidan av huvudspåret: Hongkong, drömstället för att bygga mobiltelefoni, med en enorm massa moderna människor hopträngda på liten yta. En intensiv entreprenörskultur full av enmansföretag med rörliga, delade eller obefintliga fasta kontor. Platsen som hade den största användningen av personsökare i världen, innan mobiltelefonerna tog över som statusfyllt kommunikationsmedel för upptagna människor. Sverige är i jämförelse helt fel ställe att driva mobiltelefoni, det dyra är att bygga täckning i glesbefolkade områden.

Hongkonglicensen vanns 1985. Stenbecks grupp var inne i affären via två bolag, både Comvik International under Torsten Press och Millicom Inc. under Shelby Bryan. Tillsammans var de båda Stenbeckbolagen huvudägare, en av de andra delägarna var Folkrepubliken Kina genom bolaget China Resources, ett företag som den kommunistiska staten använde för att göra affärer av olika slag i den kapitalistiska enklaven Hongkong. Comvik/Millicom byggde först upp ett komplett nät med sin egen, hembyggda teknik från Fagersta och Raleigh-Durham, men den fungerade inte utan fick rivas och ersättas med ny utrustning som man köpte från Ericsson. Totalt var Kinneviks del av investeringen, enligt dåvarande koncernchefen Daniel Johannessons minnesbild, cirka 75 miljoner kronor, helt säkert lägre än 100 miljoner.

1991 sålde Kinnevik och Millicom sina andelar i Hongkongbolaget (tillsammans ca 45 procent, då hoplagda i det nya bolaget MIC) för 144 miljoner dollar, alltså drygt 1 miljard kronor, tio till femton gånger insatsen. Nu fanns det en marknad.

Fantastiska affärer, som väckte mycket lite uppmärksamhet i Sverige.

*

– Jan Stenbeck hade mod och framsynthet, säger Torsten Press. Folk sa hela tiden: Det är dödfött, kommer aldrig att bli nåt. Det fanns ett slags konstig avundsjuk stämning kring Stenbeck och Kinnevik som jag aldrig förstod.

*

Den första, analoga versionen av europeisk mobiltelefoni var splittrad på en lång rad nationella system, som inte fungerade med varandra. Den trådlösa telefonen och dess rörlige innehavare var inlåsta i sitt nationella abonnemang.

Redan 1982 tillsattes en europeisk arbetsgrupp för att ta fram en gemensam europeisk standard, byggd på digital teknik. Invigningsmötet hölls i Stockholm i december 1982, och så drog maktspelen och det tekniska utvecklingsarbetet i gång. Projektet döptes till GSM. Förkortningen stod ursprungligen för »Groupe Spécial Mobile«, men innebörden har i takt med systemets framgångar ändrats till »Global System for Mobile«.

I september 1987 undertecknade tretton länder, däribland Sverige, en överenskommelse att ha GSM i gång till den 1 januari 1991.

I december 1987 ansökte Comvik hos regeringen om en licens för att driva ett GSM-nät i Sverige.

Televerket avstyrkte, det fanns inte frekvensutrymme nog.

Efter ett års beslutsprocess körde den socialdemokratiska regeringen över Televerket, tillstyrkte Comviks ansökan och gav verket order att lösa det praktiska.

Comvik försökte då köpa GSM-utrustning av Ericssons välkända fabrikat. Men Ericsson vägrade sälja till Comvik, eftersom man hade ett samarbetsavtal med Televerket för Sverige. Det börsnoterade, kapitalistiska, av Wallenbergs och Handelsbanken samägda bolaget Ericsson hade ju i evinnerlig tid utvecklat sina apparater i symbios med sin pålitliga storkund Televerket, så på sätt och vis var verket moralisk delägare i innovationerna.

Även Televerket vägrade vid förfrågan leverera till Comvik,

som då vände sig till Näringsfrihetsombudsmannen. Alla slamrade intensivt med vapnen tills Comvik överraskade alla med att tappa intresset och lägga ner processen och köpa sina grejer från Siemens och Motorola i stället.

Då var året 1990. Nästa steg på mobiltelefonins raket var GSM. Fortfarande kunde ingen föreställa sig hur stort det skulle bli, inte ens de som satsade stora pengar i det.

*

Samtidigt som Torsten Press reste runt och jagade licenser i tredje världen för Comvik International, gjorde Shelby Bryan samma sak för Millicom Incorporated.

Jan Stenbeck:

– Då var det så smart att i vissa länder skulle det ansökas av amerikanare. Då sökte Millicom, och så fick Kinnevik vara med och äga en del. Och i vissa länder var det mycket bättre att komma som svensk och då körde vi baklänges. Sen upptäckte vi att cellulärtelefoni började bli jäkligt värdefullt och alla tyckte om det, och då fick man inte fullt värde för att två bolag äger små andelar av ett bolag. Då var det bättre att lägga ihop allting och då skapade vi MIC. Det var så det amerikanska bolaget och det svenska kom att bli partners i ett gemensamt bolag.

Millicoms och Comviks internationella licenser lades i december 1990 samman i ett nytt bolag, MIC – uttytt Millicom International Cellular. Tillsammans hade Torsten Press och Shelby Bryan då samlat ihop nio licenser i lika många länder. De tidigaste, Costa Rica, Mauritius och Sri Lanka, togs i kommersiell drift 1989. Bolagen i Guatemala och Pakistan kom i drift 1990. Under 1991 startade bolagen i Filippinerna, Chile, Bolivia och Mexiko. MIC:s ägarandel varierar mellan 45 och 75 procent.

I Kinneviks årsredovisning för 1991 – detta är alltså samtidigt som koncessionskampen om TV4 pågår – stod MIC presenterat på en halvsida, listat som ett av gruppens rörelsedrivande bolag, sida vid sida med Mellersta Sveriges Lantbruks AB, Korsnäs, Svenska Motor AB, TV3, Atlantica, Banque Invik och alla de andra i Stenbecks värld, bolagen i det virtuella bruket.

Ändå väckte det ingen större svensk uppmärksamhet, gjorde inget bestående avtryck i Stenbeckbilden. Från och med 1993, när MIC fått en självständigare status som en koncern i sig, har MIC presenterats mer diskret för den svenska publiken som ett av Kinneviks »intressebolag«.

Ordförande i MIC är sedan starten Jan H. Stenbeck.

MIC:s förste VD blev Shelby Bryan, Jan Stenbecks gamle Wall Street-kompis, hans amerikanske huvudpartner, och medgrundare av Millicom.

I den ursprungliga konstruktionen ägde Millicom och Kinnevik hälften var av MIC. 1993 slogs Millicom ihop med MIC och Kinnevik blev störste ägare med 34 procent i MIC.

År 2000 driver MIC trettio mobiltelefonoperatörer i nitton länder: sju i Asien, däribland Indien, Vietnam och Kambodja, sex i Latinamerika, tolv i Ryssland (separata licenser för olika städer), tre i Afrika.

*

Torsten Press lämnade Kinnevik och Comvik i samband med att hans verksamhet i Comvik International blev en del av Shelby Bryans bolag.

1994 investerade Torsten Press sina bonuspengar från Kinnevik i att starta bolaget Netnet tillsammans med sin gamla medarbetare från Ving, Jan Carlzon. Netnet är leverantör av teletjänster, främst till företag och organisationer: en ny typ av bolag som inte är traditionell operatör i meningen att man drar kablar och bygger egna nät, utan som köper telefonkapacitet på den avreglerade marknaden. Bland Netnets kunder fanns regeringskansliet.

*

Enligt Kinneviks mytologi var det en upplevelse under en svensk taxiresa som gjorde att Jan Stenbeck så tidigt fastnade för mobiltelefoni.

Detta är vad den unge Jan Stenbeck, den fräsige arvtagaren till Kinnevik, ska ha varit med om i taxin en gång på sjuttiotalet: Från sin radiotelefon kunde chauffören koppla ett samtal till det vanliga, fasta telefonnätet.

Med hjälp av telefonist, visserligen, antagligen över MDA-systemet eller kanske rentav genom Wikanders Ur & Optik. Men ändå: där kunde Jan Stenbeck sitta som en annan James Bond i rullande taxibil och snacka med en förvånad mottagare vid en vanlig bakelittelefon i en lägenhet eller på ett kontor. Man kan inte låta bli att fantisera om samtalet: »Tjena! Det är Jan Stenbeck. Kan du gissa var jag är? I en taxi, på väg till…« Sådana samtal som 15–20 år senare, i GSM-tidens gryning, blev ett rituellt folknöje för somliga och ett lika rituellt irritationsmoment för andra.

Det är en bra historia om mobiltelefoni. En som beskriver något centralt i denna teknologis extrema tillväxt. Nämligen detta:

Det finns massor av seriösa argument för att det är praktiskt, viktigt, meningsfullt, resultatstimulerande och kvalitetshöjande att prata i mobila telefoner i stället för i fasta. Det finns allvarliga motiv till att utveckla telefoner som man kan bära med sig i fickan (och spela Snake och ställa in »Helan går« som ringsignal på).

Det finns seriösa, praktiska skäl till att mobiltelefonin blivit en succé.

Men de tramsiga skälen är fler, mer övertygande, och har haft större betydelse som drivmedel för utvecklingen.

Tramsiga skäl som att det är kul att sitta i en taxi och säga »Gissa var jag är?« Kul att bestämma en öl efter jobbet i flykten. Kul att *just-in-time*-producera sitt sociala liv. Känns fritt, läckert, lyxigt; James Bond.

Det är en del av mobiltelefonins egenart: att den i så stor utsträckning drivs av tramsiga skäl. Eller sådana skäl som managementtänkaren Tom Peters skulle sortera in under rubriken *fashion* – mode. För traditionella industrialister ett skrämmande och främmande begrepp, men Tom Peters hävdar i boken *Liberation Management* [1992] att mode är det centrala begreppet i IT-samhällets snabbflödande näringsliv. Under vår tids omständigheter är det människors modebetonade relationer till marknaden som råder över företagens öde.

(Accepterar man detta förstår man också varför det var så graverande för Ericsson under 1998–1999 att man gjorde mobiltelefoner som såg trista och ingenjörsmässiga ut, medan Nokia hade glittriga färger och fler roliga ringsignaler på sina. Uppfattar man mobiltelefonin som en nyttoorienterad och allvarlig verksamhet blir det svårbegripligt. Och helt obegripligt att denna nationalmasochistiska Ericssonpsykos – *vi är ju också världens tristaste folk, typiskt oss att göra såna jävla grå telefoner, se på finnarna de har jävlaranamma* – under hösten 1998 fick priset på en aktie i Ericsson, detta stycke ryggrad i svensk industri, att på några månader krascha från 360 till 120 kronor – och sen studsa tillbaka upp igen efter det att Lars Ramqvist visat den nya läckra lilla T28 på en presskonferens. Det är inte ingenjörsvetenskap. Det är inte bruksvärden. Det är sex och fetischism och trams. *Fashion. Beep-beep.*)

Det finns tidningar om mobiltelefoner.

Dyra, tjocka magasin som visar läckra, attraktiva, närgångna färgbilder av mobiltelefoner. På samma sätt som det på femtio- och sextiotalen föddes tidningar vars viktigaste ingrediens var attraktiva bilder av bilar. (Även bilen har delvis tramsiga motiv.) När *Expressen* på Cebitmässan i februari år 2000 tycker att Nokias nya modell är jättebra då blir det förstasida: Bästa mobilen hittills. Nästa dag följer tidningen vant upp med en stor presentation av konkurrenten Ericssons modeller, med »de första bilderna« så som man i alla tider scoopat med bilder på nya bilmodeller. Det blir löpsedel: Ericssons folknalle ger Nokia en match. Samtidigt spurtar *Aftonbladet* ikapp med stort test av »alla de nya modellerna«, även det löpsedel.

På 2010-talet har vi rubriker om smartaste smartphone och bästa gratisapparna.

Det är inte många som är så kända ute i stugorna och tagna till folkets hjärtan att de platsar på ett kvällstidningslöp, långt mindre båda samtidigt. Mobilen hör till den exklusiva skaran.

Mobiltelefonin är en definierande teknologi – en som tydliggör sin samtid, sina sociala mönster och sin världsbild – precis som bilen var en definierande teknologi för efterkrigstidens framstegsepok, då man njöt av att vara rörlig mellan jobbet och hemmet, mellan hemmet och den nya sommarstugan.

Ingen hade kunnat tro att mobiltelefoni skulle bli så stort. Det verkade inte rationellt.

Daniel Johannesson:

– Vi trodde att GSM skulle bli bra. Men vi kunde aldrig föreställa oss att det skulle bli så bra som det faktiskt blev. Om vi hade presenterat sådana prognoser hade vi blivit inspärrade på något ställe för förvirrade personer.

Branschanalytikern Bengt G. Mölleryd skriver i sin doktorsavhandling:

> Den egenskap mobil kommunikation tillhandahåller skulle kunna kallas mobilitet, vilket innebär möjligheten att bli kontaktad och att kommunicera oberoende av plats. Detta är kärnegenskapen hos mobil telefoni, och motsvarar ett fundamentalt behov hos individen och en fundamental social kvalitet. Att kommunicera medan man var rörlig var tidigare en möjlighet som stod öppen endast för ett begränsat antal yrkesmän; i dag är denna möjlighet tillgänglig för den som vill använda den.

*

Mobiltelefoni är James Bond-utrustning för envar, i billighetsupp-
laga för massorna, något som nyss var exklusivt och ouppnåeligt
nu i kostnadseffektiv serieproduktion och konsumentförpackning.
(På så sätt nära besläktad med charterbranschen, och för den
delen även med betal-TV.)

Som jag uppfattar berättelsen om den unge Jan Stenbeck i
den MTD-kopplade taxin på sjuttiotalet, handlar den om att han
fattade just detta, hur oemotståndligt kul och fräsigt det var med
mobiltelefoni – han kände kicken, och såg i en vision marknaden,
som profeten Hesekiel skådade det nya Jerusalem.

En marknad som de flesta affärsmän var för allvarsamma för
att kunna se. En av de ovanliga sakerna med Jan Stenbeck som
svensk företagsledare är att han har sinne både för trams och
industri.

KAPITEL FJORTON

Media
[1984–1990]

1984 GICK KINNEVIK in som tioprocentig delägare i det ny-
bildade Luxemburgbaserade bolaget Société Européenne des
Satellites, SES, vars mål var att placera en satellit i rymden för
att sända kommersiell TV över Europa. En helt ny grej, som
skulle skaka om de nationella TV-marknaderna. Förhandlingarna,
där även Anders Wall var inne och konkurrerade med Stenbeck
om att få bli partner, hade pågått parallellt med maktsamlingen
kring Kinnevik och dess rasande urladdning under hösten 1983:
Fagerstas *reverse takeover*, Midnattsräden, *Staying Alive*.

Det tidiga åttiotalet var en tid då det fanns spänningar i televi-
sionen. Teknologin var på väg att ändra grundförutsättningarna
för verksamheten, på väg att sätta etablerade regler ur spel.

Videoskivan väntas bli den nya dragande produkten i hemelek-
tronikbranschen, skriver *Affärsvärlden* 1980, sedan marknaden
mättats med färg-TV-apparater. Den första generationen video-
bandspelare – »TV-bandspelare« – hade blivit en besvikelse.

Orsaken till trögheten i videogenombrottet anses vara den
politiska oklarheten. Branschen ville inte gå i konflikt med den
politiska viljan. Hur Sveriges Television ställde sig var psykologiskt
viktigt: det bedömdes som avgörande att SVT:s programutbud
skulle göras tillgängligt för videospridning. (I själva verket blev
det hyrfilm och porr som drev VHS-teknikens utbredning över
världen några år senare.)

Det var osäkert om och i så fall hur branschen skulle tillåtas
att utvecklas. Luxor hade hamnat i svårigheter. Den klassiska

svenska radiotillverkaren från Motala som blivit TV-tillverkare
hängde med till färg-TV-boomen, kom aldrig riktigt in i dator-
branschen (ABC 80), stöp vid videobandaren och slöks 1984
av Nokiakoncernen.

Jan Stenbeck, som i det tidiga åttiotalet redan börjat investera
Kinneviks tillgångar i den nya mobiltelebranschen, fick upp ögo-
nen för den likartade utvecklingen i TV-branschen. Han berättar:

– De kom och sa att teknologin utvecklas nu så att du kan
ha småantenner för att ta emot TV-sändningar. Då kan du per
satellit gå runt diskussionen om att frekvensutrymmena är be-
gränsade så du bara kan ha tre–fyra kanaler. Vilket egentligen för
politikerna bara är ett sätt att kontrollera TV-businessen. För de
ser alla TV-bolag som propagandaverktyg. Då hade regeringarna
bestämt att de enda satelliter som fick använda de frekvenser som
avsattes för direkt-till-hem-TV, måste vara så starka att de var
omöjliga att finansiera i privat ägo. Och så hade varje land ett
prestigeprojekt där några stora industrier skulle gå ihop om att
låta bygga en sån här stor satellit, och så skulle den skickas upp
och så skulle man få fem kanaler till.

– Satt du på Kinnevik och höll koll på detta, samtidigt som
du skötte det gamla?

– Jaa, på kontoret och i badkaret och överallt. Men nu kunde du
i stället skicka upp medelstarka satelliter, sådana som användes
för telefonsamtal, som gav en mycket svagare signal men i stället
för fyra transpondrar hade du sexton transpondrar [sändaren
som sitter på satelliten]. Och de kostade dessutom en fjärdedel.
Då fick du ha mer intelligens i dekoderboxen för att få en till-
räckligt bra bild, men eftersom halvledarkostnaden sjönk såhär
[visar stupande kälkbacke] så var det inget problem att sätta mer
intelligens i boxen.

– Tänkte du i badkaret?

– Nä, men de kom och förklarade detta för mig. Och så fanns
det ett projekt i Luxemburg om att skicka upp två såna här

medelkraft-satelliter. Och Luxemburg lever ju på att vara lite pirat på sina grannar. De hade Radio Luxemburg, men de hade tappat kontrollen över Radio Luxemburg så nu ville de försöka göra det här satellitprojektet i ett nytt bolag, som blev Astra sen. Det var påhittat av en kille från Luxemburg som varit EU-politiker och annat, och ett par amerikaner. Och så frågade de om jag ville vara partner. Jag såg ju då det här lilla smarta landet som hade fått igenom flera saker, såg att hela idén med tekniklösningen var rätt. Så frågan var bara: Orkar nu frekvensinstitutet i Genève verkligen förhindra någon att göra samma sak med mindre satelliter och mer intelligens i dekoderboxen, och förklara det olagligt och bekämpa det – om det stöds av ett land.

– Det var staten Luxemburg som var din partner?

– Javisst.

– Varför kom de till dig?

– Nej, det var en av deras partners som kom till mig, en av amerikanerna.

– Som du gjort affärer med tidigare?

– Nej, han kände en tredje person, som visste att jag var smart på att driva såna här projekt eftersom man sett vad jag gjort i Amerika med cellulärtelefonin. Där jag påverkade genom lobbying hur lagen skrevs och hur tekniken utvecklades och så vidare.

– Vad behövde de av dig? Pengar?

– Ja. Viljekraft. Förmåga att skälla på advokater. Få *proposals* skrivna. Övertyga andra människor. Jag tyckte min roll mest var att sitta och säga: Det här vill jag ha för Skandinavien, det här vill jag ha för Skandinavien. Du vet, ingen vill vara först i båten. Så därför kan du ha nytta av att ha en spök-kör som sitter i båten och skriker: Här är roligt, här är roligt. Så de andra tror att de blir näst sist och sist, fast de kanske är ganska först.

– Det var ett jättebra projekt, det har varit lyckosamt för Luxemburg också. Under tiden lärde jag mig mer och mer och såg att det blev bättre och bättre. Och jag upptäckte att det bästa var att bli kund, och att Skandinavien var världens mest underteleviserade länder. Så då gick jag runt till Bonniers och till en oerhörd massa fina bolag, och delade ut böcker och beskrev projekt och sa: Varför gör vi inte ett SAS av TV? Och alla var intresserade, alla tog böckerna och alla sa: Jag vill vara sist i båten. Där satt jag ensam i den skandinaviska båten.

*

Med investeringen i Astrasatelliten styrde Jan Stenbeck sitt företag i riktning mot media. Kinnevik anställde sin första mediedirektör: Jan Friedman, en ung Handelsutbildad, folkpartistisk bekant till Torsten Press som suttit i Stockholms kommunfullmäktige 1976–1981, sommarjobbat som ledarskribent på *Expressen*, och samtidigt varit både informationssekreterare åt Jan-Erik Wikström på utbildningsdepartementet 1977–1979 och marknadschef på Dramaten 1979–1981 innan han gav sig in i näringslivet. Insydd i ett intressant nätverk. 1984 var Jan Friedman marknadschef på AB Pressurklipp när Torsten Press ringde och hade ett förslag.

– Vad visste du om Jan Stenbeck då? frågar jag Jan Friedman.

– *Staying Alive*, svarar han tveklöst.

Det fototillfälle Jan Stenbeck året innan arrangerat utanför biografen Draken hade stort genomslag.

– Jag anställdes i Fagersta, säger Friedman med ett leende. De hade inte hunnit byta namn på bolagen efter baklängesköpet.

Jan Friedman satt i en soffa på Skeppsbron 18, som då var Fagersta AB:s Stockholmskontor, medan Daniel Johannesson och »Jans *think-tank*« Christer Brandberg anställningsintervjuade honom och skissade upp visionen: huvudägarens vision, företagets vision.

Jan Stenbeck ville ge sig in i media, informationsteknik, informationsdistribution; en annan gren av affärsmöjligheter som öppnade sig kring samma tekniska utveckling som fått mobiltelefonin att röra på sig. Även här öppnades en genväg mellan exklusiv teknologi och bred folksmak, förbi de tidigare oöverstigliga nationella regleringarna.

Exakt hur det skulle gå till fanns det bara mycket vaga idéer om.

– Det var min *mission*, säger Friedman: »Vi vill in i media och informationsteknik. Du får en egen investeringsram på tio miljoner att göra förvärv och *startups* för.«

– Alltså tillräckligt mycket för att imponera, men alldeles för lite för att göra något på riktigt. Och det var hela idén. Undersöka vilka människorna är, hur de agerar, hur Bonniers agerar. Men för mig var det allvar. Jag ville förstås lyckas med de grejer jag drog i gång.

Friedmans bolag fick namnet Medvik. Det första han gjorde var att försöka köpa sin gamla arbetsplats Pressurklipp. Det gick inte. Då startade han i stället Imedia och anställde Mats Sundström från SJ som VD, en aggressiv konkurrent i mediebevaknings- och urklippsbranschen. Efter det kom delägande i nystartade *Satellite TV Europe*, en paneuropeisk Londonbaserad tablåtidning för den gryende multikanalepokens TV-tittande. Därefter gick Medvik under en period in som delägare i Bröderna Lindströms tidningsförlag, utgivare av bland annat tonårspoptidningen *Okej* och några andra lågstatustidningar. Ganska diskreta medieaffärer som inte väckte vare sig allmänhetens eller opinionsbildarnas eller journalistskråets uppmärksamhet. Det var de första prövande stegen. Resultat utvärderades, slutsatser drogs, ny växel lades i: dags att projektera en egen tidning, dags att komma till skott med reklam-TV.

Nästa steg i Kinneviks medieaffärer var det som gjorde Jan Stenbeck till en svensk kändis, till en högspänt symbolisk gestalt. Men vad han symboliserade visste ingen riktigt.

*

Parallellt med Jan Friedmans första diskreta medieaffärer funderade Jan Stenbeck och hans organisation på vad man skulle använda sina två transpondrar på den kommande Astrasatelliten till.

Kinneviks satellitprojekt sökte sin form i en mediebransch som just under dessa år var i stark förändring; det var ju också förutsättningen. Den politiska mineringen i medielandskapet osäkrades. Som både Jan Stenbeck och Lars Engqvist påpekar är televisionen närmast absurt uppmärksammad av politiker och andra medier, och ännu mer då än nu.

– Den första generationen engelska satellitkanaler fanns redan här, säger Jan Friedman. Det fanns runt hundratusen kabelhushåll och antalet ökade snabbt. Jag sa ofta i media att vi hade för avsikt att starta svenskspråkiga reklamsändningar. Jag tyckte hela tiden att vi även skulle vara öppna för en eventuell koncession för marksändningar, men Jan trodde mer på satellit. Det blev den ursprungliga affärsidén: vi skulle sälja parabolpaket, syssla med distribution.

Under hösten 1984 och hela 1985 gick Jan Friedman runt och presenterade idén om »ett SAS av TV« för den svenska industrin.

– Jag och Daniel Johannesson gick runt till alla stora mediehus i Norden för att starta ett konsortium. Vi hade otaliga möten med Schibsted, Bonniers, Gutenberg, Allers och alla de andra.

En del av ansiktena Jan Friedman mötte under dessa tidiga år i den avreglerade mediebranschen har han fortsatt att stöta på genom åren. Björn Nordstrand, den golfspelande direktören som senare blev VD för TV4 och en tidig investerare i Icon Medialab, satt då på Bonniers.

– Björn Nordstrand avvisade våra idéer som helt orealistiska: det går inte att göra så, man måste fråga politikerna, och dessutom hade han invändningen att man inte kunde nå fler än hundratusen hushåll eftersom kabel-TV-utvecklingen knappast skulle ta fart. Lucke Bonnier sa att Jan var ett salt.

Vid en uppvaktning i Bonnierskrapan på Torsgatan var Jan

Stenbeck själv med, tillsammans med Jan Friedman. På väg ner
i hissen började Jan Stenbeck muttra över en målning av Harald
Lyth som irriterat honom på Lukas Bonniers kontor. (Smakfullt
modernistisk konst hänger i varenda direktionskorridor och på
varje chefsrumsvägg i Bonnierväldet, där den förutom att vara en
god penningplacering också ger Bonniers betydande goodwill i
kultur- och opinionsbildarkretsar, en tillgång i mediespelet som
Stenbeck länge hade svårt att skaffa sig.)

»Kludd«, fräste Jan Stenbeck i hissen i Bonnierskrapan, »intel-
lektuellt snobberi. En målning ska man se vad den föreställer.«

Friedman och Johannesson gick runt i den vanliga svenska
industrin också med sitt TV-SAS-projekt. På Electrolux träffade
de Christer Forsström, som tio år senare skulle ta över VD-posten
på TV4 efter Björn Nordstrand.

– Forsström sa: Kul, men sådär kommer ni inte att få göra,
säger Friedman.

– Vi hade till sist bara en intresserad partner, ett norskt bryg-
geri, och fick under 1985 inse att vi kört fast totalt. Jans idé var
att göra ett SAS i broadcasting. Det funkar inte, för folk köper
inte reklamtid för Skandinavien, de köper det nationellt. Det
borde vi ha kunnat analysera på förhand – men så går det inte
till i Kinnevik. Där är det artisteri som gäller. Man ska kunna
ta passningen och föra utvecklingen framåt en sträcka. Att vara
kreativ premieras, inte att vara kritisk. Och dessutom var Jan
verkligen övertygad.

Redan här i sin dimmiga början var Jan Stenbecks TV-vision hårt
knuten till just satellitdistributionen. En fixering som frustrerade
medarbetare uppfattade som onödigt rigid, som också övergavs
när kanalen skulle startas, men som var åtminstone teoretiskt
berättigad. Det är just satellitdistributionen som frigör televisio-
nen från politiska restriktioner – som på ett teatralt sätt lyfter
TV-kanalen över politikernas räckvidd, nämligen ut i rymden.

Det är satellitdistributionen som låter ett företag göra så här utan att fråga politikerna om lov.

Frågan hur TV3 kunde etablera sig som en svenskspråkig reklamkanal i ett land som trodde sig ha förbjudit reklam-TV brukar besvaras med att de la sig i London, utom räckhåll för svensk lagstiftning.

Det är riktigt att TV3 hade sitt kontor i London, och sände från London, men TV3 startade sina sändningar som en kabelkanal, distribuerad i svenska kabelnät. Inom räckhåll för svensk lagstiftning. Som situationen var – mångdimensionell, dynamisk, mitt i den internationella avregleringsvågen – kunde den svenska lagstiftningen ingenting göra ändå.

Att TV3 ändå alltid förklaras med att »han la sig i London där svenska politiker inte kunde komma åt honom« visar vilken pedagogisk kraft satellitlösningen hade – även som metafor. Vi lyfter televisionen ut i rymden, upp där de glädjedödande politikerna inte kan röra den – och sen kör vi bara på med porr och proffsboxning och Robban Aschberg.

Den bilden fattar vi. Vilket har sin betydelse även affärsmässigt: det man inte begriper köper man inte.

*

Under 1985 gjordes ännu ett ingrepp i Gröna Huset i Gamla stan. Det stora, halvcirkelformade ljusinsläppet byggdes om till ett öppningsbart takfönster, manövrerat nerifrån Jan Stenbecks Stockholmsvåning: det så kallade hotellets mycket välbelagda *executive suite*. Med taket öppet kan huvudägaren sova under sommarhimlens alla stjärnor.

På ritningen för ombyggnaden står även tydligt utmärkt: »Plats för parabolantenn«.

Samma år, 1985, satt Jan Stenbeck, Daniel Johannesson, Christer Brandberg och Jan Friedman i Kinneviks styrelserum på

Skeppsbron 18 och diskuterade vad de skulle göra med sin satellitinvestering.

– Vi var delägare i satelliten och hade en unik tillgång till dessa två transpondrar, säger Jan Friedman. Det var ju ett stort värde, men det fattade ingen. Så där satt vi.

Det året tvingades man också inse att Comvik som svenskt mobilbolag med hemmagjord teknologi var ett misslyckande, och måste hitta nya affärsvägar.

Brainstormens år i Kinnevik.

Det är en bra scen från den svenska kommersiella televisionens barndom: dessa fyra sammansvurna herrar i det högsträckta bankhuset vid kajen, under de uppfordrande blickarna från Hugo Stenbeck och Wilhelm Klingspor i olja på varsin vägg i det panelerade styrelserummet.

– Vi diskuterade »sallads-TV«, säger Friedman. Vi tänkte att vi kunde hyra ut olika kvällar till olika kanaler – en kväll kunde det vara bilar, en kväll sport, en kväll resor…»Sallads-TV«… inte helt skarpt, men…

Med ett inåtvänt leende låter Jan Friedman utvärderingen sakta sväva bort.

– I det vakuumet gick Jan till Mark McCormack och sa: *I have two transponders.* Några förslag?

*

Mark McCormack brukar utpekas som den enskilt viktigaste kraften bakom sportens förvandling till big business. Han började sin framgångsrika verksamhet som karriärkonsult och exploatör av karismatiska sportstjärnors marknadspotentialer på sextiotalet med golfaren Arnold Palmer och har hållit greppet om branschen ända fram till dagens Tiger Woods. Andra sportstjärnor som McCormack och hans folk upparbetat till internationell popstjärnestatus är Jean-Claude Killy, Jackie Stewart, Chris Evert, Martina Navratilova, André Agassi, Monica Seles, Nick

Faldo. Tennis har vid sidan av golfen varit en huvudfyndighet för McCormack, en jungfrulig guldgruva vid början av sjuttiotalet, en hårdexploaterad uppmärksamhetsindustri vid slutet av samma decennium. McCormack samarbetade även med Björn Borg, vilket blev mycket uppmärksammat i Sverige som ett exempel på hur den folkhemska idrotten förlorat sin oskuld och fått dollartecken i ögonen i stället för sådana eviga idrottsliga värden som Klubbkamraterna och Folket, Davis Cup-laget och Konungen. McCormacks bolag International Management Group är världens största handlare i sporträttigheter och sportsändningar för TV.

1984 hade Mark McCormack också gett ut den kokett streetsmarta, roliga och aggressiva managementkultboken *What They Don't Teach You at Harvard Business School*, som propagerar för livslångt lärande, öppna sinnen och slug förhandlingstaktik byggd på människokännedom och iakttagelseförmåga. Grundtanken är att affärer gör man med människor, inte med siffror, teorier eller planeringsmodeller. Prioriteringarna görs mycket klara: första kapitlet har titeln »Att läsa människor«.

> Mycket av det jag säger eller gör i affärssammanhang, från en ödmjuk replik till en avsiktligt provocerande, har till syfte att ge mig ett psykologiskt övertag över andra människor, eller att hjälpa mig att få ut det mesta möjliga av en annan människa. Det är vad street smart är – en tillämpad människokännedom.

En robust resultatorienterad amerikansk Machiavelli.

På McCormacks kontor i New York satt Jan Steinmann, Jan Stenbecks lekkamrat från Humlegården. Steinmann hade utvandrat till Amerika tidigt på sjuttiotalet, gjort sin karriär där och etablerat sig i det amerikanska affärslivet. Hos McCormack arbetade Steinmann med IMG:s TV-bolag som bär det fantastiska namnet Trans World International, TWI.

Steinmann:

– En dag efter Thanksgiving 1985, i november, kom en kollega in på mitt rum och sa att han träffat en kille som ville ha kontakt med mig, John Stenbow. Den här killen hade investerat i en satellit i Europa och ville prata med oss. Jag fick ett telefonnummer. När jag fick Jan i luren hörde jag direkt en svensk brytning. »Är det Jan Stenbeck? Det här är Jan Steinmann!«

– Redan då, säger Steinmann, hade han visionen klar i stora drag. Han var fascinerad av satellit-TV *direct to home*, och hade räknat ut att man skulle behöva ha ett dekoderkort för att se det här och att det kortet var en intressant affär att ge ut och kunna koppla andra saker till på olika sätt. Jag ville egentligen främst sälja våra sporträttigheter, men Jan bad oss utreda hur han skulle starta det här, hur en kanal skulle utformas, och så vidare.

Teknologin höll på att förlösa en ny infrastruktur för information, underhållning, reklam, och så vidare. Att bygga en bit av denna infrastruktur och själv ha en »*gatekeeper*-funktion«, det som i betal-TV-sammanhang kallas *conditional access*, är intressant. Dekoderkortet, som parabolägaren behöver för att få sin apparatur att fungera precis som man måste stoppa ett kort i sin mobiltelefon för att få liv i den, är ett perfekt verktyg för att skapa, kontrollera och varumärka *conditional access*. Kabel-TV-näten med sina olika abonnemangsnivåer är ett annat. (Som en biprodukt skapar de också en så kallad lojalitetsgrupp, en krets kunder som är vana vid att betala en räkning i månaden till dig. Det är intressant. I den branschen, betalningsbranschen, som utvecklats explosionsartat under nittiotalet, konkurrerar betal-TV:n med bensinbolagen, dagligvaruhandeln, elbolagen och telebolagen.) När TV3 var i gång och det fanns ledig tid i kanalen som inte gick att sälja som reklam drog Friedman i gång TV-Shop – e-handelns pikanta förfader – helt i linje med ursprungsidéerna.

Det var i distributionen, den nya infrastrukturen, Jan Stenbeck såg en affär. Kinnevik skulle i första hand sälja parabolerna, dekoderkorten och betal-TV-abonnemangen. Att starta och driva en TV-kanal var ett sätt att stimulera utvecklingen, att driva den i den riktning han ville, och kanske få till en intressant sidobusiness.

När Jan Stenbeck berättade för sin mediedirektör hemma i Sverige att han hittat en bra kille – »busig och övertalande« som Stenbeck beskriver honom för mig – i USA visade det sig att Jan Steinmann var gammal barndomsbekant även till Jan Friedman; familjerna, båda med judiskt ursprung, hade bott i samma trappa på Rådmansgatan, föräldrarna umgicks flyktigt, barnen kände till varandra men Friedman är tio år yngre.

Jan Steinmann arbetade tillsammans med Michael Tannen, en advokat som varit rättighetsagent åt Paul Simon och Mick Jagger – »sa han i alla fall«, säger Friedman. Tannen är ett exempel på den amerikanska affärsmiljöns kamplust: han bet sig kvar i Stenbecks värld och spottades ut först 1999, efter att maktkampen kring MTG:s amerikanska rättighetsbolag, där Tannen var minoritetsägare, avslutats med stämningar och domstolsprocesser. (Som Tannen vann på våren 2000: MTG kommer att betala sina före detta amerikanska delägare.)

Steinmann hade sin rapport till Kinnevik färdig i mars 1986. Resultat: en svensk företagare som vid denna tid har unik tillgång till två satellittranspondrar bör använda dem till att starta en egen reklam-kanal, av typen *general entertainment* med familjeinriktning.

Jan Stenbeck läste rapporten och värvade sedan konsulten från McCormack för att förverkliga den.

I årsredovisningen det året presenteras den djärva planen:

Kinnevik planerar också för etableringen av ett nytt, kommersiellt TV-bolag, Scan-Sat. Detta bolag kommer att hyra minst en av kanalerna på SES-satelliten för att sända underhållnings- och nyhetsprogram inriktade mot hela den skandinaviska marknaden.

Steinmann:

– Du ska komma ombord och köra det här, sa Jan till mig. Då hade jag varit borta från Sverige i tolv år och hade inga som helst planer på att återvända. Vi hade just byggt ett nytt hus i Connecticut. Men Jan med sin ibland fantastiska charm och övertalningsförmåga fick mig att tänka. Mark McCormack rådde mig att ta jobbet: »Hur många får chansen att starta en egen TV-kanal i ert land?«

Avgjort. Det var den 1 augusti 1986 och TV3 var på väg mot den svenska offentligheten. Först arbetade Jan Steinmann från Stenbecks kontor i New York. Så bestämdes att TV3 skulle ha sitt huvudkontor och utsändningsplats i London, inte i Sverige.

Jan Steinmann såg att det från London fanns en laglig möjlighet att kringgå det regelverk som avsåg att hindra reklam-TV i Sverige.

Jan Friedman som följde beslutsprocessen från den svenska sidan fick av Jan Stenbeck höra ett annat bärande argument för London.

Friedman:

– Det genomgående temat för Londonplaceringen, som jag hörde det, var att vi måste lägga bolaget långt bort från medieklicken i Stockholm. Det uppfattade Jan som ett mål i sig, och mycket viktigt. Det var aldrig en diskussion om olika länders lagstiftning. Det var en diskussion om hur vi kunde bygga ett bolag för att göra något helt annorlunda. Jans typiska resonemang gick ungefär såhär: »Alla pussar varann på kinden och går i säng med varann. Det går inte. Vi måste tvinga folk att göra detta effektivt, vi får inte bli en del i nomenklaturan, inte gå på cocktailkalasen. Vi måste bygga detta så långt borta från TV-huset som möjligt.«

TV3:s nationalitet var inte så enkel att avgöra, snarare var kanalen konstruerad för att neutralisera olika nationella, politiska och juridiska krafter. Man hade förvisso också kunnat sända från London utan att placera kontoret och de anställda där. Så har s b s senare gjort med Kanal 5: sänder från London men har verksamheten i Stockholm. De juridiska sammanhangen kring satellit-t v är komplexa, man sänder upp kanalen i rymden på ett ställe, tar ner den till tittarna på ett annat, och ett tredje land reglerar satelliten man använder. För att utnyttja Englands villkor för uppsändningen behöver man inte lägga bolaget där. Och man kommer inte helt undan de svenska villkoren för att ta ner kanalen till svenska tittare bara genom att placera kontoret i ett annat land. Men sammantaget gick det att balansera dessa olika befogenheter, så att de tog ut varandra.

London blev det, när såväl juridiska villkor som kårpsykologins lagar talade för det, båda viktiga krafter i medieutvecklingen.

På kontoret i New York fick Steinmann beskedet: Ring en advokat i London, det finns sjuhundratusen pund på banken. Kör! I september–oktober 1986 var han på plats i London som chef för det nystartade brittiska bolaget Scansat Broadcasting Ltd, ett dotterbolag till The Kinnevik Group.

Men hur, frågar jag Jan Steinmann, kom det sig att brittiska myndigheter ville ge erforderliga licenser till ett svenskt bolag som hade för avsikt att bryta mot de svenska myndigheternas regler?

Steinmann ler:

– Det behövdes ingen licens.

Kinnevik var pionjär, och löpte i riktning mot marknaden jämsides med den tekniska utvecklingen, det vill säga före lagstiftningen. Det fanns inga regler och licensförfaranden än, eftersom frågan inte varit aktuell. Och Kinnevik hade de flesta bitar som behövdes.

– Kinnevik hade sina transpondrar och en styrelsepost i satellitbolaget i Luxemburg, säger Steinmann. Vi köpte en *uplink* från British Telecom, det behövde man ingen licens för att göra.

Scansat var ett engelskt bolag så vi fick mycket lätt licens när det sedan infördes.

– Det var Jan Stenbeck med TV3 och Rupert Murdoch med Sky Channel som tvingade fram EU-papperet om *Television Across Frontiers* där man skapade regelverket för satellitsändningar i Europa.

I den första TV3-organisationen fanns förutom Steinmann som VD även Mats Sundström som vice VD och Annie Wegelius som programchef, tio år senare grundare av den undergångsmärkta digitala utbildningskanalen K-World och tjugo år senare programdirektör på SVT.

Samtidigt i USA startade Jan Stenbeck bolaget American Satellite Network, som började exploatera den möjlighet som finns för ett utomstående bolag att vidaresända ordinarie fri-TV-program via satellit. Detta är tillåtet att göra till delar av USA där man inte får bra mottagning med vanlig antenn, och då får satellitoperatören sälja annonstiden för egen räkning. Bolaget uppfattades mycket riktigt som en fräck utmaning av den etablerade TV-branschen och har utkämpat ständiga rättsprocesser.

*

Som VD i Medvik och Kinnevikkoncernens mediedirektör var det Jan Friedman som var projektkille i satellitkanalen, så länge den bara projekterades. När TV3 tog fastare form och skulle förverkligas kom Jan Steinmann in och tog över kanalen.

– Jag blev säkert ledsen på Jan Stenbeck några gånger, säger Friedman, fast inte den gången. Men Jan trodde att jag blev ledsen. Då sa han till mig att starta en tidning i stället.

När man gör tidningar kan man grovt räknat sikta på två olika mål: upplaga eller prestige, inkomster eller uppmärksamhet bland så kallade opinionsbildare. Att de båda målen kan kombineras är ytterst sällsynt, om än inte omöjligt.

Tidningen som Jan Friedman startade åt Kinnevik blev Må-nadstidningen Z. En tidning som väckte enormt uppseende i andra medier när den kom på hösten 1987, med en stadig ström av egna ledande nyheter och från första numret citerad i Rap-port och Aktuellt och Ekot. Dessutom en pressetiskt utmanande tidning, som profilerade sig genom att kritisera journalistkårens censurmakt och förespråka en öppnare journalistik där man skrev vad man visste och inte vad man tyckte att folk borde få veta. Där man berättade för läsarna det man på andra redaktioner bara berättade för kollegorna i fikarummet – så framställdes det. Z var en tidning som aldrig nådde särdeles stor upplaga och aldrig gjorde vinst i pengar. Den var en tidning som riktade sig till journalister och opinionsbildare, till det offentliga samtalets professionella aktörer. En prestigetidning.

Prestigetidningar är något medieföretag driver för att de ska ge vinst i annan valuta än vanliga pengar. 1987 hade Kinnevik ett affärsmässigt intresse av att medievärlden skakades om, att aktörerna kom ut ur sina gryt och att spelöppningar skapades.

Det var vad Z startades för att producera: omskakning.

– Jan ville starta en tidning, säger Friedman. Och visa att vi kunde göra det på ett smartare sätt än Bonniers. Han skickade över en massa tidningar som han hade varit ute och köpt på Manhattan. Jag minns att han skickade Interview, och någon bildtidning som var gjord i jätteformat.

Tidigare hade Jan Friedman utvecklat några tidningsidéer av mer direkt kommersiell karaktär. En idé var att göra en *Året Runt*-liknande tidning som skulle gratisdistribueras till alla svenskar – en tidning för alla. En annan var att göra en TV-tidning som skulle spridas som direktreklam med posten över hela landet, med centralt producerat material om TV-programmen, som ju är na-tionella, men med lokala annonser: ett slag mot lokalpressen som aldrig blev av. Nu styrdes tidningstankarna över i en annan riktning.

– Jag sa att en tidning gör man inte för att tjäna pengar, säger Friedman. Skulle vi göra en måste det vara med andra motiv. Och Jan såg detta som en del i vårt sätt att skapa en förankring i den svenska mediebranschen. Det skulle ge ett bra varumärke, kontakter med bra journalister som sen kunde bli programledare, och så vidare.

Jan Friedman hittade på parollen för den nya tidningen. Den skulle »rota och reta, roa och oroa«.

– Jag gillade kvällstidningar, hade själv jobbat på *Expressens* ledarredaktion två somrar. Jag tänkte att vi skulle göra ett magasin med nerv, som inte var så fint och trött som magasin brukade vara. Något som vibrerade och inte bara var läckert. Jag hade opinionsbildarbakgrund och inbillade mig att jag förstod en del om de här mekanismerna. Meningen var ju att skapa ett varumärke, kontakter, uppmärksamhet, en profil.

På hösten 1986 fick reportern Peter Kadhammar på *Expressen* ett telefonsamtal från Jan Friedman på Medvik, det nya fräsiga bolaget i den mediala ankdammen. Kadhammar hade jobbat på Gefle Dagblad fram till 1982 så han kände till Jan Stenbeck som huvudägaren i Korsnäs och tidigare även Sandvik – Gävletraktens två stora bruksföretag. »Näringslivets Greta Garbo« hette han då på rubriksvenska, liksom alla andra som inte ger de intervjuer journalister ber om.

Friedman frågade om Kadhammar ville starta en ny tidning.

De träffades på Kinneviks kontor på Skeppsbron 18.

– Jag är ingen tidningsmakare, sa Kadhammar.

– Säg inte så, sa Friedman. Säg i stället vad det är för tidning du vill göra.

– Men jag vet rätt man för er, sa Kadhammar.

Kadhammar tipsade Friedman om Jörgen Widsell på *Afton-bladet*. De kände varandra från ungdomsåren på den maoistiska tidningen *Gnistan*, organ för SKP, Sveriges Kommunistiska Parti.

(Partiet lades ner 1987, Gnistan 1986.)

Flera av Gnistans medarbetare hade blivit framgångsrika kvällstidningsmedarbetare. Den maoistiska kampen och tabloidjournalistiken ställer likartade krav på förmåga att uthärda isolering och omvärldens avståndstagande utan att man tappar tron eller linjen. Maoismens analys och taktik är användbara redskap i kvällstidningsarbetet: både i maoismen och i kvällstidningen gäller det att isolera huvudfienden och koncentrera sig på den kampen, utan att distraheras av sidospåren, invändningarna, tveksamheten.

Invändningarna och tveksamheten får DN ta hand om nästa morgon.

På Expressen satt före detta Gnistan-medarbetarna Kadhammar och Robert Aschberg, på Aftonbladet satt Jörgen Widsell och Mats Örbrink, i TV och lite överallt for Jan Guillou runt och hävdade sig. Över dem alla reste sig Jan Myrdal, »Mästaren«, som Aschberg brukade kalla honom. Gnistan hade varit propagandaorganet, massmedialt slagkraftig med i efterhand otroliga upplagenivåer på 15.000–20.000 exemplar, studenttidningen Clarté det teoretiska organet. Bland de mera intellektuella gamla SKP:are som gjorde framgångsrik journalistkarriär fanns Göran Rosenberg, programledare för TV2:s Magasinet.

Hundra procent framåt killar.

Sektvänstern var på sjuttiotalet den subkultur som attraherade sin tids framåt killar. Samhällsintresserade, energiska, nätverkande, på en gång självständiga och disciplinerade. Framför allt det intellektuellt dramatiska SKP hade en mycket speciell dragningskraft: så kreativt i sitt konspirationstänkande, så festligt James Bond-aktigt i sitt hemlighetsmakeri, både internt och externt.

I vänsterrörelsens stora headhuntingprocess var SKP personlighetstestet som gallrade fram elitanlagen, jesuitanlagen, kandidaterna till den utvalda skaran av hängivna förändringsagenter. De som kunde bära omvärldens spott, förakt och oförståelse utan att tvivla på att det är vi som har rätt och de som har fel.

Gnistan-gänget var en färdig rekrytering som plockat fram människor med en uppsättning mycket ovanliga egenskaper.

Perfekta direktörer och redaktörer för ett bolag som Kinnevik under Jan Stenbeck, i färd med att satsa stora fina svenska industritillgångar i verksamheter som ingen trodde på för att de inte fanns ännu. Det krävs ganska speciella rekryteringar om ett bolag ska kunna vara långsiktigt *contrarian*, eller motvalls, som ett par av Jan Stenbecks favoritetiketter på den egna organisationen lyder. Det var bara att byta ut ordet »befrielse« mot ordet »förändring« så kunde de gamla revolutionärerna känna igen sig i entreprenörsrollen. Det är Kinneviks gamla maoister inte de enda exemplen på.

Friedman träffade både Jörgen Widsell och Robert Aschberg. På *Aftonbladets* journalistklubbs alpresa skrev de ihop en lista på knäck att göra: det konkreta och praktiska sättet att utveckla en ny tidning. Samtidigt hade en annan grupp – journalisterna Steffo Törnquist, Jonas Hultkvist och Pelle Ekman – samma uppdrag. Båda gängen fick åka till Long Island för att dra sina förslag för Jan Stenbeck. (I New York hade båda gängen också stämt träff med *Aftonbladets* korrespondent Bert Willborg, så han var den ende utomstående som kände till att de konkurrerade med varandra; det visste de inte ens själva.) Steffogruppens förslag bedömdes som trist och alltför likt Månadsjournalen: en prestigetidning som skulle ha producerat helt fel sorts prestige. Kinnevik behövde fräsig prestige, respektlös prestige, prestige som fick etablissemanget att sätta i halsen och bli rött i ansiktet – men som det ändå omedelbart kände igen som just prestige. Kinnevik behövde Z och ett gäng gamla maoister från *Gnistan*. Passformen var utmärkt.

– Vi ville göra en rolig och angelägen reportagetidning, säger Peter Kadhammar. Skriva om saker på ett nytt sätt, och strunta i pressombudsmannen. Den skulle vara både rolig och viktig. Och hämningslös.

Z i sin första uppenbarelse var som den befriade kvällstidningen: befriad från jätteupplagans tvångströja av kommersiellt motiverade kompromisser och försiktigheter. Projektgruppen bestod av Jörgen Widsell som chefredaktör, Robert Aschberg och Peter Kadhammar som sedan de lämnat sina jobb på *Expressen* och *Aftonbladet* flyttade in på ett hörn i ett kontor i den femte Hötorgsskrapan som Friedmans Medvik delade med Torsten Press bolag Comvik International.

– Vi hade svårt att hitta ett namn, säger Peter Kadhammar. Jag minns att vi satt hemma hos Robban en söndagskväll när vi kläckte det. Jag föreslog *Zorro*, sedan kom vi fram till Z. Och sedan gjorde Jörgen den där loggan som något år senare var ett av Sveriges mest kända varumärken.

Åttisju, åttisju.

Till sommaren hittade Friedman lokaler åt Z på Gamla Brogatan och redaktionen började på allvar ta itu med allt stort och smått som ska till för att göra tidning, inför utgivningsstarten i september. Tidningen hade lyckats väl med att komma upp på det professionella offentliga samtalets dagordning och premiären var mycket påpassad.

Jan Stenbeck kom på besök en kväll. Det dukades till festmiddag på redaktionen.

– Det kändes lite högtidligt, säger Kadhammar. Vi hade klätt upp oss. Han kom i kortbyxor. Det var första gången jag träffade honom.

Kadhammar börjar småskratta.

– Jag fängslades av att han hade en sån kreativ fantasi, säger Kadhammar, med ofta ganska orealistiska föreställningar om hur det går till i världen. En idé han hade var att Deutsche Bank hade mutat Gorbatjov att starta perestrojkan, för att öppna mark-

naderna i öst åt dem. Men han var skärpt, analytisk, full av liv.
Det var allmänt en het nyhetstid i Sverige. Det fanns en känsla
under dessa sista år av åttiotalet att gömda sanningar var på väg
att uppenbaras, att de högre makterna höll på att förlora greppet
om sitt gamla fula spel och att hemska hemligheter skulle kunna
bli offentliga, liksom det omöjliga blev möjligt när Olof Palme
mördades på Sveavägen i februari 1986. En maktbalans var rub-
bad, vad som helst kunde råka slinka fram i medborgarnas åsyn.
Misstankar om vapensmuggling, krutsmuggling, mutor i Indien,
Ebbe Carlsson-affär, olaglig buggning som polismetod – allt med
svenska statens goda minne eller aktiva medverkan – var stora
nyhetsspår. En gammal ordning var på väg att gå under och nu
rämnade tystnadens murar. Så kändes det, och saliven rann på
nyhetsjournalistiken.

– Vi hade hur mycket pengar som helst, säger Peter Kadham-
mar som var tidningen Z:s stjärnreporter och skulle göra ett
bärande nyhetsreportage i varje nummer.

– Jag sökte bevis för att den svensktillverkade Robot 70 fanns
i Iran, och var beredd att betala hundratusen kronor för det. Jag
hade kontakt med vapensmugglare också, men fick inte fram
något. Det var lärorikt faktiskt, att man inte bara kan gå ut och
köpa bra nyheter med pengar.

Till första numret av Z, i september 1987, hade redaktionen
köpt in detaljerade satellitbilder av sovjetiska kärnvapenbaser som
blev mycket uppmärksammade. Nummer 2 innehöll en intervju
med en marinöverste som hävdade att den svenska krigsmakten
avsiktligt låtit en främmande ubåt smita ut ur Hårsfjärden. Det
var en stor nyhet i flera dagar. Förutom det hårda, prestigefulla
nyhetsreportaget innehöll Z en ny typ av skvallermaterial om
samhällseliterna, till exempel listor över p-böter till journalister,
politiker och näringslivsledare – ett inslag man stulit rakt av,
inklusive formgivning, från New York-tidningen Spy.

Jan Stenbeck brukade ringa till redaktionen och komma med

reportageidéer och nyhetstips. Alltid excentriska saker. Jörgen Widsell fick ta samtalen.

– När jag gjorde mitt reportage om vapensmuggling var Stenbeck så glad, säger Kadhammar. Det var en riktig konspiration, precis i hans smak.

*

1987 var ett dåligt år för satelliter. De amerikanska rymdfärjorna hade i flera år kört regelbundna turer för att serva, reparera och placera ut satelliter, men 1986 kraschade rymdfärjan Challenger. Rymdfärjorna stod still i ett par år medan olyckan utreddes. Astra hade svårt att komma upp i rymden. TV3 också.

– Allt med satelliter körde fast, säger Steinmann. Det blev väldigt trögt. Samtidigt gick ett rykte att Bergvall och Leijonborg skulle vara på gång.

Gunnar Bergvall och Ingemar Leijonborg som senare blev TV4:s andliga fäder hade suttit sedan 1984 och skissat på en kanal. På våren 1987 gick Wallenbergs investmentbolag Providentia in som huvudfinansiär. Det rörde sig i ankdammen.

– Då hade jag ett möte med Jan Stenbeck och Daniel Johannesson för att diskutera situationen.

Det var på sommaren 1987, de tre direktörerna satt i kortbyxor utanför Erik's restaurang i Gröna Huset, vid Österlånggatans smala ravin. Ingenting hände med TV3. Det ryktades att konkurrenter var i rörelse. Steinmann lyckades övertala Stenbeck att gå ifrån sin idé att uteslutande använda en egen och oberoende TV-distribution direkt från satellit till publikens hem.

– Då beslutade vi att gå till Televerkets kabel, säger Steinmann. Vi fick tillgång till en annan satellit via British Telecom, och så kunde vi komma i gång. Jag satt i förhör i kabelnämnden men det visade sig att de inte kunde stoppa oss. Där kom vändningen.

Första verksamhetsåret för TV3 var 1988. Premiärsändningen ägde rum på nyårsafton 1987 inför en potentiell publik på

600.000 skandinaviska kabel- och parabolhushåll.

Det fanns, även i det här fallet, ingen egentlig lagstiftning som uttryckligen förbjöd en reklamfinansierad svenskspråkig kanal som TV3. Den sändes från London, bortom kotteriernas makt över tanken, upp i rymden till en satellit med hjälp av det brittiska televerket och ner igen i Sverige och ut i ett kabelnät ägt och drivet av svenska Televerket. Det fanns ett reglemente för vad som fick gå genom svenska kablar, men det var inte skrivet med en kanal som TV3 i åtanke och gav dåligt underlag för åtgärder när nu Televerket ville ha med den nya omsusade och attraktiva kanalen i sitt kabelnät – samma televerk som i en annan del av sitt huvudkontor ansträngde sig för att slå ihjäl Comvik, eller åtminstone skada det allvarligt. Sådan är kapitalismen, och blandekonomin.

Jan Stenbecks affärsidé att sända kanalen direkt till hemmen fungerade inte förrän Astrasatelliten var på plats och TV3 kunde gå ut i tre parallella versioner: en svensk, en norsk, en dansk. Och även då var det svårt att få till någon meningsfull nordisk synergi eller identitet, inte bara i annonsförsäljningen utan minst lika svårt i programinnehållet. Televisionen hade ju utvecklats till extremt nationella offentligheter, antagligen de sista av den sorten, TV var en nationell scen. Från de tidiga TV3-åren minns man som svensk tittare att det ibland dök upp norskspråkig reklam för skivat pålägg vars varumärke inte fanns i Sverige. Den i Norge folkkära kvinnliga komikern Granneman var en period ett fast inslag i Aschbergs pratshow. Riktigt övertygande har Kinneviks satellitpaket Viasat börjat se ut först under den senare hälften av nittiotalet. När man vänder upp och ner på en bransch tar det tid innan bitarna faller på plats i en ny ordning.

*

I USA hade Jan Stenbeck sett den kontroversiella pratshowen *The Morton Downey Show* som han ville planka, och han var övertygad om att Robert Aschberg på Z var rätt person att leda den.

Pelle Törnberg, journalist som jobbat på Radio Stockholm och frilansade för SVT, blev inhyrd till TV3 för att göra programledare av Robban. Även skådespelaren Jan Bergquist hyrdes in från Stockholms Stadsteater för att ge regi och råd. Provprogrammen sändes halv tre på natten i TV3 för att testa dem på en begränsad men riktig publik, och för att skapa stilenlig uppmärksamhet.

– Det blev en gedigen utbildning, säger Pelle Törnberg, vi gjorde tre provprogram. Sedan blev vi tillfrågade av Jan Stenbeck om vi ville starta ett produktionsbolag. Det blev Strix.

Motiven för att starta eget produktionsbolag var åtminstone tre: 1) när nu TV var på väg att avregleras var det en affär i sig att producera, 2) eftersom de produktionsbolag som fanns inte riktigt trodde på att TV skulle avregleras och att TV3 skulle överleva var det svårt för Steinmann att hitta samarbetspartners som ville göra program med hans kanal, 3) Jan Stenbeck ville hindra Steinmann och Sundström från att starta produktion inom TV3.

Journalisterna Pelle Törnberg och Robert Aschberg blev entreprenörer och satte upp Strix i billiga lokaler i Lumas vackra funkisfabrikshus i Södra Hammarbyhamnen. På den tiden var Södra Hammarbyhamnens övergivna industrifastigheter fortfarande tillhåll för svartklubbar, bilplåtslagare, porrklubbar, original och paintballkrigare. Nu tronar Strix i Lumahuset mitt i Stockholms postindustriella tillväxtzon. (Huset byggdes ursprungligen för den stora KF-ägda glödlampefabriken Luma, som dominerade sin marknad så totalt att varumärket Luma i Stockholmsslangen blivit ett ord för glödlampa, eller för ett ljushuvud, en sådan som kan bli *trainee* på Kinnevik.)

– Strix var Pelles och Robbans show, säger Jan Friedman, men jag skulle vara *interfacet* mot Jan och pengarna. Ganska snart började de förstås manipulera honom direkt.

Törnbergs och Aschbergs käpphäst var att Strix skulle pro-

ducera TV-program för hela branschen, vilket vid den tiden
betydde även åt SVT, några år senare även åt TV4. På så sätt
fick bolaget en bättre utveckling, och de båda entreprenörerna
en självständigare ställning i Stenbecks värld.

Jag intervjuade Pelle Törnberg, då i sweatshirt och jeans, där
ute i Lumahuset en gång under dessa väntans år i TV-branschen,
för ett reportage i *Nöjesguiden* 1990. Han pratade om nya
produktionsmetoder, lättare och billigare teknik, nya tilltal. Jag
minns att jag hade oerhört svårt att förstå vad han pratade om.
Var skulle detta visas? Var skulle det möta en publik? Var det
»TV« när det inte nådde hela folket samtidigt och kommen-
terades i kvällstidningarna dagen efter? Så fast var jag i idén
om televisionen som ett enda och odelbart nationellt rum, med
Rapport i mitten. Jag fattade inte vad han pratade om. (När jag
sju år senare nämner detta för Pelle Törnberg, nu i mörk kostym
och fräsig slips på Skeppsbron 18, myser han, förstås: Djärvt gav
de sig ut i väglöst land, utan att vara säkra på målet.)

Mats Örbrink som lockats över från *Aftonbladet* till Medvik,
hade just avslutat sitt första uppdrag: att utreda möjligheterna
att starta en ny stor dagstidning – det var fel tid. Han blev nu
producent åt sin gamle *Gnistan*-kamrat Aschberg. En gång
hade de kommit över TV-bilder av kungen – Carl XVI Gustaf,
alltså – där han rökte i smyg vid någon offentlig tillställning.
Pinsam PR-miss av majestätet. Bilderna visades som skämtinslag
i programmet. Då ringde Jan Stenbeck till Mats Örbrink och sa,
med oväntad empati för sina storasystrars väninnors lillebror:
Måste ni visa den där bilden, det är ju synd om killen, kan ni
inte lägga av? Örbrink framförde hälsningen till Aschberg och
sedan körde de – förstås, vad ska en journalist göra? – bilden
av den smygrökande knugen som rituellt repeterat skämt- och
olydnadsinslag.

Nära en intensiv entreprenörspersonlighet (eller konstnärsper-
sonlighet) lever man under påverkan, ständigt ansatt av ledarens

vision som hotar att äta upp ens eget förnuft och hållning. Med risk för att bli överkörd, utnyttjad, manipulerad, förstörd. Det är som att befinna sig i strömt vatten. Somliga har lätt för det och simmar som delfiner, somliga tycker det är vidrigt och oanständigt och går fräsande och spottande upp på land, somliga sveps i väg och somliga drunknar.

*

Jan Stenbecks bedömning av stjärnämnet på Z-redaktionen var helt korrekt.

Robert Aschberg blev det svenska nittiotalets klart största, tongivande, TV-personlighet. En i hela sin person enastående uttrycksfull portalfigur för den nya avreglerade tiden där man talade öppet om det som tidigare förtigits och var lite fräckare och lite roligare och inte hela tiden försökte använda TV-rutan för att uppfostra medborgarna. Samtidigt i grund och botten en hederlig journalist som stod på folkets sida mot Makten, och hade hjärtat på rätta stället och inte i plånboken.

Aschberg var fenomenalt varumärkesvirke.

Profileringen av TV3, i förlängningen av hela Kinneviks medieverksamhet, byggde länge i huvudsak på hans karisma, framförd i pratprogrammet *Ikväll med Robert Aschberg.*

Om Lennart Hyland var TV-personligheten som definierade sextiotalets intakta, bergfasta, homogena folkhem, var Aschberg den som definierade det avreglerade, rastlöst föränderliga tillståndet i nationen på nittiotalet: jobbigare men uppriktigare.

När jag säger till Jan Steinmann att Robert Aschbergs person var den viktigaste råvaran i framställningen av TV3, svarar han:
– Det fanns ett antal viktiga råvaror. Robban var en av dem. En annan var Hockey-VM, ytterligare en var Wimbledon och hela stortennisen. De tre grejerna satte TV3 på banan.

Hockey-VM 1989 skulle arrangeras i Stockholm av det svenska

hockeyförbundet i samarbete med den nyuppförda Globenarenan – en byggnad som i sig är ett exempel på hur idrotten växer till underhållningsindustri och behöver omsättning därefter.

Hockeyförbundet hade stora svårigheter att få ut de pengar det ville ha ur SVT och Eurovisionen.

Med TV3:s ankomst på förhandlingsarenan hade en spelyta plötsligt öppnats.

– Rickard Fagerlund [ordförande i Svenska Ishockeyförbundet] ringde mig och frågade om det fanns intresse, säger Steinmann. Självklart. Nästa dag satt han på mitt kontor. Jan Stenbeck och jag var helt överens: det var bara att köpa.

Hockey-VM är inte bara en sportinstitution, det är också föremål för många svenskars goda, varma, gripande, TV-soffeminnen; det var att köpa sig djupt in i publikens hjärtan. Efter detta kap släppte Jan Stenbeck in SVT, med en marginellt fördröjd utsändning. I TV3 gick det direkt.

– Det blev gräl mellan Steinmann och Stenbeck om det, minns Jan Friedman. Vi hade köpt hockey-VM med exklusivitet. I Steinmanns värld var detta en stor tillgång. Men Stenbeck modererade, och drev igenom att SVT också skulle få visa matcherna fast lite senare.

Det var också ett stycke teater: en hyfsad uppfattning om dramatikens lagar som fick styra över den rent företagsekonomiska uppfattningen om vad som är bra för firmans kassalåda och marknadsandelar.

När folkets lilla rebell hade snuvat den tröga kolossen på hockey-VM, då gällde det också att låta folket se matcherna, annars kunde man få folket emot sig. Den lilla, ständigt upprepade upplysningen att matchbilderna kom från TV3 och gick med tidsfördröjning fungerade som effektiv reklam – för själva utmanarkanalen, förstås, men också reklam för det faktum att något var på väg att hända och det var dags för publiken att bli lite mer flexibel.

*

De nya redaktörerna/direktörerna blev medbjudna på Kinneviks traditionella smokingmiddagar, tillsammans med betydande medlemmar av ägarfamiljerna, styrelseledamöter och ledande befattningshavare. De fick upplevelser för livet.

Middagarna avhålls på Nya Sällskapet, en högborgerlig societetsklubb belägen på Västra Trädgårdsgatan, precis mittemot Kreugers gamla tändstickspalats. En miljö som på en normalmedelklassig journalist gör ett kusligt och fantasieggande intryck; stämningen är en märklig blandning av patetisk senilitet, gnistrande klasshögfärd och stora, gamla, dammiga, hårda pengar på banken. Bland de hårt konkurrensutsatta tjänstemännen i företagsledningen kallade man elakt ägarfamiljernas representanter, som är med i alla festliga Kinneviksammanhang, för »Mupparna« – efter de två gnabbande, lomhörda kostymfarbröderna i det kända barnprogrammet, dåligt orienterade i nuet men alltid medvetna om sin ställning.

Jan Stenbecks eget tillägg till middagstraditionen var att servera ett föredrag till maten. »Annars blir det så tråkigt«, förklarade han för Bosse Andersson, chefredaktören på programtidningen *På TV*, »gubbarna vill bara ha grogg.«

Bosse Andersson, nyanländ till Kinnevik från *Expressen*, fick vid dessa »bisarra bolagsmiddagar« höra föredrag av Ebbe Carlsson – mitt under brinnande Ebbe Carlsson-affär, när hela den svenska journalistkåren förgäves jagade bokförläggaren som blivit regeringens hemliga Palmespanare – och Donald Regan, den amerikanske presidenten Ronald Reagans nyavgångne stabschef. På Nya Sällskapet i Stockholm, inför ett gäng gubbs i smoking som hade varit nöjda med grogg.

Några av middagsgästerna tvingades att ställa varsin fråga till Donald Regan: Stenbeck pekade ut någon direkt vid bordet, någon stackare som började skruva sig och bli förlägen medan Stenbeck drev på – va, har du inget du vill fråga om, inget alls?

För en journalist är det ju ingenting, som Bosse Andersson säger, oavsett vem man är kan man ställa en fråga till vem som helst utan att bli särdeles nervös. Vi tar det inte personligt. Men för en vanlig människa kan det vara rätt hemskt att konfronteras med en världsledande politisk auktoritet över smokingmiddagens bord, och förväntas ha något smart att fråga.

Ett annat år, 1987 eller 1988, hade alla deltagare vid bolags-middagen, ett femtiotal, fått i läxa att läsa den salte och sarkastiske konservative historikern Paul Johnsons *Moderna Tider* – en viktig bok i den ickemarxistiska samhällsdebatt som vid denna tid höll på att ta över hegemonin även i Sverige, dock fortfarande kontroversiell i ankdammen och Timbrostämplad, misstänkt SAF-propaganda. Efter middagen – »alltid champagne, vodka, gåslever, kaviar, och fem rätter i ganska högt tempo«, som en av de medbjudna redaktörerna beskriver det – talade författaren och filosofiprofessorn i Austin, Texas, Lars Gustafsson om Johnsons bok.

Lars Gustafsson var överflugen speciellt för detta framträdande i Jan Stenbecks hovkrets – det var den gången han fick åka första klass med Concorden – och var, enligt flera samstämmiga ögon-vittnen, påfallande glad och uppspelt över äran. Efter middagen gick gänget vidare till Erik's, hemmarestaurangen i Gröna Huset.

Stenbeck var charmant. Journalisterna såg storögt på medan direktörerna och Lars Gustafsson »svansade« – journalister är överkänsliga när det gäller oberoende, det är en yrkesskada, och en yrkeshemlighet.

– Jag var lite chockad, säger en av dem. Det var första gången jag såg pengars makt på det sättet. Det var så tydligt att den store Gustafsson var så imponerad.

En tid efter smokingmiddagen ringde Lars Gustafsson till tid-ningen Z:s redaktion. Han ville skicka en bok till Jan Stenbeck, som tack för senast.

Peter Kadhammar som lyft luren vände sig mot Jan Friedman, som råkade vara på redaktionen, och frågade vad han skulle säga. Friedman tittade upp från det han höll på med och svarade: »Vi lämnar inte ut Jans privatadress. Han får skicka boken till kontoret.«

*

I London flyttade TV3 från sina första, mycket enkla lokaler i Camden till ett stort industribygge ute vid flygplatsen Heathrow. Det var större än man behövde.

Jan Friedman berättar att Jan Stenbeck då beslutade att ett våningsplan skulle stängas av. För att inte personalen skulle bre ut sig och få bekväma vanor som skulle ha dålig inverkan på affärsresultaten.

Stenbeck nöjde sig då inte med att låsa några dörrar med nyckel, för då kunde man ge sig fan på att när han vände ryggen till så skulle de låsa upp och börja bre ut sig och bli bekväma.

Utan Stenbeck kallade dit murare och lät mura upp en hel vägg som stängde av den onödiga kontorsytan! Detta har Jan Stenbeck själv förklarat, livfullt, medan han stolt visade väggen för Friedman.

Jan Steinmann, vars kontor det handlar om, menar att det inte var fullt så dramatiskt. Det var förvisso stora, och bara delvis använda lokaler. Det fanns också en murad vägg, men den avskilde ett lagerutrymme och var såvitt Steinmann vet inget som Jan Stenbeck låtit bygga. Fast det hindrade honom inte från att använda den som sedelärande historia inför andra direktörer.

– Det är sant, säger Steinmann, att han var mycket mån om att vi inte skulle ha för stor yta, för mycket lyx, för dyra leksaker.

*

Den ovanliga kombinationen av snålhet och generositet i Jan Stenbecks principer har förvånat många tillfälliga besökare i hans värld. Fördelningen mellan knussel och slöseri följer inte de vedertagna reglerna från mogna tillstånd – att man svälter det som går dåligt och gödslar på det som går bra – utan andra, delvis motsatta: förändringstidernas regler. De är också ändamålsenliga, men har andra ändamål.

Ett exempel som flera redaktörer ger: Man hade hur mycket pengar som helst, men fick inte skaffa ett bättre mobilabonnemang än Comvik.

Gruppens intresse är överordnat delarnas, Jan Stenbecks intresse överordnat medarbetarnas.

Det var inte ändamålsenligt för redaktionerna att använda något annat än det för stunden bäst utbyggda mobilbolaget. Det hade imagemässigt till och med varit flott för tidningen Z att ha Televerkets NMT-abonnemang; en självständighetsdeklaration, *no strings attached*. Men det fanns trådar, och det var huvudägaren som höll i dem; det var redaktionen tvungen att acceptera.

För Comvik hade det i ett känsligt skede däremot varit förödande publicitet om det kommit ut att inte ens den egna gruppens medarbetare stod ut med att använda deras krånglande nät. Och gissa om det hade kommit ut. Journalister läcker som såll. Det hade inte ens behövt läcka ut till pressen, det var i pressen. Comvik var inte bra som det var. Men om abonnenterna stod kvar och genererade lite intäkter, och om följdsatsningarna ute i världen slog väl ut och om monopoltraditionerna här hemma kunde brytas ner, då kunde det bli bra. Kanske.

Det finns ett element av bondfångeri i all entreprenörsverksamhet. Ett skede där man måste sälja något som inte finns, som man vill ska komma längre fram. Något som än så länge bara finns i entreprenörens drömmar – i huvudägarens vision.

Man börjar inte färdig. Man börjar ofärdig. Det är projektets sårbara skede.

Ofta är det här nyhetsjournalistiken – som tillåter sig vara obegränsat krass, negativ, fantasilös, pessimistisk – slår till. Comvik har sämst täckning, säger mobiltestet. Det nya skatteförslaget innebär att en familj med två barn blir 247 kronor fattigare i månaden. IT-aktierna är övervärderade. JAS kan inte flyga. Och mycket riktigt: ser man bara till nuet är det skandalöst att detta misslyckande får fortsätta finnas på marknaden. Begripligt blir det bara om man ser till vad det ska bli. Kanske.

I denna dramatiska situation, projektet vekt och omgivet av fiender, förväntas varje dotterbolag att göra sin plikt, bidra till försörjningen av självständigheten, delta i krigsansträngningen; ringa med Comvik och veta sin plats på det virtuella bruket.

Till stadsbyggnadskontoret inkom 1987 ombyggnadsritningar för att inreda dusch och bastu i källaren på Skeppbron 18: det egna gymet, beläget i de suterränglokaler som tidigare var frisersalong, insynsskyddat med envägs-spegelglas ut mot gatan. Man har under åren skaffat eget »hotell«, eget bryggeri, egen restaurang, egen julgran, egen »farm« i Luxemburg. Och affärsmässigt: egen textning, eget annonssälj, egen distribution, egen produktion, egna datakonsulter, eget telefonbolag, egna aktiefonder, egen TV-kanal som gör reklam för de egna produkterna, egen betalningshantering, eget callcenter i Karlskoga och Indianapolis, egen säkerhetstjänst, eget vaktbolag, eget öl, egen bank i Luxemburg.

Direktörerna kliver in i en teaterpjäs, en scenografi, en uppslukande dramatisk berättelse vars poäng, klimax, urladdning, mening, kommer längre fram, i nästa akt.

Medarbetarna bygger enskilt fungerande företag, men det är aldrig det viktigaste. Det viktigaste är att man bygger en del i det egna, autonoma furstendömet, tar sin plats i den stora masterplanen – som man dock aldrig blir invigd i.

När gymet byggdes sattes fönstren först in åt fel håll, med den reflekterande sidan vänd inåt. Det tog en tid innan man upptäckte det, under den tiden satt de nakna Kinnevikdirektörerna och tog en öl efter bastun utan att veta att de var fullt exponerade mot fotgängarna på Skeppsbron.

– Fast det tror jag inte var något som Jan hade hittat på, säger den före detta Kinnevikdirektören som berättar.

– Jag tror faktiskt bara att snickaren hade gjort ett misstag.

Bosse Anderssons TV-tidning *På TV* gick aldrig bra. Som journalist och tidningsmakare led han av detta, trivdes inte med att driva en förlusttidning. Jan Stenbeck var obekymrad. Media är som lotteri, får man bara in en vinst är det värt alla förlusterna. Och framför allt: *På TV* åstadkom i ett slag det viktiga att alla tidningar tog med TV3 i sina tablåer. I stället för att det stod 1 och 2 i TV-programmet i tidningen, stod det nu 1, 2, 3. En irreversibel förändring som gick Kinneviks väg, mot flerkanal-TV i stället för SVT-hegemoni. Det var det viktigaste med tablåtidningen. Bosse Andersson slutade och gick tillbaka till *Expressen*:

– Jag passade nog aldrig in där. Om det betyder något bra eller dåligt för mig kan jag inte svara på.

En annan direktör – Handelsutbildad – säger:

– Det stora med Jan var att han betraktade medier som optioner, det vill säga han definierar hur mycket han har råd att förlora och sen är han beredd att bli av med alltihop.

På TV lades senare ner, liksom hjärtebarnet *Z*. De tjänade inga pengar.

Betalkanalen TV1000 däremot fick göra stora förluster år efter år utan att läggas ner, för den är ett stycke infrastruktur, en värdefull bit av informationsålderns nya järnvägsräls och en andel av en marknad som inte är färdigutvecklad än. (Medan Jan Stenbeck fortfarande betraktades som irrationell var TV1000 det vanligaste exemplet man brukade framhålla på att han lät prestige gå före ekonomisk sundhet.)

Och så berättas om vad som förefaller vara absurd gnidighet, perspektivlös småskurenhet:

Jan Stenbeck kunde ägna timmar åt att diskutera varför en viss medarbetare i ett visst dotterbolag hade så stort rum.

Jag tittar skeptiskt på direktören som hävdar detta, men får ivrigt till svar att, nejnej, inte bildligt menat, han diskuterade detta på stort allvar, det bedömdes som viktigt:

– För Stenbeck är det viktigt att kontor inte är för stora.

Ovanliga styrmedel för att styra på ovanliga vägar.

Samtidigt, säger samme direktör, var Jan oerhört noga med att hans ledande direktörer skulle ha bra betalt. Ni ska kunna köpa en flygbiljett till era fruar, sa han. Det var då en vanlig fiffelform bland svenska direktörer att firman köpte en förstaklassbiljett, som direktören sedan gick med till flygbolaget och bytte in mot två Apex och så kunde frun resa med utan förmånsbeskattning.

Detta var en oerhört stark ståndpunkt hos Jan, säger direktören: Vi ska inte fuska. Sverige är ett land fullt av fuskare.

Det finns en Machiavelliparallell till detta. Machiavellis råd är att fursten bör betala sina rådgivare så bra att de vill fortsätta vara lojala:

> [Rådgivaren] bör äras så mycket att han inte önskar mer ära, han bör få så stora rikedomar att han inte önskar större rikedom och han bör ha så höga åligganden att han fruktar för omvälvning.

Machiavelli var också cynisk i uppfattningen att alla kan köpas. Eller realist, i meningen att han betraktade denna typ av mellanmänskliga mekanismer som realiteter, och ett viktigt studieområde för den som är intresserad av ledarskap, det vill säga den yrkesmässiga påverkan av andra människors tankar och handlingar.

Han var intresserad av hur avtalet bakom sådana affärer fungerar, hur de framgångsrika buden konstrueras. Prisbildningen.

*

Under sitt första år instiftade tidningen Z ett pris, ett olydnadspris. I den celebra juryn ingick Lukas Bonnier, Magnus Uggla, Hagge Geigert, Tomas Fischer, Ulf Wickbom, Kerstin Hallert och Marie-Louise Ekman. Från Z kom Peter Kadhammar, Jörgen Widsell och Jan Stenbeck själv. Jan Friedman var sekreterare och hade ordnat regissörsstolar märkta med Z-loggan åt jurymedlemmarna. Efter mötet fick man ta med sin stol hem.

– Det första mötet var inte bra, säger en av de närvarande. Lucke Bonnier blev sur. Uggla blev sur. Marie-Louise Ekman blev sur.

– På vad? frågar jag.

– På stämningen.

Lukas Bonnier gick mitt i det första jurymötet, där Ekman och Uggla hårdlanserade konstnären Lars Hillersberg. Förslaget stötte på motstånd eftersom flera jurymedlemmar, inte bara Lukas Bonnier, menade att det fanns element i Hillersbergs våldsamt satiriska bilder som var på gränsen till antisemitiska, ibland över. Diskussionen blev »konstig och obehaglig« minns en jurymedlem. Lukas Bonnier vägrade sitta med i en jury som ens övervägt en sådan pristagare. Hagge Geigert lanserade då kvinnoprästmotståndaren biskop Bertil Gärtner som kompromisskandidat, vilket löste upp knuten. Priset delades det första året mellan Gärtner och Hillersberg, och utmärkelsen fortsatte under en rad år väcka viss uppståndelse kring tidningen. Z var som sagt ett av Sveriges mest kända varumärken runt 1990.

Jurymötena ägde rum i Jan Stenbecks lägenhet, högst upp i Gröna Huset. Maten och vinet hämtades från Erik's i bottenvåningen. Till festen bjöds även det föregående årets pristagare in. Ett år i början av nittiotalet fick professor Bo Södersten Z:s olydnadspris för sina förargelseväckande debattinlägg, och nästa år var han hedersgäst. Hans hustru, den framstående folkpartisten Birgit Friggebo anslöt sig till sällskapet senare på kvällen. Efter festen övernattade de i en av gästlägenheterna i Gröna Huset.

Bara något år senare var Friggebo kulturminister i Carl Bildts regering, och mötte Jan Stenbecks folk när hon avslutade uppgörelsen om TV4 som hon ärvt av Bengt Göransson.

En annan kväll efter ett jurymöte (jag har den här berättelsen från två källor, som lustigt nog inte minns varandra men i övrigt har likadana minnen av kvällen, de är osäkra på året) när de externa jurymedlemmarna gått hem och det bara var killarna från Stenbecks värld kvar i sin furstes Stockholmsläger, så rotade Stenbeck fram en trave videokassetter.

Det visade sig att Jan Stenbeck hade beordrat Mats Sundström, då VD för TV1000, att buda över de senaste porrfilmerna han hade inköpta för visning i kanalen. Medan Jan Friedman, Peter Kadhammar, Jörgen Widsell, möjligen någon till, höll på att somna i soffan (hävdar den ena av mina källor, den andra skildrar en mer allmän, pojkrumsaktig entusiasm) matade Jan Stenbeck in filmer, en efter en, och höll på med fjärrkontrollen och snabbspolade och frös.

– Det han var intresserad av, säger en av mina källor, var om tjejerna också var upphetsade på riktigt, eller om de bara spelade. Och för att avgöra det måste man se om bröstvårtorna var styva. Det var därför han frös bilden när bröstvårtorna syntes. Styva bröstvårtor kan man inte fejka, menade han, det var ett säkert tecken.

Den ena av mina källor bara skrattar åt den här historien, lättsamt; den bekommer honom inte. Den andra berättar med ett obestämt mörker under ytan, minnet tycks inte vara helt behagligt för honom.

– Varför gjorde Stenbeck så? frågar jag.

– Dels för att han var uppriktigt intresserad av frågan, säger min källa. Dels för att han ville genera oss. Det var bara vi själva kvar, egna medarbetare, gästerna hade gått, Lucke hade gått så det var inte fråga om att genera Bonniermakten. Jag vet inte exakt, men han ville väl utsätta oss för något slags prövning, påfresta vår integritet…

– Varför gick inte du? frågar jag.
Min källa blir tyst en stund, säger sedan:
– …jaa, det är en bra fråga…
Men så gaskar han upp sig:
– Men vaddå, jag tycker också det kan vara kul att se porrfilm.
Finare än så är jag inte, det ska jag inte försöka påstå.

KAPITEL FEMTON

Bonusen

KINNEVIK HAR SITT eget bonussystem, uttänkt av Jan Stenbeck en gång när han »låg i badkaret« som han säger.

Alla bolag har bonusprogram, normalt enligt principen att tjänar man mer pengar än budgeterat i bolaget, får cheferna bättre betalt.

När Kinnevik skulle införa bonusprogram ville Jan Stenbeck inte göra likadant som alla andra, utan ansträngde sig för att tänka ett varv till, få ut mer av det. Dessutom kan sådana förmåner stimulera direktörerna att sätta bekväma mål för sig.

»Det är bättre att budgetera sju och göra sex, än att budgetera fyra och göra fem«, är ett flitigt citerat Jan-uttalande, en innehållsrik tes för direktörerna att gå och grunna på. Liknande tankar har Handelsbankschefen Jan Wallander fört fram i sin bok *Den onödiga budgeten*: budgetarbetet är konserverande, motverkar initiativ, och medarbetarna lär sig oerhört snabbt hur man missbrukar det i eget intresse. I Jan Stenbecks förändrings-Kinnevik har det dessutom inte varit rörelseresultatet som varit det relevanta måttet på framgång. De mål han har velat ställa in sina direktörer på är snarare långsiktig värdetillväxt, problemlösning, entreprenörskap – som ofta betyder att man måste uthärda en period av förlust och misslyckande utan att man tappar tron och energin.

I stället för att bara lite passivt portionera ut varsin påse pengar enligt VD:arnas resultat i förhållande till budget, skrev Jan Stenbeck där i badkaret ihop ett helt litet drama kring bonusen, en privatekonomisk thriller med Kinneviks verkställande direktörer i rollerna. Systemet infördes under åttiotalet, redan i den första förändringsansträngningen.

*

När det börjar dra ihop sig till bokslut sätter styrelsen av runt 15 miljoner kronor till direktörsbonus.

De direktörer som deltar i bonusprogrammet fördelar därefter pengarna mellan sig, genom att rösta på dem som varit extra duktiga. Gjort extraordinära insatser, något utöver vad vanligt är. Man kan lägga alla sina röster på en, eller man kan portionera ut dem bland flera direktörskollegor.

Sekretessen upprätthålls strikt och reglerna kring bonusomröstningen är mycket stränga. Man får inte samtala med någon kollega kring röstningen, inte avslöja sin rösthemlighet för någon, inte rösta på sig själv. Den som blir påkommen med att bryta mot reglerna blir avstängd från bonusprogrammet.

Men Jan Stenbeck ville inte helt beröva sig själv inflytande över proceduren – så han gav sig rätten att gradera direktörernas röstkraft, från 0,5 till 1,5. Han kan alltså förstärka vissa medarbetares inflytande, och urholka andras. Under de tidiga åren koordinerades allt av en advokat i Ludvika som tog emot rösterna och skötte utbetalningarna.

– Ludvika? säger jag till direktören som berättar denna detalj.

Han lyfter axlarna.

– Det är en del av Jans teckenspråk. Vad vet jag? Kanske var det någon som hjälpte hans pappa trettio år tidigare. Eller bara en signal om att detta skulle hållas borta från Stockholm, att vi inte var som alla andra.

Bonusen – vars fördelning alla direktörerna alltså är delaktiga i men ingen, inte ens Jan Stenbeck själv, har full kontroll över eller inblick i – utbetalas några dagar före vårmiddagen.

– Jan ville ha kicken att försöka se vilka medarbetare som var extra glada i ansiktet, säger direktören.

– Det är ju hemligt för alla, så alla funderar och gissar. *Veckans Affärers* direktörslönestatistik gav viss ledning när den kom.

Plötsligt var det någon Kinnevikdirektör som rusat upp till Gyllenhammarnivå.

Detta, säger direktören till sist, är Stenbeck när han är som bäst: glimten i ögat, inte som alla andra utan lite roligare, lite mer spännande, lite smartare. Påfallande många av Jan Stenbecks medarbetare har minnen och erfarenheter som får dem att fnissa, skratta, le, mysa.

Berättelserna är lika fulla av sådana benådat lekfulla ögonblick av gemensam triumf över livets grå genomsnittlighet – en typ av ögonblick de flesta av oss lämnar i pojkrummet – som de är fulla av de plötsligt uppflammande ögonblicken av personlig precisionsterror (gubbsen som tvingas ställa fråga till Regan; Friedman och tårtan).

Det har varit roligt, i bra stunder, att jobba åt Jan Stenbeck, vilket inspirerat både extraordinära insatser och stor lojalitet.

Kaos
[1990–1995]

DEN FÖRSTA HÄLFTEN av nittiotalet var kaosets tid i Kinnevik. Åren då pansarkriget var inlett, angreppets huvudinriktning och generella mål var valda och fastlagda, alla resurser var engagerade i ansträngningen. Åren då man inte kunde börja retirera mitt i utan bara måste köra på tills det är slut.

Eller med den andra, mer fredliga, bilden Jan Stenbeck också använder:

Man hade sått, men det var ännu för tidigt att börja gallra. Man fick vänta och se hur det tog sig. Tiden då trädgårdsmästarens tålamod och förtröstan prövas, liksom hans vattenreserver.

Anlägger man det stora perspektivet är det en rätt fastkörd, stillastående tid. Går man nära ser man att helheten utgörs av en enorm mängd frenetiskt och självuppoffrande slit på lägre nivåer i gruppen, som en myrstack; en hel del av detta myrslit kommer inte att leda till något alls. Det är en tid då det kan vara otacksamt att vara mellanchef eller dotterbolags-VD.

Formuleringen i årsredovisningen där Kinnevik beskriver sin förändring lyder för 1991:

Koncernen har under de senaste 15 åren investerat i företag inom informationsdistribution och inom försäkring. Det förra i begreppets vidaste mening, från telefoni till television. Under denna period har Kinnevik organiserat 26 nya företag kring produkter eller tjänster, i huvudsak inom informationsdistribution. Dessa bolag är aktiva inom drift av cellulär biltelefoni och digitala meddelandesystem sedan 1981, etablerande och drift av satellitsystem för TV-distribution sedan 1985, drift av kreditkortstelefon och betalningssystem sedan 1986, erbjudande av SMA-TV-tjänster sedan 1987, utgivning av tidskrifter sedan 1987, fristående TV-produktion sedan 1988, distribution av betal-TV sedan 1989 och radiosändningar sedan 1991.

Jan Stenbecks Kinnevik gick för full maskin, och han rakade loss pengar i miljardvis att skyffla in på förnyelsens eld. (Den revolutionärt romantiska retoriken kommer av sig själv; kreativ förstörelse är inte heller någon tebjudning och man måste vara beredd att skjuta en kulak, och så vidare.)

Kinnevik sålde Kloster Speedsteel som var den sista resten av Fagerstas stålindustri, sålde sina aktier i brittiska mobiltele-partnern Racal, sålde mobiltelebolaget i Hongkong som Torsten Press startat, sålde sin andel i det luxemburgska satellitbolaget SES. Man sålde också Korsnäs del i Krångede och några andra kraftverk till Stockholms stad i en affär som staden tyckte var så jobbig att man senare [1997–1998] vägrade acceptera Kinnevik som köpare till kabelnätet Stjärn-TV. (Det gick i stället till Conni Jonssons EQT, det Wallenbergska utvecklingsbolaget – som trots Wallenbergsfärens rykte om långsiktighet snabbt sålde kabelnätet vidare till holländska UPC för 3,5 miljarder kronor, fyra gånger mer än EQT köpt det för sjutton månader tidigare.)

Allt detta under de första åren av nittiotalet, samtidigt med finanskrisen och fastighetskrisen men inte direkt relaterade till dem. Kinneviks finansiella kris kom av att man vräkt in sådana enorma summor i investeringar som ännu inte börjat ge vinst. Samtidigt köpte Kinnevik in hela Korsnäs, vilket också var ett sätt att skaffa mer pengar till de nya verksamheterna; som helägt dotterbolag kunde Korsnäs kassaflöde disponeras inom koncernen. Pengarna från Gävleskogarna och kraftpappersmaskinerna kranades rakt in i framtidsaffärerna, vilket blev lösningen på Kinneviks egen variant av finanskrisen.

Samtidigt med detta pågick i Sverige, under stor uppståndelse, koncessionskampen om den nya, politiskt sanktionerade reklam-tv-kanalen (skildrad i del ett). tv3 och tv1000 sökte sin form och sina tittare, liksom tidningen Z som också spunnit av sig radiostationen Z-radio, och mtv-konkurrenten ztv.

Under något mindre uppståndelse pågick de affärsmässigt viktigare telekomprojekten: Tele2 startades 1991 och började sälja fast telefoni åt företag och hushåll, Kinneviks gsm-bolag Comviq startades 1992 – det nya namnet, med iq i slutet, syftar på att den nyutvecklade digitala europeiska standarden gsm är den smarta mobiltelefonin som kan hantera en massa nya sidotjänster.

Regeringen avreglerade friskt vidare och delade ut ytterligare en gsm-licens till Europolitan. Sverige var då det enda landet i Europa med tre gsm-operatörer: rekord. Comviq protesterade energiskt mot tilltaget, med ungefär samma argument som Televerket tidigare riktat mot dem själva: två operatörer var fullt tillräckligt för att tillgodose det svenska behovet. En av ägarna till Europolitan är för övrigt Racal-Vodafone, Jan Stenbecks gamla partner från pionjärtiden i Raleigh-Durham och i Thatchers London.

gsm-generationen av mobiltelefonin var det system som blev genombrottet till massmarknaden, som gjorde mobilen till en pryl i var mans, kvinnas och tonårings hand. Samtidigt var gsm det system som på bred front förde in konkurrens i telekom, det avgörande hammarslaget mot telemonopolen; en teknisk innovation som förändrade de affärsmässiga villkoren och formade om marknaden och drev fram nya regleringar eftersom de gamla inte längre fungerade. Garry A. Garrards historieskrivning över mobilutvecklingen katalogiseras i Library of Congress både under *Cellular radio – marketing* och *Competition, international*.

Utan någon som helst svensk uppmärksamhet pågick den viktigaste affären av dem alla, långt ute i stora världen, långt nere i tredje världen, långt borta i det nya östblocket, på andra sidan Östersjön. MIC, under ledning först av Shelby Bryan och sedan av den unge engelsmannen Jay Metcalfe, vann fler mobillicenser. 1990 Pakistan och Guatemala. 1991 Filippinerna, Moskva, Bolivia. 1992 Paraguay, Ghana, Litauen. 1993 El Salvador. 1994 Colombia, Tanzania, de tre ryska städerna Tjeljabinsk, Nisjnij Novgorod, S:t Petersburg. 1995 en licens i Vietnam, två i Indien (Delhi och Madras), ett andra nät i Litauen (GSM), samt tre städer i Ryssland (Belgorod, Irkutsk, Omsk). Alla samägda med lokala partners – i Vietnam är det staten – och MIC:s ägarandel varierar från 10 procent till 97 procent, oftast runt hälften.

Saker som nästan inte var värda någonting 1990–1991. Som började bli värda mer några år senare när GSM visade sig fungera bättre än någon i sin vildaste fantasi vågat föreställa sig, när mobiltelefonins barnsjukdomar var borta och även skeptikerna började skaffa abonnemang. Saker som vid slutet av årtiondet blivit ett av den globala industrins huvudspår, och som fortfarande bara börjat stiga i värde. Som att ha köpt stora Norrlandsskogar i slutet av 1800-talet.

MIC reste runt och knackade på hos regeringarna och sa: »Vi representerar det oberoende svenska telekombolaget. Vi har en av världens längsta erfarenheter av att starta och driva kommersiell mobiltelefoni – det var vi och AT&T och Motorola som var först med cellulärtelefoni *back in the seventies* och vi har varit ute på marknaden i Sverige sedan 1981.«

Någon gång under dessa år förklarade Jan Stenbeck för en medpassagerare på en internationell flygning att han själv hade det näst största telebolaget och den näst största TV-kanalen i sitt hemland, och att hans syster var utrikesminister (vilket Margaretha af Ugglas var 1991–1994).

What the hell, sa stolsgrannen, var kommer du ifrån? Någon bananrepublik?

Jan Stenbeck tog med historien hem och spred den inom företaget. Den passade precis.

*

Flera av de ledande direktörer som följt Jan Stenbeck från makt-samlingen och den första förändringsattacken lämnade Kinnevik under samma tid. Det var som om första steget var avbränt.

Torsten Press drog sig ur runt 1990, när MIC bildades. Bengt Kvarnbäck slutade som Kinneviks vice VD i november 1991, kort efter de lyckosamt avslutade förhandlingarna om delägandet i TV4, de förhandlingar Jan Stenbeck själv säger att han »drev på telefon genom Kvarnbäck«.

Jan Friedman sa upp sig i september 1989.

– Jag åkte över till Jan på Manhattan, säger Friedman, och sa att jag ville prova mina egna vingar och utveckla egna affärer.

Kanske tyckte Friedman att han blivit förbigången när Kvarn-bäck blivit vice VD i Kinnevik med ansvar för media och det borde ha varit hans jobb.

– Jag hade startat tio bolag åt Jan, säger Friedman. Det mesta var *up and running*. Jag kunde gå och stå på egna ben. Att i sex år arbeta nära Jan Stenbeck var den bästa skola man kunde tänka sig.

– Jan var tyst en sekund och frågade sen när jag ville sluta, och hur vi kunde inleda ett nytt samarbete.

Som konsult hade Jan Friedman Kinnevik som viktig kund i flera år. De har inte haft något samarbete sedan 1994 – då Friedman i stället blev rådgivare åt Nethold och Canal+, den andra sidan i det förbittrade betal-TV-kriget.

Daniel Johannesson satt kvar som Kinneviks VD under finanskrisåret 1991, men hade sagt upp sig redan året innan.

– Då hade Jan börjat vara så mycket i Sverige och lägga sig i. Min arbetssituation som koncernchef var helt förändrad. Det var också då vi kunde se att vi var hemma, att det här skulle fungera. Att 80 procent av de marker vi satsat på rouletteBordet skulle falla ut – *plein*.

– Sedan kom finanskrisen och då såg det en tid ut som om det skulle gå åt helvete av finansiella skäl. Men det löstes av att vi köpte in Korsnäs, och av att Handelsbanken stod bi.

Kinneviks finansiella kris 1991–1992 är något som lever starkt i organisationens fantasi. Odd Engström och flera andra direktörer har tipsat mig om den. Många har uppfattningen att det var ett mycket dramatiskt skede där Kinnevik var nära att gå under men räddades i sista stund.

Kanske kräver självbildens dramaturgi ett sådant katastrofhot. När man levt med så mycket fara, så olidligt mycket osäkerhet, under så många år behöver man ha ett fasansfullt valborgsbål, som man kan gå till och offra sin ångest, rena sig och härda sig och förstå sig själv lite bättre: ur denna eld kommer vi.

Den beskrivning man får av Jan Stenbeck själv är mindre dramatisk, liksom den jag får av Daniel Johannesson, koncernchefen som satt med huvudägaren däruppe och överblickade situationen.

– Hur illa ute var ni egentligen? frågar jag Daniel Johannesson.

– Du kan inte mäta det så. Man står vid stupet. Antingen klarar man det eller inte. Alla växande företag hamnar där. Lösningen i sista hand är då att man säljer tillgångar. Våra tillgångar – mobillicenser, TV-kanaler – kunde säljas, det var vi ganska säkra på. Så vi var illa ute men inte värre än många gånger tidigare. Om man i den situationen tar en risk, behåller tillgångarna och hoppas att banken inte hoppar av – då blir det pengar. Den förmågan har Jan, att ta den sista risken. Och gör man det några gånger i följd – då blir det mycket pengar.

Jan Steinmann slutade som VD för TV3 under 1994. Först var det meningen att han skulle bli styrelseordförande, men han hade svårt att stiga åt sidan. När Kanal 5 erbjöd honom att bli VD och leda deras försök att bli en allvarlig utmanare till TV3 – en uppstickare mot uppstickaren – tackade han ja. TV3 stämde Jan Steinmann för att han tog jobb hos en konkurrent alltför snabbt, vilket man menade stred mot det avtal han hade med TV3. De gamla arbetskamraterna mötes i rätten, i en hätsk process som kostade båda bolagen mycket pengar innan den slutade med en uppgörelse i godo: sex månaders karantän. Jan Steinmann började på Kanal 5 den 1 juli 1995. Senare har Jan Steinmann och Pelle Törnberg ätit fredsfrukost, tagit i hand och skrattat åt hur tokigt de bar sig åt i rätten.

2012 är Steinmann tillbaka i TV3, som senior rådgivare och traditionsbärare. En av hans uppgifter är att en gång om året föreläsa för nyanställda om TV3:s historia, om de gamla striderna och segrarna som format bolagets själ.

Mobiltelefonlicenser i tredje världen väckte ingen större svensk uppmärksamhet. Men varje dotterbolags-VD eller redaktör som sa upp sig eller fick sparken från Kinnevik blev nyhetsmaterial. Bilden som etablerades vid den här tiden – kaosets tid, så hemsk för lägre direktörer som inte blir invigda i helhetsplanen, utan måste slita i blindo tills de en dag inte orkar mer – var Stenbeck direktörsplågaren, miljardären som kränkte sina exekutiva medarbetares mänskliga rättigheter.

En dåvarande mediedirektör säger:

– Det var en stimulerande miljö med oerhörda möjligheter. Man kom med en idé. Har någon gjort det förut? frågade Stenbeck. Nä, för det anses omöjligt, svarade man – och då tände han. Då kunde man få fantastisk backning, och kanske lyckas med det som ansetts omöjligt.

– Men i längden går det inte att jobba så. Det finns inga planer, ingen struktur, inget ansvar. Det finns ett gäng glada grabbar som omger honom och fattar beslut åt många olika företag i koncernen. Han är blixtrande, visionär – och komplett ointresserad av *day-to-day-business*. Det föraktar han bara. Och han är helt likgiltig för att nyckelpersoner slutar.

Detta sägs alltså av just en sådan nyckelperson som slutat och ersatts av en annan nyckelperson, och så har man bara kört på. En nernött direktör, chockad delvis av att inte ha varit mer unik och oersättlig, delvis av Stenbecks kallsinne.

En annan direktör säger:

– Den Jan Stenbeck jag lärde känna på åttiotalet var alltid slätrakad, alltid prydlig, bar alltid snygg kostym och slips. Sen kom grabbigheten, shortsen, skäggstubben. Han släppte loss. Han blev själv ett offer för det han ville motverka bland sina medarbetare. Han blev en kändis. Han kunde se för jävlig ut.

*

1992 dog Jan Stenbecks mor Märtha, 86 år gammal. Hon hade överlevt sin make Hugo Stenbeck med femton år. Under den tiden hade hon bott kvar i elvarummaren på Villagatan. Hennes Kinnevikaktier fanns i ett bolag med namnet Afti AB. Afti AB står upptaget i årsredovisningarna som en av de större aktieägarna i Kinnevik och de besläktade bolagen.

– Det är det bolaget där min mamma hade sina aktier, hörde jag Jan Stenbeck på en bolagsstämma besvara en fråga från Aktiespararnas Gunnar Ek om vilka intressen som dolde sig bakom det anonyma bolagsnamnet.

Enligt en samtida tidningsartikel grät Jan Stenbeck på ett styrelsemöte när han berättade om sin mammas död.

En direktör säger att Jan Stenbeck i styrelsen brukade presentera sina beslut med frasen »Mamma och jag har bestämt...« Och, tillägger direktören med ett stänk irritation, det kunde han säga även efter det att hon gått bort.

Samma år väckte Robert Aschberg debatt och sensation med ett inslag i sin pratshow i TV3. Den engelske »pruttomanen« Mr Methane, Paul Oldfield, la sig på soffbordet och fjärtade fram den brittiska nationalsången God Save the Queen. En av gästerna som skruvade på sig i soffan var Sveriges dåvarande utrikesminister

Margaretha af Ugglas, kanalägaren Jan Stenbecks syster. Programmet togs som ett extremt utslag av det »politikerjönseri« som florerade i den nya kommersiella televisionen.

– Hon borde ha rest sig och gått, sa den gamle politiske journalisten Herbert Söderström i DN. Det borde politiker göra oftare när TV lurar in dem i situationer som de inte vill medverka i.

Några kritiker ifrågasatte om det var helt korrekt av utrikesministern att sitta och höra på en sådan chikanering av ett annat lands nationalhymn.

I samband med sin skivdebut sex år senare kommenterade Mr Methane själv sitt svenska TV-genombrott i *Aftonbladet*:

– Det var fantastiskt, jag pruttade den engelska nationalsången inför den svenska utrikesministern Margaretha af Ugglas. Hon ville stoppa mig, men det gick inte så bra.

*

Medarbetare ur den normala VD-kulturen klagar över att det blev för mycket media i verksamheten, mediefolket och deras stil blev för tongivande, tog för mycket av huvudägarens uppmärksamhet.

Journalister som var med vid den här tiden – de slitsamma, delvis meningslösa kaosåren – klagar allmänt på att medieverksamheterna inom Kinnevik inte sköttes seriöst.

Det fanns ur deras perspektiv en bristande professionalitet, destruktiva fixa idéer. (Perspektiven och synfälten är intressanta: tvånget att ringa med Comvik var till exempel destruktivt på redaktionens nivå men konstruktivt på koncernens nivå, och att redaktionens intresse skulle offras framstår – med vårt perspektiv – som grymt förutsägbart.) Excentricitet var upphöjd till norm och självändamål: affärsidén var att vi ska göra det andra inte gör, oavsett om det kanske fanns goda skäl till att de andra inte gjorde det. Viktiga beslut togs av »Jan Stenbeck och hans kompisar på krogen och inte av dem som var anställda för att ta dem«, säger en ur den senare kategorin. »Han kunde lägga en miljardaffär åt sidan bara för att rasa över att Friedman i någon detalj inte gjorde som han sa.«

Det blev mer och mer Jörgen Widsell, som fått en märklig kontakt med chefen och börjat kalla sig *consigliere*, efter Robert Duvalls roll i *Gudfadern*, eller »chefsideolog« i ett återfall i maoistidens terminologi – allt i skenet av Stenbecks välsignande leende, en ljusstråle som ger osårbarhet internt. Chefredaktör Widsells tänkande framstod som koncernens rättesnöre i mediefrågor, vilket skapade osäkerhet bland medarbetarna. (Vilket för övrigt inte är så lätt att skapa bland styvkorkade, självuppfyllda, självständiga journalister, i allmänhetens tjänst även när det är någon annan som betalar lönen.)

På tidningen Z, där Widsell var chefredaktör samtidigt som han var VD i Medvik efter Friedman, odlade man sitt utanförskap som en glödande gemenskap – sektkraften, välkänd från kvällstidningar, frikyrkor, lagsporter, elitförband, bokstavsvänster. Det första gänget kompisar från förr som skapat tidningen var skingrat; Kadhammar var tillbaka på *Expressen*, Robban Aschberg var på TV3. *Aftonbladets* USA-korrespondent Bert Willborg hade värvats. Z skulle bli mer kommersiell, och samtidigt göras av en grupp främmande människor. Nu bestod tidningens identitet alltmer ensidigt i att göra det ingen annan gjorde. En riskabel identitet. Den smälte dock väl in i stämningen i Stenbecks värld: allt är möjligt, ingen kan veta vart det leder, man behöver inte förstå, Husse och Jörgen Widsell skapar våra egna villkor.

På fredagen när det var dags för ett järn tog Widsell av sig sina dyra amerikanska skor. (Handsydda Allen Edmonds och Church är en manlig fetischism som odlas både i kvällspresskretsar och direktörskretsar. En källa från redaktionen rapporterar att Widsell vid denna tid gillade loafers med tofs, samma modell man brukade se Jan Stenbeck i; ett ovanligt val, journalister brukar föredra snörskor.) Han la fötterna på bordet och sa: »Den som vill får lov att slicka« samtidigt som han slog upp ett glas av redaktionswhiskyn. Det var en sandlåda för journalistcowboys; Z var den befriade kvällstidningen, den föräldrafria kvällstidningen. Man hade hur mycket pengar som helst, men ingen normal relation till lönsamheten, marknaden, upplagan, läsarna. Widsell satte alla ramar och villkor – och ibland kom Jan Stenbeck upp och sa: »Tidningen är för jävla dålig. Den ser bra ut på omslaget, men artiklarna håller inte vad de lovar.«

I längden kunde det inte fortsätta så, men den tanken föreföll otroligt nog otrolig då, särskilt för de insatta, teckentydarna i Stenbecks värld. Teckentydandet uppstår i system där mycket stor och tydlig makt utövas på ett mycket ogenomskinligt sätt, i enlighet med hemliga principer, eller principer som ligger bortom horisonten för dem som står nere på golvet – i en klunga, hungrigt lyssnande till teckentydarna som vet hur det ligger till, hur den gamle tänker, var nästa slag kommer att landa, vem som blir den nästa Jörgen Widsell. Att leva i ett system man inte kan göra sig en bild av orkar ingen med.

Z var ändå ett mycket starkt varumärke, positivt laddat med ett slags folklig nonkonformism. När kommersiell radio blev möjlig 1991 satte Kinnevik Z-radio som varumärke på sina stationer. Sedan startades popkanalen ZTV, vars lågbudgetkoncept ursprungligen var att sätta en kamera i Z-radions studio och sända radio i TV. »Det var ofattbart dåligt«, säger en medarbetare. »Man såg Jörgen Widsell i bild hållande en sladd.« Vissa idéer har aldrig provats helt enkelt för att de är så uppenbart dåliga, men det var en Widsellidé så den sattes i verket med stor energi och oförskräckt entusiasm.

Sedan tidningen Z blivit 14-dagarstidning följde en period då Jörgen Widsell var »rätt konstig« (två källor använder detta uttryck, en tredje säger mera empatiskt att han var »sönderstressad«) och drev igenom att omslagsbilden på en rad nummer skulle visa en snygg tjej som pratar i telefon. För såna omslag sålde så inihelvete i Japan. Jag har pratat med journalister som fortfarande, sju-åtta år senare, är förbannade på Widsell för det där: »Han förstörde Z.«

Senare, när Mattias Hansson tagit över Z, fortsatte Jan Stenbeck att ringa till sin chefredaktör i Stockholm. Men tidningen hade förändrats.

– Det var en övergångsperiod, säger Mattias Hansson, det fanns ingen Bert Willborg och ingen Jörgen Widsell att ringa till, så då ringde han till mig. Han frågade om sånt som vilka berömda skådespelare på Dramaten som hade haft ihop det med varandra den senaste tiden. Det ville han ha koll på. Det hade jag förstås ingen aning om, och det sa jag. Jag var en dålig skvallerkälla.

Den samlade bilden är, tror jag, att det bland journalister och redaktionella medarbetare fanns en upplevelse av att organisationen inte tog deras viktiga arbete och yrkeskunnande på fullt allvar. Vilket är kränkande. Och antagligen helt rätt uppfattat.

Kinnevik drev inte medier av normalpublicistiska skäl, inte heller av normalkapitalistiska lönsamhetsskäl. Snarare av ett slags publicistiska skäl underordnade det virtuella brukets intresse. Redaktionerna och chefredaktörerna kunde inte motivera sin existens med att de tjänade pengar, eller med att de sa något viktigt. Det var bara Jan Stenbeck som kunde motivera deras existens. Det är kränkande.

Medier var ingen kärnverksamhet för Kinnevik, är ingen. De var verktyg för att stimulera en förändring som skulle vara bra för affärerna. Kinneviks medieverksamheter kom ju en gång till för att skaka om en rigid bransch, så att företaget skulle kunna göra stora infrastrukturaffärer – och det är faktiskt en kurs som hållits rak. Det är samma tänkesätt som Pelle Törnberg uttrycker – fast nu fullt utvecklat – när han i MTG:s årsredovisning för 1998 skriver att MTG inte är ett mediebolag i traditionell mening, utan ser sig som ett säljbolag: »I dag är också affärsidén för MTG betydligt förenklad och innebär att vi ska vara bäst på att kapitalisera på de kundkontakter som våra medier dagligen levererar.« Journalisten förringad till ett stycke räls. Sedd ur detta industriella perspektiv är informationstidens infrastruktur gjord av människors själar. Själva kommunikationen – det vill säga nyfikenhet, lust, förståelse, bekräftelse, belöning – är den här industrins distributionsnät. Parabol eller kabel, prenumeration eller gratistidning är bara bisaker, underordnade teknikfrågor. Kärnverksamheten bedriver de inne i oss, i våra huvuden och hjärtan.

*

I en Stenbeckhistoria från tidigt nittiotal berättas att reklammannen Bosse Rönnberg pratat in sig som kommunikationskonsult åt Jan Stenbeck och hans företag. Han skulle hjälpa till med den affärsstrategiska marknadskommunikationen, det kunde Stenbeck behöva. (Poängen i den här historien bygger på att reklammän alltid vill framstå som något finare än försäljare.)

En tid gav Bosse Rönnberg också visa och exklusiva strategiska råd till Kinneviks ledning. Så kommer dagen då någon tidning har gjort ett av sina mobiltäckningstest och kommit fram till att Comviq är sämst. På Comviq tycker man att jämförelsen inte är korrekt och rättvist gjord, och framför allt är den jäkligt skadlig att ha ute i offentligheten, men alla vet ju att det är omöjligt att få fram den typen av åsikter i pressen.

Då ringer en förbannad Jan Stenbeck till Lars-Johan Jarnheimer på Comviq:

– Säg åt den där jävla Bosse Reklam att han får skriva en annons och förklara hur det ligger till!

Den strategiske kommunikationskonsulten förringad till annonsskrivare.

Många Stenbeckhistorier handlar om hur människor blir just förringade.

Genom huvudägarens drastiska ingripande förflyttas direktören eller konsulten från en något konstlad och abstrakt prestigeposition till något som är mer pressande, tydligt underordnat – och mycket resultatinriktat.

Det sistnämnda är viktigt i historiernas dramaturgiska formel. Det är den ingrediensen som gör att dessa ofta hemska historier ändå vinner ett visst gillande: det är klart att de höga herrarna måste uträtta något också och inte bara snacka.

Det är inte irrationellt. Det är rationellt. Det är därför det är så obehagligt. Historierna är dubbelbottnade: vi vet inte säkert om vi får höra om en orättvisa eller om rättvisan.

När jag tänker efter handlar alla Stenbeckhistorier om det: en smärtsamt avslöjad fåfänga hos en medarbetare. Det är bara Stenbeck själv som aldrig blir förringad i historierna. Han har alltid täckt alla vinklar, säkrat sina positioner, förberett spelet, förutsett eller regisserat förloppet. Han vinner alltid. Möjligen kan man diskutera till vilket pris.

KAPITEL SJUTTON

En eftermiddag på
Moderna Tider

EN AV DE MÅNGA spännande affärsmiddagar som vid skiftet mellan åttiotal och nittiotal gavs i Jan Stenbecks etagevåning högst upp i Gröna Huset har gått till den svenska litteraturhistorien, underavdelningen blodiga gräl.

Inför starten av tidskriften *Moderna Tider* hade Jan Stenbeck bjudit ihop ett kulturellt och intellektuellt middagssällskap. Bland gästerna fanns tidskriftens initiativtagare och blivande chefredaktör Göran Rosenberg, nyss hemkommen till Sverige efter flera framgångsrika år som SVT:s korrespondent i USA. Där fanns författaren Jan Myrdal, en av vänsterårens mäktigaste debattörer – eller skriftställare, som Myrdal själv tycker om att kalla sig – son till de socialdemokratiska rörelsehelgonen Alva och Gunnar Myrdal samt nedsvärtare av desamma i en enormt uppmärksammad serie självbiografiska romaner. En gång tongivande försvarare av Kulturrevolutionen, Pol Pot och Albanien, vid den här tiden på väg att förlora sin offentliga styrkeposition, men fortfarande långt ifrån uträknad. Vidare fanns författaren Carl-Henning Wijkmark i middagssällskapet, det vet vi därför att han yttrat sig i det celebra fall som kvällen utvecklades till.

När Jan Myrdal skildrar middagen i sin bok *Inför nedräkningen* hävdar han att miljardären och blivande mecenaten Stenbeck fick den bidragssökande Rosenberg att »dansa som en dresserad cirkushund inför publik«. Myrdal uttrycker i boken sin avsky för Rosenberg och blir allmänt illa berörd av att se en gammal revolutionär hamna i – med ett typiskt Myrdal-ord – »supplikantsituation« i förhållande till en kapitalist. I Myrdals världsbild ingår ett intensivt förakt för allt som kan ses som mellanskikt, det vill säga intellektuella i kapitalets sold och alla andra typer av mandariner (ett annat typiskt Myrdalord).

Wijkmark kom snabbt med ett inlägg i DN där han protesterade mot Myrdals skildring; han var med på middagen, den var inte som Myrdal påstår.

Kort därpå exploderade Rosenberg i en lång artikel i DN, där han argumenterade för att lögnen är och alltid har varit en bärande beståndsdel i Myrdals skrivande och tänkande, och avslutade med en önskefantasi om att få duellera med Myrdal, med den minnesvärda slutknorren: »Jag hade siktat på magen, inte bara för att den hos Myrdal är större än hjärtat, utan därför att sikta på Myrdals hjärta hade varit att skåda i mörker och skjuta i sten.«

Den som vill kan se denna rasande minidebatt i DN som tecken på ett epokskifte i kultursidesvärlden; inget kunde hindra Myrdal från att falla, inget kunde hindra Rosenberg från att stiga. Det var en tid av avprogrammering av samhällsdebatten. Det offentliga samtalet förflyttade sig från marxismens invecklade tankefigurer (alltid varianter på temat *det är inte vad det ser ut att vara*, typ det ser ut som en dödad människa men det är en oskadliggjord kontrarevolutionär/krossad kulak, eller det ser ut som ett fattigt land i Afrika men det är strukturell utsugning och imperialism) till en enklare och rakare verklighetsbeskrivning, närmare våra sinnesintryck, mer prövande. Inte lika principfast.

Jan Myrdals bok *Inför nedräkningen* kom ut 1993, debatten i DN ägde rum under mars till maj. Samma år som Televerket bytte namn till Telia, och den nu hårt konkurrerande telefonibranschen fick en fristående tillsynsmyndighet i Post- och Telestyrelsen. Murarna föll, maskerna föll: vi gick in i en ny tid där grundregeln är *det är vad det ser ut att vara*.

*

Tidskriften *Moderna Tider* började komma ut 1990. Namnet är inte taget efter Paul Johnsons bok som Lars Gustafsson föreläste om för gubbsen på smokingmiddagen, utan mest efter den franska tidskriften *Les Temps Modernes* som Sartre var med och redigerade och lite efter Chaplins film. Jag arbetade där från sommaren 1991 till hösten 1992. Tidningen var ny och härlig, tiden var ny och ändrade på sig hela tiden – det var EU, det var fotbollshuliganer, det var Darwin som kom tillbaka, det var kristdemokrater och nydemokrater i riksdagen och Carl Bildt i regeringen, det var folkhemskritik och krig i Jugoslavien och pervers jordbrukspolitik.

I redaktionslokalerna i Birkastan satt jag och min redaktörs-kollega Kaj Schueler tysta och stilla i ett hörn och strök ner långa tidskriftsartiklar.

Sommaren 1991 fylldes lokalerna upp med en TV-redaktion. Till hösten skulle *Moderna Tider* producera ett samhällsmaga-sin åt TV3 med vår chefredaktör Göran Rosenberg själv som programledare.

Det vimlade plötsligt av utåtriktade reportrar, coola redigerare, tystlåtna fotografer, mysko frilansproducenter – hela det färg-starka typgalleri som hör TV-branschen till. Varenda garderob var full av teknisk utrustning. Kamraterna på TV-redaktionen brainstormade, värpte idéer, rusade ut och filmade och kom hemstormande röda i ansiktet av upphetsning och satt vid sina datorer och läste högt medan de skrev sina speakertexter, sina »spikar« som de säger. De förberedde reportage, och producerade en del i förväg att ha »på burk« till sändningsstarten.

Kaj och jag strök texter och läste långa manus och refuserade det mesta: omutliga vakthållare vid tidskriftens exceptionellt höga kvalitetskrav. På något sätt var båda ändarna av redaktionen förenade under samma varumärke, hoplänkade genom Göran Rosenbergs ovanliga person, och genom bolagets plan att skapa sig lite självständighet och ekonomiskt oberoende genom att etablera sig i den lönsammare TV-produktionen.

Tidskriften var en ekonomisk fripassagerare, hopkrupen uppe på den robustare TV-redaktionens rygg: en position som den kulturella och opinionsbildande journalistiken ofta befinner sig i. För man sig rätt där uppe kan man ge intryck av att rida den mediekommersiella tigern.

En eftermiddag i augusti var det ovanligt mycket liv på TV-redaktionen. Listor skrevs ut, ändrades och skrevs ut igen, buntades och häftades. Några hade klätt sig snyggt, andra extra fult. Göran Rosenberg plöjde då och då genom det folkhav som hans TV-redaktion utgjorde: laddad. Kaffe koktes och hälldes på termosar. Lunchrummet städades på tomma matlådor, det stora bordet torkades av till konferensskick.

Något var helt klart på gång.

Så stannade en taxi på gatan. Nerför halvtrappan till redaktionen – vi satt i en gammal butikslokal, delvis under gatuplanet, när någon närmade sig såg man först bara fötterna – klev Jan Stenbeck, i lejongul paletå av påfallande exklusiv, lite långhårig kvalitet som såg ut att kosta minst en journalists månadslön. Chokladbruna mockaskor. Grön halsduk av tunn och lätt sommarkvalitet. Under armen en sensationellt tjock bunt amerikanska tidningar och tidskrifter. I handen en påse som snart skulle visa sig innehålla körsbär.

I sällskap hade han, till vår förvåning, Jörgen Widsell.

Han var klädd i skinnjacka och baseballkeps med Z-loggan i pannan. Inget sensationellt i det, det uppseendeväckande var att han fanns där, i *Moderna Tiders* lokaler på väg in till redaktionens stora presentationsmöte med ägaren: Göran Rosenbergs stora show, inför sin redaktion. Här fanns bara en gödselstack men Stenbeck hade tagit med sig en extra tupp i taxin.

Jan Stenbeck la en arm bakom Widsells rygg och sköt honom genom den förtätade stämningen mot konferensrummets dörr.

Stenbeck log och utstrålade ofantlig trygghet inför situationen. För många av oss medarbetare i denna lilla hörna av hans värld var det första gången vi fick tillfälle att se vår omsusade och gåtfulle huvudägare. Det var mitt under brinnande koncessionskamp om den nya reklamkanalen – mer omsusad och gåtfull än då har han kanske aldrig varit, journalistkåren kämpade för att få grepp på honom, förklara honom och nedlägga honom.

Vi glodde ogenerat.

För journalister är oberoende ett centralt värde. Svårtolkat, undflyende, diskutabelt, men ändå centralt för yrkesrollen, för det professionella värdesystemet. Är det inte oberoende så är det inte journalistik och då har man inte åstadkommit sin grej, inte producerat sitt värde. Jan Stenbeck var en ny storägare i vår bransch, dessutom en mycket aktiv och som sagt gåtfull ägare som bröt många av de konventioner för medieägare (det vill säga för Bonniers) som fanns sedan tidigare. TV-medarbetarna måste svara inför sig själva och sina kollegor på hur fan de kunde jobba i Stenbecks TV-kanal. Detta var mötet då de skulle försvara sin värdighet mot huvudägarens glupande aptit på inflytande, en viktig stund för alla. För Göran Rosenberg spetsades givetvis situationen till av att han inte bara försvarade sin personliga heder utan hela sin redaktions, och sin egen heder inför sin redaktion. Uttalat eller outtalat uppfattade man det som att Göran Rosenberg gjort en utfästelse: Kom lugnt hit, här är det jag som garanterar det publicistiska, inte Stenbeck och hans Z-rabulister. Inställningen inom TV-redaktionen var att vi tar det bästa av Stenbeck, det vill säga pengarna, men betalar inte något pris i form av våra själar. Så såg jag det också, det var i Göran Rosenbergs firma jag jobbade, varför Stenbeck ville betala räkningen brydde jag mig inte om. (Men på tidskriften var man inte lika utsatt, den drog inte åt sig Stenbecks intresse på samma sätt.)

Jag minns ingen hjärtlighet i atmosfären. Däremot en enorm anspänning som kanske var av positiv art, i varje fall inte entydigt negativ. Alla var vakna, ingen sov. Det var ett fantastiskt scenbyte, orsakat bara av att Jan Stenbeck klev in genom dörren till *Moderna Tiders* redaktion.

Jag och Kaj Schueler tittade medan TV-gänget, Rosenberg, Stenbeck och Widsell troppade in i konferensrummet och stängde skjutdörren. Sedan satt vi på andra sidan av den tunna mellanväggen och försökte tjuvlyssna. Det gick inte att tänka på annat än dramat som utspelade sig där inne; vi var som Rosencrantz och Guildenstern, som skickas i väg ut ur Hamlet just när det blir spännande.

Vi hörde ett par åsklika skrattsalvor, sådana som uppstår när en stor grupp människor skrattar alldeles för högt åt någon halvrolig inledningskommentar: spänningar i luften som urladdas med några smällar. Sedan blev det sugande tyst därinifrån. Kaj och jag tittade på varann över skrivborden och fortsatte sedan stryka våra artiklar.

Av intervjuer med kamraterna som var där inne har jag fått några av mötets starka punkter skildrade. Mötet inleddes med att Göran Rosenberg presenterade upplägget för det nya magasinsprogrammet *Moderna Tider* i TV3, så som man brukar presentera nya program eller tidningar: i grova drag, punkter, linjer. I uppräkningen nämnde Göran Rosenberg att man nyhetsmässigt skulle »tänka kvällstidning« – vilket i och för sig är helt normalt för ett TV-program, och kanske kan betraktas som ett lite innehållslöst, lite klyschigt uttalande, om man är mycket sträng.

Jan Stenbeck högg direkt:

Vad då tänkt? Vad då kvällstidning? Hur ska ni göra? Vad ska man se i TV-rutan?

Detta var hans första inlägg i diskussionen. Inte dumt sagt, kanske taskigt.

För journalister är det rent allmänt oerhört provocerande att en ägare tillåter sig ha detaljerade synpunkter på det journalistiska hantverket, oavsett om synpunkterna är dumma eller ej.

Sköt du siffrorna, hade Göran Rosenberg svarat, så tar jag hand om journalistiken. *Early retaliation*, nästan stingsligt aggressiv. Och hans flock kände sig lugnare.

Jan Stenbeck hade slagit sig ner vid det avlånga bordets nedre hörn och placerat Jörgen Widsell intill sig, på hedersplatsen vid kortändan. Framför sig hade han lagt sin enorma bunt amerikanska tidningar (»antagligen hade han med dem för att han verkligen läste dem«, säger en av de närvarande). Vid sidan av tidningarna hade han placerat den fetaste och längsta Mont Blanc-penna de stackars vanliga luggslitna medelklassjournalisterna runt bordet någonsin sett. Den använde han för att göra anteckningar med. Och så hade han ställt upp sin påse med körsbär och börjat äta. Högen av blodiga, avgnagda kärnor växte sakta framför honom under mötets två–tre timmar.

Sedan hade Göran Rosenberg börjat beskriva den visuella utformningen av programmet: studiomiljön, vinjetten. Det skulle vara som ett arbetsrum, kanske Göran Rosenbergs arbetsrum, kameran glider förbi bokhylla och man ser en rad symboliskt laddade ting där, böcker, pennor, kaffemugg, kanske en fiol – jag spelar ju fiol, förklarade Göran Rosenberg, kanske en aning obekväm här, han tyckte nog inte själv att det där med fiolen var en bra idé...

Jan Stenbeck högg ännu mer direkt än förra gången.

– Fiol? Varför inte ett baseballträ?

Återigen, inte dumt sagt, men antagligen taskigt.

Göran Rosenberg var sårbar inför sin redaktion. Med den naturbegåvade människoläsarens psykopatkänsliga sinne för andras svagheter hade Jan Stenbeck blixtsnabbt uppfattat den fiolspelande klassresenären och lysande karriärjournalisten Göran Rosenbergs veka punkt. Var han fåfäng? Ville han visa sig fin? Tänkte han göra ett etablissemangsprogram, med det egentliga syftet att befästa programledarens egen position som kulturpersonlighet? Ville han inte ta i ett baseballträ om det behövdes? Inte bli skitig om händerna? En kort replik som river upp ett tjockt moln av relevanta frågor.

Därifrån gick det bara utför. Jörgen Widsell avbröt Göran Rosenberg för att fråga hur han skulle vara stajlad, vilka kläder han skulle ha. Jörgen Widsell avbröt Göran Rosenberg för att fråga hur de skulle få in bröst i programmet. Det måste vara sex med, detta är kommersiell TV.

»Det måste vara mer sex, men inte bögsex« – den repliken från mötet blev ett mantra inom redaktionen; en liten trofé som det ironiska folket behöll från de stora herrarnas drabbning.

När Widsell yttrade sig – ställde sina i sammanhanget osannolika Z-frågor till Göran Rosenberg – vände sig Jan Stenbeck mot Widsell och tittade teaterintresserat på honom; den här killen lyssnar jag på.

Ute i redaktionslokalen ringde telefonen. Jag lyfte luren.

Det var Pelle Törnberg, Strix-chefen och sedermera MTG-VD:n. Under dessa kaotiska tidiga medieår var han tveklöst en av Jan Stenbecks närmaste svenska medarbetare, och har förblivit det när cowboyäventyr gått över i industri.

Jag blev lite förvånad över att han ringde.

Om någon borde veta var Stenbeck befann sig under en Stockholmsvistelse timme för timme och vad han var upptagen med, så var det Pelle Törnberg. Jag hade intervjuat honom en gång, så vi var lätt tjenis. Han lät mycket vänlig men mycket bestämd när han bad att få tala med Jan.

Han sitter i möte med Göran och hela redaktionen, sa jag, de är väldigt upptagna.

Men Pelle Törnberg insisterade. Det var absolut nödvändigt att han fick bryta in. Absolut nödvändigt. Paus. Lugn och vänlig.

Det var bara att gå in och störa.

Jag knackade på och öppnade skjutdörren till köket. Vilken scen. Vita ansikten och svarta ögon vändes med ett ryck mot mig. Göran Rosenberg såg jag bakifrån, hopkrupen över sin ände över bordet, framåtlutad och beredd till kamp. Längst ner i andra ändan Jörgen Widsell i sin Z-keps, också han lite ansträngd. Runt bordet de omtumlade kamraterna. Och så Jan Stenbeck, prunkande, strålande, med en hög avgnagda körsbärskärnor uppstaplade på bordet framför sig.

Det är telefon till Jan, sa jag, Pelle Törnberg. Han säger att det är viktigt och att han måste få bryta.

Stenbeck for upp från bordet, inte alls störd av avbrottet. Tvärtom strålade han ännu mer med ansiktet, och så basunerade han ut, medan han trängde sig förbi stolsryggarna på väg runt bordet:

– Åh, Pelle, mitt geni! Honom pratar jag alltid med.

Jag visade Stenbeck mitt skrivbord där telefonluren med Pelle Törnberg låg mitt på bordsskivan. Stenbeck satte sig på min stol. Jag satte mig en liten bit bort och lyssnade.

– Vet du vad jag sa när jag gick ut ur rummet? frågade Stenbeck i luren. Jo, jag sa »mitt geni«. »Pelle, mitt geni!«

De skrattade och myste åt detta. Sedan pratade de om en provinspelning som Strix hade lite problem med. Programidén – uppenbarligen en originalidé från Stenbeck – var att Camilla Henemark skulle intervjua mäktiga män, alltså seriöst mäktiga, betydelsefulla män, företagledare, politiker, chefredaktörer. Camilla Henemark, då fortfarande medlem i Alexander Bards discopopgrupp Army of Lovers, var med sin utstrålning av »hajlik hälsa« (som Fellini sa om Anita Ekberg) en viktig programledare i TV3 under kanalens tidiga år. Hennes berömmelse, hennes glatt hårdpumpade utseende, men framför allt hennes personlighet var en råvara som kanalen flitigt försökte förädla till TV-program, vad jag kan minnas utan att någonsin riktigt lyckas. Hennes potential som en kvinnlig Aschberg förverkligades aldrig. Att söka Henemarks rätta format var en stående punkt på organisationens dagordning, inte minst Jan Stenbeck själv engagerade sig i jakten.

I telefonluren rapporterade Pelle Törnberg om provinspelningen, som tydligen leddes av Casten Almqvist, då producent på Strix, senare VD för TV3. Stenbeck lyssnade en stund, avbröt så irriterat:

– Men Casten förstår inte det här. Han säger att Camilla måste ta av sig de högklackade för annars blir hon längre än gubbarna. Det är ju det som är meningen. Hon *ska* vara längre än gubbarna.

Repliken har suttit limmad i mitt huvud sen jag hörde den från min tjuvlyssnarplats några bord bort från Jan Stenbeck.

Det är ju meningen att Camilla Henemark ska vara längre än de mäktiga gubbarna.

Det är det som är roligt att titta på, när de känner sig trängda – trots alla sina styrelseposter, fina titlar, enorma inkomster, BMW:ar och Saltsjöbadsvillor, all sin oåtkomliga nätverksmakt och sin rik-viktig-gubbe-säkerhet – ändå känner sig trängda av mulatt-amazon-valkyrian Henemarks attackerande oförskräckta blick uppifrån ett par högklackade skor. Därför att hon tränger dem personligen, som människor, som män.

Törnberg och Stenbeck småpratade en liten stund till i min telefon, om ditt och datt, inget som verkade viktigt, inga beslut som måste fattas. Så gick Stenbeck tillbaka in till mötet med Göran Rosenberg och *Moderna Tider*s TV-redaktion.

De satt kanske en timme till, samma isande tystnad trängde ut genom den tunna mellanväggen.

Jan Stenbeck ville att reportrarna skulle bära trenchcoat när de var ute på fältet, med programloggan på ryggen. Reportrarna bleknade. Och han tyckte det var viktigt att de gjorde grejer som var tuffa, och verkade farliga, som att gå in i knarkarkvartar. I trenchcoat med logga.

Samtalet flöt inte ledigt, det lossnade aldrig mellan dem.

Gatan utanför hade börjat flamma upp av den Stockholmska sommarskymningens orangeröda ljus när en ny taxi rullade in framför redaktionen. Stolar skrapade inne i konferensrummet.

Först kom Stenbeck och Widsell ut, de fortsatte direkt ut till taxin och försvann. Så gick några sekunder när ingen kom, och sedan kom redaktionen, tigande, vacklande, punch-drunk, groggy. De var verkligen omskakade. Hade aldrig varit med om något liknande. Den första som sa något skrek: »Hur fan kunde vi bara sitta där och lyssna på den skitstöveln!«

Sorl, sorl, sorl.

Utvärderingen inom redaktionen var att Göran blivit hårt och brutalt trängd, men försvarat sin egen, deras, och programmets journalistheder framgångsrikt. Det han sagt om »sköt du pengarna så sköter jag journalistiken« citerades flitigt. Våran Göran. De hade inte krökt rygg, de hade hållit sin ställning i förhållande till ägarmakten. Ändå fanns en stark känsla av obehag kvar i dem, en kraft som var på väg att rekylera i en lång, djup bungyjump-rörelse; avstannande till nästan ingenting i botten, men energin fanns kvar och var på väg upp. Det var kränkningens energi: först blir man förbannad för att han går på som om han ägde en, sen inser man att i någon mening gör han faktiskt det.

Fortsättningen av historien är det intressantaste.

Jag jobbade sent den kvällen, och satt kvar vid min dator medan TV-kamraterna kom ur chocken, och in i nästa fas. De satt i smågrupper i hörnen och smidde planer som skulle sätta den där Stenbeck på plats, visa Husse vem det var som kunde göra TV. Idéer som dugt ett par timmar tidigare kasserades nu skoningslöst, vinklar skärptes, tankar slipades. »Men hur fan kunde vi säga att vi skulle göra inslag om vårdkrisen – det låter ju skittrist, vi måste ha en bra ingång eller lägga ner det.« Inslagslistan skrevs om, nya idéer kom upp, allt med en sammanbiten, fokuserad, brinnande energi; det hade blivit mycket viktigt att lyckas med detta, att göra ett friskare, direktare, angelägnare samhällsmagasin än vad public service frambringat.

Det var häpnadsväckande att sitta och höra på. När jag lyssnat på gruppen intill mig i ett par timmar sa jag till reportern Maja Aase, som var inlånad från Z till *Moderna Tider*, att vad de än fått utstå på mötet så var det ju faktiskt en väldig massa bra arbete de uträttade nu. Hon och gänget omkring bordet tittade upp, tänkte en sekund, och sa: Ja, det har du rätt i. Och sen fortsatte de lika energiskt slipa på reportageidéerna.

Trots att de såg hur de blivit påverkade släppte inte förtrollningen.

Ytterligare någon timme senare när de började gå ner i fart skämtade vi lite om alltihop: »Management by fear«. Det var 1991, fortfarande yuppietid och flera år före Percy Nilegård, »Management by…«-vitsarna var fortfarande fräscha.

Mötet fick en enorm långtidseffekt på redaktionens arbete, identitet, ansträngningar.

Det drog in dem i en kamp.

Jag har senare fått höra att den där vitsen om *management by fear* även kläcktes på en massa andra redaktioner inom Stenbecks värld, av andra kollegor, efter likartade upplevelser. Johan Staël von Holstein använder också uttrycket när han skildrar livet i Kinnevik i sin bok *Inget kan stoppa oss nu*.

Styrning genom skräck.

Det var kanske ungefär så det kändes, men som analys är den lite trubbig. Skrämmas är lätt, och – intressantare – när det som skrämde en går ut till taxin slutar man vara rädd. Man blir snabbt som förr igen.

Nu skulle jag snarare säga management by kränkning.

Det är där långtidseffekten ligger.

*

Våren 1992 flyttade Jan Stenbeck Kinneviks traditionella smokingmiddag vid bolagsstämman från Nya Sällskapet till Waldemarsudde där den hållits sedan dess.

Waldemarsudde, en av den borgerliga goda smakens centrala

kultplatser. Prins Eugens Waldemarsudde, gnistrande av drama-
tisk sekelskiftesskönhet, en plats impregnerad av den rusande
blandningen av konst, makt och pengar.

Jan Stenbeck la sig först i raden av den Stockholmska maktens
och härlighetens palatslika boningar från det förra sekelskiftet,
i det mest svindlande sköna läget och möjligen i den mest
svindlande Boberg-villan; före Thielska vars herre föll i konkur-
rensen, före Wallenbergarna på Täcka Udden och Bonniers på
Manilla – och det på ett kostnadseffektivt sätt, utan att behöva
stå för drift och underhåll av palatset resten av året.

Uppgörelsen som Kinnevik introducerade för museiförvalt-
ningen på Waldemarsudde var ett sponsorskap på 100.000
kronor till museets verksamhet, mot att Kinnevik får disponera
lokalerna en gång om året. Avtalet har sedan institutionaliserats
och flera företag har gjort samma uppgörelse med museet.

Redan platsen, och bedriften att ha tagit sig dit med hela
cateringföljet och hela sin smokingmiddag, imponerade på den
insatta publiken. Maten och vinerna, levererade av hovkrögaren
Erik Lallerstedt, bjöd närmast skabrös njutning. Sedan föredrag
av exklusiva gäster på kvalificerad nivå. Kvällssolen sköt sina
gyllene strålar i flack vinkel över Strömmen, och exploderade i
parkens trädkronor, i fönstrens tyllgardiner, i den sista skvätten
vanvettigt ljuvligt vin i glaset…

…och då, innan man riktigt druckit upp, skulle alla plötsligt
upp och ut och nerför backen, vinglande på grusgångarna, ned-
för terrasserna, till båtar som väntade på att föra de beskänkta,
smokingklädda och celebra gästerna till Gröna Lund där de skulle
få åka bergochdalbana.

Intressant iakttagelse: min redaktörskollega Kaj Schueler och jag
skrattade mycket gott åt den historien när vi fick höra den. I en
strängt hierarkisk värld är det roligt när taskigheterna drabbar
någon högre upp. Det är en rätt märklig effekt: folket tycker det

är festligt när fursten terroriserar ståthållarna.

Vår egen chef Göran Rosenberg hade förstås funnits med bland gästerna, som en av celebriteterna i Stenbecks värld.

Han hade vägrat åka bergochdalbana, vilket också gjorde oss glada, att han höll *Moderna Tider*s fana högt.

KAPITEL ARTON

Boken om Bonniers

JOURNALISTEN SIGGE SIGFRIDSSON gjorde 1993 en av de få större intervjuerna med Jan Stenbeck. En tid efter publiceringen i *Expressen* stötte Stenbeck och Sigfridsson ihop på stockholmskrogen PA & CO, de hälsade glatt och tackade för senast.

När Sigge Sigfridsson senare på kvällen var på väg ut från krogen haffades han av Stenbeck som hängde i baren:

– Vad håller du på med nuförtiden? frågade Stenbeck.

– Inget särskilt, svarade Sigfridsson som just sagt upp sig från TV Stockholm, TV4:s lokalstation.

– Kan du skriva en bok åt mig, sa Stenbeck, om Bonniers.

Sigfridsson tyckte att Stenbecks förslag lät som en kanonidé.

– Ring Bert Willborg i morgon så får vi göra upp om villkoren, sa Stenbeck.

De träffades hos Willborg på Medviks förlag och gjorde upp.

Uppgörelsen innebar att Sigge Sigfridsson skulle göra research om familjen Bonnier, både dess historia och nutid. Han gjorde arbetet på uppdrag av Medvik, och hade under arbetets gång en bra lön från förlaget. Han arbetade i princip på löpande räkning, och när han fått ihop ett bra material skulle man fatta beslut om hur det skulle användas: kanske blev det en bok, kanske ett TV-manus åt Strix nystartade dramaavdelning. När det väl blev en bok eller ett manus skulle Sigfridsson få en viss royaltyersättning, trots att han redan fått lön för arbetet.

– Det var oerhört generöst, säger Sigge Sigfridsson. Om alla medieföretag hade gett sådana villkor hade det varit trevligt att vara journalist.

*

Familjen Bonnier har under hela det massmediepräglade 1900-talet varit Sveriges helt dominerande medieägare. De är en fascinerande och allmänintressant företagarfamlij som blivit märkvärdigt lite omskriven. Säkert beror det på att de flesta journalister i detta land är, eller har varit, eller hoppas bli anställda av dem. Bonniers är ett ämne det skrivits för lite om. Ungefär så lät Jan Stenbecks skäl till att han ville se en bok om sina numera mycket etablerade och respekterade konkurrenter skriven. Ungefär likadant hade Sigge Sigfridsson då också tänkt. Bland annat hade han försökt övertala *Aftonbladet* att få göra en stor artikelserie om Bonniers, utan att möta förståelse för sin idéer.

Samma år hade den Bonnierägda affärstidningen *Dagens Industri* gett ut *Boken om Stenbeck*, skriven av tidningens reporter Margaret von Platen, brorsdotter till Gustaf »Buster« von Platen, legendarisk Bonnierredaktör och chefredaktör för moderaternas och Wallenbergarnas *Svenska Dagbladet*. Den lilla boken slutar med en helgardering – om tio år är Stenbeck antingen vinnaren som satsade rätt före alla andra, eller förloraren som förstörde sitt arv på snurriga visioner – men präglas ändå av skepsis och en viss nedlåtenhet i tonen, inte minst gentemot pappa Hugo Stenbeck. Man kan se boken som en journalistisk rapport om det svenska etablissemangets avståndstagande från Jan Stenbeck, eller som en del av det. Hursomhelst var den utgiven av en Bonniertidning. Nu beställde Stenbeck en bok om Bonniers.

– Vi tyckte båda att Bonniers var ett bra material som var lite belyst, säger Sigfridsson. Vi hade samma bevekelsegrunder. Sedan var ju internsnacket att han på något sätt ville ge igen, och visa Bonniers att om de kunde göra en bok om honom så kunde han göra en om dem. Men det var inget som han förde fram som ett skäl till mig.

Sigge Sigfridsson researchade, och fick bland annat fram fascinerande roliga intervjuer med familjens dåvarande ålderman, den öppet excentriske Johan »Joja« Bonnier. Det var i intervjun med Sigfridsson som Joja Bonnier motiverade familjens kritiserade engagemang i *Sydsvenska Dagbladet* med att han själv bor en stor del av året i Falsterbo. (»Det är verkligen inget bra argument«, protesterar sonen och dåvarande koncernchefen Carl-Johan, uttryckligen närvarande som förkläde åt sin talföre far, 76. »Nej kanske inte«, svarar Joja, »men det var en viktig anledning till att jag drev igenom tidningsköpet.«) Sigge Sigfridsson fick också fram en samling privata kärleksbrev skickade från familjens store industrialist Abbe Bonnier, död 1989, till hans älskarinna Dorle von Wendt, mor till *Aftonbladets* politiska kolumnist Yrsa Stenius. Denna livslånga relation utanför äktenskapet hade dittills varit en väl bevarad familjehemlighet.

Efter ett års arbete blev det dags att avsluta efterforskningarna och skriva boken. Då ville Jan Stenbeck inte längre vara med i projektet. Hans skäl framstår som lite pinsamma för en oförskräckt näringslivsrebell som går sin egen väg in i den kreativa förstörelsen.

Jan Stenbeck ringde till Sigge Sigfridsson och sa att det hade blivit jobbigt för honom personligen. Medlemmar av familjen Bonnier ringde hem till Jan Stenbecks fru Merrill och försökte få henne att övertala maken att sätta stopp för den där journalisten Sigfridssons snokande i familjeangelägenheterna.

– Han ville inte vara med längre, säger Sigge Sigfridsson. Han sa: Du får gärna berätta om detta för andra, och kalla mig feg, men för mig är detta inte roligt längre.

Sigge Sigfridsson fick alla rättigheter till sitt material, framtaget på Medviks bekostnad, och så var banden lösta. Hans bok, med titeln *Boken om Bonniers*, publicerades på Wiking & Jonsson Förlag 1995.

Efter att ha skrivit sin bok startade Sigge Sigfridsson ett bokförlag åt Medvik. Det hette Instant och lades ned omedelbart efter det att H. C. Ejemyr tagit över Medvik från Bert Willborg.

KAPITEL NITTON

Leken slut
[1995]

UNDER OS I BARCELONA sommaren 1992 hade det svenska näringslivet ankrat en finlandsfärja i hamnen där man marknadsförde sig som framåt och kontaktsökande. Lite otippat anmälde Jan Stenbeck sig som deltagare till »Svea 92«, som projektet hette. I efterhand ser det ut som ett första öppet och välövervägt steg in mot den svenska affärsscenens mittpunkt; då väckte det förvåning, Stenbeck uppfattades som på alla sätt marginell. En av medarbetarna på båten var den unge civilekonomen Johan Staël von Holstein, färsk från Stockholms universitet och äventyr i reseledarbranschen.

I boken *Inget kan stoppa oss nu* – utgiven 1999, sedan han ägnat den andra hälften av nittiotalet åt att grunda och driva upp Icon Medialab till ett börsvärde runt tio miljarder kronor och blivit IT-Sveriges rockstar, en predikant för den nya tiden och sin egen roll i den – skildrar Johan Staël von Holstein den kontrast han upplevde mellan gästerna på Svea. Å ena sidan den storsvenska industrins fyrkantiga fyrtiotalistetablissemang, obefogat uppblåsta traditionalister med mörk kostym och pretentiösa manér, gubbs för vilka »ägandet var viktigare än utvecklingen«, och å andra sidan Jan Stenbeck som kom i rosa shorts och utan manus:

> Han hade inga anteckningar med sig, utan talade direkt ur hjärtat, och var enormt engagerad. Han målade upp en förestående globalisering, konvergens av olika teknologier och mellan olika industrier. Kommunikationsutvecklingen skulle komma att förändra alla förutsättningar, förklarade han, tecknade visioner om nya landskap och

talade långsiktigt om det nya kommunikationssamhället. Mellan raderna la han ett bud på TV4. Det sög till i magen på mig. Wow! Det här var något helt annat. Han inspirerade och jag kände genast att honom ville jag jobba med.

Iakttagelse av en ung karriärist, nyutexaminerad och hungrig, sommaren 1992 när den länge förutskickade IT-revolutionen just var på väg att bli ekonomisk verklighet. Jan Stenbeck med det unga sinnet. Den enda svenska industrikapitalisten som hade nyfikenhet på, insikt om och lust till det nya. Den ende med stora pengar som fattat något av den nya tiden och dess möjligheter.

Här under den första hälften av nittiotalet uppstår ett slags generationsklyfta inom kapitalismen – lika djup som när rockgenerationen i efterkrigstiden vände sig emot sina föräldrar från förkrigstiden. Man förstod inte varann, talade inte samma språk, därför att en lång rad komplext samverkande sociala, ekonomiska, politiska och kulturella krafter gjort att man inte levde i samma värld.

I näringslivets komprimerade generationskris under det tidiga nittiotalet var det IT-företagarna som vände sig emot verkstadsindustrialisterna; den andra industriella revolutionens söner mot den tredjes. Och Jan Stenbeck stod på fel sida klyftan, på framtidens och de ungas, som en cool gubbe, en industrins beatnik, med flott huvudkontor i Gamla stan och skogsbolag i Gävle, men förvånansvärt hipp.

Detta var bilden av Jan Stenbeck inom IT-entreprenörernas subkultur: Jan med det unga sinnet. En bild som konkurrerade med den bild av den irrationellt slösaktige mediepiraten och direktörsplågaren som vid samma tid målades upp i den stora offentligheten. En framtidsman med fickorna fulla av gamla pengar – vilket är en kraftfull kombination, se bara på alla brukspatroner från det förrförra århundradet.

*

Johan Staël von Holstein blev medarbetare i Kinnevik men fick svårt att trivas. Han placerades i Luxemburg för att arbeta med betalningssystem och varumärkta kreditkort – den stora Stenbeckska generalplanen för att komma in i lojalitetsgruppernas plånböcker. Ett komplicerat projekt men om man får till alla bitarna på ett bra sätt kan det bli hur stort som helst, speciellt i en koncern som faktiskt skickar telefonräkningar till folk och företag världen över, från Kambodja till Colombia.

I sin bok klagar Staël von Holstein bittert över medlöperi, svansande och svekfullhet kring huvudägaren – han har fått sin Stenbeckchock och tankarna kretsar monomant, plågat kring frågor om integritet och värdighet. Han upplever sig sviken av Håkan Ledin, rutinerad toppdirektör inom MIC och NetCom, som inte backar upp honom i diskussionen om ett kortprojekt som Stenbeck dödar med ett par ord (»Nästa ärende«) vid en styrelsedragning. Staël von Holstein argumenterar emot och utlöser ett raseriutbrott hos huvudägaren. »This was management by fear!« utbrister Staël förfärat i sin bok.

Han har inte förstått – eller inte förmått acceptera – organisationen han verkar inom, brukets dynamik: om inte huvudägaren står bakom ett projekt kommer det inte att fungera, då är det inte rationellt att driva på, han bestämmer över ödet.

»En furste bör ta råd«, skriver Machiavelli på tal om denna typ av problem, »men endast när han själv och inte när andra vill det, han bör till och med ta modet ifrån dem som vill råda utan att vara tillfrågade.«

Machiavelli ser detta som en fråga både om att bevara furstens anseende, vilket är själva förutsättningen för att fortsätta vara furste, och – intressant nog – som en fråga om att garantera kvaliteten i furstens beslutsunderlag. Han ska råda över rådgivarna, inte tvärtom. I en dålig organisation tänker rådgivarna »alla på sin egen fördel och fursten är inte i stånd att tillrättavisa dem eller genomskåda dem«.

Vid slutet av 1995 slutade Johan Staël von Holstein i Kinnevik, i början av 1996 startade han Icon Medialab tillsammans med ett par andra avhoppare från Kinnevik.

*

1992 värvades Mattias Hansson från *Nöjesguiden* till chefredaktörsposten på tidningen Z. Jörgen Widsell hade klivit upp till att bli förlagschef för hela Medvik, det vill säga till en början Z och *På TV*, men under några års köprusch samlade Medvik snart ihop en hel liten koncern av papperstidningar med hängivna redaktörer, schysta idéer och bekymmersam ekonomi.

– När de behövde en ny chefredaktör på Z valde de mellan mig och [*Sydsvenskans* politiske redaktör] Per T. Ohlsson. Vilket visar hur lite de visste om vad de ville, säger Mattias Hansson.

Z drevs enligt de gamla riktlinjerna i ett par år, den fortsatte att gå dåligt, tappa upplaga och förlora identitet. I maj 1994 var Mattias Hansson och hans partner i redaktionsledningen Erik Hörnfeldt färdiga med planerna för en stor, drastisk omgörning: under namnet z.mag@zine ville de göra Widsells, Aschbergs, Kadhammars och Willborgs gladkommersiella *Gnistan* till IT-ålderns första svenska livsstilsmagasin. I Amerika hade *Wired* startats samma år och visade vägen mot en ny medial framgångsmix: IT-subkulturens karaktäristiska korsbefruktning av rock'n'roll och radikal affärsstrategi, av snowboard och BMW, dollartecken och anarkist-A:n, kommunikationsromantik och teknologiporr – ett slags högenergisk rebellkultur, fast inte i vänsterpolitisk mening.

1994 var också det år då Netscape grundades, ofta använt som symbolisk startpunkt för den breda, kommersiella och massmediala och verkligt storskaliga, spridningen av internet över jordklotet. Det är fantastiskt att tänka sig att innan dess hade normala människor ingen som helst erfarenhet av internet. Själv mötte jag det först 1995 när jag kom till *Expressen*. Man fick köa för att få Netscape installerat i sin dator, och sen gick man en tredagarskurs med två skäggiga instruktörer, en tysk och en amerikan, som båda talade mycket engagerat och med stark brytning; två ur den första generationen nätsurfare, akademiker med hikingboots och rufsigt hår.

På Kinnevik hade Jan Stenbeck redan börjat samla, eller attrahera, viss internetaktivitet. »När Jan kom till ett möte en gång och sa ›internet‹ var det ingen annan som hört talas om det«, säger en av de dåvarande mediedirektörerna. Det fanns projektgrupper som höll koll på utvecklingen och sökte öppningar, delvis som en sidoverksamhet till telefonin i Tele2, delvis som en medieverksamhet. De var inne på både nätvaruhus och nätunderhållning, det som blivit stora verksamheter sex–sju år senare men då inte riktigt fungerade. Internet ligger uppenbart granne med Kinneviks kärnverksamheter, dessutom hade ju Jan Stenbeck sin ställning som de unga, hungriga IT-spolingarnas kapitalistiska idol.

Viss beredskap fanns alltså när Mattias Hansson en varm försommardag 1994 och hans närmaste VD Bert Willborg möttes på Skeppsbron för att åka ut till Jan Stenbeck och dra omgörningsplanen. När det gällde Z var det Jan Stenbeck själv som bestämde. De körde ut ur stan i Mattias Hanssons vita Suzukijeep, gängse tjänstebil bland yngre Kinnevikmedarbetare. Suzuki ingick i Toyotaagenturen, då ägd av Kinneviks motorbolag SMA. (SMA hade förresten också agenturen på japanska Komatsugrävmaskiner, under en period marknadsförda till konsumenterna med en intensiv reklamkampanj i TV3. *Cross-promotion*.)

Det var en speciell liten nisch av Stenbecks värld som utvecklats på Skeppsbron 32 – i hyrda lokaler i ett mer luggslitet gammalt affärspalats några kvarter bort från huvudkontoret, under bolagsnamnet Medvik och med Bert Willborg som lokalfurste, dotter-dotter-VD. Helheten av Kinneviks medieverksamheter hade vid det här laget organiserats i en egen dotterkoncern med namnet Modern Times Group, MTG, och Strixveteranen Pelle Törnberg som VD.

Medvik var en ungdomsgård, en sista rest av cowboytiden som fick leva kvar ännu några år. En knippe tidningar som startats eller köpts av Bert Willborg eller hans företrädare Jörgen Widsell (som nu skickats till Sydafrika för att starta en av Kinnevik delägd radiostation). Det var Z, musikbranschtidningen *Topp40*, den klassiska musiktidningen *M* som skulle samordnas med gruppens klassiska radiostation, och det var *CityNytt* som startats av helt andra ägare som konkurrent till *Nöjesguiden* och nu blev energiskt relanserad med Bobo Karlsson som chefredaktör. Fanns det synergivinster att göra så var det i det lilla formatet. Målen var suddiga, prioriteringarna på väg att slå om från sådd till gallring.

Mittemot på Skeppsbron, i ett av de låga övergivna tullhusen ute vid kajkanten, byggde Kinnevik 1994-1995 en egen restaurang – en andra egen restaurang, av mer folklig karaktär än den exklusiva Erik's i Gröna Huset.

Tullhuset blev rikets ölhall, evenemangsplats och bryggeri. Mitt i lokalen blänker ett mikrobryggeri, en ångmaskinliknande kopparapparatur som så länge den var i drift spred en sövande doft av jäst i lokalen. Ursprungligen fanns affärsmässiga ambitioner med bryggeriet. Även ölmarknaden hade skakats om av utvecklingen och världen över fanns öppningar för alerta entreprenörer att tränga sig fram bredvid de tröga bryggerikolosserna som yrvaket undrade vart deras totala dominans tagit vägen. Ölet från Gamla Stans Bryggeri såldes i livsmedelsbutiker och på Systemet, då med en Torshammare på etiketten. Den som satt sig in i Stenbeckgruppens heraldiska symbolvärld kunde känna igen den som samma Torshammare som storskarven i Inviks emblem fiskat upp ur havet (den dykskickliga fågeln har en ring trädd om halsen för att inte kunna svälja sin fångst – gammal österländsk fiskemetod, upplyste en text på baksidan av Invikredovisningens omslag).

Ölet blev dock inte någon guldgruva, tvärtom förlorade man
en eller ett par kronor på varje flaska som såldes. Kinnevik tog
ingen huvudroll i den globala småbryggerirevolutionen. I stället
blev Bryggeriet i Gamla Stan ett irrationellt inslag av olönsam
lekfullhet i den krävande affärsmässigheten. »Ett företag som vårt
ska väl ha råd med ett bryggeri«, svarade Jan Stenbeck godmodigt
när Pelle Törnberg frågade varför man höll på med det här.

Det var krögaren Mikael Malmberg på Bistro Ruby som
visade Jan Stenbeck en tidningsartikel om det nyutvecklade
mikrobryggeriet, litet nog att installeras i en restaurang och ändå
produktivt nog att i bästa fall kunna bli lönsamt. Han visste att
ett eget bryggeri var en gammal Stenbeckvision. Malmberg blev
också Bryggeriets krögare under de första åren, engagerad redan
i projektgruppen. Specifikationer för den folkliga och festliga
restaurangen i Tullhuset kom från Jan Stenbeck personligen, kor-
rigerade och kompletterade med en ström av fax som landade i
Bert Willborgs kontor på Skeppsbron 32. Han var direktören som
hade kontor närmast bygget. Bland ungdomarna som jobbade i
Bert Willborgs lilla tidningskoncern uppfattade man detta som
en förolämpning mot deras verksamhet, och deras VD; jobbet i
Medvik var inte viktigare än att färgnyansen på träet i Bryggeriets
bardisk alltid prioriterades högre.

Båtklubbsstilen är konsekvent genomförd. Krogen är invändigt
klädd med däcksplankor och panel av teak. På kortväggen hänger
foton av de dyrbara segelbåtar Jan Stenbeck skaffat sig ganska
sent i livet. Flera färgbilder av havskappseglaren Goose II som för
bryggeriets Torshammare på spinnakern. Och på ett stort svart-
vitt fotografi med den handtextade dateringen »Cannes 1996«
forsar Sophie fram över Medelhavet: Jan Stenbecks extravaganta
privatsegelbåt, en nybyggd kopia av en tidig America's Cup-
seglare, döpt efter den yngre dottern. En klassiskt smäcker J-Class
Yacht, dock med all modern elektronik och mekanik gömd under
sitt vackra däck, och, som Jan Stenbeck sa på sin lite gammaldags

stockholmska när han beskrev båten i sitt sommarprogram 1997, den har en »tremålad carbonfajbermast«. Alltså en mast av modernt kolfibermaterial, målad så att den ser ut som de gamla J-båtarnas trämaster. Jan Stenbecks *Sophie* låg ibland i Sandhamn och tog andan ur Stockholmsnoblessen. Många andra direktörer har modeller av J-båtar som prydnadsföremål på kontoret.

En ursprunglig ambition var att göra bryggeriet till en riktig kändisklubb, av Café Opera-typ. Bert Willborg sammanställde en VIP-lista, han var den typen av journalist som känner »alla«, och exklusiva medlemskort skickades ut. Det tog sig aldrig, bland annat för att de unga fjälljägarna i Gävle Vakt som posterats i dörren inte kände igen heta ansikten som borde få komma in, utan höll sig militäriskt till medlemskortkravet. Förolämpade kändisar gick muttrande i väg efter att ha blivit respektlöst behandlade av Jan Stenbecks vaktstyrka. Våren år 2000 var bryggeriet spelplats för dokusåpan *Baren* som gick i TV3, producerad av Strix, med egen hemsida på Stenbeckgruppens webb-portal Everyday. Ett gäng ungdomar hade fått i uppdrag att driva baren affärsmässigt och filmades dag och natt när de försökte få det att gå runt och grälade och konspirerade. *Baren* betraktades internt som en lyckad sammanlänkning av koncernens beståndsdelar, dessutom en sällsynt bedrift att kunna göra massiv reklam för en krog i TV, Bert Willborg var samordnare och projektledare.

Bert Willborg och Mattias Hansson svettades i den vita Suzuki-jeepen på väg ut ur stan. Willborg torkade pannan och verkade pressad och muttrade om att man aldrig kunde veta vad Husse skulle tycka om en sådan sak som att göra om *Z* till en svensk *Wired*.

Målet var Christineholm, den lyxsommarstuga Jan Stenbeck hyr av Hargs Bruk i det uppländska brukslandskapet, en timme norr om Stockholm. Herrgården ligger vid sjön Erkens strand, strax bortom Rimbo: några gula längor under gamla ekar på en

liten höjd, omgiven av ansade gräsmattor, välskötta åkrar, allé-
prydda vägar, där makt och rikedom verkat i århundraden för
att göra landskapet behagligt att skåda från just den punkt där
herrgårdens gula längor befinner sig. Och där stod då Mattias
Hansson och Bert Willborg och flämtade denna försommardag
1994, Mattias Hansson med en handlingsplan under armen.

Jan Stenbeck kom emot dem, våt i håret och med en handduk
om halsen, behagligt nyduschad i den kvalmiga hettan, i skarp
kontrast till sina klibbiga gäster. Bert Willborg, informerad om
Husses familj, undrade efter en blick runt ägorna var frun och
barnen höll hus, han visste ju att de var med.

– De är ute och rider, svarade Jan Stenbeck. Jag rider aldrig...

Fortsättningen på repliken fastnade i Mattias Hanssons minne,
förklarar han, eftersom han själv vid denna tid ägnade sig åt
ridning.

– ...män ska inte rida, fortsatte Stenbeck, det är inte bra för
kulorna.

Efter kaffe fick Mattias Hansson presentera sina idéer. Stenbeck
lyssnade, ställde några intelligenta följdfrågor, gav sin välsig-
nelse. Mattias Hansson begärde en garanti för att få tre år för att
genomföra och lansera tidningen och visa att den skulle fungera
kommersiellt. Jan Stenbeck sa ja och sedan var mötet slut. Tre år
utan vinstkrav, garanterade av huvudägaren personligen. Mattias
Hansson kände sig naturligtvis mycket trygg när han och Erik
Hörnfeldt började stuka om Z till z.mag@zine. Första numret
kom ut i december 94, med Henrik Schyffert på omslaget – en
representant för den nya uppkopplade livsstilen.

Samtidigt, under de sista månaderna av Netscapeåret 1994, for-
mades en ny liten avdelning på Skeppsbron 32: Everyday, med
uppdrag att utveckla en kommersiell webbplats av medieliknande
slag.

Därinne, i den suddiga röran i Bert Willborgs lilla rest av

cowboytiden, satt under några månader det som skulle bli
praktiskt taget hela början av den svenska internetbranschen
när den lyfte ett år senare – och resten, Johan Staël von Holstein,
satt och vantrivdes i Luxemburg inom samma koncern.

Ungdomarna på Everyday blev aldrig förstådda, kände sig inte
uppskattade, irriterades av att gamla kvällstidningsjournalister
tågade runt i riket och betedde sig som absoluta auktoriteter på
allting – och tänkte väl också att det här kunde de göra på egen
hand och bli mycket rikare.

– Kinnevik begrep aldrig vad vi sysslade med, sade en av de
tidiga internetpionjärerna på Skeppsbron när jag intervjuade
honom något år före millennieskiftet.

Han sade det med en axelryckning, där han satt i sitt eget
snygga kontor, som delägare i ett av den nya ekonomins svenska
storbolag. Sin egen. Rik som ett troll och universums härskare i
åtminstone några år till.

Till hösten 1995 hade hela den blivande svenska internet-
branschen rest sig och gått från Kinnevik och startat eget. Jonas
Svensson och Johan Ihrfeldt startade Spray, Lars T. Andersson
startade Tetre, Johan Staël von Holstein, Jesper Jos Olsson och
Erik Wickström startade Icon Medialab. Några år senare köptes
Tetre upp av Spray. Per Bystedt som just hoppat av VD-posten
på TV3 blev VD för det nya, förstärkta (delvis med Wallenberg-
pengar) Spray som siktade på att vara en av Europas stora Inter-
netleverantörer. Icons mål var att bli en av de fem största IT-kon-
sulterna i världen.

Kinnevik lyckades inte göra något vettigt av att vara först i den
svenska internetbranschen: man hade positionen, och tappade
den. Jan Stenbeck själv var vid denna tid mest upptagen av MIC
ute i världen, och det huvudägaren inte prioriterar tas inte på all-
var av någon annan heller: det är så det fungerar i organisationer
byggda kring en extremt stark ledare. Jan Stenbeck lyckades inte
heller skapa någon lojalitet hos de unga affärsrebeller och IT-

entreprenörer som under några år i början av nittiotalet samlades i hans olika lokaler på Skeppsbron. De gick sin egen väg trots att Jan Stenbeck var deras idol. Kanske just därför.

Det fanns en tid då det sågs som verkligt svidande kritik av Jan Stenbeck att han låtit hela den svenska IT-konsultbranschen slinka ur koncernen och starta eget.

Kort efter millennieskiftet och IT-kraschens fruktansvärda förstörelse av börsvärden och drömmar blev det tvärtom en merit, att han inte låtit sig förvillas av den korta, rusiga tid då hemsidesbyggande konsultbolag som Icon Medialab, Spray och Framfab uppfattades som den nya kärnan i svensk industri.

När den internetrelaterade börsbubblan brast med start våren 2000 drabbade det inte Stenbeckgruppen på något grundläggande sätt, bara med den allmänna brist på kapital och tro som uppstod när hela den rika världen föll i djup ekonomisk-existentiell ångest.

Medan den konventionella visdomen blev alltmer fixerad vid att framtiden fanns på internet, fastnade Jan Stenbeck i stället för en väldigt lågteknologisk affärsidé: *Metro*. Jan Stenbeck såg *Metro* som Gruppens stora grej i nästa århundrade. Nästa steg i världserövringen. Kanske är den ambitionen inte helt avvecklad.

*

Den 13 februari 1995 kom det första numret av *Metro* ut i Stockholm, en enkel och kompakt daglig nyhetstidning som framställs av ompackat TT-material och distribueras gratis i tunnelbanan.

Efter fyra månader var *Metro* Stockholms näst största dagstidning.

Projektet hade kommit till Kinnevik i form av H.C. Ejemyr och hans kamrater Pelle Andersson, Robert Braunerhielm och Monica Lindstedt. Ejemyr, Andersson och Braunerhielm hade alla arbetat på DN. Andersson och Braunerhielm hade dessutom gemensamt förflutet på SKP:s tidning *Gnistan*. De hade redan

tänkt ut alltihop, och först försökt tända både banker och dags-
tidningsföretag på idén, men fått nej. När de presenterade Metro
för Jörgen Widsell sa han genast ja: en motvalls dagstidning.

H. C. Ejemyr blev snabbt chef både för Metro och för alla
papperstidningar inom MTG, efter ett år var han vice VD i MTG.

Ungdomarna på Skeppsbron 32 kallade honom »den nye
Jörgen Widsell«, vilket betyder att han på ett fullständigt skräck-
injagande sätt vunnit huvudägarens öra och förtroende, och var
mycket farlig.

Inte minst för att H. C. och Metro signalerade helt andra regler
än vad Z och Widsell gjort. Bolaget höll på att byta tradition. Det
började bli dags för gallring.

Mattias Hansson minns sista gången Jan Stenbeck ringde honom
på Z för att tipsa om en bra story:

– »Det var inte nazisterna som gasade judarna, utan judarna
som gasade nazisterna.« Det ringer Stenbeck och säger från nåt
hotellrum ute i världen, och tycker det är en skitbra grej som jag
borde ha i tidningen. Då var jag nära att lägga på luren...

– Men det visade sig att det faktiskt var en bra berättelse, som
han läst i New York Times eller Washington Post, om en unik
händelse i en liten stad där detta verkligen hänt, som en hämnd-
aktion efter kriget. Jag köpte faktiskt artikeln och översatte den.

*

Den 15 september 1995 kallades personalen på Skeppsbron 32
till stormöte. Inbjudan var mailad av Bert Willborg, men det var
H. C. Ejemyr som inledde mötet och avslutade det, allt i en enda
mening: Vi lägger ner Z.

(Ingen blev överraskad av beskedet, för TT hade fått informa-
tionen före personalen och nyheten hade redan varit i radio när
mötet började.)

»Ett typiskt Long Island-beslut«, sa Mattias Hansson när jag ringde honom för att beklaga och få lite skvaller, »det är bara Husse själv som kan bestämma något så snabbt, och få det verkställt så snabbt.«

Senare har Mattias Hansson fått klart för sig att det inte var Jan Stenbeck som drev nedläggningen, utan H. C. Ejemyr. Den nye killen. Han gick rakt på chefens älsklingsbebis och slog ihjäl den. Det skulle ändå aldrig bli något av den. Så vann H. C. sin hedersplats vid chefens fötter.

– Det enda som är ologiskt för mig, säger Mattias Hansson fem år efteråt, är att vi just då hade gjort tidningen lönsam, i huvudsak genom att minska personalen vilket Jörgen Widsell inte vågat göra själv. Där hade samlats massor av fast anställda. Vi minskade personalen och gjorde tidningen lönsam för första gången i dess historia. Då lades den ner.

H. C. Ejemyr röjde ut hela det gamla förlagshuset, hela »Medviksoppan som Jörgen Widsell kokt ihop«, som en annan Kinnevikdirektör säger.

CityNytts chefredaktör Bobo Karlsson kallades snabbt till ett möte med den nye lokalfursten. Bobo Karlsson kom väl förberedd, med lång- och korttidsplanering och budget utskrivna och häftade. Han satte sig ner hos H. C. Ejemyr och började dra sina offensiva idéer om tidningens framtid.

Ejemyr avbröt honom:

– Men Bobo, du har tänkt själv.

– ...eh, jaaa...

– Det ska du inte göra. Du ska göra som jag säger.

Någon månad senare lades *CityNytt* ner, sedan H. C. Ejemyr först hade försökt sälja den till Bobo Karlsson och tidningens annonschef.

Det går även andra hemska historier om H. C. Ejemyr från denna tid. En påstår att han utan varsel tvingade ut *Metros* annonssäljare på konferens i skogen: presenningtält och ärtsoppa i snuskburkar och så pressande, påträngande peptalk som om

katastrofen hotade om inte alla la i en växel till. Ingen kan till-
låtas dra sig undan, ingen får sätta sina personliga intressen före
Metros.

En källa på annonsavdelningen säger dock att det inte var
så farligt som det sägs, det var inte utan varsel, det var ingen
mobbning – visst, det var ärtsoppa och det var en fältmässig
säljkonferens som gick ut på att sätta press på medarbetarna,
men inget extremt. Några mådde säkert dåligt där i skogen, andra
tyckte mest det var tramsigt, åter andra tyckte det var kanonkul.
(Annonssäljare är en härdad sort, vana vid att utsättas för mycket
tydliga prestationskrav.)

– H.C. är en skicklig entreprenör som helst ska jobba i kris,
säger min källa. Och är det inte kris skapar han ändå en sådan
stämning, för att alla ska göra sitt yttersta.

*

1994 var också året då reklam-TV i Sverige växt färdigt. Pionjär-
tidens explosiva tillväxt gick direkt över i den mogna marknadens
farligt letargiska tillstånd.

Att styra genom något som växer och att styra genom något
där det inte händer särskilt mycket är två helt olika saker.

Reklam-TV-marknaden växte med 56 procent 1994, och
med 6 procent 1995. Då gäller det att hitta bromsen. Samtidigt
hade en hel före detta TV3-ledning anförd av Jan Steinmann satt
fart på den slumrande Kanal 5 – en gång grundad av arvtagaren
till Mo & Domsjös skogsförmögenhet Matts Carlgren, nu ägd av
SBS, Scandinavian Broadcasting Systems, ett amerikanskt bolag
som under sitt SAS-klingande namn ägnar sig åt TV och radio
i det »underteleviserade« Skandinavien.

Leken var slut, cowboytiden över, konkurrenterna på plats,
spelfältet avgränsat.

Pelle Törnberg, om nedläggningen av Medviktidningarna:

– Vi var kända som det charmiga busgänget som startade nya

verksamheter. Och vi började tjäna pengar efter några år. Men de senaste åren hade vi förlorat pengar. Då är det som var charmigt och busigt bara slarvigt.

Machiavelli skriver om skillnaden mellan förändringstidens logik och de stabila tillståndens. I det ena läget är det rationellt att ta förluster för att vinna marknad, men inte i det andra:

> Antingen är du redan en furste eller också hoppas du på att bli det. I det första fallet är frikostigheten till förfång, men i det andra är det nödvändigt att vara frikostig. Caesar var en av dem som ville uppnå herraväldet över Rom, men om han hade levt längre sedan detta var uppnått och inte hade avhållit sig från utgifter, hade han förstört sitt herravälde.

*

När jag kom till *Expressen* 1995 garvade man i den traditionella nyhetspressen fortfarande på ett mycket självsäkert sätt åt den avskalade lilla telegramtidningen som Kinnevik bar ut i tunnelbanan: »de vet inte hur man gör tidning«. Stilistiskt är *Metro* fortfarande en återhållsam tidning. En sammanställning av dygnets viktigaste telegram, gjord i nykter och tjänstvillig ton: inget heroiskt över det här, men det är rätt praktiskt att läsa när man ändå sitter i tuben.

Till skillnad från både morgontidningen och kvällstidningen lägger *Metro* ingen stor vikt vid att ha egna, glorifierade, identifierade och namnkunniga skribenter. Tvärtom betonar *Metro* att det finns en nyhetsindustri, som skickar runt ett stadigt flöde av professionellt förädlade nyheter i pipelines jorden runt; det är detta råmaterial *Metro* arbetar med, inte med den obearbetade verkligheten direkt. Varför skicka en egen gubbe till Persiska viken när CNN redan är där? Varför skicka en till Bengtsfors när TT är där?

Metro förlitar sig på de underleverantörer som finns, och begränsar sina ambitioner till den vanliga, standardiserade nyhetsfabrikshanteringen av verkligheten och utspelen – som ju utgör huvudparten av nyhetsmaterialet. Vinsten skickar *Metro* delvis vidare till läsarna som får tidningen gratis.

Det märkliga med 1900-talets tidningsindustri är att det varit en blandform av personligt, kreativt konsthantverk och storskalig produktion. En sprakande, motsägelsefull kortslutning mellan individuellt uttryck och industriellt. Det har varit branschens charm och romantik. *Metro* renodlar sin tidningsaffär till det industriella; personliga och kreativa får skribenterna vara någon annanstans. Det är internetålderns mediestruktur som tjuvstartar i pappersvärlden; en uppsplittring på nyhetssajter, nördmagasin och böcker, i stället för den stora breda dagstidningen som avspeglar alltihop i handgjord originalproduktion och ansvarsfull sortering. *Metro* är morgontidningen som Nattens Telegram i stället för Dagligt Allehanda.

Sedd i ett sådant sammanhang är *Metro* inte bara ännu en tidning, lite enklare och gratisutdelad. Inte bara en strippad lågbudgetkusin till *Expressen*, *Dagens Nyheter*, och alla de andra med sina härliga namn och grandiosa historier, med sina Jolo och Bang och Mats Olsson och Linda Skugge, sina Pennor och Krumelurer och Signaturer och Auktoriteter; sina folkkära berättare av sanna sagor om samtiden. *Metro* är något helt annat.

Metro är en nyhetssajt i lågteknologiskt utförande – papper och trycksvärta – som ligger och väntar i tunnelbanan eller bussen.

Metro är det starkaste enskilda svenska exemplet på att det nu är helt nya tider i den journalistiska informationsbranschen.

Metro är provocerande för de konkurrerande mediebolagen eftersom den visar att i den nya tiden behöver man inte bygga en liten skyskrapa i stadens utkant och fastanställa 250–500 personer för att bli Stockholms näst största dagliga tidning. *Metros* Stockholmsutgåva klarar sig bra med ett källarkontor på en inte särskilt fashionabel adress i innerstan, ett tjugotal anställda journalister och ett trettiotal annonssäljare.

Metro är provocerande för journalistkåren, eftersom den reducerar den individuella journalisten till en utbytbar informationsprocesserare i en högt mekaniserad uttrycksproduktion.

Den är provocerande för det journalistiska fackliga intresset eftersom den leder vägen in i en framtida mycket dyster arbetsmarknad för journalistkåren. Äldre dagstidningar med större organisationer är på väg åt samma håll, men långsammare och under större vånda. Det kommer inte att behövas lika många journalister för att mätta nyhetsmarknaden, liksom det inte behövs så många gubbar och hästar i skogen som förr för att fälla de träd samhället efterfrågar. Informationsflödet har blivit automatiserat.

Man kan förvisso efterfråga andra nyheter. Andra skildringar av Persiska viken och Bengtsfors än dem CNN och TT ger. Då blir det personliga, engagerade, argumenterade, handgjorda och undertecknade relevant. Men *Metro* håller sig till att distribuera de normala, serieframställda fabriksnyheterna.

Metro är inte i Jolo- och Bang-branschen.

År 2000 fanns *Metro* i alla de tre svenska storstadsområdena: Stockholm, Göteborg, Malmö. I Europa dessutom i Helsingfors, Prag, Budapest, Newcastle, Zürich, samt åtta städer i Holland. I Sydamerika kom *Metro* ut i Santiago de Chile och i USA hade tidningen gjort debut i Philadelphia. Fem år efter starten i Stockholm hade *Metro* redan en samlad global upplaga på miljonnivå, allt under samma varumärke. Våren 2000 började *Metro* försiktigt utnyttja sin världspotential som annonsmedium: en gemensam resebilaga som på olika språk sprids med de olika utgåvorna. Första testet var en Amsterdam-guide som gick ut i 1,5 miljoner exemplar.

Metro är en extrem framgång, den enda riktigt omtumlande affärssuccé inom medieområdet Kinnevik haft, omtumlande inte minst genom sin snabbhet: *Metro* i Stockholm gick med vinst från år ett.

Redan år 2000 togs beslut att dela ut Metro International till aktieägarna som en självständig koncern, så som man tidigare delat ut Netcom (nu namnändrat till Tele2) och MTG. I en intervju i *Finanstidningen* 1999 sa Jan Stenbeck att Metro Internationals globala nät av gratisdistribuerade nyhetstidningar kan utvecklas till en större verksamhet inom gruppen än både mobiltelefoni och reklam-TV.

*

I april 2000 gjorde en grupp på tjugo fackliga informationschefer en studieresa till USA, under ledning av Bertil Jacobson, tidigare informationschef åt Björn Rosengren på TCO. Jacobson hade startat eget i PR-branschen, sedan Rosengren blivit näringsminister i den socialdemokratiska regeringen.

Bertil Jacobson hade lagt upp ett kvalificerat program med exklusiva möten i maktens, politikens och opinionsbildningens USA. De höga fackliga informatörerna fick träffa folk som arbetade med Hillary Clintons valkampanj, lobbyister och *spin doctors* av alla slag.

Dessutom fick de träffa Jan Stenbeck, som oväntat svarade ja på en förfrågan om sällskapet från den svenska fackrörelsen fick titta in när de var i New York.

Måndagen den 10 april tillbringade gruppen på Wall Street och New York-börsen: studiebesök i kapitalismen. På kvällen anlände de till de amerikanska Stenbeckbolagens kontor på 59:e våningen i Citicorp Center, ett skarpskuret torn från 1977, klätt i sobert skinande aluminiumplåt och med toppen kapad i 45 graders vinkel: en känd Manhattanprofil på Lexington Avenue vid 53:e gatan.

De tröttkörda besökarna från Sverige överraskades av att Jan
Stenbeck hade dukat upp en elegant buffé åt dem. Han själv gick
runt som en god värd och serverade personligen det fackliga
sällskapet sushi och champagne. Därefter höll han ett briljant
och tankestimulerande föredrag om sin syn på mediebranschens
utveckling.

Fackrörelsens informationschefer var betagna, och hade fått
en helt ny uppfattning om kapitalisten som införde reklam-TV
och privat telefoni i Sverige utan att fråga politikerna om lov.

De hade också fått en skymt av nästa steg i Stenbecks plan.

Jan Stenbeck förklarade att hans stora personliga engagemang
nu är arbetet med att göra *Metro* till en världsföreteelse.

Dagstidningsmarknaden är likadan över hela världen, sa han:
överallt sitter det bekväma gamla monopolister och oligopolister
och tror att de är säkra. Och vi ska gå dit och ta strid med dem, en
efter en, precis som vi tagit strid med SVT och Wallenbergs och
Bonniers och Telia och Ericsson i Sverige. Och vi ska inte göra
det i tio städer, utan vi ska göra det i hundra städer. Och precis
som i Stockholm gör vi det med en tidning som först vinner
dem som annars inte läser tidningar: invandrare, unga, kvinnor.
Via en global *Metro*-sida på internet kan chilenare i Sverige läsa
Metro från Santiago. Murdoch har redan gjort påstötningar och
vill gå in som delägare i *Metro*, men det får han inte.

Metro, sa Jan Stenbeck till sina besökare från den svenska
fackrörelsen, är tidningsvärldens McDonald's.

KAPITEL TJUGO

Odd

EN SCEN FRÅN Erik's i Gröna Huset, i hjärtat av Stenbecks värld, cirka 1994.

Vid ett bord på restaurangens övervåning satt Z:s chefredaktör Mattias Hansson med juryn för det reklampris tidningen delade ut under några år, sedan det ursprungliga Z-priset lagts ned. I juryn fanns bland andra Jens Spendrup, Spendrups Bryggerier, och Camilla Henemark, artist och ibland programledare i TV3.

Uppför trappan kom Jan Stenbeck i sällskap med sin gamle studentkamrat Odd Engström. Herrarna höll kurs mot restaurangens *chambre séparée*. Jan Stenbeck fick syn på Camilla Henemark vid Z-bordet, och skickade i väg Odd i förväg. Själv tog han Camilla Henemark avsides: han hade en TV-idé för henne.

Efter en stund kom Henemark tillbaka till Z-bordet och suckade. Idén var att hon skulle göra kändisintervjuer inne på Café Operas toalett. Aldrig i livet, förstås.

Jan Stenbeck fortsatte in till den väntande Odd Engström, före detta vice statsminister, som nyligen hoppat av från den socialdemokratiska partitoppen och snart skulle vara engagerad som arbetande styrelseledamot i Stenbecks bolag.

*

Jag ser i mitt anteckningsblock att jag har noterat att Odd Engström bar en Rolex när vi träffades på Djurgården.

Rolexen på den socialdemokratiske före detta vice statsministerns arm kunde vara en effektfullt detalj i den bild av en ideologisk avfälling som var det journalistiskt ortodoxa sättet att beskriva Odd Engström efter övergången till Stenbecks grupp.

En bild som under de sista åren före hans död 1998 målades i allt grällare färger av hans fiender, huvudsakligen debattörer som uppfattades stå till vänster om honom inom socialdemokratin. Sveriges Radios politiska kommentator Björn Elmbrant skriver hånfullt om Engström i sin bok *Politikens ABC* [1995]. *Dala-Demokratens* chefredaktör Göran Greider, vänstersocialdemokratins väckelseman i det sena 1900-talet, skriver hånfullt om honom i sin lilla *Ordbok för underklassen* [1999]. Till och med efter sin död upplevs Odd Engström som ett farligt inflytande. Det är intressant.

Det Odd Engström väckte var inte ogillande eller opposition, det var hat; han bemöttes inte med en lust att säga emot, utan med en lust att förfölja och förgöra, att rena samhället från Odd Engström. Ungefär som ortodoxa svenska rockkritiker förföljt och försökt förgöra Björn Afzelius; så som anständiga gruppmedborgare i alla utsatta tider sett det som sin skyldighet att utpeka och bränna dem som bryter mot sammanhållande regler. Häxjagandets mekanism: man lever i en värld som är utsatt för påfrestningar på grund av komplexa förändrade omständigheter, och då kan det kännas väldigt hoppingivande att hitta någon som är skyldig. Den där häxan såg vi inte till här i byn på den tiden vi hade goda skördar – bränn henne, så blir det säkert bra igen. Analoga resonemang kan vara att det är den nya lobbyistbranschen som förstör journalistiken och demokratin (Elmbrant), eller att det var »kanslihushögern« som avskaffade den klassiska socialdemokratiska välfärdspolitiken som framgångsrecept (Greider). Man förjagar någon oanständig i förhoppningen att man sedan ska känna sig ren och frisk och stark igen, att allt ska bli som förr fast bättre. Nästan alltid en fåfäng förhoppning.

Jag använde aldrig Rolexen som rekvisita. Odd Engström gav mig en intressantare bild av sig själv att skriva i stället. En mer meningsfull berättelse om hans personliga klass-, bildnings- och maktresa, hans arbete i socialdemokratin och i Jan Stenbecks grupp. Dessutom en som är fullt trovärdig. Inte är steget från socialdemokratins ledning till näringslivet så stort att det är en psykologisk gåta.

Vi träffades en vacker sensommardag på Djurgården. En Ramlösa på Ulla Winblads frasande, singeltäckta uteservering. Han satt, sedan han börjat arbeta hos Jan Stenbeck 1995, i de flesta viktiga styrelser i gruppen och omnämndes internt med respekt, vördnad: han var gruppens vise man. Det excentriska, halvdunkla, sökande och liksom skådande draget i hans framtoning som ställt till sådana besvär i den politiska kommunikationen var i den nya rollen uteslutande en tillgång. Kinnevik seglade in dimman mot framtidens marknader som inte fanns ännu, och i fören stod Odd Engström som ett orakel och visionerade om vägen. Det passade precis. Hans politiska erfarenhet och kontakter var självklart av värde för en koncern som i de flesta av sina verksamheter arbetar i intensivt politiska miljöer, strikt reglerade branscher som nu avreglerades i rask takt. Hans namn och förra titel var förstås en imagetillgång och en dörröppnare i såväl EU som i Vietnams kommunikationsdepartement och på industridepartementet hemma i Stockholm. Utöver det uppfattade jag det som att Odd Engström hade en roll som historieberättare: en som genom ett ständigt flöde av liknelser och bilder och paralleller förklarar för de andra i Gruppen vilka de är och vad de sysslar med och – på ett sätt som kanske inte Jan Stenbeck kunde förklara lika övertygande – varför det är meningsfullt och värdefullt.

Odd Engström var med på alla håll i Gruppen, men det han arbetade mest med – och detta var han noga med att understryka – var MIC. Det som motiverade Odd Engströms närvaro och engagemang i Stenbecks värld var arbetet med att utveckla mobiltelefonin i tredje världen, affärer som i sin tur byggde på hypotesen om generell utveckling och välfärdshöjning i dessa länder. Nästan som att vara socialdemokrat, fast man får resa mer och har bättre betalt. (Odd Engströms taxerade inkomst låg vid denna tid på ungefär 280.000 kronor i månaden.)

Vant och snabbt ställde Odd Engström upp sina villkor för intervjun. Han ville se hur jag citerade honom innan texten publicerades. Sedan kom Odd Engströms egen personliga skruv på denna politikers och företagsledares standardbegäran: om han då tyckte att jag missuppfattat något eller feltolkat honom, så att det jag skrev att han menade inte var det han verkligen menade, så skulle han ha rätt att påpeka det och då skulle jag inte bara säga »men du sa ju så« (vilket är standardförfarande bland journalister i denna situation) och publicera det ändå. Jag skulle »vara beredd att verkligen diskutera« riktigheten i min text. En begäran formulerad så att den var svår att säga nej till.

Min fråga till Odd Engström var hur han kommit hit, till Kinnevik, varför han valt den vägen. Odd Engström började berätta (ännu en person som organiserar sina erfarenheter i dramatiska små historier).

Odd Engström, född 1941 i den värmländska arbetarklassen, steg mot ljuset tillsammans med sitt Socialdemokratiska Arbetareparti under framstegens och den evigt ökade välfärdens år. Efter examen i Uppsala, där han alltså blev bekant med jur stud Jan Stenbeck på Värmlands nation, blev Odd Engström politisk tjänsteman hos finansminister Gunnar Sträng. Under de borgerliga regeringsåren 1976–1982 riksdagsman i opposition under Olof Palme, 1988 biträdande finansminister, 1990 vice statsminister.

– Jag var perfekt utbildad för att bli socialdemokratisk politiker, sa Odd Engström. Min bakgrund var tio år hos Sträng på budgetavdelningen, jag var inskolad i en personlig tradition av arbetarrörelsepolitik som sträckte sig tillbaka till tjugotalet. Hade arbetat med Palme, Kjell-Olof Feldt, Ingvar Carlsson.

– Och så, efter valförlusten 1991, började jag må allt sämre politiskt. Att vara regering är alltid ett svårt hantverk. Man måste fatta beslut i en mängd viktiga frågor, utan tillgång till fullständigt underlag. Det är villkoren för jobbet. Men det jag upplevde var något annat. Jag upplevde att det jag lärt mig inte längre fungerade. Så jag kontrollerade, och kom fram till att vi hade utfört de åtgärder man enligt den socialdemokratiska regelboken skulle genomföra i en sådan situation. Och det skulle enligt regelboken leda till vissa resultat – men resultaten uteblev. Det fungerade inte längre. Eftersom det inte var åtgärderna som ändrats måste det vara världen som ändrats, så att de gamla greppen inte längre fungerade, inte gav de resultat vi strävade efter.

– Det var en personlig kris. Det jag lärt mig hade blivit värdelöst, därför att vetenskap och teknik hade förändrat världen och människorna. Det jag gjorde var meningslöst. Jag kände allt starkare att det inte stämde. Jag ledde bankakuten som jag lovat. Sen gick jag, tog min hatt och rock och gick ut i tomma intet.

Efter bankstödsnämnden, det vill säga administrationen av det statliga stödet till den krisdrabbade bankvärlden 1993–1994, blev Odd Engström frontfigur i kampanjen Ja till EU inför 1994 års folkomröstning, ett samröre med näringslivet som vänstersocialdemokrater har extra svårt att acceptera. Här gjorde Odd Engström en paus i berättelsen för att klargöra »vilket slags sosse« han var, och alltid varit. Det finns många sorters sossar, och sinsemellan kan olikheterna vara rejäla. Han betonade att den socialdemokratiska ekonomiska politiken alltid byggt på det privatägda näringslivet. Industrin har inte förstatligats, i stället har man arbetat med olika former av stöd och lättnader för att förstärka näringslivet, som kvarstått i privatkapitalets ägo. Så tänkte Sträng alltid, sa Odd Engström, och därför tyckte han att det kändes lite märkligt att av »Greider och andra« bli beskylld för att introducera främmande, borgerliga tankar i partiet, när han i själva verket strikt följde fader Strängs läror på den punkten.

– Strängs socialdemokrati slogs alltid för att näringslivet skulle utvecklas utan att förstatligas.

Vidare var han »Möller-sosse« i sociala och existentiella frågor. Det uttrycket förklarade han som att strävan efter social jämlikhet innebär en strävan att ge alla medborgare lika chans, men att man sedan inte vill gå särskilt långt i att följa upp hur medborgarna väljer att eller förmår använda denna chans: Vi hjälps åt om någon får problem, blir sjuk eller så, men därmed slutar det.

Odd Engström gjorde den kris han upplevde – i verklighetsbeskrivning och politiskt tänkande – till sin nya nisch, och sökte verksamheter som lät honom söka de nya svaren på de gamla frågorna.

Det är värt att notera att han uppenbarligen inte tyckte att det var möjligt att göra sin undersökning av de nya villkoren inom partiet, ens som vice statsminister. För att kunna kasta de gamla trossatserna och skapa nya kände han sig tvungen att lämna den politiska organisationen.

– Jag levde ett år som artist. Föredrag, uppträdanden, prat för publik. Vi hade precis flyttat in i radhus i Saltsjöbaden och jag var väldigt nervös för hur det skulle gå att dra in pengar. Men jag tjänade en fruktansvärd massa. Därför att förändringen är så stor, och frågorna är så många, efterfrågan på förslag till svar är enorm. Och det var vad jag gjorde, försökte svara.

Det var under den här tiden Odd Engström gav många intervjuer där han talade om vägval i livet och om Jung. Bilden av det sökande före detta statsrådet blev etablerad och utsliten.

– Mitt i detta ringde Jan. Han frågade varför jag slutat med politiken. Jag berättade, som jag berättar för dig nu. Många företag och grupper av olika slag hade ringt mig och velat ha in mig i sin verksamhet. Jan berättade om Kinnevik, var företaget stod och vad man sysslade med. Att utgångspunkten för hela verksamheten var: nu är det ett helt nytt läge. Det som Jan såg redan på sjuttiotalet.

– Jan sa till mig: Vi försöker göra det ingen försökt. Och när andra börjar göra likadant, då är vi redan klara, med försprång. På samma våglängd, alltså.

På bolagsstämmorna i maj 1995 blev Odd Engström invald

i styrelserna för Kinnevik, NetCom, Korsnäs, *Metro*, MTG, m.fl. bolag, och MIC. Formellt inte direktör utan jourhavande styrelseledamot, aktieägarnas förtroendevalde, ständigt tillgänglig för företagsledningarna, främst i MIC: »Det är där jag arbetar«.

När jag frågade vad hans arbete i MIC gick ut på svarade han med att beskriva en arbetsprocess.

I ett vanligt företag arbetar den högsta ledningen med tidsperspektiv på fyra–fem år för långsiktiga mål och sex-tolv månader för detaljplanering. Vad som görs här och nu är redan bestämt, för minst ett halvår sedan.

I Kinnevik arbetar man annorlunda, sa Odd Engström.

Utgångspunkten är att allt kommer att förändras på tio år.

Hur?

Vad kommer i stället?

Ingen aning. För det kan ingen veta. Det blir något nytt. Ingen kan föreställa sig det nya, det blir något annat än det vi känner. Därför samlar Kinnevikledningen sin kraft till här och nu.

– Det är en arbetsmetod jag gillar. Det är som ett fortgående framtidsseminarium. Det är ett fantastiskt sätt att få arbeta med de frågor som intresserar mig, få lära mig nytt om den nya tiden.

Återigen: det är lite intressant att han upplevde detta som en skarp kontrast till förhållandena inom politiken. Lite dystert.

– Kraftutvecklingen i Kinnevik har kommit direkt ur denna arbetsmetod, sa Odd Engström. Hade Jan inte arbetat så, inte aktivt och envist sökt de nya möjligheterna, och inte varit beredd att förändra allt i bolaget – då hade nog Kinnevik inte ens funnits i dag. När han kom hem var Kinnevik väl ungefär som Uddeholm [som försvann i stålrationaliseringen]. Den övriga svenska ekonomin gör tvärtom: fastnar i det gamla.

Nu, sa Odd Engström, var nästa steg att flytta ut i världen. Att strukturera verksamheterna kring MIC som moderorganisation i stället för kring gamla svenska Kinnevik.

(Riktigt så smidigt och rätlinjigt som i Odd Engströms vision blev det inte, men grundtanken att globalisera Gruppen med telefoni som ryggrad har förverkligats. Det är i mötet med Odd Engström jag förstår att jag haft turen att komma med min intervjuförfrågan just vid ett tillfälle då det passar Jan Stenbeck rätt bra att ge en, när han har något att berätta. Han stod i begrepp att montera ihop och avtäcka sin skapelse, för att sedan kunna kliva vidare till nästa nivå. Efter alla dessa år av mörkande och obegriplighet är det nu tvärtom bra för affärerna att bli förstådd.)

Odd Engströms korta beskrivning av nyckelegenskaperna i MIC var denna:

– Vi finns i utvecklingsländer, länder som är på väg att ta språnget mot välfärden, det som Sverige tog för 50–60 år sedan. Vi är inne på marknader där det finns 400–500 miljoner människor och bara en bråkdel av en procent har mobiltelefon. Många länder kommer att hoppa över den fasta telefonins utvecklingsled och gå rakt på att bygga mobilsystem.

Tillbaka i utvecklingsoptimismen, framstegstron, på välfärdens konkreta väg. Som att bli ung på nytt för en socialdemokrat. MIC hade det senaste halvåret ökat i börsvärde med mer än ett helt MTG, sa han, och spände ögonen i mig för att se efter om jag begrep något av formatet, vidden, kraften i den organisation han arbetade inom, som ledare för en liten grupp som flög jorden runt och pratade med departement och lärde känna nationella marknader och utvecklingssituationer.

– Värdet på bolaget stiger för att omvärlden ser vad det är. Tjugo licenser, köpta innan någon visste vad det var.

Millicomaktien har sedan dess sannerligen gått både upp och ner, men låg i början av år 2000 ytterligare 50 procent upp från den nivå Odd Engström yvdes över 1997. Sedan dess har aktien rest sig från dryga hundralappen 2004 till mellan 600 och 700 kronor våren 2012. En viktigare iakttagelse är att Millicom 2006 blev Stenbeckgruppens mest värdefulla tillgång, större än Tele2.

*

Påfallande många av de politiker som skulle ha förändrat social-
demokratin inifrån men på olika sätt gick på pumpen, har i stället
blivit vitala medarbetare till Jan Stenbeck i hans omdaning av
Kinnevik. Mona Sahlin var Jan Stenbeck intresserad av att knyta
till sig men det blev inget; Lars Engqvist och Odd Engström har
varit desto mer centrala medarbetare. När jag talade med Lars
Engqvist om denna ovanliga attraktion var hans kommentar att
det finns ett drag av socialt revanschbehov hos Jan Stenbeck, som
är lite gåtfullt med den bakgrund han har, men liknar det som
ofta finns hos både sossar och journalister.

Odd Engström sa:

– Både jag och Jan bryter ständigt mot konventionerna. För oss
är det inget märkligt att vi samarbetar. Jan Stenbeck har två för
folk med hans bakgrund sällsynta kvaliteter: han är intellektuellt
spännande, och han är okonventionell. Genuint okonventionell.
Den sortens personlighet leder ofta till umgänge med vänsterfolk.
Jan har stort utbyte av att diskutera med vänsterintellektuella, det
kan man ju se på hans umgängesvanor, kretsen han byggt upp.
Journalisterna inte minst. Vänstermänniskor och klassresenärer
tvingas hela tiden ompröva sin position, undersöka sin roll och
ståndpunkt, söka nya metoder, fråga hur ska vi göra. Ta ställning
till sitt liv. Vänstern är en tradition av omprövande. Motsvarande
hållning finner du inte lika lätt i borgerligheten. I vänstern är
den inbyggd.

Det var en skarp analys. En övertygande och meningsfull bild,
åtminstone för mig, och för borgerliga människor/politiker djupt
provocerande föreställer jag mig. Odd Engström blev antagligen
varm av att känna mitt gillande, att han som predikant hade fått
mig att nynna med. Jag sa att jag, med min bakgrund, hade svårt
att begripa det intensiva ogillande mot Jan Stenbeck som tycktes
finnas i överklasskretsar.

Odd Engström fortsatte:

– Jan Stenbeck har sagt till den svenska överklassen och etablissemanget: Jag skiter i er och era middagar. Det får man inte göra i den världen. Det är samma reaktion som drabbade Olof Palme, fast åt annat håll.

(Den vedertagna tolkningen av det förbryllande intensiva, personliga hat mot Olof Palme som fanns inom undanskymda delar av borgerligheten, är att han uppfattades som klassförrädare eftersom han som var av betydande bankdirektörsstam gick och blev socialdemokratisk konfrontationspolitiker. En oanständig, som för att rädda klassens centrala värden måste rullas i tjära och fjäder, utstötas, förföljas och förgöras.)

Sensmoralen i Odd Engströms berättelse:

Det finns en lön för den som är beredd till uppbrott, för den som söker verkliga värden, och inte socialkonventionella skenvärden. För den som inte söker bekräftelse i form av ryggdunk i salongen utan i form av solida resultat, sanning, verklighet.

Den lönen är att man blir delaktig i nytt och växande liv, vilket är en djup tillfredsställelse. Att inte ha förfelat sin stund på jorden.

Odd Engström frågade plötsligt:

– Känner du till de här begreppen biofil kontra nekrofil? Nä, man har dem i psykologin som en bild av två olika personlighetstyper. Nekrofilen är den som lägger sig som en blöt filt över sammanhangen, va, och kväver allt. Men biofilen är den som har gröna fingrar, en som befruktar sammanhangen och får saker att hända bara genom att vara närvarande. Sån är Jan, det växer omkring honom.

Och den bittra bottensatsen:

Hur gör man för att bryta upp? Vad betyder det för en människa att vara ständigt rörlig, beredd till förändring? Beredd att överge värmen och gemenskapen kring de vedertagna, institutionaliserade begreppsapparaterna, när uppslutningen kring dessa upplevs som så viktig av så många andra.

– Man får betala ett pris. Man blir ensam. Även jag.

Jag har noterat i blocket att det sista säger Odd Engström »med hetta«.

KAPITEL TJUGOETT

På Farmen,
den 28 augusti 1997

NÄR JAG FLYGER från Stockholm har jag fortfarande bara ett datum och en stad för mitt möte med Jan Stenbeck. Det är omöjligt att boka något mera detaljerat, eller köpslå om hur mycket tid jag ska få med honom. Ingen i hans organisation verkar veta exakt var han befinner sig. Mina fax ställda till Jan Stenbeck förblir obesvarade.

»Men de kommer fram, det kan vi garantera«, säger hans folk lugnande. »Och har han gett dig en tid så kommer han.«

Som om jag skulle intervjua Fantomen.

På utsatt dag sitter jag på ett hotellrum i Luxemburg med adresslistan längst bak i MIC:s årsredovisning uppslagen i knät. Första samtalet går till huvudkontorets växel. Där får jag ett nytt nummer. När jag ringer det numret får jag snabbt ännu ett nytt nummer. Och på det numret lyfts luren av en man som lite förstrött säger: »Jan? Visst, han kommer här« och sträcker över luren till Jan Stenbeck.

– Hej. Jag tänkte vi kunde ses vid banken klockan två, säger han.

Från växeln till huvudägaren på tre samtal. Också det en uppvisning i kontroll över sin värld.

Banken, det är alltså Jan Stenbecks egen bank, Banque Invik. Startad 1989, sedan den lyckosamma satellitaffären knutit varma band mellan Jan Stenbeck och det obstinata furstendömet mitt i EU. Banken är belägen i ett diskret litet privatpalats i utkanten av Luxemburgs centrala maktdistrikt. Det är allt som finns i Luxemburg: huvudkontor och banker som frodas i det gynnsamma skatteklimatet, Dunhillbutiker, Cartierbutiker, Lacostebutiker och dyra leksaksaffärer där direktörer med dåligt samvete köper presenter till direktörsfamiljer. Det är ett litet furstendöme som kunde vara ritat av Disney, med en muromgärdad gammal vördnadsbjudande stadskärna, med kringlande gränder och feta palats, rest på svarta klippor över ett dramatiskt parklandskap.

Makt och pengar i ett kompakt centrum; sedan börjar det vanliga EU där utanför.

När vi kommer till banken står Jan Stenbeck på gatan, med rödrutig sportskjorta under kavajen, orakad och med lockarna i en lummig gyllene krona på huvudet. Inte bankklädd.

– Vi ska till Farmen, säger han, hoppa in.

Jan Stenbeck tråcklar sig med bilen ur stadskärnan. Jag sneglar på hans hår. Lockarna står rakt ut från huvudet som om den där rastlösa skaparlusten och växtkraften Odd Engström tillskrev sin arbetsgivare tryckte på inifrån. Jag frågar om banken och Jan Stenbeck svarar att han fick den »i present« av Luxemburg för att han hjälpt till med satelliten. Flera svenska banker, fortsätter han glatt pladdrande, har velat ha licens för att starta verksamhet i Luxemburg men fått tvärnej av furstendömet.

– »Men Stenbeck får ju ha bank hos er. Varför får inte vi?« har de klagat för myndigheten. »Det är politiskt. Går inte att jämföra med«, har de fått till svar.

Han småskrattar förnöjt och trycker sedan gasen i botten på ringvägen så att fotografen, som kör efter i sin egen bil, har svårt att hänga med.

– Det finns en kortare väg, säger Stenbeck, men den går genom några ganska deprimerande bostadsområden. Fastnar man i rödljus där kan man bli nedslagen. Däremot har jag funnit att om jag i stället kör åt andra hållet runt hela stan i hög fart, då blir jag upplyft och kommer fram full av energi.

»Farmen«, förklarar han, är gruppens »ungkarlshotell« i Luxemburg.

– Det är en bondgård som vi köpte och byggde om för att de killar som kommer till stan ska få en mer positiv och kreativ miljö. Man kan inte sitta på ett hotellrum i en död stad, då blir man tokig.

En av nomadstammens lägerplatser, en av det virtuella brukets herrgårdar, en av organisationens maskerade baser.

Han berättar att han just varit i de svenska fjällen med sina söner och jagat ripa. Jag noterar med förvåning att han ägnar sig åt såpass konventionella överklassnöjen, och försöker föreställa mig Jan Stenbeck i tweed med en hagelbössa under armen, utan att lyckas. Tidigare på dagen har han satt sin yngste son Max, tolv år, på planet hem till mamma Merrill i Amerika. Max har varit med pappa hela sommaren, och seglat i Medelhavet. Jan Stenbeck skryter ömsint om sin yngste: en ledare, påhittig och omtyckt av sina kamrater, så självständig mot auktoriteter att fröknarna i skolan ibland blir bekymrade. Det tycker Jan Stenbeck låter som en mycket lovande utveckling, men mamma Merrill oroar sig emellanåt.

– Hon lyssnar för mycket på fröknarna, säger Jan Stenbeck.

Bilen viker av från ringvägen, in på allt mindre grusvägar genom det tättbebyggda europeiska jordbrukslandskapet. Vi pratar lite om hur man som svensk blir helt förvirrad av tätheten mellan attraktionerna. Kvällen innan på hotellet i Luxemburg hade jag insett att det vore fullt möjligt att köra över till Paris och ta en öl, eller till Bryssel.

– Det är nästan sorgligt, säger Jan Stenbeck, när man flyger upp till Stockholm. Man passerar Köpenhamn – och sedan går en hel timme när det inte finns någonting under planet, grovt uttryckt. Så är man i Stockholm, och där är det jättefint, men det är en hel extra flygtimme bort från allt annat.

Han nämner att gruppen har koncernkonferens i Luxemburg, det är därför alla är samlade här. Jag frågar vad de konferensar om. Han svarar att det är en vanlig koncernkonferens, man ska

lära känna varandra och gruppen, så att alla har samma mål och
går åt samma håll.

– Du vet, säger Stenbeck, killarna *bondar* med varann.

Efter en stunds körning på grusvägarna saktar Jan Stenbeck
in och hojtar genom sitt nedrullade fönster några glada kom-
mentarer till bonden på granngården, som är ute och kör traktor
på en lerig åker. Jag noterar att Stenbeck talar smattrande ledig
franska, av någon anledning gör det mig lite häpen. En krök till
så är vi framme vid Farmen.

Vägen försvinner rakt in under muren som omger byggna-
derna.

Stenbeck rotar fram en fjärrkontroll från förarsätet, trycker
lite och en sektion av muren glider åt sidan så att vi kan köra
in. Herregud.

Han parkerar på gårdsplanen, där det redan står en Bentley, en
Lexus och en Landrover Discovery, alla så blanka som bilar bara
är när deras ägare har råd att anställa personal för att polera dem
varje morgon. Vi kliver ut och utan att jag märkt dem komma
böljar plötsligt marken av tunga, låga hundkroppar: bassetgänget
hälsar husse välkommen.

– Don't jump, don't jump! basunerar Stenbeck till hundarna
samtidigt som han förtjust hetsar dem att hoppa, och säger till
mig:

– Jag har bassets som kan hoppa med alla fyra tassarna från
marken. Det ska de inte kunna.

En välbekant värmländsk röst får mig att vända mig mot
dörren:

– Hej igen! Välkommen hit. Kom Max i väg ordentligt?

Odd Engström har klivit ut på förstutrappen för att ta emot.
Vi hälsar glatt. Det är möjligen tack vare honom som jag är här.
Det är i varje fall vad Stenbeck säger: Odd övertalade mig.

På hatthyllan i hallen ligger en uppsättning förvuxna pingis-
racketar. »Wilson Hammer« står det på en av dem. Jag gissar att

det är racketar för *platform tennis*, vilket Odd Engström bekräftar
med en suck:

– Usch, ja. Det är en hemsk sport.

Vi får en rundtur på Farmen, vars ombyggnad ännu inte är helt
avslutad. I hallen står en soffgrupp dränkt i filtar och djurfällar,
allt är mörkt och rustikt, liksom rufsigt och slitet men ändå
utstrålande stor lyx. Det är samma stil som mina källor säger
råder även i huset på Long Island och i sommarstugeherrgår-
den Christineholm i Upplands vallonbygd: Merrills stil, hon är
heminredare och antikvitetshandlare, två av den amerikanska
överklassens favoriserade kvinnoyrken.

– Det är egentligen containerfynd, säger Stenbeck om fåtöljerna
i hallen, bortkastade grejer, va, men grejer med kvalitet, som har
varit fina från början.

En ny överklassmiljö hopsatt av rester från den gamla. Vi går
vidare till en stor salong med biljardbord, öppen eldstad, och
terrassdörr ut i trädgården. På övervåningen finns sovrummen.

En leende kvinna kommer ilande förbi: »*Hello, I'm the mana-
ger of the Farm*«, Farmens egen V D. Med hundarna fortfarande
böljande runt oss går vi igenom ett mötesrum där ett tjugotal
medarbetare sitter runt ett bord och lägger upp internetstrategi.
Bland de unga smarta ansikten som vänds mot oss – amerikanska
Wall Street-grabbar, några asiatiska kvinnor – känner jag också
igen ett äldre svenskt uggleansikte från Kinneviks styrelsebilder,
Håkan Ledin, en gång Ericssons man i USA innan han värvades
av Stenbeck.

Ut på gårdsplanen för att inspektera ägorna och fotografera
Husse tillsammans med hundarna. Jan Stenbeck försvinner en
stund och när han återvänder har han kammat ner håret med
pomada till en mer bankmannamässig frisyr.

Dammen där det simmar svanar och ankor ska byggas ut så
att den kan rymma en rejäl gåsflock, berättar Jan Stenbeck. Och
på fältet där uppe hade han tänkt hålla hjortar, för slakt, men

myndigheterna har sagt nej: endast lantbrukare kan få tillstånd. Så nästa steg blir att Mellersta Sveriges Lantbruks AB – Kinneviks jordbruksbolag, som har funnits med sedan Gammel-Hugos och Wilhelm Klingspors trettiotal – skriver kontrakt med bolaget som driver Farmen i Luxemburg, om att hålla hjortar på ägorna.

– Så får vi se om vi kan bryta ner dem den vägen, säger Jan Stenbeck. Då borde vi väl bli tillräckligt mycket lantbrukare.

Odd Engström står intill och fnissar.

Vid husgaveln ut mot dammen stannar Stenbeck och pekar:

– Där uppe ska vi ta ut ett stort halvcirkelformat fönster. Och så ska vi bygga ett stort sovrum, med en stor himmelssäng med tjocka pelare i hörnen så det nästan blir som ett rum där inne. Där ska jag och en annan kille få sova. Inte samtidigt, men det är bara vi två som ska få bo där.

Vilken kille är det?

– Jay Metcalfe, MIC:s VD. Han har varit jäkligt duktig.

Enligt mina senare källor blev fönstret upptaget och sängen byggd, jättelik med tjocka pelare och himmel. Jay Metcalfe var dock snart ute ur bilden, han startade internetbolag hemma i England tillsammans med sin bror. Redan flera år innan Jan och Merrill Stenbeck slutförde sin skilsmässa sommaren 1999 var Farmen i praktiken Jan Stenbecks bostad.

*

Vi sätter oss i köket. Jan Stenbeck frågar om jag vill ha något att dricka. Jag tar gärna en öl, och han sticker in handen i kylskåpet efter en flaska av Gamla stans färsköl, importerat från det egna minibryggeriet på egna krogen, över Skeppsbron från Kinnevik-kontoret i Stockholm. Själv tar han ett glas riesling från Alsace, vilket är vad man dricker i Luxemburg.

När fotografen tar i kameran är Jan Stenbeck noga med att städa bort flaskorna från bordet. Han vill inte ha några buteljbilder liggande i arkivet på *Expressen*. Förnuftigt. Många i Sverige vill ha dit honom som alkoholist. Bland personer jag intervjuat, och journalistkollegor jag diskuterat Stenbeck med, har intresset för hans alkoholvanor ibland varit så febrigt hett att man måste misstänka att det delvis fyllt någon ställföreträdande funktion; vi vet inte varför denne man provocerar oss så, men vi skyller på spriten, en klassisk syndabock i svensk exorcistisk tradition. Som om anklagelser om drickande skulle kunna förse avskyn med ett motiv av tillräcklig tyngd. Mot Stenbecks dionysiska sekt av krökande djävulsdyrkare försöker man sätta upp en puritansk motsekt för svenska värdens bevarande.

Medan Jan Stenbeck plockar bort flaskorna ur bildfältet låter han förstå att han fortfarande är sårad av programledaren Stina Dabrowskis alkoholfrågor i en TV-intervju.

– Visst tycker jag om att både äta och dricka gott. Men hon gick på som om jag skulle ha problem i någon svensk bemärkelse, säger han förtrytsamt.

Jag sätter i gång bandspelaren.

*

Jag tyckte det var lite lustigt att jag fick lämna Stockholm i går utan att veta hur jag skulle träffa dig. Ingen människa i företaget tycktes veta riktigt var du fanns ens.

– Det grundar sig på två saker. Det ena är att det viktigaste när du lever min typ av liv är att du har en inre stämgaffel. En intuition som leder en åt lite olika håll. Har du för mycket rutinjobb där du sitter och svarar på telefonsamtal, sitter i möten du är ointresserad av, så blir den processen störd. Du ska vara ganska ensam. Du ska välja vem du pratar med. Så jag ser till att ha ganska mycket spilltid. Vilket också gör att jag alltid kan hoppa in när nånting ser ut att gå alldeles åt helsike. Det är för mig ett bra sätt att jobba.

– Det andra är att vår idé är att gå först, ta våra smällar, och hela tiden justera mot verkligheten. Vi tror inte att någon vet

vad som kommer att ske. Så att förbereda sig för länge är lika
bortkastat som nånting annat. Du kan lika gärna kasta pengarna
genom fönstret. Men det betyder ju att du hela tiden tar dina
smällar och törnar.

Hur snabbt bestämde du dig för att Kinnevik måste flytta
sina tillgångar från gamla branscher till nya?

– Det ser mycket mer medvetet ut i efterhand än det var. Det
beror på att jag i vissa avseenden har en helt annan bild av
affärer än många andra har. Jag vill att den verkligt långsiktiga
inriktningen, som jag ser som åtta år framåt, ska vara rätt. Man
ska gå åt rätt håll. Men hur man tar sig dit tycker jag ska vara
jätteopportunistiskt. Om jag ska gå ner till bryggan, då beslutar
jag inte att jag ska gå längs vägen och sen över gärdet. Det får
man se när man kommer dit. Är det blött på gärdet får man
gå på vägen ända fram, och tvärtom. De flesta verkställande
direktörer ägnar sig åt vad som ska ske 18 månader fram i tiden
och mer. Men jag upplever världen som så dynamisk att vad
som sker om 18 månader är en ny värld. Att sitta och planera
för det är helt ointressant. Vad som gäller är att fatta rätt beslut
omedelbart hela tiden.

Är detta ett tänkesätt som växt fram ur att du jobbar med
nya medier och ny teknologi, eller tänkte du så även innan?

– En del av sakerna som jag säger nu har blivit mycket mer
förfinade, och jag är mer övertygad nu än jag varit om du frågade
mig då. Mina första affärer var sådana barnsligheter som att jag
köpte försäkringsbolaget Atlantica för att jag ville gå in i finan-
siella serviceyrken. Jag byggde upp ett jättelikt motorbolag. En
annan grundprincip för våra investeringar är att vara *contrarian*,
att göra precis tvärtemot vad alla andra vill göra. Och grunden
för det är mycket logisk: folk är gruppdjur, så det alla vill göra är
alltid för dyrt. Och det finns ingen bättre bas för att driva bolag
än att köpa billigt. Anledningen till att jag byggde ett bolag i
motorsektorn var att ingen ville ha det, för det var oljekris. Alla

vanliga businessar var för dyra – om du inte tog nåt i kris som motorbranschen. Så bröderna Salén sålde Toyotaagenturen till mig för tolv miljoner. Den tjänade sexton miljoner året därpå. Och då byggde jag en motorgrupp. Så hittade vi mobiltelefonin i Amerika och jag blev pionjär på det.

Det är roligt att läsa de gamla klippen från när du kommer hem på sjuttiotalet, man förstår att mobiltelefoner uppfattas verkligen som sicence fiction, i klass med personliga helikoptrar.

– Mm. Då var det förbjudet att göra det jag gjorde, men på vanligt sätt fanns det ingen lag mot att driva telefoni. Det fanns bara en regel som sa att du fick inte koppla upp automatiska växlar till telenätet. Ungefär som att jag går och köper en växel och så blir det kanske överslag i Haparanda när jag kopplar in den. Vi hade telefonister som skulle sitta och koppla samtal. Då gick jag in och satte in en automatisk växel och drev fajten bara på det.

– Under en period hade vi en tant som bara satt och tryckte på en röd knapp, så här, för att koppla upp samtal. Då sa jag att vi har en telefonist, men hon behöver ju inte sitta och slå nummer och allt det här. På så sätt skapades en situation.

– De skriver inte bra lagar i Sverige. Ingen tror att någon vågar knacka på lagen och fråga vad som menas med den. Man ska leva enligt lagens anda, en andetro. Jag kommer från den amerikanska traditionen, där politikerna har ansvar för att skriva lagar som är så klara att man vet exakt var gränsen går. Det är i kommunistiska länder terrorn ska vara *unpredictable*, medborgarna ska aldrig veta när de går över den förbjudna linjen. Anden kommer och tar dem på morgonen.

– Det är en annan sanning som jag lärt mig i efterskott: av någon anledning säger folk att du ska inte opponera dig mot politiker, för de blir jävligt förbannade och kommer att hata dig i all framtid. Men å andra sidan har politiker det jättetråkigt. De kan inte skriva lagar som ändrar saker utan att det finns ett

404 PER ANDERSSON ✦ Stenbeck

tydligt behov av det. De kan sitta och veta att det kommer en liberalisering av telekommunikationer. Men skapas det inte några fall där det står en liten jäkel och bankar på dörrn – då blir det en process som tar en väldig tid.

– Under hela tiden jag hållit på och knackat på telefoni, för att starta Tele2 och Comvik, har jag mött politiker som sagt att det är svårt att göra något åt lagen. Men när de sedan fattade att liberaliseringen av telekommunikationer är en världstrend, då fick jag stöd av många folkpartister och socialdemokrater. Dem jag fått minst stöd av är de stora industribolagen, som känner att Telia är ett mer närstående djur i djungeln än vad den lille uppstickaren är. Trots vad de säger på SAF.

– En vecka efter att de beslöt sig för att mitt lilla Comvik skulle vara lagligt, blev jag uppbjuden på fin lunch hos [dåvarande Ericssonchefen] Björn Svedberg i det här tre korv-huset vid Telefonplan. Han hade med sig nån finanskille och sa att han, he-he, ville köpa femtio procent av lilla Comvik. Jag sa att jag tyckte det var jättebra, men då ville jag ha hans löfte att han verkligen skulle köpa det för att köra de här grejerna fullt ut. Och inte för att lägga det till en utvecklingsavdelning i Ericsson och låta det försvinna. Nu är Björn Svedberg en så hederlig person så att när han fick det spelat tillbaka till sig på det viset så tittade han på sjötungan och hummersåsen och såg inte riktigt ut som om han ville svara på den frågan. Sedan körde vi bara vidare.

– Det var samma sak i TV-frågorna. Det visade sig att det fanns några bestämmelser i kabellagen mot kanaler som var i huvudsak svenska. Men vi paketerade ju våra kanaler i England, engelsmännen visste vad jag gjort med Racal, och Thatcher var ju för liberaliseringar. Om en hård s-regering satt mig i fängelse för att ha skickat upp de här satellitgrejerna – då skulle de gått till Bryssel och klagat.

– Jag tror att politikerna egentligen inte såg TV3 som något farligt, för det lät dem bryta upp det gamla systemet. När vi växte blev det däremot ett jävla liv, och det beror på att Industriförbundet länge drivit ett TV-projekt, där grunden var att ge svenska varumärken en hjälp i konkurrensen med europeiska. De blev helt omkullkörda av oss. De hade suttit på svenskt sätt och diskuterat att starta satellitkanal i evigheter och inte gjort något åt det.

Lars Engqvist har du arbetat med, och nu med Odd. Det normala för en kapitalist av din härkomst och typ vore ju att hellre umgås med moderata politiker?

– Jag tycker inte det är någon skillnad på moderatpolitiker och socialdemokratiska politiker. Min världsbild ser ut så här: Högst upp har du polismän, spioner och de finaste statstjänstemännen. De har evigt liv och all kunskap, men lite direkt makt i form av att kunna skriva lagar och så vidare. Under dem kommer politikerna. De har begränsat liv, mer begränsad information. Men de har mycket direkt makt eftersom de får skriva lagar. Under dem kommer resten av människorna, och som en viktig grupp bland dem finns affärsmännen.

– I Sverige slåss man om hur politiska reformer ska se ut, men efter beslut samarbetar man om deras genomförande. Och något som är beslutat rivs aldrig upp. Politikerna emellan finns en enorm samstämmighet om de grundläggande värderingarna. Vad de grälar om är att få fler platser i riksdagen, genom att profilera sitt budskap mycket skarpare än vad som skiljer sig åt i deras respektive politik. Så jag tittar bara praktiskt på vad som är problemet: vad vill jag göra och vilka är emot det? Jag har inte svårare att arbeta med en borgerlig politiker än med en socialdemokratisk. Vi har haft ett enormt stöd av folkpartiet i telekomfrågorna.

– En sak. Socialdemokratiska politiker och fackföreningskillar har i Sverige genom det långa maktinnehavet blivit exekutiva personer. På motsvarande sätt har oppositionspolitikerna blivit teoretiska och lite blodlösa. I bolagsstyrelserna har jag lätt att samarbeta med fackföreningsrepresentanter – jag förstår precis hur de tänker, de förstår hur jag tänker, för vi är intresserepresentanter, tydligt definierade. Jag har nästan svårare att jobba med en lite teoretiskt lagd person som har ofullgångna idéer om hur det borde vara i samhället. Det är det enda, men annars har jag inte svårare att jobba med dem. Det är ingen skillnad. Det är som fotbollslag. Jag är inte den typen som gråter åt AIK och skrattar åt Djurgården, eller tvärtom.

Tycker du att det du gjort inom media har varit bra för Sverige?

– Om vi har skapat mera valfrihet tycker jag att det är bra. Jag tror blåögt på att människans rätt att välja själv är en av de mest underkända sakerna i det här århundradet. Hela den här katederinställningen mot den vanliga människan är barock. Det är odemokratiskt och okristligt att underkänna människans rätt att välja själv.

Hos vissa människor som lämnat er finns en mycket stark obehagskänsla. De talar om din människosyn, att man är utbytbar, kan bli överkörd. Har de missuppfattat dig, eller finns det fog?

(Jan Stenbeck är tyst en kort stund, tänker. Ett ögonblick tror jag att han ska vara självkritisk och överslätande, och ursäkta sitt buffliga sätt när han brinner för något, men så kommer han plötsligt sneddande in i ett resonemang från oväntat håll.)

– Det är ju en fundamental sak i Sverige, att om du gör ditt bästa så ska du inte råka illa ut. Och när det bästa inte räcker för att det ska gå bra, då är det idén som är fel eller något annat i omgivningen.

– Så det börjar med att en sekreterare måste ha en arbetsplats som är tillräckligt bra, och jag måste ha en dator som är bra nog, och jag måste ha det och det och det. Så lägger man ihop alla de här anspråken och kraven, som i och för sig alla är berättigade.

– Och när det visar sig att alla de här anspråken totalt blir en större kostnad än vad du har råd med när du ska starta ett bolag, så kommer man i Sverige oftast fram till att det här går inte, idén är dålig. Utomlands säger man i stället att VD måste också gå ner och lyfta bagage, vi måste alla jobba sexton timmar, vi får inte nya PC och vi kan inte uppgradera från Windows det ena till Windows det andra. Så att människan kommer i andra hand i förhållande till idén, och vad det kostar att genomföra den – vilket verkligheten bestämmer. Och så är det ju frivilligt. Vill du gå in i ett nytt bolag, vill du ta de risker och det besvär som krävs för att lyckas? För att starta ett bolag, och göra det snabbt och hänsynslöst... och när jag säger hänsynslös menar jag det som man säger på tyska, en som inte tittar bakåt. Man ska inte vara hänsynslös genom att inte titta framåt, man ska vara oerhört känslig för allt motstånd, men man kan liksom inte sitta och älta. Utan man måste framåt.

– Jag går aldrig till nån och säger: Kom och jobba med mig, det är lätta gatan, här kan du vara med om nånting och sitta och röka cigarr och gissa på vad som är bäst. De har alla kommit ombord för att de är jätteduktiga, de får höga löner och de ska göra allt för att lyckas. Och så plötsligt säger de: Jag gör mitt bästa men det räcker inte. Då kommer du till en brytpunkt. Då måste jag byta människor, begära mer för att nå målet.

– Odd var på ett möte i Dalarna förra helgen. Där hade Lars Collert, chefen för Sparbanken, varit helt ursinnig över detta. Sagt att detta var den värsta, mest brutala människofilosofi han hade hört, att det som betyder något är att vinna. Jag tänker inte gräla med honom om hans uppfattning, men vad är det för idé att spela tennis om man inte bryr sig om att vinna? Varför ska du syssla med att starta nya bolag, vilket är jättesvårt, om du inte tänker göra allt som behövs för att lyckas? Och det här är ju inte vanliga kroppsarbetare som kommer in och blir ilurade nånting. Det här är toppkillar, Sveriges bästa killar, som får jättehöga löner, bonus och aktier, och sen ändå går och säger att filosofin att jag måste

fullt ut lyckas vinna är omänsklig. Det är det jag inte förstår. För
då ska du inte säga att du är en elitidrottsman.

– En annan sak. När någon i Sverige säger – »Nej grabbar,
vi måste göra det på rätt sätt« – så kan det betyda en ganska
självsvåldig sak. Det kan innebära att han inte vill ha nåt ansvar
för när saker och ting är genomförda tidsmässigt. Utan han sätter
en ganska subjektiv kvalitetströskel, som han kan höja och sänka,
som gör att han får kontroll över projektet. Eller att hans överord-
nade tappar kontroll över projektet. Och det är jag ointresserad av.

– Vi brukar alltid säga att det finns ingen mur som är så tjock
att vi inte kan stånga ner den. Det är upplevelsen av den fysiska
och psykiska ansträngningen av att vi måste fram. Och hela tiden
hittar vi motstånd.

**I Sverige har ju Kinnevik under din ledning uppfattats som
ett mediebolag. Och i bolagsordningen står det att syftet är att
bereda vinst åt aktieägarna, som ju är ett väldigt vitt uppdrag.
Och nu låter det som att det sammanhållande för Kinnevik
egentligen är ett sätt att arbeta med nya saker som inte finns än.**

– Mm. Bilden av oss som medieföretag är helt fel. Jag hamnade
i media som nästa steg på den här satellitaffären. Jag tyckte media
var roligt för jag upplevde att det låg ett järnlock på Sverige
i slutet av Palmeperioden. Det var roligt att starta Z och reta
journalisterna med att vi skrev det de inte vågade skriva. Och så
gjorde vi Z-priset och gav 100.000 till landets mest uppkäftiga
person. Och det ansågs så viktigt att vi till och med fick med
Lukas Bonnier i juryn. Det var väldigt annorlunda tider. Sen
tycker jag många människor inom massmedia är roliga, för de är
intellektuellt rörliga, de ifrågasätter saker, de tycker om att sitta
uppe sena nätter och spekulera och babbla.

– Sen tycker jag att massmedia är enerverande för att massme-
dia älskar massmedia. Du kan inte vara i massmedia utan ständiga
spekulationer. Det var en period när man skulle framställa mig
som en Berlusconi, vilket ju är patetiskt. Jag har ju inga som

helst politiska intressen.

Förändring, fyller det dig spontant med glädje och lust? Många mänskor känner ångest och obehag, man förlorar den lilla speceributiken på hörnet och det är inte som det var förr. Men blir du glad av att tänka på detta?

– Ja. Jag älskar speceriaffären på hörnet, och gamla grejer. Men det finns vissa fält som är dömda, och då menar jag inte i negativ bemärkelse, utan bara att det står klart att förändringen ska ske. Då tycker jag att det är lönlöst att kämpa emot den. Då vill jag föregripa förändringen. Att managera en lång reträtt förstår jag inte.

Och det är rätt mycket en svensk hederssak, att administrera den långa reträtten.

– Ja. Jag tror det.

Nu jobbar du med MIC?

– Ja. Vi håller på och bryter upp MIC. Och sedan blir MIC ett diversifierat Kinnevik, som ligger mitt i Europa. Sedan tar vi alla Asien-telefonbolagen och sätter dem i ett separat bolag nere i Asien, och det jag har som spännande tanke för min egen del är att börja leva i Asien. Sen vet jag inte om det går ihop med mitt ansvar för bassets och mina barn och min fru och om jag får tid att göra det. Men att vara med på deras resa vore spännande.

Odd nämnde att ni är inne på marknader med 400 miljoner människor som snabbt blir rikare, och nästan ingen har mobiltelefon.

– Vi är i vad som i dag är några av världens bästa business. Som vi äger helt eller delvis. Det enda skrämmande med det är att det som är bäst i dag är sällan bäst i morgon. Jag trivs så mycket bättre med att vara en underdog. Nu stämmer så mycket av den konventionella världsanalysen med vad vi sysslar med.

När under den här tiden har du varit som mest rädd för att det skulle misslyckas?

– Alltid.

Men var det inte så just under striden om marksändningsrätten 1991 i Sverige att ni i princip inte hade några pengar kvar? Du hade spenderat så mycket på att bygga nytt som inte gav vinst.
– För det första så har ingen i Sverige förstått vad vi har gjort utomlands. För det andra så tittar folk på affärer ur ett direktörsperspektiv. Inget är roligare för en direktör än att ha en bra affär. Då får han ära och bonus utan att göra så mycket. Så om du ger tolv bolag till en direktör, som är allt från jättebra till jättedåliga, så kommer han att försöka göra sig av med allt det dåliga och flytta pengarna till det bra. Det enda tråkiga för honom är att alla andra direktörer gör samma sak, så det bra blir överbefolkat. Och han får inget betalt för det dåliga. Som goda *contrarians* gör vi motsatsen. Vi säljer det bra, och försöker rensa upp och städa i det dåliga. Och köper ibland till och med nån annans dåliga, och försöker göra det till en kaka som fungerar. Eller går och gör något nytt, som ingen begriper kommer att ske.
– Till och med när jag startade med satellit-TV tyckte alla i Sverige att jag var en idiot. Alla mina kollegor. När jag talade om mobiltelefoner tyckte de, precis som du sa, att det var som raketer på ryggen. [Wallenbergmannen och TV4:s före detta styrelseordförande] Erik Belfrage kom en gång fram till mig och sa: Jan, du ser ofta runt hörnet. Jag sa: Det gör jag inte alls, jag bor runt hörnet.
– För nästan alla bolag som har en etablerad organisation så är framtiden ett hot. De kan inte dra nytta av de nya möjligheterna. Så egentligen är det bara nystartade bolag som kan gå in med friskt hjärta och glädje i all den här nya tekniken.
– Och jag är intresserad av allt det nya. Det finns ett ganska stort fönster mellan den tidpunkt då det är nästan helt klart att nånting kommer att ske, till det skede där folk börjar satsa pengar i det. De flesta som har riktiga pengar är ganska bortskämda. Det är stora organisationer, och de är livrädda för de vet inte när marknaden kommer. Därför väntar de tills det är helt självklart.

– Kan du då systematiskt göra så att du lägger dig med en liten grupp människor i ett billigt bolag ute och väntar på vågen och paddlar som en surfare, då är du först och kan mest när det sker. Sedan måste du upp på brädan och hålla dig stående och följa resan. Då har du varit i businessen i kanske två år innan de stora gossarna börjar komma in.

– Sydamerika nu. Alla älskar Sydamerika. Nu är en sån där period som kommer vart tjugonde år, när världen går ut och säger att nu är Sydamerika över tröskeln. Det blir inga politiska bekymmer eller annat. Och då kan jag stå upp och ha sju eller åtta telefonbolag i Sydamerika med licenser och allt. Plötsligt är det värt tio gånger pengarna vi har satt in.

– Det här var ju nånting som alla andra visste skulle ske. Men de vill inte skicka ut sina bästa tjänstemän, de vill inte gå och knacka dörr, vill inte övertyga folk om saker som folk inte håller med om. De låter hellre några som vi göra det, och så köper de upp det hela och driver det vidare. De tittar hela tiden på att sköta sin vinst- och förlusträkning, så att de ska ha pengar att köpa. Jag kan till och med säga: Jag driver bolag med förlust, så att jag bygger tillgångar i infrastruktur och kunder, för att sedan kunna sälja.

– Så varje gång folk säger: Han har inte nog med pengar för hans bolag tjänar inte pengar, så tittar de inte på vad tillgångarna är värda. Om jag hade vänt mig om och varit villig att sälja TV1000 och Viasat – då hade jag fått två miljarder. Kronor, alltså. I stället säger de: Han är alldeles galen som sitter och förlorar hundra miljoner. Men risken jag tar är att världen går in i en kris – där folk inte vill köpa saker som inte går med vinst för att komma åt kunder, infrastruktur och brand names. Då faller priset på de här tillgångarna. Då måste jag sluta utveckla saker. Pang. Och sitta stilla och se till att även jag går ihop flödesmässigt. Och det sitter jag hela tiden och tänker på: hur mycket kan värdena falla, för att jag ska kunna sälja nog mycket så att jag får en totalt stabil grupp. Sedan gäller det bara att motstå frestelsen att dra på igen, vilket man ofta faller för.

Det du säger nu är att det inte bara är relativt hjälplösa allmänjournalister i Sverige som inte kunnat begripa vad du gjort, utan att vi även har ett helt näringsliv och en finansvärld i Sverige som inte har tittat utanför landets gränser och sett vad du gjort där.

– Jag tycker det, men jag vill inte sitta och kritisera dem. Regeln är ju att folk som jag själv misslyckas. Förr eller senare, genom att de dubblar sin insats, så råkar de illa ut, eller får ta en reträtt. De får flytta tillbaka till sin herrgård och folk får skratta åt dem: »Ja visserligen har han mycket pengar men han förlorade sitt bolag«.

Men var det inte så runt 1990–1991 att pengarna var slut. En kris som ledde till att du till sist köpte in Korsnäs...

– Då behövde jag ha in pengar, annars skulle jag bli tvungen att sälja tillgångar. Men när jag köpte Korsnäs betalade jag ju med aktier, så det var samma sak som att sälja delar av bolagen. Visst behövde jag pengar. Men hade jag inte lyckats med Korsnäs hade jag fått sälja av TV1000, sälja av det ena och sälja av det andra. Hade det då inte varit i samband med nån total kris så visst hade jag kunnat få mycket pengar för det. Jag hade fått pengar över.

– Det är det som har varit min beräkning när jag suttit och gått igenom vad jag haft.

Så det har ändå varit ett säkert bygge?

– Jag har trott det. Jag tror inte jag hade fått hoppa från skyskrapefönstret först, om de finansiella marknaderna verkligen gått i botten. Men hade det börjat knaka i fogarna hade jag fått lägga om mitt beteende och inte driva affärerna så hårt. Nu är det en period när aktiemarknaderna aldrig har stått högre, räntorna har aldrig varit lägre, tillväxten har aldrig varit bättre inom de industrier där jag jobbar. Då kan jag inte förstå att det skulle ha sett smart ut om jag inte drivit på så hårt jag kunnat.

Det talas i svenska börskommentarer om Stenbeckrabatten.

Bara för att du är en oberäknelig typ som äger alltihop så ska man liksom inte riktigt ta det på allvar, man får slå av lite på aktiekurserna...

– Det kanske de har rätt i? Men den här killen Stevenson som är professor i entreprenörskap på Harvard Business School, han säger att rädslan för det okända är en primär drift. Nästan allt vi gör i affärer och i grupp, är till för att försöka undkomma känslan av att möta det okända. Och sen säger han att en entreprenör är en person som organiserar sig och sin omgivning på ett sånt sätt att vi kan leva med det okända, i stället för att motsätta oss det.

– Det finns två sätt att bemöta det okända. Det ena är att analysera, förbereda sig, agera sent. Det andra är att gå in tidigt, så du har tid att ändra dig, och sen vara kolossalt flexibel. Och jag tror att om du jobbar på det sättet, i varje fall om du går in i rätt tid, så blir resultatet kolossalt jämfört med det andra.

– En av de svåra sakerna är att på mitt sätt gör man ju alltid misstag. Och de är synliga. I byråkratens sätt lägger du all tid på att undvika misstag. Det kostar honom enorma möjligheter. Men möjligheterna syns ju aldrig, för det är saker som aldrig hände.

*

Det börjar skymma utanför Farmen. Folk har börjat öppna dörren och titta in. Utanför köksdörren sitter Odd Engström och några andra medarbetare redan och väntar med ett par A4 i handen.

En basset lunkar in i köket och kräver uppmärksamhet från husse.

Jan Stenbeck har rest sig. Ute i köksdörren ber han en medarbetare att gå upp till hans sovrum och hämta en tidning. Jag stressar på för att hinna få honom att beskriva den amerikanska delen av sin sfär.

Om jag skulle försöka få ett helhetsgrepp över allting vad du gör...

– ...så skulle du misslyckas.

Hehe. Men då räcker det alltså inte med att jag skaffar mig en årsredovisning från Kinnevik och en från MIC, utan det finns ytterligare svärm av bolag i USA.

– Jaa. För det är saker vi har gjort. När vi la Millicoms licenser ihop med Kinneviks och byggde MIC – då hade Millicom en massa andra småbolag och projekt. Dem har vi drivit vidare och de har aldrig haft nåt med Kinnevik att göra. Jag kan väl inte få näringsförbud när jag inte ens är direktör.

Absolut inte. Jag vill bara kunna ge en enkel beskrivning av vad du gör.

– Men det är inte möjligt att ge en enkel beskrivning. Det är ett bolag som heter Great Universal, som jag har drivit upp tillsammans med andra.

Är det riktigt att säga att en del av detta bygger på sånt du ärvt, och en del på sånt du startat själv?

– Du kan säga att allt bygger på vad jag har ärvt. Min pappa sa alltid att den första miljonen är den svåraste, Jan. Eftersom jag aldrig har byggt den första miljonen kan jag inte säga emot honom. Hade jag inte haft känslan av att ha ett sånt här cirkusnät under mig både socialt och ekonomiskt, hade jag antagligen inte blivit den person jag är.

Det knackar på dörren, medarbetaren är tillbaka med tidningen, ett inflightmagasin från flygbolaget Cathay Pacific. Jan Stenbeck lägger den stolt på bordet framför mig. Omslaget visar en animerad hund som jag genast känner igen.

– Det här var en av mina lyckligaste dagar, säger Stenbeck.

– Jag var i Vietnam, som jag gillar och där vi har det här jättefina telefonbolaget, och så kommer Jay Metcalfe till mig och frågar om jag sett tidningen i mitt rum. Där hade legat dussintals tidningar som *Vietnamese Economic Report* och så. Nej, säger han, med hunden. Vår hund! Då har Cathay Pacific skrivit en artikel om animering, med vårt bolag Modern Cartoons som exempel. Och med den basset vi använder i ett bingo-TV-program vi driver i Amerika, som heter *Basil the Basset*, som under en tid var i ett underhållningsprogram i SVT...

... men det är ju han som satt och pratade med Sven Melander!

– Javisst! Mitt bolag. Min hund. Och egentligen leder han bingogambling i Amerika. Fast det vet inte Sven Melander.

Programmet där programledaruppgiften delades mellan Sven Melander och Basil the Basset hette *Sitt vackert* och gjorde blygsam TV-historia genom att inleda SVT:s rad av misslyckade lördagsunderhållningar vid mitten av nittiotalet, innan public service-bolaget hittade rätt – också det på ett kontroversiellt sätt – med *Expedition Robinson* (för övrigt producerat av Stenbeckägda produktionsbolaget Strix). Modern Cartoons specialitet är realtidsanimation, där en datoranimerad figur styrs av en skådespelare från en speciell stol med sensorer som för över rörelserna till bilden. En snabb, arbetsbesparande lågbudgetversion av animering. En särskild attraktion som genererade tidningsskriverier för *Sitt vackert* var att den undanskymda sysslan att styra hunden sköttes av Teaterförbundets ordförande, stjärnskådespelaren Tomas Bolme.

Jan Stenbeck knackar med fingret på Cathay Pacifics lyxmagasin med den flinande datorjycken.

– Kul produkt. De kunde inte komma överens om hur djuret skulle se ut så jag sa ta min basset. Basil the Basset.

Får jag ta tidningen?

– Javisst. Det är en kul grej att ta bilden av Melander och sen berätta hur det ligger till, hahaha.

KAPITEL TJUGOTVÅ

Sekten & reglerna

ÄNDA SEDAN SVENSKA tidningar började skriva om Jan Stenbeck, i slutet av sjuttiotalet, har det talats om att han i sitt arbete vägleds av en uppsättning regler, några som gått i arv från fadern Hugo Stenbeck, andra utmejslade ur egna erfarenheter.

»Reglerna« är också ett levande begrepp inom Stenbecks värld. Men direktörerna ger svävande och motsägelsefulla svar när det gäller hur många de är och exakt hur de lyder. De verkar inte åberopas så ofta trots allt, men fantasieggande är de.

På den internationaliserade Stenbeckgruppens koncernspråk engelska har man sina *Ten Unwritten Laws*, De tio oskrivna lagarna, delvis formulerade som pastischer på de tio budorden Gud själv gav till Moses. Mina källor har svårt att minnas alla.

Den första är *Thou Shalt Obey* – Du skall lyda.

Vidare *Thou Shalt Not Be Naïve* – Du skall icke vara naiv (bra regel, med svåra och intressanta gränsdragningar mot cynismen).

Always Hire the Best – Anställ alltid den bästa, alltså inte din kompis eller nån som har ett prestigefullt namn: man ska inte ha andra lojaliteter än de affärsmässiga.

Det finns en regel som slår fast: *Du skall ha kontroll*, fundamentalt för direktörsansvaret. Vidare finns en regel om att man alltid ska vara minst två vid förhandlingar. Och den för utomstående överraskande regeln: *Gör som vi alltid har gjort*, det vill säga gå enklaste vägen, rakaste vägen, krångla inte till det i onödan. Behöver man inte uppfinna hjulet för att lyckas med ett projekt då ska man heller inte göra det (men om man måste uppfinna hjulet är det bara att sätta i gång med det). Det blir bara sex oskrivna lagar. Intrycket jag får är att de är måttligt aktuella i direktörernas huvuden.

Men det finns en regel som alla minns, som ingen någonsin svävar på målet om.

På engelska heter den kort och gott *The Non-Fucking Rule*. Icke-knull-regeln. Den svenska formuleringen från åttiotalet löd utförligare:

Ingen sex med kunder, leverantörer eller anställda.

Det finns två direktörer som fått sparken för brott mot denna regel, och en som nästan fick det.

En person i koncernledningen blev kär i en anställd i ett mindre dotter-dotterbolag, och struntade i att göra något åt »situationen« (det vill säga struntade i att ge kvinnan sparken). Det fanns även andra omständigheter – oenigheter i affärsmässiga och strategiska frågor, missnöje med resultat – som man rimligen kan uppfatta som mer betydelsefulla, men brottet mot kärleksförbudet fanns med som försvårande omständighet, och anfördes i den interna diskussionen som ett skäl till att direktören måste bort. Paret gifte sig senare.

En person i ledningen för ett TV-bolag gick till sängs med en programledarinna – som alltså kunde betecknas som leverantör av sig själv och sin karisma. Det skedde i samband med ett kundevenemang under hockey-VM. Direktören förlorade sin ledande befattning, omplacerades till ett konsultuppdrag och slussades ut raskt men mjukt; detta betraktas internt som en hygglighet från Jan Stenbecks sida.

På tal om denne direktör och hans öde – som förstås är oerhört omskvallrat i branschkretsar – säger en direktör jag talar med, fortfarande i aktiv tjänst hos Stenbeck, att den här *non-fucking*-regeln inte är så konstig som det hävdas. Den är helt saklig, men bara för att det är Stenbeck så blir folk helt upphetsade och tycker att det är fascistiskt och förnedrande. Den här killen var i bolagets ledning, kvinnan fanns med i programidéer vars öde han skulle vara med och besluta över. Det är en liten och skvallrig bransch och snedhoppet blev omedelbart känt – ända upp till huvudägaren, som vi märkte – ingen hade kunnat lita på hans omdöme i fortsättningen, hans ställning hade blivit eroderad om han jobbat kvar, liksom hennes. Dessutom var det faktiskt ett representationstillfälle. Det var kunderna man skulle pyssla om.

En annan före detta Kinnevikmedarbetare säger att man kanske inte hade hanterat frågan på ett lika drastiskt sätt i vilket annat bolag som helst – men i vilket annat bolag som helst hade man åtminstone tagit ett allvarligt samtal med direktören i fråga.

Direktören i fråga säger att det är stötande att Stenbeck kräver rätt att förfoga över sin personal ända in i sängkammaren. En synpunkt som går att förstå.

En tredje direktör, också i ett TV-bolag, hade ett förhållande med en konsult som bolaget anlitade, alltså en leverantör. Förhållandet ogillades av de överordnade, det uttrycktes klart att förhållandet inte var förenligt med jobbet. »Huruvida Husse kände till det hela var oklart men han visste ju det mesta så det gjorde han nog«, skriver den aktuella direktören i ett mail till mig. Direktören valde att övergå till egen verksamhet, av flera skäl: »Jag kan väl inte påstå att jag upplevde mig som avskedad eftersom jag de facto själv valde att lämna företaget. Men hade jag envisats med att bita mig fast vid mitt jobb och fortsatt kärleksrelationen, hade jag tveklöst blivit sparkad förr eller senare«, mailar direktören.

En märklig sak är att dessa spektakulära ingripanden i enlighet med Jan Stenbecks regler inte blivit omskrivna. Nyheten hade inte ens behövt läcka till journalister – den hände mitt bland journalister, i en organisation full av före detta *Expressen*- och *Aftonbladet*-reportrar. Tystnaden är märklig i synnerhet som Jan Stenbeck länge var illa omtyckt av en rad etablissemang, däribland det journalistiska, och negativa nyheter om honom kunde förväntas få ett positivt bemötande. En av de drabbade direktörerna säger att några journalister arbetade på historierna, men det las ner av hänsyn till de inblandade och deras barn – det vill säga av hänsyn till offren för Jan Stenbecks vrede, som skulle få lida ännu mer om det genanta straffet blev offentligt känt. Stenbeck gav journalisterna något att prata om, men visste att de skulle hålla tyst.

Det finns andra företag som har regler mot kärleksrelationer mellan chefer och underordnad personal, bland annat har vårt präktigt tjänstemannastyrda Systembolaget uppmärksammats för sådana förbud. Det är ändå ganska speciellt att formulera regeln på ett sådant sätt som Kinneviks *Non-Fucking Rule*, och anslå den på rikets väggar.

Det mest speciella är beredskapen att upprätthålla regeln med sådan kraft och tydlighet. För att den ska fungera krävs att uppgifter om direktörernas sexvanor ingår i det ständiga informationsflödet till huvudägaren. Och det i sin tur kräver en organiserad vakthållning, någon form av internspionage, för att huvudägaren inte ska komma i slumpens eller rådgivarnas händer.

Kinneviks *non-fucking*-regel kan ses som en ganska normal personalpolicy, bara uttryckt på ett drastiskt sätt. En rationell regel vars syfte är att motverka favörer, beroenden, favoritsystem, internaristokrati, bruket av andra måttstockar än affärsmässigt resultat.

Men så kan man vrida lite på bilden och då blir det en regel som säger att ingen av killarna i Jan Stenbecks hov – för det är nästan bara killar – får röra vid någon av de kvinnor som befinner sig inom organisationen, i hans makt. Honorna i flocken. Nomadhövdingens kvinnor. Det är lätt att fantisera vidare: Får Jan Stenbeck det? Vad vet jag, men lita på att det görs föreställningar om det. Föreställningar om huvudägarens mannakraft och potens som är klart gynnsamma för hans förmåga att styra organisationen. Det ligger i hans sakliga intresse att iscensätta sig själv som störst, alltid med kontroll över situationen, nyduschad när andra är svettiga och i shorts när andra bär kostym, alltid steget före, alltid omöjlig att överlista.

Sett i det perspektivet var bestraffningen av TV-chefen inte en svalt rationell personalvårdande åtgärd, utan en bestraffning för att en yngre underordnad trotsat ledarhannens auktoritet.

Det var mera så det upplevdes inom organisationen.

Det är så man fortfarande pratar om händelsen.

Det finns en Machiavelliparallell. Cesare Borgia blev medveten om att en av hans ståthållare gått för hårt fram i sin provins och riskerade att väcka folkets hat. Borgia red då själv till staden och lät hugga ståthållaren i två bitar och placerade dessa på torget med en blodig kniv intill.

»Anblicken av en sådan vild grymhet gjorde människorna både nöjda och skräckslagna«, skriver Machiavelli.

Fördelen med grymhet, noterar han, är att man även med mycket få utdelade bestraffningar kan göra sig åtlydd. Man behöver inte vara där hela tiden och hålla i örat. Därför är det bättre för en furste att vara fruktad än att vara älskad – Machiavelli menar det rent operativt, med ögonen bara på resultatet.

(Just den sista Machiavellifrasen, om att vara fruktad eller älskad, har Jan Stenbeck citerat för sina unga direktörer, som ett rättesnöre, eller en vägledning baserad på erfarenhet. Egen och Machiavellis.)

*

En speciell sak med Jan Stenbeck är att han för att styra över sin organisation spelar på ett så mycket större mänskligt register än man skulle vänta. Långt mer än rationella, företagsekonomiska nyttoargument är i arbete.

Bland annat humor, lust, rädsla, hävdelsebehov, till och med längtan efter närhet, utvaldhet, vänskap. Hans förmåga att påverka sina medarbetare blir på detta sätt kraftigt förhöjd. Påfallande ofta ligger sexuell prestige som ett outtalat tema under berättelserna.

Vid en koncernkonferens på åttiotalet, som hölls i det lilla rödtimrade Gamla Brukskontoret i Fagersta, var en psykolog inbjuden som föreläsare. Han beskrev olika personlighetstyper genom att likna dem vid djur.

Som slutövning fick medlemmarna i Kinneviks koncernledning beskriva varandra, i form av olika kombinationer av djur. Man skrev på hemliga lappar, psykologen sammanställde.

Jan Stenbeck blev, karaktäriserad av sin innersta grupp av sammansvurna män, en lejontupp.

*

Affärer är som musik, har Jan Stenbeck sagt till en medarbetare.

Man måste vara musikalisk.

Det är som i *Hajen*, när man hör den där musiken: *Da-da-da! Da-da-da!*

Den som då inte fattar att hajen är på väg ska inte hålla på med affärer.

Bland Jan Stenbecks medarbetare möter man ofta en djup beundran för honom. Ibland är den motvillig, ibland fylld av reservationer, oftast är den stark. Odd Engström beskrev en person som var intellektuellt och moraliskt imponerande när han talade om Jan Stenbeck. Tjurskalliga reportrar på *Z* kan säga att det konstiga var att Jan Stenbeck hade precis rätt i sin kritik av tidningen.

Även en jordnära försäljare som Lars-Johan Jarnheimer säger tankfullt: »Det är ofta så med Jan att man förstår först långt senare vad han sagt.«

Delvis blir Jan Stenbeck beundrad för att han är briljant och skarpsinnig och musikalisk och dessutom har en begåvning för att uttrycka sina insikter.

Delvis beror det också på att han genom sin organisation med stor konsekvens iscensätter sig själv som den starke. Den som alltid har kontroll och aldrig är naiv.

Kring Jan Stenbeck finns medarbetarnas förälskelse och lusten att stå nära mästaren, segraren. Där finns också den genuina, ovanliga fasan inför konflikter med honom, och där finns den tomma och kalla zon av hat som omger en alltid överlägsen motpart. Är han inte överlägsen kommer han inte till spel, eller ändrar spelet så han åter blir överlägsen. Det är ytterst det som gör denna ovanliga typ av människa så ohjälpligt kränkande: han deltar inte på lika villkor med sina medmänniskor, bara när han vet att han vinner.

Det otäcka är kortslutningen mellan manipulatörens överlägsna, beräknande kyla, och de djupt intima, personliga laddningar han spelar på, inuti medarbetarna.

*

Varje sektledare vet att man måste få medlemmarna att kapa förtöjningarna till den normala världen. Först då kan de gå in med hela sin själ och sitt hjärta i sektens uppochnedvända universum. Beredda att agera motvalls, i strid med gängse uppfattningar, och göra tvärtemot alla andra – vilket var en del av Jan Stenbecks grundläggande affärsidé.

Gnistan-gänget som värvades till Z var en sammansvetsad grupp killar med sektanlag vars ursprungliga sak gått förlorad, det var bara att dra i trådarna.

Jan Stenbecks nya satsningar inom fraud detection, bedrägeriförsvar inom e-businessens nya sårbara näringar, är ett annat exempel på samma mönster: sammansvärjningen som organisationsmodell. Det ryktas att personalen på säkerhetsföretagen värvas från de stora underrättelsetjänsterna, som ju drabbats av sin strukturkris sedan det kalla kriget tog slut.

Jan Stenbeck kallar gärna sin företagsvärld för just »gruppen« – på engelska »The Group«, eller »Our Group«, vilket blivit en fras bland direktörerna, lätt humoristisk men omhuldad.

En grupp smarta, handlingskraftiga, lojala män (och någon enstaka kvinna) som konspirerar i syfte att bereda vinst till sina aktieägare.

Jan Stenbeck har instiftat ett eget ordensväsende bland sina ledande direktörer. Ordenstecknen är manschettknappar. De pryds av Kinneviks lilja och finns i tre valörer.

Guld med emalj, bärs av Jan Stenbeck.

Guld, bärs av styrelsen, betydande representanter för ägarfamiljerna – »Mupparna« – och direktörer i aktiv tjänst.

Silver, bärs av före detta direktörer, används som gåva till mellanchefer och viktiga kunder.

Direktörens rätt att bära guldknapparna är knuten till befattningen. Han får dem när han tillträder, och skriver då på ett papper att han ska lämna tillbaka dem när han frånträder sin tjänst. Som en officersvärja. Och kanske som ett tecken på att de inte gäller i världen utanför: där ute är det friare, behagligare, rimligare, men också gråare. När han lämnar in sina guldknappar får han ett par silverknappar som minne. För kvinnliga medarbetare finns det ingenting.

En direktör berättar att Jan Stenbeck kunde sitta en hel dag och bordsplacera gäster till Kinneviks traditionella smokingmiddagar. Luman fick skriva ut de inbjudnas namn på små lappar, som Jan Stenbeck sedan satt och pusslade med på ett stort pappersark där han ritat upp borden på Nya Sällskapet. Han höll gärna på med detta pusslande under pågående möten. Sakta tog ställningarna form.

Bistro Ruby, krogen som ligger snett över Österlånggatan från Gröna Huset och är ganska flitigt använd av Kinnevikdirektörer, hade en sidolokal i samma hus. En vacker lokal med högt i tak, pärlsponten kvar från originalinredningen och samma stora, välvda fönster ut mot gatan som den exklusiva moderkrogen har. 1999 inreddes och lanserades den som Grill Ruby, men i många år användes lokalen lite förstrött som bakficka, eller egentligen som en bar som det aldrig blev något riktigt barliv i. Jan Stenbeck fick ögonen på den underutnyttjade lokalen. Plötsligt dök det upp en kostymklädd direktörsassistent med måttband, med order från Jan Stenbeck att mäta upp golvytan för att se hur många biljardbord man skulle få plats med. Idén var att göra lokalen till Stenbeckgruppens privata biljardhall, dit killarna kunde gå in och skjuta pool efter jobbet och där man som extra finess skulle ha tillgång till Rubys kockar och kök vid behov. Krögaren stod emot, och höll sin lokal kvar i den vanliga världen.

Ett par år före millennieskiftet startade Kinnevik jultraditionen att resa en enorm julgran på kajen framför Gamla Stans Bryggeri, krogen på Skeppsbron. Den absurt tjocka och välformade granen monteras på amerikanskt vis ihop av ett antal mindre granar och grandelar som borras fast i en hög stam (träden levererade från Korsnäs). Granen är den mest iögonenfallande juldekorationen i Stockholm: en jättenål på stadsbilden som markerar var Stenbecks ölhall är. Det ville man bjuda Stockholm på som tack för framgången med *Metro*, löd frasen. Samma fras som sedan användes om det egna, helt enorma millenniefirandet som dominerade Gamla stan i månader.

– Det finns hela tiden en *second agenda*, säger Jan Friedman, en egen liten värld man bygger på. Ett eget bryggeri, egen restaurang, eget gym, egen julgran. Egen tennisbana... det var roligt...

Han försjunker leende i minnen en kort stund. Och så, ivrigt:

– Den känner du väl till? Sån här *platform tennis* som Jan hade sett i USA? Han lyckades på nåt sätt få bygga en privat anläggning på stans idrottsplats. Erik Lallerstedt var klubbordförande och arrangerade högtidlig öppningsdag. Vi drack champagne och alla skulle spela.

Han myser åt minnet. Så mycket skoj.

Jan Stenbecks tennisbana, Gruppens tennisbana, ligger i ett hörn av Östermalms idrottsplats. Alldeles intill ligger Tennisstadion där Gustav V brukade spela i vit flanellkostym. En bit längre bort ligger Kungliga Tennishallen, uppförd med Wallenbergpengar på trettiotalet åt nationen, konungen, sporten och Östermalm. Marcus »Dodde« Wallenberg, Davis Cup-spelare på tjugotalet, står staty i rabatten, med sitt tennissmeknamn på sockeln: »Macke«.

Jag har cyklat förbi den lilla inhägnade tennisbanan på Östermalms IP många gånger, i den fåfänga förhoppningen att få se några Stenbeckdirektörer spela, men aktiviteten i Stockholms *platform tennis*-klubb verkar vara låg.

Platform tennis är en komprimerad, aggressiv, elak, snabb dvärgform av den eleganta och ganska strategiska tennissporten. Tennis, med sina stora ytor där det lönar sig att planera flera slag i förväg, brukar beskrivas som en kombination av racketsport och schack. *Platform tennis* är snarare som en kombination av racketsport och kampsport. Med sin lilla spelyta, abrupt genomskjuten av hårda och korta bollar över ett lågt nät, premierar *platform tennis* den sortens personliga konfrontationslust och aggressivitet man i amerikansk fotboll kallar *hustle*, att ligga på, jaga öppningar, och ta dem blixtsnabbt när de dyker upp även om det inte blev just den öppningen man tänkt sig från början. I vanlig tennis har man tid, om man kommer i väg som man ska, att ta ett kliv in i slaget med rätt ben mot nätet och veva upp swingen med hela armen. I *platform tennis* har man inte råd att tappa koncentrationen en tiondels sekund för då kan man plötsligt få motståndarens boll i nacken (spelarna får nämligen använda det höga, hårt spända nätgallret runt banan för att studsa in bollen mot den grönmålade spelytan). Det är snabbt, osnyggt och ickelinjärt och det är förspilld energi att planera särskilt långt framåt.

Gruppens tennis.

När jag 1997 började gå runt och prata med nyligen avhoppade eller utgallrade mediedirektörer och redaktörer märkte jag att det i denna klubb fanns en hel repertoar av hatiska skräckberättelser om den förra arbetsplatsen.

– Det finns ingenting i det där bolaget, fräste en av dem. Ingenting mer än en fet direktör, en flock inställsamma feta underhuggare som försöker vara lika tuffa, och en massa tomhet, trakasserier och förnedring.

De historier jag kunde kolla visade sig vara ganska överdrivna i den muntliga traditionen avhopparna emellan.

Ofta var storyn från början inte värre än att H. C. Ejemyr tvingat ut sina säljare i skogen.

Däremot var känslan hos den som berättade extrem: kokande, blödande, kränkt, gnistrande. Känslan blev huvudinnehållet i berättelsen. Ofta fick jag höra samma historier från olika direktörer, de berättade varandras historier.

Jag förstod småningom att de avhoppade och utgallrade direktörerna och redaktörerna berättade dessa historier för varandra som en terapi.

Avprogrammeringen för dem som tagit sig ur sekten.

*

Frågor om vem som blev köpt och hur det framgångsrika budet var konstruerat återkommer ständigt. Blev den eller den framstående personen manipulerad, kränkt, dresserad, utnyttjad, beroende, kuvad?

Alla direktörer/redaktörer säger att någon annan blev det, medan de själva stod emot, bevarade sin själ, trots att de kände frestelsen dra i köttet. Frestelsen att ge efter, glida med, att låta sig smickras och lockas och skrämmas att gå in hel och hållen i furstens härliga värld. Bli en hund åt Husse. Sälja sin själ till huvudägaren.

Jan Stenbecks sätt att behandla medarbetare, människor, väcker tydligen dessa frågor. Inte bara väcker dem lite grann, utan gör dem akuta: frågor om överlevnad.

Kring fursten kämpar medarbetarna ständigt mot frestelsen att korrumperas och påstår hela tiden att någon annan blivit det.

Det finns en »personlighetsförändrande kraft« i de höga positionerna, skriver Åke Ortmark i sin bok Ja-sägarna. Många människor blir förstörda, tror sig ofelbara, tappar respekten för verkligheten. När en sådan anda gjort sig behagligt hemmastadd i en ledningsgrupp kan man styra rakt in i de verkligt stora katastroferna: Karl XII vid Poltava, Kreuger 1932. Man gnuggar sig i ögonen men ser ändå en skara lysande, välmeriterade, djupt erfarna, högt förträffliga och omvittnat omdömesgilla herrar med stor beslutsamhet sätta kurs rakt ner i avgrunden.

Frågan varför ingen sa nej är vad Ortmark tar upp i sin bok.

För Jan Stenbecks organisation har uppgiften varit något annorlunda: att fortsätta säga ja till huvudägarens idéer trots att världen omkring skakat på huvudet till allt de hittat på. Häpnadsväckande länge var det under sådana omständigheter Gruppen arbetade, i ett piskande regn av fördömanden och hån. Svårt för en normalt öppen, socialt anpassad organisation att stå ut med. Vardagsmat för en sekt.

Jan Stenbecks lednings- och entreprenörsorganisation har sektens typiska identitetskonstruktion: a few good men, några utvalda elitriddare som i nära kontakt med den upplyste fursten leder vägen in i de nya förhållandena och schvungfullt ockuperar jungfrulig marknad i en skala som kommer att få konkurrenterna att darra och snyfta när de begriper vad som just skett.

Samma bild av framsteget som Lenin gjorde: eliten leder massans revolutionära energi på rätt väg. Ofta får man intrycket att

Jan Stenbeck kantat vägen för sina *few good men* med frestelser, för att se vilka i gruppen som har så mycket hjärta att de fortsätter gå rakt, mot resultatet. Då och då är det en som fallerar, och alla i Gruppen ser.

Hans direktörer navigerar i mörker. Den enda princip som i längden är säker att hålla sig till är: resultatet framför allt och skit i allt annat. En glödande hållning som är affärssektens motsvarighet till rakat huvud eller krigsmålning: nu lättar vi från den vanliga borgerliga världen, banzai! Folk tyckte länge det var motvalls av Kinnevik att driva tidningen Z. Sen kom H.C. Ejemyr och var ännu mer motvalls genom att lägga ner den för att den inte tjänade pengar. Banzai!

Så man kämpar mot frestelsen att korrumperas, och övervakar sina kollegor för att kunna påstå att någon annan blivit det. Direktörskollektivet inom Gruppen är en självspelande förtrycks-apparat. Ett Stasisystem: medborgare direktörer håller koll på varandra, sätter press på varandra, och alltid finns det någon som är tjallare. Jan Stenbeck kan resa i väg utan att systemet ändrar sig, utan att direktörerna ruskar på sig och blir som folk igen.

Han är inne i dem.

Ännu en berättelse från en middag i Gröna Huset, tidigt nittiotal.

Det hade varit överdådigt, som vanligt, det blev sent och de externa gästerna började troppa av. Kvar vid bordet satt bland andra Jan Stenbeck och Peter Kadhammar.

En av gästerna, före detta riksdagsman och hedervärd medborgare, kom fram till Stenbeck för att ta farväl. På bordet stod några flaskor av det vin, hämtat ur Erik Lallerstedts förnäma vinkällare, man druckit. En av flaskorna var fortfarande oöppnad. Den hedervärde medborgaren tog upp flaskan, studerade kärleksfullt etiketten, och sa: Tänk precis sånt här vin hade jag, men det blev stulet ur min vinkällare. Det är ett underbart vin.

Så gick den hedervärde medborgaren ut och hämtade sin rock.

Kom tillbaka in för att säga hej då. Vid bordet stannade han upp en stund, tittade på vinflaskan, såg ut att tveka, bestämde sig sedan och stoppade med en snabb rörelse ner vinflaskan i rockfickan. Hojtade ett hej till sällskapet och gick.

Peter Kadhammar, förbluffad:
– Såg du vad han gjorde?

Jan Stenbeck, belåten:
– Ja, det gör inte mig någonting. Jag tycker det är så svenskt på något sätt: han tog flaskan och gick.

En hedervärd medborgare som svalde betet. Han kunde inte låta bli, kunde inte bemästra sin åtrå, föll för frestelsen – en av de oräkneliga frestelser som riggas upp kring gäster och medarbetare i Stenbecks värld – och förstod antagligen inte vad som hänt när han gick därifrån.

*

Only the Paranoid Survive heter Intelchefen Andy Groves lilla bok om honom själv. Ett evigt tema i maktspelet. Grove berättar hur han var en förträfflig amerikansk företagare som med tryggt oligopol var världsledande på en förstklassig, innovativ produkt, minneschipset, som hans bolag självt utvecklat – när den japanska industrin plötsligt bestämde sig för att konkurrera och dränkte marknaden i likvärdiga chips till en bråkdel av priset. Han hade varit så belåten, och blev så jagad.

Det är farligt att hålla sig med starka uppfattningar om vad som är möjligt, för då kan man bli så överrumplad när man kommer till kontoret en morgon och upptäcker att det omöjliga hänt över natten. Det är livsfarligt att vara naiv. När allting rör sig är det hälsosamt att vara paranoid.

Andy Grove och Jan Stenbeck verkar, liksom Machiavellis furstar, i tider då stora, uppdämda krafter gjorts påverkbara, avreglerade. I tider då kartor ritas om och reglerna är de enklaste möjliga: stark är den som inte är svag, punkt slut. De lever under

»de förhållanden som förenar skurkar och hjältar: reglerna i ett gammalt fult spel«, som Anders Ehnmark skriver i sin Machiavellibok.

Inom Kinnevik beskriver man gärna Jan som en entreprenör. Men att lägga entreprenörsmallen över Jan Stenbeck ger bara halva bilden och skymmer en viktig del av honom. Det blir för gulligt: bara kreativitet och tron på en egen vision trots att omvärlden säger att man är tokig.

Hos Jan Stenbecks typ finns även något annat: förtrogenheten med makten. Han har även för avsikt att i den mogna, gråa, vardagliga fasen fortsätta äga de bolag han sätter i gång.

Äga dem, driva dem, styra dem, se dem växa, njuta dem och lämna dem i arv till sina barn.

Som en av Machiavellis furstar, som ju inte bara vill erövra Florens utan därefter befästa och behålla makten över riket för att använda det till något annat, antagligen till att erövra ännu mer.

Som de gamla brukspatronerna, vars bolag byggdes på ett teknologiskt genombrott och strukturerades som samhällen, självförsörjande, självtillräckliga. En ångmaskin i sågen drev upp en by ur skogen, patron Göranssons införande av Bessemermetoden i Sandviken grundade inte bara bolaget utan hela samhället med samma namn, Louis De Geers kanongjutarkompetens fick Gimo att utkristalliseras ur 1600-talets norduppländska omständigheter.

Riken som konstruerats så att de haft möjlighet att överleva i sin hårda, ovissa, föränderliga tid. Slagtåliga organisationer, optimalt anpassade till den egna miljön. Mysiga och ombonade på insidan för den som passar i sin modul, men svåra att diskutera med.

Industrialismen har alltid varit en våldsam omvandlingsprocess. I den febriga upptakten till *Det kommunistiska partiets manifest* [1848] skrev Karl Marx och Friedrich Engels:

Den fortgående omvälvningen i produktionen, det oavbrutna skakandet av alla samhälleliga förhållanden, den eviga osäkerheten och rörelsen kännetecknar bourgeoisiens epok gentemot alla andra.

Och, med fascinerad kluvenhet:

Allt fast och beständigt förflyktigas, allt heligt profaneras, och människorna blir slutligen tvungna att betrakta sin levnadsställning och sina ömsesidiga förbindelser med nyktra ögon.

Hundra år senare skrev Joseph Schumpeter om den kreativa förstörelsen som näringslivets förnyelseform. Nu är Schumpeter IT-generationens favoritauktoritet.

Ändå tycks varje generation av industrialism ha överskattat sin egen blivande livslängd, kanske enligt samma enkla mekanism som gör att enskilda industrialister lätt överskattar slitstyrkan i sin egen vitalitet och virilitet vid rodret.

Det syns i arkitekturen, både huvudkontorens och fabrikernas, storartade tempel till det eviga mervärdet – trots att en viktig bit av poängen är att mervärdet inte är evigt och att innovationer kusligt fort förvandlas till standardvara, som det gick med Andy Groves minneschips.

Genom en rad revolutioner har industrialismen bevarat illusionen av att bygga för evigheten, att lägga rälsen som aldrig ska behöva rivas upp, att skapa samhällena som inte ska förtvina.

Det verkligt omskakande med vårt millennieskiftesmedvetande är inställningen att nu bygger vi för att i nästa ögonblick ändra igen. Förändring uppfattas som det normala tillståndet.

Det finns ingen trygghet, bara de paranoida överlever. Man slår tillfälligt upp organisationer som när målet är nått kan rivas utan att lämna spår efter sig. Som ett nomadfölje.

*

Även inom organisationen finns olika uppfattningar om hur smart Jan egentligen är.

– Det är kaos där inne, sa en nyligen avhoppad direktör med en nick ner mot Gamla stan och Kinnevikkontoret, du skulle häpna om du visste hur mycket av det som ser ut som strategi i själva verket är rena paniklösningar. Allt går ur hand i mun, och alla sneglar efter Stenbecks åsikt – som är det enda som gäller.

Under ett av mina samtal med Janerik Larsson under den tid han var informationschef på Kinnevik sa han, på tal om den omtalade direktörsflykten:

– I Jans huvud finns en plan med alltihop. Det är de medarbetare som inte begripit det som har slutat.

När jag senare talar med Daniel Johannesson i sj:s direktionsvåning säger jag att en stor poäng i den här berättelsen är insikten att när man går in i ett förändringsskede, då kan man inte veta hur det ska bli. Man kan inte inrikta sig på att söka det svaret, för det finns inte än.

– Nej. Precis, säger han. Och för många människor är det väldigt svårt. De vill veta vad det är vi bygger på, och precis hur det ska gå till. Men problemet är att ibland kan man inte veta det. I stället måste man orka hålla sig öppen för det oväntade.

*

De flesta direktörsberättelser från Kinnevik innehåller ett parti som går ungefär: »Jag hade fem år med Jan, jag hade jätteroligt och lärde mig massor och det var den viktigaste perioden i mitt yrkesliv – men...« och sedan säger direktören något ganska kortfattat om integritet eller människosyn eller översitteri. Termerna varierar, analyserna är ganska vaga men går ut på att man räddade sig ut ur sekten med själen i behåll, antagligen i sista stund. Ämnet är svårt att få grepp på: man har känt något hända i sig, men vet inte säkert vad och hur det fungerar och vad som utlöste det.

Jan Friedman beskriver sina år med Jan som fantastiska, givande, utvecklande, roliga – men säger att det alltid fanns en annan sida av myntet:

– Jag har aldrig känt mig illa behandlad, fortsätter han. Visst grälade vi några gånger men så här i efterhand ger jag gärna Jan rätt till minst femtio procent. Jag värdesätter den tiden fortfarande, och det handlar om mycket annat än jobb. Det handlar också om långa samtal om livet i allmänhet och vad som är viktigt i det. Jan Stenbeck har betytt enormt mycket för mig som inspiratör till att göra egna affärer. Men med allt detta sagt, måste jag också säga att vara anställd hos Jan i 55-årsåldern, inte ha någon självständig plattform och inte ha någon annanstans att gå, det skulle ha kunnat göra mig obekväm.

Eller som en före detta Kinnevikdirektör uttrycker det:

– Det fanns en dimension av frihet, som inte bara har med affärsfrihet att göra, som är svår att prata om men en viktig del av bilden. Det är en dimension av beroende som inte är kul. Det uppstår kring Jan ett jasägeri och medlöperi som är otäckt. Och du märker inte själv när du faller i det. Det är ett slags självförstörelse. Extra stor kick får Jan av att se när de utpräglat självständiga journalisterna – Göran Rosenberg, Anders Isaksson, Janerik Larsson – blir beroende.

– Kick? säger jag.

– Ja. Det är psykopatdraget. Det finns ju en lust i allt det här, ett nöje.

Flera före detta direktörer betraktar detta obehagliga något – brutal människosyn, känslan av utnyttjande – som en brist i Jan Stenbecks organisation. Som att han inte vet hur man måste behandla medarbetare i ett kunskapsföretag. De ser den pressande obehagligheten som ofunktionell, irrationell, inte ändamålsenlig, energislösande, gammaldags.

Man kan också se det som en form av högkvalificerad människomanipulation för att få en organisation av styvkorkade besserwissrar att göra sitt yttersta för att fullt ut kunna lyckas. Management by kränkning. Målrationellt, hantverksskickligt, på det hela oerhört framgångsrikt.

En smart direktör säger – insiktsfullt, bara några månader före sitt eget avhopp:

– Det finns ingen aristokrati i Jans värld. Han skiter fullständigt i vem du är barn till och vilka skolor du gått i. Ingen får sin position på några andra meriter än att man sköter sitt jobb bra och levererar resultat. Det kan du tycka är fint, demokratiskt och bra. Och det är det väl. Jag hade aldrig fått samma möjligheter i ett traditionellt företag. Men det bygger ju på att du levererar. Det är det som är avsikten med alltihop. Inbilla dig inget annat.

KAPITEL TJUGOTRE

Millennieskifte

I MITTEN AV MAJ, när Stockholm efter vinterns segslitna elände
och vårens ständigt inhiberade löfte slutligen exploderar i fägring
och lust, då är Stenbeck i stan.

Bolagsstämmor. Vårmiddag. Gruppen borstar sina smokingar
och de som har tar fram manschettknapparna de fått direkt ur
huvudägarens hand. Fönstren till gästlägenheterna i Gröna Huset
står på vädring så att gardinerna flaggar över Österlånggatans
ravin, och högst upp står hela det halvcirkelformade glastaket
vidöppet över huvudägarens våning.

Tidigare var stämmorna familjeföretagsmässigt intima, inne i
själva huvudkontoret på Skeppsbron 18. Nu har avknoppning-
arna och den tilltagande offentligheten gjort att Stenbecksfärens
svenska bolagsstämmor fyller två hela dagars program i Gamla
Stans Bryggeri, den egna restaurangen på andra sidan Skepps-
bron. Netcom, med de skandinaviska telekomverksamheterna,
börsnoterades separat 1996 – vilket i ett slag fördubblade det
sammanlagda börsvärdet. MTG, med alla medieverksamheter,
börsnoterades 1997.

Inför bolagsstämmorna på våren 1998 hade Jan Stenbeck i sista
stund beordrat att MTG:s årsredovisning skulle göras om. Den
som reklambyrån gjort såg för proper ut och uttryckte inte
bolagets egenart.

Den gamle trogne redaktören Bert Willborg, fortfarande tätt
knuten till bolaget med olika konsultuppdrag, fick i uppdrag att
snabbproducera något fräsigare.

På styrelseporträttet i den omgjorda årsredovisningen poserar

Jan Stenbeck, Odd Engström, Pelle Törnberg, Stig Nordin och
Lars-Johan Jarnheimer i svart kostym, svart skjorta, svart hatt,
svarta solglasögon och bister gangsteruppsyn i styrelserummet
på Skeppsbron 18, framför oljeporträtten av Hugo Stenbeck och
Wilhelm Klingspor.

På MTG-stämman torsdag morgon satt Odd Engström ord-
förande. Vi tog i hand och småpratade lite kort om den fascine-
rande framtiden.

På eftermiddagen var det stämma i Invik, det mindre bolag
som delvis fungerar som sfärens maktbolag, ägare av styrande
aktieposter i de andra bolagen. Där satt Jan Stenbeck i publiken,
fritidsklädd i rödrutig skjorta och med lockarna i skyn. Vi hälsade
glatt och vänligt. Jag hade inget direkt att fråga, utan sa att jag
skulle återkomma när jag kommit i gång med boken. »Jaja«, sa
han, »du fortsätter med ditt.« Obekymrad, hög på börskurser, på
bekräftelse, på triumf.

En av anledningarna till att Jan Stenbeck mötts med så
mycket misstro och så låga aktiekurser är förstås att han inte
gjort några större ansträngningar att förklara sig. Beteendet har
varit okonventionellt och inte förankrat i konventionell visdom,
förklaringarna till vad bolaget hållit på med har varit sparsmakade
(även om de har avgivits och åtminstone i efterhand ser mycket
övertygande ut), bolagsstrukturerna inom gruppen är snåriga
och svåröverblickbara så att utomstående bedömare försätts i
ett informationsunderläge, vilket utomstående bedömare hatar
att befinna sig i. Bara i huvudägarens hjärna har det funnits
en helhetsbild, och tillgången till den informationen har varit
medvetet knapp. Han har uppfattats som obegriplig och har delvis
varit sur för detta, delvis nöjd med kamouflaget som låtit honom
arbeta i ostörd ensamhet.

Nu hade Jan Stenbeck monterat ihop och avtäckt en del av sin
skapelse och den svenska marknaden hade flämtat: Det var som
fan, var det detta han byggde! Och kurserna började skjuta i höjden.

På måndagen, tre dagar efter bolagsstämman, dog Odd Engström av en hjärtattack.

I nästa års årsredovisning hade gangsterbilden utvecklats. Styrelsemedlemmarna, i svarta gangsterkostymer, drar här *Metro*-grundaren H. C. Ejemyr på en romersk triumfvagn.

Ejemyr är något kryptiskt utklädd till Frihetsgudinnan, med strålkrans om pannan och fackla i handen. I andra handen håller han en stentavla av patinerad frigolit med datumet den 31 december 1987 i romersk skrift, premiärdatumet för TV3.

I övre vänstra hörnet av bilden sitter Odd Engström som bokmärkesängel och tittar på.

*

Över sommaren 1998 bestämde sig TV4-ledningen för att stämma Stenbeck, närmare bestämt samtliga Kinnevikanknutna styrelseledamöter i AirTime, det Stenbeckska annonsbolaget där TV4 fick bli minoritetsägare för att snygga till uppgörelsen 1991.

AirTime hade alltid gått med vinst men nu hade bolaget plötsligt gjort en förlust på 30 miljoner. Det tyckte den nya aggressiva TV4-ledningen, med *Aftonbladets* förre chefredaktör Thorbjörn Larsson som programchef, verkade skumt. Man misstänkte att Stenbeck och hans folk tömt bolaget på tillgångar, eller lastat på det kostnader från andra Kinnevikverksamheter. TV4 äger 45 procent i bolaget men får inte vara med och driva det, och har tydligen ingen tillfredsställande insyn.

Styrelseprotokollen som finns bilagda rättegångshandlingarna avspeglar ett iskallt krig i styrelserummet. En ritual av ringaktning utkämpad i bara några få punkter: TV4:s representant advokat Bertil Södermark uttrycker sin misstro mot bolagsledningen. MTG, här representerat av sin vice VD Steve Nylundh, påpekar att TV4 inte representerar en så stor ägarandel att denna misstro föranleder något agerande. TV4:s representant kräver att yttrandet ändå tas till protokollet. Steve Nylundh svarar att det kommer att tas till protokollet. Iskallt.

Så TV4 stämde Stenbeck och hans killar – Kinneviks VD Stig Nordin, MTG:s VD Pelle Törnberg, AirTimes VD Carl-Mikael Cakste – på 30 miljoner kronor. TV4:s jurister gick till aktion. Nu skulle Stenbeck till sist få.

Rätten delgav Jan Stenbeck de dåliga nyheterna. Men Jan Stenbeck svarade inte.

Rätten sökte Stenbeck på kontoret. Försändelserna från domstolsväsendet returnerades oöppnade från Kinnevikkontoret på Skeppsbron. »I retur« står det i en häpen notering i marginalen på en kopia av delgivningen som ligger i akten på tingsrätten.

Man skickade rekommenderade delgivningsbrev både till Jan Stenbecks adress på Long Island och till Farmen i Luxemburg. Inget svar.

På en handling daterad 980825 sitter en gul post-it-lapp kvar: »OBS! Ej delgiven. Vad gör vi? /Maggan.«

Till sist blir delgivningsmannen tvungen att ge upp, och konstaterar i sin rapport till Stockholms tingsrätt att »det kan antas att Jan Stenbeck undanhåller sig delgivning«.

Den 14 december 1998 delger tingsrätten Jan Stenbeck stämningen genom annons i tidningen, under kungörelser. Så som rättsväsendet brukar få göra när man ska delge en förrymd yrkeskriminell, en vinddriven knarkare eller alkoholist utan känd adress. Jan Stenbeck är börsnoterad storföretagare med välkänt huvudkontor på Skeppsbron, och en effektiv företagsorganisation kring sig där meddelanden kan nå honom från hela jordklotet på mycket kort tid, var han än befinner sig. Meddelanden som anses viktiga, det vill säga. Oförskämdheten var extrem, och uppfattades.

Rådman Leif Carbell vid Stockholms tingsrätt, som satts att få till stånd förhandling och dom i ärendet, var irriterad när han kommenterade delgivningen i *Expressen*:

– Jag har aldrig varit med om att vi sökt en så här etablerad person på det här sättet. Han är ju knappast någon löskekarl som sover under broarna. Vi har anledning att tro att han själv väljer att hålla sig undan.

Jan Stenbeck svarade till sist, med ett brev daterat den 23 december, skrivet på snyggt brevpapper från Hotel Waldorf Towers i New York. (Waldorf Towers är den exklusivare delen av det berömda lyxhotellet Waldorf Astoria, sinnebilden för den stora världen. Hotellet ligger bara några kvarter från Jan Stenbecks kontor i Citicorp Center i New York.)

Det handskrivna brevet lyder i sin helhet:

Jag bekräftar kännedom att Ni genom svensk press sökt mig för delgivning i ett skadeståndsmål [oläsligt] av TV4 angående AirTime. Jag bestrider TV4:s alla sådana anspråk som grundlösa.

Med vänlig hälsning,

Jan Hugo Stenbeck

Brevet ankom till tingsrätten både som fax och i original och är diariefört den 28 december 1998.

Samma dag skrev rådman Leif Carbell ett svarsbrev och bad om uppgift om vart rätten i fortsättningen skulle skicka handlingar i målet: »Det är självfallet både i ert och tingsrättens intresse att ni verkligen får del av de handlingar som kommer in.« Har Stenbeck möjligen bemyndigat något ombud? undrade Carbell förhoppningsfullt, och ber Stenbeck att i så fall »meddela till vem ni lämnat sådant uppdrag«.

När parterna till sist kunde mötas för en första förhandling hade det blivit den 3 maj 1999. TV4 hade vridit upp sitt skadeståndsanspråk till 142 miljoner kronor, bland annat sedan man kommit på att man ville ha tillbaka de 92 miljoner TV4 tidigare i AirTimetvisten tvingats betala ut till Kinnevik. Genom nya annonser i tidningarna hade tingsrätten kallat Jan Stenbeck att inställa sig personligen eller genom ombud, annars riskerade han tredskodom.

Klockan nio på morgonen den 3 maj inställde sig Bert Willborg, den gamle Z-redaktören och trogne allt-i-allon, i rätten med en fullmakt på att han i denna sak företrädde Jan Hugo Stenbeck. Dock, preciserade fullmakten, företräder Willborg inte Stenbeck i något annat sammanhang och han var inte heller befullmäktigad att motta delgivning för Jan Hugo Stenbecks räkning. Undertecknat Jan Hugo Stenbeck.

Bert Willborg uppgav på fråga från rättens ordförande att han inte har någon kännedom om var Jan Hugo Stenbeck kan nås.

När förhandlingen kom i gång hävdade Kinnevik att rättens ordförande, rådman Leif Carbell, var jävig eftersom han har en dotter som är gift med en advokat Wetterberg som är partner med advokat Södermark, TV4:s ombud.

Rättegångsprotokollet återger farsen på sitt lakoniska vis:

Willborg inger till rätten kopior av fotografier föreställande Bertil Södermark och Torgny Wetterberg.

På fotografierna ser man de båda advokaterna dra var sin vagn med pärmar i en korridor, samspråkande. Bert Willborg lämnar in två skilda fotografier, ur lite olika vinklar.

Jävsanklagelsen utreds och avvisas. Stenbecks folk överklagar. Ett utsatt möte för nya förhandlingar ställs in. Ny tid bokas.

Tvisten löstes hösten 2002, kort efter Jan Stenbecks plötsliga död. Kinnevik köpte ut TV4 ur AirTime för tjugo miljoner och lade ner bolaget. MTG säljer sedan dess sin egen reklamtid.

I en intervju i *Veckans Affärer* betonar Kinnevikchefen Vigo Carlund att detta inte ska tolkas som att tvisten med TV4 var Jan Stenbecks personliga intresse. Tiden var mogen: »Två dagar före Jans död var vi överens om hur vi ville lösa AirTime-konflikten.«

*

Med Kinneviks årsredovisning medföljer 1999 en elegant organisationsplan tryckt på smörpapper.

Under rubriken »Our Group« står bolagen uppradade i rutor av olika storlek.

Vid sidan av de välbekanta Stenbeckbolagen står Great Universal Investment Company upptaget som ett i gruppen.

Great Universal är restbolaget för amerikanska Stenbeckverksamheter som bildades när Millicom la ihop sina mobillicenser med Kinneviks och bildade Luxemburgbolaget MIC. Rutan med Great Universals amerikanska buffeltjur och upplysningen att man sysslar med television och datortillverkning är mystifierande.

Över schemat finns ytterligare en ruta, med en heraldisk blomma i guld – emblemet för Gruppen, Vår Grupp, Our Group. Den kryptiska organisationsplanen i årsredovisningen 1999 var första gången detta emblem skymtade fram i offentligheten, utanför familjen så att säga.

Det ser ut som en skraplott, och gnuggar man borde man få fram Jan Stenbecks ansikte, för det är han som är den sammanhållande, allt genomsyrande huvudägaren till hela organisationen. Det som för 22 år sedan var Korsnäs och Sandvik, två bruk rygg mot rygg i Gävleskogen. Jag har haft smörpappersbilden upptejpad på väggen över min dator under arbetet med denna bok.

Bolagsstämma 1999. Aktieägarna väller in på Gamla Stans Bryggeri. Efter några år på Stenbeckstämmor börjar jag känna igen många av dem.

De ser belåtnare ut för varje år, och nu håller de på att spricka. Många av dem har varit med sedan Jan Stenbeck tog över bolaget 1978, kanske längre ändå. Trott på honom, och fått sin lön på jorden. Nu hugger de varsin Ramlösa och ett päron och slår sig ner i den jästdoftande lokalen, uppvärmd av gassande förmiddagssol, för att lyssna till de verkställande direktörernas sång.

I trängseln stöter jag på Janerik Larsson, Kinneviks före detta informationschef som nu distanserat sig en aning från huvudägaren och blivit VD för ett eget informationsbolag inom gruppen, GSI, Gamla Stans Information. Jag frågar honom om relationen mellan Great Universal och övriga gruppen.

– Jag har inte en aning om varför den där bilden låg där, svarar Janerik Larsson leende, och jag vet inte mer än du om Great Universal. Jag jobbar absolut inte med dem. Det är något Jan har i Amerika. Jag är bara informationschef åt Netcom och Korsnäs, du får fråga någon på Kinnevik.

– Kinnevik har väl inte ens någon informationsavdelning?

– Jag vet inte, säger han. Jan Stenbeck har i alla fall ingen informationschef, den saken är helt klar.

På MTG-stämman presenteras en överraskande ny styrelseledamot: Uri Savir, israelisk politiker och fredsförhandlare. Tidigare talesman och rådgivare till premiärministern, under nittiotalet chef för en lång rad israeliska fredsförhandlingsdelegationer, en av de viktiga krafterna bakom Osloavtalet mellan Israel och Palestina. Nu alltså styrelseledamot i Jan Stenbecks mediebolag MTG.

– Det är en lång historia, svarar bolagets VD Pelle Törnberg på frågan hur Uri Savir hamnade vid MTG:s styrelsebord. Men att han över huvud taget satt där, i MTG, är ett tecken på hur stor betydelse internationaliseringen av *Metro* tillmäts inom organisationen. I MTG:s övriga verksamheter har man inte någon direkt nytta av en israelisk fredsförhandlares högt raffinerade politiska sinne. Men när det handlar om att attackera mogna och respekterade dagstidningar världen över med en aggressiv liten gratistidning, då kan en sådan kompetens och ett sådant kontaktnät säkert komma väl till pass.

På eftermiddagen är det Invikstämma.

Jag kommer runt hörnet till Gamla Stans Bryggeri precis i tid för att se Jan Stenbeck tillsammans med de tre unga herrarna Klingspor skåla och svepa en Gammeldansk på uteserveringen. Jan Stenbeck går in för att förbereda stämman som han leder själv, de tre unga herrarna sitter kvar: de påminner lite grand om de tre bröderna i *Äppelkriget* som spelades av Max von Sydow, Martin Ljung och Tage Danielsson. En av dem är suppleant i Kinnevikstyrelsen, två sitter i Invikstyrelsen där det också finns en ung herr von Horn. I de helt nya verksamheterna har Hugo Stenbecks gamla adliga partnersläkter ingen styrelserepresentation, heller inget betydande ägande annat än genom Invik.

Jan Stenbeck skrider genom salen. Under armen bär han en oerhört liten läderportfölj som ser spektakulärt dyr ur. Den är röd och kan bara rymma några få, mycket betydelsefulla pappersark.

Han ser ut som en furste av Rembrandt, eller av dennes nutida norske lärjunge Odd Nerdrum: dunkelt anakronistisk, en sort man inte trodde fanns längre. Stor och massiv i kroppen, rak hållning, håret böljande rött mot kragen, avslappnad tyngd i rörelserna som ett lejon mellan måltiderna och ögonen som oavbrutet söker av omgivningen, registrerar ansikten, samtal. Mig tar han kort och svalt i hand och sätter redan ögonen i någon annan över min axel när han gör det.

Cristina Stenbeck sitter på första raden i lysande blå klänning och ser ut som hon klivit rakt ut ur en Tom Wolfe-roman. När stämman godkänner omval av henne som suppleant i styrelsen vänder sig Jan Stenbeck efter klubbslaget med en majestätisk huvudrörelse mot sin äldsta dotter och ger henne en nick, eller en liten leende bugning.

En ung herr von Horn är engagerad som »ropare«, alltså den som läser upp styrelsens förberedda förslag för stämman. När han kommer till revisorerna får han fel på ett namn och Jan Stenbeck tillrättavisar honom.

– Wingren. Inte Winberg, kommer det som en pisksnärt från Jan Stenbeck på podiet, utan minsta ansats att försöka göra situationen lättare för den unge herr von Horn, av den adelssläkt som varit med på resan ända sedan 1936.

Efter stämman glömmer Jan Stenbeck sin oerhört dyra portfölj på bordet och går därifrån. En direktör småspringer genom hela Gamla Stans Bryggeri för att överräcka den lilla röda väskan till honom:»Jan... Jan... Jan, du glömde den här!«

Samma kväll på Waldemarsudde. Vårmiddag. Solen sjunker över strömmen, Djurgården luktar berusande sött och friskt och levande, vågorna brinner i guld och rött. Både den svarta Lexusen och den gröna Audin står parkerade vid Prins Eugens gamla prakt- och maktvilla, lånad för en kväll mot generöst bidrag till det plågade museets verksamhetsbudget. Det finns alltid en väg. På gångarna, på terrasserna, vid murkrönen, står de lugnt alerta killarna ur Gävle Vakt och vakar över sin furstes hov. Livgardisterna. De står slanka och spänstiga i sina mörka kostymer, väl synliga, i siluett mot det guldfärgade vattnet och den bleka majhimlen och småpratar lågt. Som något ut en Shakespearefilm av Kenneth Branagh. Som något man inte trodde fanns längre.

Kinnevikstämma nästa förmiddag.

Vid baren hör jag en av de unga herrarna Klingspor säga till en annan, med en kvävd dagen efter-gäspning:

– Man hade kunnat komma direkt i smoking.

Vigo Carlund har just installerats som VD. Han började i gruppen 1968, på Hugo Stenbecks tid, med att göra motorsågar i dåvarande dotterbolaget Partner. Det är behagligt att vara Kinnevikdirektör en dag som denna. Vigo Carlund är solbränd och skryter stillsamt med att Kinnevik vid sidan av skogsbruket fortsätter sina framsynta satsningar. Man är huvudägare i Goodguy som säljer försäkring över internet och hanterar »tusentals förfrågningar om dan på två anställda«, och har gått in i Cherrybolagen, för att »vi tror på att allt som har med spel och fritid att göra står inför en expansion«. Framsyntheten är i liten skala jämfört med tidigare.

Känslan av avslutning är stark, av att spika igen en epok. Det var det här det blev. Vi är framme i framtiden.

Med avmätt belåtenhet sticker Vigo Carlund i förbigående in upplysningen att när Korsnäs nu lägger ner papperstillverkningen i småländska Strömsnäsbruk – för att koncentrera och effektivisera sin produktion, vilket aktieägarna bara är glada åt – då kan Kinnevik samtidigt skapa lika många eller fler nya arbetstillfällen på orten genom att lokalisera Transcoms nya callcenter till den gamla tilltufsade bruksorten i skogen.

Jag ser genom fönstret hur den vackra gamla sightseeingbåten *Stegeholm* glider in mot kajen utanför. En teakbrun förvuxen sportbåt från förr, blank av fernissa och med signalstället upp i den lilla symboliska riggen på fördäck. Det är den som ska föra styrelse, ledning och närstående till bolagsstämmolunchen.

Vigo Carlund får en fråga om Great Universal: Vad är detta för en trevlig överraskning för aktieägarna? Äger vi ett bolag till?

Vigo Carlund skickar en distinkt blick på den förre, nyligen avgångne VD:n Stig Nordin som sitter på första bänk. En blick som – såvitt jag kan se från min plats längre bak – säger: Det här får du fanimej ta, jag var inte VD när det där smörpappret skickades ut.

Stig Nordin skuttar överdrivet villigt upp på podiet och, obekvämt framåtlutad för att få munnen till mikrofonen, svarar han undvikande att Great Universal inte direkt ingår i Kinnevik utan är en tidig avknoppning av MIC, ett »mentalt besläktat bolag« där »vi« har bland annat Transcom USA, MACH USA och lite andra saker. Han kastar en öppet hjälpsökande blick mot gruppens direktörskollektiv på första bänk, och någon sufflerar att det är inalles »sjutton bolag, de flesta ganska snabbväxande«. Stig Nordin tittar ut över auditoriet och smyger sakta ner igen.

Källor på insidan av gruppen jag talat med är helt klara över en bedömning: det är Jan personligen som beordrat in smörpappersbilden i Kinneviks årsredovisning och dikterat utformningen. Ingen annan skulle kunna fatta ett sådant beslut och få det genomfört. Sedan har han glömt att berätta för direktörerna vad den visar.

En aktieägare reser sig upp och tackar för den goda resan hittills och ser fram emot fler positiva överraskningar. En annan berömmer Kinneviks satsning på ett ordentligt millenniefirande med Gamla stan som bas, verkligen positivt:

– Jag skulle vilja citera Joe Labero: Svenska folket behöver mer show! Tack för mig.

Vid nämnandet av millenniefirandet får Vigo Carlund något vaksamt i blicken, och han spänner sig för att ta emot frågorna han försökt förbereda sig för. Som dock inte kommer. Annars hade det ju kunnat vara knepigt att förklara varför Kinnevik och närstående bolag skulle lägga ner 100 miljoner av sina aktieägares kronor på att högtidlighålla millennieskiftet. PR är vad man kan hänvisa till, det är också vad Vigo Carlund gör, men PR är alltid ett vagt värde och 100 miljoner är en ryslig massa pengar. Men de närvarande aktieägarna tycker bara det är positivt och festligt, vi har väl så det räcker och Jan förtjänar en fest.

Folk är lite dästa. Jag ser i mitt anteckningsblock att Invikaktien har ökat i värde med i genomsnitt 46 procent om året, i fjorton år. Det är svårt att fortsätta vara hungrig då, och det är väl en av Jan Stenbecks verkliga talanger att han varit det.

Vårsolen strålar in. *Stegeholm* väntar vid kajen. De andra bolagsledningarna – Netcom, MTG, Invik – har fylkats ute på terrassen i väntan på sin båttur till lunchen.

Vigo Carlund avslutar stämman och bjuder alla aktieägare på en öl i baren.

– Jag tror jag ska be om en filtrerad öl, hör jag en av de unga herrarna Klingspor säga till en annan samtidigt som han hugger ett glas med Gamla Stans Bryggeris påträngande grumliga färsköl från bardisken.

– En fulöl! spelar den andre unge herrn Klingspor tillbaka med ytterligare en replik ur den komplicerade terminologi som komikern Robert Gustafsson just då präglade in i folkmedvetandet genom en populär reklamfilm för ett helt annat ölmärke.

– Nä, en finöl, rättar den förste.

*

US Newswire, 27 juli 1999:

> President Bill Clinton har utsett Shelby Bryan till medlem av The President's Foreign Intelligence Advisory Board (PFIAB), ett organ med ansvar för att utvärdera kvaliteten, kvantiteten och relevansen hos den ström av utrikespolitiska underrättelser, analyser och bedömningar som når USA:s president.

Shelby Bryan presenteras i telegrammet som medgrundare av Millicom International Cellular, »det största internationella mobiltelefonbolaget i världen«. Ett bolag han som VD utvecklade genom förhandlingar med politiska ledare i en rad länder. Framgången avspeglar bolagets uthållighet och skicklighet i att arbeta med motparter med skilda kulturer och nationella mål, skriver US Newswire.

I ett annat pressklipp från samma år tillfrågades Shelby Bryan, Jan Stenbecks ungdomskamrat från Wall Street och hans närmaste amerikanske partner, om vilket spel han tycker om att spela. Det var en enkät i den amerikanska affärstidningen Forbes [31 maj 1999]. De flesta tillfrågade direktörer svarade schack, bridge eller tetris. Shelby Bryan svarade att han spelar poker, och gav följande kommentar:

> Jag har spelat poker sedan jag var åtta. Min lärdom: jag skulle inte vilja anställa en person som hävdar att han eller hon är en fantastisk

kortspelare. Om du kommer in här strålande av självförtroende kommer du att förlora. Poker handlar om att dölja vilka kort man har, och tvinga alla andra att försöka gissa det. Det är likadant i affärer – målet är inte att alla ska beundra dig, utan att du ska nå den bästa uppgörelsen för bolaget.

*

Den 23 augusti 1999, när fyra månader återstod av 1900-talet, skrev den förre moderatledaren Carl Bildt i sitt elektroniska veckobrev:

Ett tidens tecken med symbolisk signifikans tyckte jag att det var när Investor – den klassiska Wallenbergsfärens kärnföretag – utannonserade att man nu investerar 500 miljoner kronor i portal- och internetföretaget Spray. När Marcus Wallenberg satt på gemensam presskonferens med Per Bystedt, Jonas Svensson och Johan Ihrfeldt var det som om den gamla ekonomin sträckte ut handen till den nya. Och jag är övertygad om att detta bara är början.

En början var det förvisso, men på vad var inte så lätt att förutspå, så som Odd Engström så klokt sa om skeden av genuin och genomgripande förändring. Spray var ett av de bolag som vid millennieskiftet gjorde upp affärsplaner för att erövra världen, och skaffade seriös finansiering för dem – men som i det nya årtusendet, på andra sidan IT-kraschen, inte längre fanns.

I november 2001 skriver *Aftonbladet* att Jonas Svensson säljer sin 300-kvadratmeters lägenhet på Nybrogatan, begärt pris 25 miljoner kronor. Hälften av pengarna, konstaterar *Aftonbladet*, ska kronofogden ha.

*

På åttiotalet sa Jan Stenbeck till sina medarbetare att efter alla dramatiska förändringar skulle Kinnevik åter bli som på Hugos tid, mindre än Investors vaktmästeri.

När jag går in på Skeppsbron 18 för att göra en sista intervju, med Lars-Johan Jarnheimer, känns det som om profetian slagit in. Det är tomt och fridfullt i det gamla bankpalatset. Jarnheimer jobbar mest ute i Kista i Netcoms egen anläggning. Ett par dagar i veckan är han inne och sköter koncernchefsangelägenheter på Skeppsbron, där de tjocka beigea heltäckningsmattorna ytterligare dämpar alla ljud till en sofistikerat viskande nivå. Var är alla?

Jarnheimer öppnar dörren. Bländvit skjorta med gammaldags dubbla manschetter. (»Tusenkronorsskjorta«, tänker jag, men Jarnheimer rättar mig senare: den är köpt på outlet för tvåhundra kronor.) Vänligt leende, verkar normal. Och det är därför jag velat träffa Lars-Johan Jarnheimer: en robust småländsk försäljare, en ättling till självägande bönder och raska småföretagare som inte skulle inlåta sig på skruvade maktspel med en allsmäktig huvudägare, tänker jag mig. Jag har hört så många konstiga historier om Jan Stenbeck. Nu vill jag se hur Jarnheimer ser ut i ansiktet när han kommenterar några av dem. Medges att det är ett test som ger en osäker kunskap, oklart om vad – speciellt som det ärliga småländska ansiktet i fråga sitter på en sällsynt driven försäljare – men jag har svårt att få ihop dessa båda beståndsdelar av det virtuella bruket: den jordnära Jarnheimers påtagliga trivsel och andra personers lika påtagliga upplevelse av övergrepp från huvudägarens sida.

Dessutom är det ju mobiltelefonin som är den verkligt grundläggande nya teknologin, och den verkligt stora verksamheten i Stenbecks virtuella bruk, så det är passande att lämna historien med den.

Lars-Johan Jarnheimer kom från detaljhandeln, IKEA, H&M. Inom Kinnevik blev han VD för den hippa popkanalen ZTV, en apart direktör som till de trendkänsliga medarbetarnas förvåning själv kunde rycka ut och göra vimsiga rockstjärneintervjuer på Hultsfredsfestivalen. När Jarnheimer vid GSM-starten 1992 blev

VD för Comviq hade han i bakhuvudet att den breda massan var något man kunde tjäna pengar på. Fram till dess hade branschen benhårt betraktat mobilmarknaden som en företagsmarknad. GSM-explosionen bestod egentligen i att den förändrades till en konsumentmarknad.

– Jag tänkte att vi borde kunna tjäna lite av många i stället för mycket av några få. Jag fick stöd av Jan för att ta steget från företagstelefoni till personlig telefoni för alla. Då började vi driva marknaden framför oss, och sedan bygga ut tekniken. Vi var bland de första på jordklotet att exploatera privatmarknaden för mobiltelefoni. Telia hängde på.

– När vi började bygga vårt varumärke satte vi oss och studerade Telia, och sa oss att vi skulle göra allting annorlunda utom kvalitén. Det var i den analysen jag själv hamnade i våra reklamfilmer. Jan drev på: »Du har ju de här sakerna vi söker: smålänning, folkets man.« Det typiska för Telia var opersonligheten.

Jarnheimer ler.

Vi sitter en stund och häpnar tillsammans över hur snabb och radikal förändringen varit. Telia hette Televerket ända fram till 1993, och hela tiden har alla underskattat vilken efterfrågan det skulle finnas på mobiltelefoner. Jarnheimer är VD för ett bolag som föddes (eller pånyttföddes i ny och bättre skepnad) under de första åren av nittiotalet och vid millennieskiftet har ett börsvärde runt 75 miljarder kronor; från i princip noll till sjuttiofemtusen miljoner kronor på mindre än tio år. Och det är på inget vis renodlade förväntansvärden och i förväg intecknad tillväxt. Det är en mängd abonnenter och säljkanaler, en oerhörd mängd antenner och basstationer monterade på en oerhörd mängd fastigheter i enlighet med framförhandlade kontrakt med fastighetsägare. Fysiska, hårda, gammaldags saker. Till det kommer förvisso förväntningar om ytterligare tillväxt.

– Tillväxten har varit större än vi kunnat drömma om, säger

Jarnheimer, som redan för flera år sedan kommit över förvåningen och accepterat det faktum att han varit verksam i detta sekelskiftes ångsågsbransch, som frigjort en massiv efterfrågan som man inte kunde se tidigare och förändrat både samhället och dess människor i processen.

– Vi hade en stor kampanj 1995. Vi räknade med 20.000 nya abonnenter. Vi fick 120.000. Sex gånger vad vi väntat oss. Det blev totalt kaos, vi fick bussa upp folk från Comviq i Hägersten till Transcom i Karlskoga för att sitta i kundtjänsten och svara på alla frågorna. För vår del gäller det att vara ute i träskmarkerna. Då får man ett bett av en krokodil då och då. Det där var ett jättebett så att nästan benet gick av.

Säkert hemskt då, härligt efteråt när man hunnit bygga upp hanteringen av abonnentstocken som än en gång blivit större än man kunnat drömma om.

En extrem framgång i den senare delen av GSM-explosionen var kontantkorten, framgångsrika överallt där de marknadsförs eftersom de svarar mot ett visst behov hos användarna, bemötta med skepsis av branschen överallt av samma skäl, det vill säga att de är formade efter användarnas upplevelse av mobiltelefonin och inte efter producenternas eller teknikernas. Comviq var först i Sverige med kontantkorten, dekorerade med en bassethund.

– Jan hade berättat om kontantkort i USA. Det fanns i Italien. Den artonde december 1996 reste jag och marknadschefen till Italien för att studera hur det fungerade där. Den tjugonde februari 1997 lanserade vi produkten.

Kontantkort kan verka som en marginell förändring av sättet att sälja mobiltelefoni, men är det inte. Kortet öppnade i själva verket ännu en ny marknad – de som var ängsliga för kostnaderna, egentligen inte hade råd, inte hade egna pengar – och drev mobilen ännu ett steg bort från företagsmarknaden, ännu djupare ut i massorna, ut bland fattigt folk.

– Det som drev oss, säger Jarnheimer, var också att sjutton

procent av dem som sökte vanliga mobilabonnemang hos oss fick avslag på grund av att de inte var kreditvärdiga.

Och fattigt folk kan vara en viktig målgrupp, ofta förbisedd, det finns många av dem i världen. Det var de som drev Kreugers världsomspännande tändsticksimperium på tjugo- och trettiotalen; en ask tändstickor har alla råd med och alla behöver den, det var poängen. Behovet av att kommunicera – med sina tonåringar, sina gamlingar, sitt dagis – är obegränsat, och på många sätt mer akut ju mer pressade omständigheter man lever under, men vad kostar det? Det lilla guldfärgade Comviq-kortet med den hjälmprydda basseten på gav klart besked: femhundra spänn, varken mer eller mindre. Det är skarp marknadspsykologi.

– Branschen trodde inte på detta, säger Jarnheimer. De kopierade oss först efter ett år.

Det låter ofattbart traditionalistiskt, säger jag.

– Det är det också, säger han belåtet.

– Vi lever i en värld där det inte är de stora som äter de små utan de snabba som äter de långsamma, säger Jarnheimer med ett berömt Negroponte-citat.

Lars-Johan Jarnheimer gjorde ett kort besök i världen utanför. Han var 1997–1998 VD för Saab i Sverige. Jaja, sa Odd Engström till honom, ut och prova dina vingar, men du är snart tillbaka för det är här du hör hemma.

– Jag är väl en entreprenör, säger Jarnheimer. Min vardag är att hela tiden göra nya grejer. Du vet, man säger:»När cementen stelnar hoppar entreprenören ur skorna.« Jag har alltid byggt företag, levt i oetablerade, snabba, lite ofärdiga sammanhang. Så plötsligt fick man ett erbjudande från det fina företaget som man kunde vara stolt över. Klart det var lockande. Det jag lärde mig på Saab är att när det gäller rutiner och kvalitet och sånt är de inte bättre än vi. Däremot saknar den typen av företag många av de förtjänster vi har i form av snabbhet och öppenhet.

– Efter psykologtestet i rekryteringen sa de: Allting talar för dig, men det är en sak man kan vara lite fundersam över, och det är att du alltid har jobbat med en verkligt stark och närvarande ägare.

– När jag var på Saab tyckte jag det var en lättnad att det inte fanns någon som kom in på mitt rum och var förbannad och skällde när jag gjort något fel. Men jag tyckte också det var tomt när jag gjort något som var rätt.

En av de mest betydelsefulla beståndsdelarna i en vital organisation är enligt managementtänkaren Tom Peters vad han kallar *a sense of urgency*, känslan av det man gör är viktigt, att det är angeläget att det blir gjort.

I traditionsburna organisationer och i stabila samhällstillstånd är viktigheten konsoliderad: folk som arbetade i Televerket visste att telefonlinjerna var av yttersta betydelse för fosterlandet, och hela fosterlandet höll med. Inga problem att känna sig viktig då.

I traditionsbrytande organisationer är det en kreativ uppgift att formulera och förmedla verksamhetens viktighet.

– Men du, säger jag till Jarnheimer, det finns massor av beskrivningar av hemska konferenser i Gävle, genom Johan Staël von Holsteins bok finns de nu också i litteraturen, där Jan Stenbeck beskrivs som en person som ägnar sig åt överdrivet och improduktivt övervåld mot sin ledande personal, av dunkla skäl. Jag har svårt att se hur det du berättar går ihop med det.

Jarnheimer ler garderat och svarar med eftertankens lätta fördröjning:

– Det som skrivs om Jan i tidningarna stämmer inte alls med den person jag känner. Han har också helt andra, väldigt varma sidor som aldrig kommer fram.

– Gävlekonferenserna är sånt man gör i varje bolag: resultat och planering. Man presenterar sina grejer för de andra. Det är lite grann som att lägga fram en doktorsavhandling, en prövning av materialet och argumenten. Man får kritik.

Jag har fått likartade beskrivningar av dessa konferenser från andra: alla VD:arna får presentera vad de gör de närmaste tolv månaderna och hur, de andra lyssnar och skjuter kritiska frågor på de svaga punkterna, längst bak i salen sitter Jan Stenbeck och säger inte mycket men när han öppnar munnen lyssnar alla uppmärksamt.

Är det pennalism, gladiatorspel inför fursten, eller seriös disputation?

Säkert allt på en gång.

Doktorsdisputationen har också pennalismen och gladiator-spelet i sig, även om målet är att utsätta den högsta akademiska kunskapen för en extraordinär prövning – vilket är det minsta man kan begära om någon ska få gå runt och kalla sig doktor.

Och visst, vi pratar om VD:ar med»jättehöga löner«, som Stenbeck säger, som får sina verksamhetsplaner prövade av kol-legor. Det är meningen att det ska vara pressande. Det är om de tar kompishänsyn som det blir omoraliskt.

– Men du, säger jag en gång till, det här jag hört om att ni har ett *mismanagement*-pris som går till den direktör som gjort den värsta tabben. Och att vinnaren måste böta några tusenlappar av egna pengar till en fond som används för att hjälpa personal i koncernen som råkat i knipa, till exempel någon anställd i Ryssland som inte kan betala sin tandläkarräkning?

– Njaa, säger Jarnheimer, det är väl bara i MTG de har det där, i ledningsgruppen...

Han tystnar med ett leende på läpparna. Dessa tokiga jour-nalister.

– Du menar att man ska uppfatta det som skoj direktörer emel-lan? säger jag. En variant på att spela pengarna av varann på golfbanan?

– Jag tror det...

Och så kan han inte hålla sig, utan fortsätter, med en dub-belbottnad formulering om det berättigade och funktionella i extrema styrmedel:

– ...men ibland när vi måste göra vad vi kommit överens om, då kan en organisation kanske behöva såna saker.

Till sist säger han, generellt, klargörande:

– Alltså, många av dem som har misslyckats i vår koncern, har gjort det för att de ändrat efter eget huvud. Allting går för sig, bara man har förankrat det i styrelsen.

Kontenta: Jarnheimer förnekar inte eller avfärdar de vittnesmål om oerhörd press som andra upprört avgivit. Det är pressande att vara direktör i Gruppen, det är som att lägga fram en doktorsavhandling. Man misslyckas i vår organisation om man ger sig till att ändra efter eget huvud.

Men för honom är detta inte ett problem. Det är inte sjukt, det är bara friskt. Och det är en huvudägarens diktatur på vunna och redovisade meriter:

– Ibland tycker man, när Jan kommer med sina idéer, att... nää, det kan ju aldrig funka. Det värsta är att karln har nästan alltid rätt.

Det finns också mycket ryktesomsusade konferenser för gruppens mediebolag som hålls på Bahamas. Under mycket enkla omständigheter på den sömniga lilla landsortsön Harbour Island. Jan Stenbeck är en lokal kändis eftersom han ofta båtsemestrar där med sin första båt, den svartmålade motorkryssaren *Black Knight*, och har gett bidrag till ortens skola.

Ryktena från Bahamaskonferenserna handlar om bisarra excesser i direktörsplågeri. Sakliga skildringar från folk som faktiskt deltagit beskriver arbete. Man presenterar sina planer för varandra och kollegorna skjuter kritiska frågor, längst bak i salen sitter Stenbeck och säger inte mycket men ser desto mer.

Visst är det pressande. Visst upplever somliga, som råkar bli skadskjutna, att kollegorna vid förnimmelsen av blodlukt förvandlas till en hajflock – kalasande med den tyste huvudägarens välsignelse.

Men det är inte irrationellt plågeri. Det är rationellt. Som Cesare Borgias styckade ståthållare, lämnad på torget i Cesena med en blodig kniv bredvid sig, i syfte att göra folket nöjt och skräckslaget. Det är inte ett meningslöst våld Machiavelli iakttar där, utan ett funktionellt, effektivt, ändamålsenligt. Just därför så skrämmande.

Det finns också en nyans i berättelserna som är speciell för Kinnevik. En genomgående liksom pikant ton i dessa skildringar av övergrepp på ledande medarbetare och verkställande direktörer satta under press som ger dem deras provocerande karaktär. Det är ju inget ovanligt att personal på ledande befattningar får ett mycket precist och tungt ansvar, det är väl rentav meningen. Det är inget unikt att medarbetare som drabbas av motgångar upplever sig mobbade och svikna av kamraterna, sådan är gruppdynamiken. Däremot är det lite speciellt för Kinnevik att dessa händelser tycks uppfattas som lustiga. Att maktutövningen med exceptionella medel i denna organisations tradition så tydligt förknippas med påhittighet, kamratskap, lust. Ett slags pojkrumshumor uppvriden till global koncernledningsnivå.

När Lars-Johan Jarnheimer fyllde 40, i början av 2000, fick han i present av Jan Stenbeck en babydräkt, uppsydd i rosa tyg i Netcoms koncernchefs storlek.

Var det ett trakasseri av en ung underordnad med lite runda kinder och något slags oskuldsfull utstrålning bevarad? Eller var det en förtroendefull signal från huvudägaren med innebörden att »jag vet att du kommer att växa mycket än«?

Antagligen bådadera.

*

Den 15 december 1999 fick Jan Stenbeck ta emot Albert Bonniers pris som Årets Företagare. Ett pris som tidigare bland annat gått till sådana entreprenörer som grundarna av Polarbröd och Baby Björn.

På *Dagens Industris* förstasida garvar Lukas Bonnier och Jan Stenbeck med var sin hand på diplomet.

»Ett erkännande«, sa Jan Stenbeck till tidningen.

Han kom till Bonnierskrapan på Torsgatan tillsammans med äldsta dottern Cristina, 22. En debut där hon presenterades som utsedd arvtagare till makten.

»Hon tänker nog börja med att hjälpa mig och sen tänker hon efterträda mig«, sa Jan Stenbeck.

Har du, frågade *Dagens Industri*, fått upprättelse som affärsman med de senaste årens framgångar?

»Jag har aldrig känt att folk har sett ned på mig. Men folk i Sverige är väldigt konventionella. Vi i Kinnevik gör ju alltid tvärtom och då verkar vi konstiga i andras ögon. När det går bra för oss blir en del människor nästan sura.«

»Pappa är duktig och rolig«, sa Cristina Stenbeck.

*

I december 1999 blev Uri Savir invald i det israeliska parlamentet Knesset och måste lämna sin plats i MTG:s styrelse. Den vänskapliga kontakten finns dock kvar.

Inom organisationen antar man också att det var Savir som satte Stenbeck i förbindelse med David Kimche, en betydelsefull rådgivare som delvis övertagit Odd Engströms roll som internationell politisk dörröppnare åt Gruppen. David Kimche arbetar dock huvudsakligen med *Metro*, möjligen också med MIC.

En av mina källor säger sig ha skakat hand med den förre chefen för Mossad, Israels underrättelsetjänst, när han anställts av Stenbeck och vallades runt i organisationen för att göra sig bekant.

Berättelsen visar sig vara överdriven.

David Kimche blev aldrig högsta chef för Mossad, bara näst högste (men han antas förvisso ha haft som ambition att bli högste chef, möjligen utmanövrerades han av sin chef just därför). Och han är inte anställd av Jan Stenbeck, bara anlitad konsult. Dock har han tidvis disponerat ett kontor i Stenbecks organisation i Luxemburg.

En sökning på hans namn på internet ger en snabb bild av en fascinerande karriär. (Det mesta av det följande hämtar jag från en porträttartikel av den israeliske journalisten och författaren Leon T. Hadar publicerad i den amerikanska tidskriften *The Washington Report on Middle East Affairs:* David Kimche – Israel's Leading Spy and Would-Be Mossad Chief.)

David Kimche växte upp i England och utvandrade till Palestina efter det andra världskrigets slut. Han värvades till Mossad 1953, när den unga israeliska staten organiserade en egen, professionell underrättelsetjänst. Under sextio- och sjuttiotalen var Kimche en framstående kraft i Israels hemliga utrikesoperationer, betraktad som briljant, intellektuell och sofistikerad i sitt tänkande (till skillnad från en del andra krafter i den tidens Mossad, mer inriktade på militär aktivitet och politisk disciplin). Framför allt arbetade David Kimche med att utveckla Israelvänliga allianser i Tredje världen. 1980 lämnade Kimche Mossad och blev i stället topptjänsteman i utrikesdepartementet, där han var delaktig i planeringen för Israels invasion av Libanon. Leon T. Hadar skildrar denna period i Kimches karriär som en nedgång: mästerspionen tappar känslan för politikens raffinemang och låter sig dras in i allt grövre och mer fantasifulla konspirationer. En utveckling som kulminerar i att han blir en viktig mellanhand i Iran–Contras-affären som skakade Ronald Reagans presidentskap i mitten av åttiotalet. Kimche nämns som närvarande vid flera av de hemliga möten där amerikanska officerare, iranska vapenhandlare, israeliska agenter och centralamerikanska krigsherrar försöker sy ihop ett fungerande nätverk. (Som en del i den invecklade intrigen ingick tanken att Israel skulle få avsättning för de tonvis av östtillverkade vapen man erövrat från PLO under det libanesiska fälttåget, genom en bytesaffär med USA som kunde ge vapnen i bistånd till sina antikommunistiska vänner i Centralamerika. Enligt vissa källor var detta Kimches idé: själva den hisnande kopplingen mellan Iran och Contras.) Sedan »Irangate« avslöjats kunde Kimche ge upp drömmarna om att bli Mossadchef. I stället blev han »private businessman«, konsult och rådgivare med unik erfarenhet och ett stort och djupgående kontaktnät.

På senare år har David Kimche arbetat sig tillbaka in på den offentliga arenan. I mars 1999 skrev han en debattartikel i *New York Times* där han i Osloavtalets anda förespråkade att Israel borde underlätta bildandet av en palestinsk stat. Vid ungefär samma tid syntes han i Jan Stenbecks organisation, engagerad som rådgivare åt *Metro*, och skakade hand med häpna MTG-medarbetare i Stockholm.

*

Machiavelli skriver:

[Fursten bör] ordna med belöningar åt alla dem som på det ena eller andra sättet gör hans stad och land rikare. Han bör dessutom sysselsätta befolkningen med fester och skådespel på de tider under året som är lämpliga för detta. Och eftersom varje stad är uppdelad i skrån och klasser, bör han också uppmärksamma dessa grupper och vara tillsammans med dem någon gång och ge dem bevis på sin människovänlighet och frikostighet; men han måste ständigt hålla på sin värdighet, den bör han aldrig på något sätt ge avkall på.

Redan vid den sista Vattenfestivalen i augusti 1999 vajade Millenniebolagets blå fana på Kinnevikhusets lejongula fasad.

Millenniefirandet var det mest upplagda tillfället för *event marketing* på tusen år, och Kinnevik ägde hela evenemanget i Stockholm.

Stockholms stad satsade 15 miljoner kronor på att fira millenniet.

Kinnevik satte in 100 miljoner.

Från vecka till vecka under hösten fladdrade Millenniebolagets flaggor på allt fler kommunala flaggstänger. På de dubbla raderna flaggstänger över Norrbro, mellan kungliga slottet och Riksdagshuset, byttes de blå fanorna med den silverfärgade stjärnsymbolen – som för övrigt också satt på ölflaskorna från Gamla Stans Bryggeri – bara ut när det var Nordiska rådets ministermöte. En dag flaggade man nordiskt i den svenska maktens hjärta, nästa morgon var millennieflaggorna tillbaka igen.

Själva festigheten pågick under veckorna före nyåret, fyllde Gamla stan med aktiviteter, skådespelare, extra öppethållanden, evenemang och välvilja, och präglade huvudstaden. Skiftet från 1900-tal till 2000-tal blev i Stockholm ett profilevenemang för Stenbeckgruppen.

Landshövding Ulf Adelsohn, iförd ämbetsuniform, invigde festen vid en ceremoni på Slottsbacken. Ulf Adelsohn, som 28 år tidigare skrivit så infamt och nedlåtande om Hugo Stenbeck. Nu fick han vänligen dra på sig operettuniformen, infinna sig hos Hugo Stenbecks son i Gamla stan, och agera prestigehöjare åt Kinneviks PR-evenemang: 100 miljoner kronor är realpolitik.

Författaren Herman Lindqvists historiespel blev en publik- och kritikersuccé. Tiotusentals människor kantade Norrström mitt i smällkalla vinternatten för att höra honom dra smaskiga berättelser om våra kungars öden och äventyr, medan slottet bakom honom badade och flammade i avancerade ljuseffekter.

Drottning Kristinas kröningståg iscensattes av ettusen transvestiter, som rekryterats genom annonser i samtliga europeiska upplagor av *Metro*. (»Jag ser det som Stenbecks sätt att på nåt sätt ändå räcka lång näsa åt hela den svenska nationella högtidligheten«, säger en medarbetare i projektet, förtjust fnissande.)

På själva nyårsnatten fylldes Gamla stan av en halv miljon människor som bland inhyrda gycklare, akrobater, eldslukare och artister myllrade runt i gränderna, fyllde krogarna och trängdes på torg och kajer. Från en flotte på Strömmen spelade Europe, återuppståndan för en sista natt, sin enda men naggande goda världshit »The Final Countdown«. Kung Carl XVI Gustaf och kronprinsessan Victoria visade sina populära ansikten på slotts-trappan och skålade in det nya årtusendet. Kinnevik hade fått kungen och Victoria som medverkande i sin *event marketing*. Åtta ton fyrverkeri gick i luften över Gamla stan. Nordens största fyrverkeri någonsin. Det mesta Stockholm dittills sett på en gång var 2,5 ton under ett fyrverkeri-VM på Vattenfestivalen. Detta toppade allt med råge.

Jan Stenbeck hade sin privata fest i Gamla Stans Bryggeri, hans folkliga restaurang ute på Skeppsbrokajen, för tillfället med en in-synsskyddad läktare uppbyggd på taket som gav hans hovsällskap bästa utsikt mot skådespelen på Strömmen. För festkvällen var Jan Stenbeck elegant utstyrd i 1700-talsdräkt, med pälsbrämad trekantshatt på sina gyllene lockar. Med ledning av de bilder *Expressens* fotograf trots det omsorgsfulla insynsskyddet lyckades fånga av honom är det lite oklart vad Jan Stenbeck ser ut som: en upplysningsman, en amerikansk revolutionär, eller kanske som en furste, det vill säga en liten, flexibel kung.

KAPITEL TJUGOFYRA

Döden

[2012]

PÅ SÖNDAGSKVÄLLEN ringde Jan Stenbeck till Pelle Törnberg från bostaden i Luxemburg. Jan Stenbeck hade varit sjuk med ihållande förkylningar och inflammation i kroppen hela sommaren. Nu krånglade hjärtat och han mådde inte bra.

Han ville att Pelle Törnberg skulle hjälpa honom att få plats hos hjärtspecialisterna på American Hospital i Paris. *Metro*-chefen Törnberg var då i Rom på affärer. Han skulle ta tag i det nästa dag.

På kvällen och natten blev Jan Stenbeck sämre. Den medarbetare och vän som var hos Stenbeck – skepparen på en av Jan Stenbecks privatbåtar som också bodde på Farmen – ordnade hastigt med transport i privatjet till Paris. Under resan eller kort efter ankomsten till sjukhuset i Paris, måndagen den 19 augusti 2002, dog Jan Stenbeck i sviterna av en hjärtinfarkt.

De sista offentliggjorda bilderna av Jan Stenbeck togs i januari samma år. En fotograf från den norska affärstidningen *Dagens Næringsliv* har fått syn på honom i Auckland, Nya Zeeland, och tagit några foton på avstånd med teleobjektiv. Det är hemska bilder. De fick stor spridning i svensk press.

Bilderna är tagna vid citymarinan Viaduct Harbour i centrala Auckland där Victory Challenge hade sin bas.

Victory Challenge var namnet på det försök att vinna America's Cup som Jan Stenbeck inledde millennieåret 2000 för att debutera i tävlingen 2003, som en gemensam ansträngning för hela Our Group. Alla direktörerna måste vara med och finansiera, trots att bolagsnyttan var oklar. Man rivstartade med att köpa in en begagnad America's Cup-seglare från en konkurrent. Jan Stenbeck lät, med kanske övertydliga faderliga förväntningar, döpa henne till Cristina efter äldsta dottern som redan pekats ut som det barn som satts i träning för att ta över företagsledningen.

Den yviga satsningen på Victory Challenge var en miljardärslek som hade kunnat vara mer löjeväckande om inte det inte var för att Jan Stenbeck personligen tycktes investera en hel del av sin vilja att vara framgångsrik i den. Allt som oftast var man tvungen att undra: tänk om han lyckas? Gruppen har gått i land med svårare projekt än så här. Inledningsvis hade också Victory Challenge stora framgångar för att vara ett nystartat projekt.

På bilden från januari 2002 står han på kajkanten, överviktig, stel och ensam, frusen i en märklig kroppshållning med ena handen liksom vilande uppe på den stora, utbuktande buken, allt annat än ledig och bekväm. Benen under de knälånga shortsen är oformliga och stolpiga av den bensvullnad som kan vara ett tecken på hjärtsvikt. Han glor i vår riktning men ansiktet skyms av keps och solglasögon.

Typiskt Stenbeck: även när han håller sig undangömd sker det med sådan schvungfull dramatik att man inte kan låta bli att titta, och undra vad som ska ske härnäst.

En del av det jävliga med att åldras är att man inte vill kännas vid sin kropp, en erfarenhet delad av många. Smärtan är mindre för dem som har lätt att glömma hur de själva och andra ser ut, vad de har på sig, om skorna är putsade, osv. Sådana människor finns. För en ogenerat fåfäng och sinnligt lagd människa som Jan Stenbeck är det förstås desto värre. Att övervikten och hjärtsvikten hängde samman med årtionden av storkonsumtion av fet, delikat mat och goda alkoholdrycker gör det inte ett dugg lättare.

Många har filosoferat kring Jan Stenbecks mat- och dryckesvanor. Inte minst vännen Leif G. W. Persson, författaren och polisprofessorn, har pratat av sig i intervjuer sedan han själv brutit sina osunda vanor. Som nykter missbrukare har han stärkt sig i tron med rysliga berättelser om vilka excesser han kunde ägna sig åt med sin ätkompis Jan. Det är G. W. som har spritt receptet på Jans speciella potatispuré, fullproppad med smör, äggulor och vispgrädde och avslutad med en burk rysk kaviar; rör om, ät med sked som separat rätt. Det är något speciellt med matmissbruk, särskilt matmissbruk i lyxklass. Samtidigt så odrägligt och så rörande: han var ju hungrig, blev aldrig mätt.

Många av Jan Stenbecks nära medarbetare kan beskriva hur han under sista året eller åren blev på allvar tillbakadragen. Han sökte isoleringen på Farmen men stod ändå inte ut med den utan satt där nere och ringde runt och försökte hitta på skäl till att direktörerna skulle åka dit och arbeta och dricka med honom. Folk började backa ur.

Styrelsemöten hölls på Farmen. Jan Stenbeck började lägga dem på måndagsmorgnar, så tidigt att det inte fanns något flyg som kunde ta styrelseledamöterna till Luxemburg samma dag. Då skulle de i stället vara tvungna att anlända på söndagskvällen och hinna prata och dricka med Jan Stenbeck. Folk som berättar om detta ler inte åt hans obändiga påhittighet.

Vid det som blev de sista bolagsstämmorna under Jan Stenbecks levnad, i maj 2000, var han inte med själv. Medarbetare gick upp till våningen i Gröna Huset och tjatade på den dystre ledaren.

– Ska du inte komma ner?

– Nänä, jag orkar inte.

– Men folk förväntar sig att få se dig.

– Det går lika bra utan mig.

*

Dagen efter Jan Stenbecks överrumplande död kallade Kinnevik till presskonferens på Hilton vid Slussen i Stockholm. Sex vita direktörsansikten över svarta kostymer, på rad bakom ett långbord. Än en gång som en teaterpjäs: alla generalerna utan sin kung. Och alla undrar: kommer den unga dottern att kunna ta kontroll över den här VD-hopen? Hans-Holger Albrecht på MTG, Lars-Johan Jarnheimer på Tele2, Pelle Törnberg på *Metro International*, Vigo Carlund på Kinnevik, Thomas Jönsson på Invik, Bruce Grant utan eget bolag men i allas styrelser.

Nedanför bordet har de arrangerat ett litet minnesaltare. Ett inramat porträtt av Jan Stenbeck, ung, smärt och kraftfull med armarna i kors över ett par röda hängslen. Bredvid ett ensamt vitt stearinljus i en silverstake. Någon hade burit upp sakerna från Skeppsbron.

Samtidigt hade barnen, arvtagarna till ägarmakten i Gruppen, flugit in till Luxemburg och samlats på Farmen. En byråfotograf med teleobjektiv var posterad på en höjd intill huset och skickade hem gryniga bilder till den svenska pressen.

Flaggan som hängde på halv stång medan barnen sörjde och diskuterade där inne var inte den bortgångnes svenska nationsflagga, inte heller hans barns amerikanska. Det var en mörkgrön fana med en djärv heraldisk blomma i gult svällande från mitten. En flagga hämtad ur den Tintin-aktiga symbolvärld Jan Stenbeck själv utarbetat. Flaggan som står för Our Group, Gruppen, den grundläggande tillhörigheten.

Vigo Carlund som började i Kinnevik 1968 med att sälja Partner motorsågar åt gamle Hugo Stenbeck förde ordet vid presskonferensen i Stockholm. Cristina Stenbeck representerade nu en betryggande ägarmajoritet, sa han, hon tar över ledningen och det besked han fått från henne var »Business as usual«. Nu tillbaka till arbetet, enligt befintliga planer.

Efter presskonferensen, när direktörerna lämnat podiet och journalisterna åkt, blåser en av de uppgraderade vaktmästarna från Gävle Vakt, smärt i mörk kostym, ut ljuset och plockar ihop minnesarrangemanget.

*

Begravningen i Storkyrkan i Gamla stan den 30 augusti genomfördes, efter omsorgsfullt hemlighetsmakeri, nästan helt utan mediebevakning. Ett anslag på kyrkporten påstod vilseledande att Storkyrkan var stängd för konsertrepetition, medan biskop Caroline Krook förrättade ceremonin. Jan Stenbecks basset Lothar hade flugits in från Luxemburg för att ta ett sista farväl. Kistan var svept i den mörkgröna flaggan med den gula blomsymbolen: Gruppen, Our Group.

Expertkommentarerna på ekonomisidorna var tämligen samstämmiga: Nu skulle Stenbeckgruppen spricka upp i sina beståndsdelar, eftersom den varit en grupp bara i Jan Stenbecks huvud. Vad tjänade det mogna europeiska telekombolaget Tele2 på att backa upp Millicoms fortfarande riskabla äventyr i tredje världen? På vilket sätt låg det i ett starkt etablerat MTG:s intresse att ge koncernbidrag till *Metro* Internationals vanvettigt förlustalstrande världsoffensiv – med syfte att bli »tidningsvärldens McDonald's«?

Nej, det enda rimliga, menade analytikerna, var att de enskilda bolagen nu skulle börja se till sina egna och sina egna aktieägares intressen och drastiskt nedprioritera uppoffringar för Gruppens bästa.

Det var kanske rimligt tänkt, men så blev det inte. Ekonomisidornas experter felbedömde samstämmigt hur djupa rötter begreppet Our Group hade i Stenbeckbolagen och deras ledningar. Lojaliteten kvarstod intakt, mestadels. Mera sakligt kan man säga att experterna förbisåg styrkan i det korsvisa ägandet som ju trots allt samlade den kontrollerande makten över Gruppen till Kinnevik/Invik – en makt som skulle fortsätta vara en realitet under förutsättning att någon lyckades erövra den ledande ägarroll som nu stod fladdrande tom efter Jan Stenbeck.

Mest underskattade analytikerna som förutspådde Gruppens upplösning Cristina Stenbecks mod och hennes kapacitet som maktspelare.

Utan någon tvekan som kunde märkas utåt förklarade den 24-åriga dottern att hon hade för avsikt att ta över kontrollen och utöva den ägarmakt hennes pappa hade förberett henne för, fullt ut. »Business as usual« var hennes budskap för att lugna marknaden, medan hon gav sig in i Gruppens vindlingar för att säkra makten på riktigt, och bygga om den en aning så den skulle passa hennes förutsättningar bättre än hennes döde fars.

Efter drygt ett år hade Cristina Stenbeck säkrat färdigt. 2004 slogs Kinnevik och Invik samman till ett bolag. Pappas excentriska konstruktion med dubbla maktbolag, ett litet och intimt för de gamla familjerna och ett stort för de vanliga aktieägarna, låg tydligen inte i Cristina Stenbecks smak. Det hade heller aldrig legat i marknadens smak så åtgärden hälsades som en sund upprensning i Jan Stenbecks notoriska snårighet.

Men samtidigt överraskade hon omvärlden – och säkerligen några av direktörerna i det som varit Jan Stenbecks innersta krets – genom att gå helt och hållet utanför denna krets och rekrytera den före detta Volvochefen Pehr G. Gyllenhammar som styrelseordförande i Kinnevik. En ordförande som var helt och hållet hennes man, och inte pappas gamla direktörers. En pensionerad gigant som hade det gemensamt med Jan Stenbeck att även han på 70- och 80-talen varit en central särling i svenskt näringsliv, men av ett helt annat slag. En gammal härskare med ett nätverk som ett statsöverhuvud och en djup förtrogenhet med maktens hemligheter. Cristina Stenbeck installerade sig själv med klädsam ödmjukhet som vice ordförande fram till 2007 då Gyllenhammar lämnade och hon tog över ordförandeskapet i Kinnevik.

*

Bruce Grant som hört till den innersta kretsen kring Jan Stenbeck blev aldrig del i Cristina Stenbecks. Han tågade i väg ett år efter Jans död och har senare gett ett par bittra – eller kanske snarare sårade och sörjande – intervjuer i *Dagens Industri* på temat: Jag var Jan Stenbecks kronprins, vi stod närmare varandra än någon annan, men Cristina ville inte ge mig det Jan lovat mig.

America's Cup-satsningen överlevde inte utan Jan Stenbecks personliga beskydd. När det inte längre var han som ringde Törnberg och Jarnheimer och de andra direktörerna, och beordrade dem att sätta in pengar på Victory Challenge-kontot senast på måndag, då blev det genast svårare för direktörerna att förstå varför de skulle göra det. Som annonsplats för bolagens logotyper hade båtarna ett begränsat värde. Direktörerna började ställa krav på normal affärsmässighet när man värderade utbytet. Aktiebolagslagen förbjuder ju faktiskt att man spenderar pengar på något som inte gagnar bolaget. Kanske kunde man tänja sådana begrepp till det yttersta för att Jan Stenbeck så gärna ville det, men knappast för att hans sportige slarver till son, Hugo, tyckte det var roligt att driva projektet vidare.

Victory Challenge hankade sig fram till ytterligare en tävling, den 32:a America's Cup 2007. Då hade Victory Challenge tvingats söka sig utanför Our Group för att hitta sponsorer, och seglade inte bara med MTG-, Viasat-, Tele 2- och *Metro*-emblem på riggen utan även med skrovets hela långsida täckt av en Red Bull-logotyp. En dödsmärkning så tydlig som någon i en grupp där man lägger så stor vikt vid att hjälpa varandra inåt och sluta sig utåt; Victory Challenge var ute ur Our Group men hade inte hunnit fatta det.

Kort efter Jan Stenbecks död bekräftades ett rykte som länge surrat på redaktionerna: Han hade ett barn utom äktenskapet.

En pojke född 1997, alltså fem år gammal när hans rike och berömde far dog. Mamman hade arbetat som servitris på Gamla Stans Bryggeri.

Jan Stenbeck hade ridderligt undertecknat ett faderskapsintyg och gett det till kvinnan, som i fem år nöjde sig med att ha det för sig själv. *Expressen* fångade upp handlingen när mamman efter Jan Stenbecks död lämnade in det till tingsrätten.

Jan Stenbeck, som åtminstone sedan mitten av nittiotalet levt separerad från sin hustru Merrill och som 1999 formellt ansökte om skilsmässa, hade inte förmått sig berätta för sin familj om sin nye son. Även de fick kännedom om honom via pressen.

Såvitt man kunnat se utifrån har syskonen Stenbeck behandlat sin nya halvbror kyligt. Ordningen för arvsskiftet – och om det skulle ske i Sverige eller i Luxemburg, vilket hade gynnat syskonen avsevärt – fick avgöras i rätten av deras respektive advokater. Den lille halvbrodern fick till sist 30 miljoner kronor, ett ansenligt arv men mycket långt ifrån något som skulle kunna ge inflytande i bolagen, det egentliga arvet efter Jan Stenbeck.

*

Plötsligt hade Jan Stenbeck köpt in en mängd blomplantor till Farmen, minns en direktör. Han skulle satsa på trädgårdsskötsel.

Närstående direktörer uppfattade det under de sista åren före hans förtidiga död som att Jan med viss ångest höll på att förbereda sig för att spela en mycket mindre aktiv roll i Gruppen. Rimligt. Han om någon bör ha fattat att den tiden i Kinneviks omvandling då det var ändamålsenligt att ha en hyperengagerad huvudägare som när som helst kunde storma in genom dörren och kräva total uppmärksamhet på en ny och radikalt annorlunda idé var oåterkalleligen förbi. Även om han fått leva hade han inte kunnat hålla på som han gjort de senaste trettio åren.

2002 var det mesta av det han satt i gång på plats, och även om misstag gjorts förefÖll dessa satsningar sammantaget ha varit framgångsrika, som det hette med en av de koketta standardformuleringarna i Kinneviks årsredovisningar.

Och viktigare: den epok av genuin, genomgripande samhällsförändring som drivit oss från stålkris till internet, den var lika oåterkalleligen över. Vid millennieskiftet var den gamla världen borta och den nya hade vuxit till sig.

Inte på många årtionden än skulle det komma en ny mobiltelefon eller mångkanal-TV – en helt ny affär som öppnar sina möjligheters vidder där det tidigare inte fanns någonting alls.

Tiden då man bröt ny mark, satte nya plantor i marken, gallrade och vakade – den tiden var över. Nu gällde det att ta tillvara, utveckla, förstärka de värden man skapat under pionjärtidens riskabla slit.

Ekonomihistorikerna har hittat på ett särskilt begrepp för att beskriva det Jan Stenbeck var så framgångsrik i: *heterogeneous engineering* – mångskiftande eller brokig ingenjörskonst. Det är vad som ska till för att lyckas i affärer när ett stort teknologiskt systemskifte äger rum.

Sådana skeden infaller bara sällan, och skapar ofta grund för nya företag, nya maktförhållanden: järnvägen, elektrifieringen, bilismen, datoriseringen, mobiltelefonen, internet.

Poängen med begreppet *heterogeneous engineering* är att dessa teknologiska systemskiften inte drivs av teknologin ensam. Förändringar som är så genomgripande engagerar, och är beroende av, alla kraftfält i samhället. Lika viktiga som själva den tekniska uppfinningen är politiska, sociala, kulturella, finansiella, marknadsmässiga faktorer som kan möjliggöra eller omöjliggöra förändringen, hälla fotogen på elden eller grus i maskineriet.

Mobiltelefonin som massprodukt uppstod inte när en ingenjör hade utvecklat en fungerande cellulär teknik – utan först när folk som Jan Stenbeck bestämde sig för att bryta ner allt motstånd den nya tekniken mötte: etablerade konkurrenter, folkliga föreställningar, politiska käpphästar, alla slag av heliga kor.

Comviks dam som tryckte på en röd knapp för att koppla samtalen manuellt genom deras förbjudna automatiska växel är ett praktexempel på brokig ingenjörskonst: en politisk, medial och kulturell uppfinning som raskt gjorde att automatiska växlar blev tillåtna utanför Televerket. Den som i den situationen bara behärskat de tekniska aspekterna hade inte kommit vidare.

Ett annat exempel på brokig ingenjörskonst är den där promenaden på fjället som Ernest Thiel och Knut Agathon Wallenberg hundra år tidigare tog tillsammans med en grupp politiska makthavare, då de tillsammans gjorde upp om ett system av investeringar, gruvteknik, järnvägsbygge i två länder, erforderliga lagar i riksdagen och finansieringsbeslut i ett antal banker som gjorde att man kunde göra en bra affär av de norrbottniska malmfyndigheterna.

Jan Stenbecks egen bild av killen med idén beskriver samma situation:

1. *Först har vi en kille med en idé.*
2. *Pengar slår idéer.*

När allt är som vanligt är det banken eller storbolaget som bestämmer om en idé ska utvecklas och tas i bruk.

3. *Politik slår pengar.*

När allt är som vanligt är det politikerna som sätter gränserna för vilka idéer som ska få sättas i verket.

4. Men – *teknologi slår politik.*

När helt nya möjligheter uppstår gäller inga gamla lagar. När ny teknik möjliggör attraktiva, värdefulla saker som tidigare inte varit möjliga uppstår en mycket speciell situation. Man vet inte riktigt vem det är som bestämmer. Man vet inte riktigt vart det hela är på väg. Det är osäkert på alla sidor samtidigt.

Sådana situationer uppstår bara sällan.

För att färdas lyckosamt i sådan labil terräng måste man förstå sig på politik, teknik, pengar och människor och deras drömmar.

*

Under Cristina Stenbecks ledning har det skett ett slags uträtning av Stenbeckgruppen. Den har blivit lättare för omvärlden att förstå. En uppstädning bland kvardröjande egenheter, en nedtoning av det excentriska. Our Group har genomfört en anpassning till den övervägande accepterade uppfattningen i stället för att förhålla sig motvalls eller i strid med densamma – som det sirliga stridsropet löd i de gamla årsredovisningarna. Delvis för att det är vad det är tid för nu: gallra, förstärka, förtydliga. Man vet vad man sysslar med i huvudsak, kaos och motsägelsefullhet är inte längre befogat.

Inte heller alla små symboliska lekfullheter och troféer har kvar sin plats. I januari 2005 sålde Kinnevik den byggnad i Fagersta som kallas Gamla Brukskontoret, där Jan Stenbecks Kinnevik formellt haft sitt säte sedan det föddes genom den stora baklängesaffären 1983 som neutraliserade systrarnas inflytande. Gamla Brukskontoret var den sista biten av Fagersta Bruks AB som Kinnevik behållit, förutom liljan.

Cristina Stenbecks förvandling av sin pappas Kinnevik kan också ses som en krass och osentimental internationalisering. I ett svenskt sammanhang var Jan Stenbeck personligen en effektiv, effektfull varumärkeskomponent – ibland till nytta, ibland i vägen, alltid sprittande full av innebörd. Ute i stora världen har en egensinnig huvudägare och hans bassethundar ingen affärsmässig betydelse.

Jan Stenbecks signaturformuleringar finns kvar i årsredovisningarna men sjunker allt längre bak. Portalmeningen som tidigare var det första som mötte läsaren, rakt i ansiktet – »Industriförvaltnings AB Kinneviks syfte är att bereda vinst till sina aktieägare« – hittar man nu efter en längre stunds letande inne i mitten av en text placerad efter sifferdelen.

Metro International som medan Jan Stenbeck levde fortfarande hade marschordern full fart framåt mot nya territorier, och som blödde förluster över halva världskartan, införde 2009 »nolltolerans mot förlustbringande verksamheter«. Man har sålt somliga tidningar, lagt ner andra. De nordamerikanska *Metro*-tidningarna, alla olönsamma, har man i en affär som mystifierar kommentatorerna sålt till ett bolag som företräds av *Metro* Internationals förre VD Pelle Törnberg, som lämnade posten 2007. De drivs vidare under *Metros* varumärke enligt en franchiseuppgörelse mellan *Metro* International och Törnbergs bolag SeaBay Capital Inc.

Kommentatorer har fört fram uppskruvade teorier om att den verkligen aktören är en rysk oligark som Pelle Törnberg blivit bekant med i London, då han hade kontor på våningen under *Metro* International, och att den egentliga planen är att erövra den ryska tidningsmarknaden i stor skala – där *Metro* av i dag bara finns i Moskva och S:t Petersburg. Om man frågar Törnberg själv om motivet till affären svarar han uttryckslöst att han tror han kan vända de nordamerikanska *Metro*-tidningarna till lönsamhet. Varifrån pengarna till köpet kommit har han inte berättat.

Cristina Stenbeck får i tidningskommentarer ofta äta upp sina uttalanden om att hon ser det som sin skyldighet mot Kinneviks traditioner att inom överskådlig tid ta fram en eller ett par succéer som kan mäta sig med Jan Stenbecks nyskapelser Tele2, MTG, Millicom.

Affärsjournalisterna menar att det är omöjligt, vi lever ju inte i sådana tider längre att nya jättebolag växer upp ur nybildad mark.

Det nybyggande Cristina Stenbeck och hennes Kinnevikchef Mia Brunell Livfors kan peka på finns inom internethandel och mikrokreditbranschen i Afrika. Ännu så länge små verksamheter, ute i marginalerna av den stora utvecklingen.

Men kanske har kommentatorerna och den konventionella visdomen fel även om Cristina Stenbeck. Kanske är det fel att uppfatta *Metro* Internationals sänkta expansionstakt som att man skrinlagt Jan Stenbecks vision om tidningsvärldens McDonald's och nöjt sig med något mindre.

Metro tar nu uttalat strategiskt sikte på den afrikanska kontinenten. En viktig poäng är att Our Group redan är en stor och etablerad, rentav anrik, aktör inom telefoni i en lång rad afrikanska stater, vilket ger djupa kontakter inom marknaden och makten. Att bygga upp en modern, effektiv gratistidningsrörelse i folkrika afrikanska länder, med helt andra medietraditioner än de europeiska, ser onekligen ut som en fantastisk möjlighet och en fruktansvärd massa problem.

*

Hur man än försöker är det svårt att föreställa sig en svensk affärsman som skulle kunna få liknande uppmärksamhet i dag, som Jan Stenbeck fick under åttio- och nittiotalen. Vare sig bli så kritiserad, demoniserad, avskydd eller, till slut och i begränsade kretsar, så hyllad och hjälteförklarad. Vad skulle en sådan affärsrebell göra – 30 år efter den stora strukturaffär i den svenska stålindustrin som bland annat ledde till nedläggningen av Fagersta Bruks AB, snart 25 år efter TV3:s start och Berlinmurens fall, 20 år efter internet och *Metro*, tio år efter Jan Stenbecks död.

Världen och Sverige har förändrats i grunden. Nu har vi svårt att minnas hur annorlunda land vi en gång var, men vet i alla fall att vi inte längre är det.

Bemanningsföretagsanställd vårdpersonal, provisionsjobbande telefonsäljare, barn i skolan, lever i dag under samma tydliggjorda press att prestera som Stenbecks toppdirektörer i slutet av åttiotalet – utan att få vare sig rubriker i tidningarna, höga löner och aktiebonusar eller fenomenala fester vid framgång.

En del av fixeringen vid Jan Stenbecks person hängde samman med just hans person.

Även under den socialdemokratiska hegemonins sjuttiotal kunde Mellanmjölkens land tåla flamboyanta affärsmän, till och med trycka dem till sitt hjärta, om de hade enkel bakgrund: Anders Wall, Ingvar Kamprad, närmast folkkära trots att de gjorde sig rika som troll. Wallenbergmakten hade varit en del av folkhemmet hela efterkrigstiden.

Varför skulle den folkliga opinionen och upprördheten ta parti för Margaretha af Ugglas och mot Jan Stenbeck så som den gängse medieberättelsen om syskonstriden 1983 förutsätter? Jo, för att hon måhända var dryg, men han var fräck.

Det där är Jan Stenbecks eget svar om varför han väckte sådan uppståndelse, från vårt allra första samtal på bolagsstämman i Kinnevikhuset 1997: »I Sverige ska en företagare stänga in sig i en svart kostym och helst se ut att ha riktigt tråkigt för att bli accepterad. Men kommer det en kille som är lite fräsig, och har pengar och verkar tycka det är roligt – då väcker framgången avund. Folk blir bara förbannade på mig.«

Mycket av kritiken mot Jan Stenbeck gick på ett lite märkligt sätt ut på att hävda att han inte gjorde något viktigt: han är bara en bolagsslaktare och substansklippare, ute efter kortsiktig vinst, han kommer att misslyckas, han gör fel.

Hans beteende stred mot grundläggande värderingar och trossatser i efterkrigstidens samhällsbild. Den var hotad och många kämpade frenetiskt för att bevara den: politiker, företagare, vanligt folk.

Ingen hade kunnat vara lika utmanande i vår tid, 10 år efter Jan Stenbecks död, för det var en så speciell tid han verkade i. Jan Stenbeck blev så utmanande för att hans gärning sammanföll med en epok av genuin, genomgripande samhällsomvandling. En omvandling som många såg med fruktan och ångest, men som Jan Stenbeck såg som öppning och möjlighet. Han gladdes åt strukturomvandlingen – med en sidennäsduk som en påfågelsstjärt i kavajens bröstficka.

Han led inte med oss andra. När Schumpeters kreativa förstörelse drog fram som en fruktansvärd stormflod genom Fagersta, Televerket och TV-huset, då stod Jan Stenbeck relativt trygg och torr om fötterna på nyskapelsens fasta, jungfruliga mark på andra sidan vattnet. Han gick, som han själv uttryckte det i min intervju på Farmen, och han stod relativt trygg och torrskodd på nyskapelsens fasta mark när Schumpeters kreativa förstörelse drog fram som en fruktansvärd stormflod. Han gick, som han själv sa, »med friskt hjärta och glädje« in i all denna förändring.

Därför var han utmanande, för många motbjudande: man hatade och fruktade förvandlingen, men den var för krånglig att få grepp om, så då förlade man omvandlingskraften till Jan Stenbecks pråliga operagestalt och hatade honom i stället.

Allt det där är över för den här gången.

Vi lever inte längre i en tid av omskakande förvandling. Vi ser inte längre storsvenska varvsindustrier och stålverk, som skulle ha tusenårigt liv, störta till marken omkring oss. Det växer inte upp helt nya, tidigare okända, storföretag på ruinerna av den gamla makten och härligheten. Vi ser för närvarande inte hela befolkningar stampas fram ur marknaden, det är bara vi själva som sparkas runt.

Även eurokrisen 2012 som pågår just de veckor då jag skriver detta slutkapitel är urladdningar av förändringar som redan ägt rum. Inte nya osäkerhetstillstånd, utan gamla garderober som rensas på lik.

Tillståndet är inte labilt, det är *business as usual* även om »normalt« är något annat än det var 1983.

Det är bara Jan Stenbecks matvanor som än i dag kan få rubriker av det gamla slaget. Senast det flammade upp var under 2006 och 2007 då en intervju med Leif G. W. Persson i tidningen

Re:public Service satte i gång en långlivad våg av där förhäxade artiklar om Jan Stenbecks destruktiva matnjutningar.

Den del av berättelsen Jan Stenbeck som fortfarande är en utmanande gåta är den enklast och djupast mänskliga. Att han som kunde genomföra vanvettigt svåra saker som att säkra den långsiktiga finansieringen av Millicom, inte kunde ta vara på sin egen kropp. Att han som kunde behärska både mobiltelefonins och den avreglerade TV-marknadens högspända osäkerhetstillstånd – samtidigt! – inte kunde låta bli att äta och dricka så att det hotade hans liv. Att han som var så stark också var så förtvivlat svag.

Att han som hade sådan ovanlig begåvning för att glädjas, utmanas, inspireras – att ha roligt – ändå blev så olycklig att han åt sig i fördärvet på potatismos med mycket smör och grädde.

Tack

FÖRST OCH FRÄMST tack till *Expressens* chefredaktör Staffan Thorsell som gav mig ett bra reportageuppdrag och sedan gav mig generöst med tid, resurser och stimulerande redaktörskap under utförandet. Utan honom hade denna bok inte blivit skriven.

Till de författare vars arbete jag dragit nytta av. För faktamaterial i första hand Jan Glete, Ulf Olsson, Björn Gäfvert, Lars-Erik Thunholm, Margaret von Platen, Garry A. Garrard, Bengt G. Mölleryd samt *Affärsvärlden*. För inspiration och tankehjälp i första hand Niccolò Machiavelli, för övrigt se litteraturlistan. Tack också till alla de flitiga nyhetsreportrar som oförtröttligt gjort nuet synligt och fyllt arkivkuverten med material.

Till alla de Stenbeckmedarbetare, konkurrenter och affärskollegor, nuvarande och före detta, som delat med sig av sina berättelser och insikter. Somliga är nämnda i boken, andra har velat vara anonyma.

Till Odd Engström som under ett par samtal 1997 hjälpte mig att förstå något om vår tid, som har en central betydelse för denna bok.

Litteratur

Adelsohn, Ulf: *Torsten Kreuger – sanningen på väg* [1972]

Andersson, Henrik O. & Bedoire, Fredric: *Stockholms byggnader* [1988]

Boëthius, Maria-Pia: *Sfärfäderna* [1998]

Ehnmark, Anders: *Maktens hemligheter* [1986]

Fagerfjäll, Ronald: *Företagsledarnas århundrade I–III* [1997–1999]

Friedman, Thomas: *The Lexus and the Olive Tree* [1999]

Fritz, Martin: *Ernest Thiel – finansman i genombrottstid* [1974]

Garrard, Garry A: *Cellular Communications – Worldwide Market Development* [1998]

Glete, Jan: *Asea 100 år*

Glete, Jan: *Kreugerkoncernen och krisen på svensk aktiemarknad* [1981]

Glete, Jan: *Nätverk i näringslivet* [1994]

Grove, Andrew S: *Only the Paranoid Survive* [1996]

Gäfvert, Björn: *Kreuger, riksbanken och regeringen* [1979]

Haag, Martin & Pettersson, Bo: *Percy Barnevik – makten, myten, människan* [1998]

Hadar, Leon T: *David Kimche – Israel's Leading Spy and Would-Be Mossad Chief* [*Washington Report on Middle East Affairs*, okt 1991]

Hayek, F. A: *The Fatal Conceit* [1988]

Johnson, Anders: *Nätväktarstaten – berättelsen om hur Sverige fick världens mest liberala telelagstiftning* [1998, NetCom]

Kuuse, Jan: *Sockerbolaget-Cardo 1907–1982*

Lagerlöfs 50 år [Advokatfirman Lagerlöfs]

Lagerlöfs 75 år [Advokatfirman Lagerlöfs]

Machiavelli, Niccolò: *Fursten*

Mattsson, Nicklas & Carrwik, Christian: *Internetrevolutionen* [1999]

McCormack, Mark H: *What They Don't Teach You at Harvard Business School* [1984]

Modéer, Kjell Å: *Lemän och Lagerlöfvar – historik i jubileumsskriften Lagerlöf & Leman Advokatbyrå 1849–1999*

Mölleryd, Bengt G: *Entrepreneuship in Technological Systems – the Development of Mobile Telephony in Sweden* [1999]

Negroponte, Nicholas: *Being Digital* [1995]

Olsson, Ulf: *Bank, familj, företagande* [1986]

Ortmark, Åke: *Ja-sägarna* [1996]

Ortmark, Åke: *Skuld och makt* [1981]

Peters, Tom: *Liberation Management* [1992]

Peters, Tom: *Thriving on Chaos* [1987]

von Platen, Margaret: *Boken om Stenbeck* [1993]

Staël von Holstein, Johan: *Inget kan stoppa oss nu* [1999]

Thiel, Ernest: *Vara eller synas vara* [1969]

Thunholm, Lars-Erik: *Ivar Kreuger* [1996]

Thunholm, Lars-Erik: *Ivar Kreuger – myter och verklighet* [*Historisk Tidskrift*, 1993:1]

Wallander, Jan: *Forskaren som bankdirektör* [1998]

Wallander, Jan: *Livet som det blev* [1997]

Affärsvärlden 1901–2000
Nationalencyklopedin
Svensk släktkalender
Svenskt biografiskt lexikon
Vem är det
Årsredovisningar, Kinnevik med flera bolag 1936–1998

Personregister